# 第七届汉语中介语语料库建设与应用国际学术讨论会论文选集

刘运同 张宝林 主编

上海三联书店

## 编辑委员会
（以姓氏拼音为序）

曹贤文　储诚志　冯丽萍　胡晓清　林新年
刘运同　王维群　吴伟平　熊文新　张宝林

# 总　序
# 中华优秀文化走出去与讲好中国特色故事

孙宜学

2021年5月31日,习近平总书记在主持中共中央政治局就加强我国国际传播能力建设进行第三十次集体学习时强调,讲好中国故事,传播好中国声音,展示真实、立体、全面的中国,是加强我国国际传播能力建设的重要任务。①

中华优秀文化走出去需要国际传播能力支撑,同时也能推动国际传播能力提升,而国际传播能力建设则是推动中华优秀文化走出去的重要途径和手段,也就是说,中华优秀文化走出去与国际传播相辅相成、互为因果。

党的十八大以来,随着中国综合国力不断提升,中国的国际话语权和影响力显著提升,国际传播影响力、中华文化感召力、中国形象亲和力、中国话语说服力、国际舆论引导力不断提高,中国故事逐渐成为海外刚需。但相对于海外日益增长的"中国需求",以及消解一些国家出于意识形态偏见对中国的负面认知的迫切需要,我们向世界讲好中国故事的能力仍然偏弱,在内容和方法的精准方面仍存在着很大的差距。

传无定法,真诚为先。要向世界讲好中国故事,我们必须要明确讲什么样的中国故事,怎么才能讲好。既要有顶层设计之谋,更要有精准落地之策。我们要始终秉承中华优秀文化传统,真诚直面文化冲突。我们要基于中华优秀传统文化和习近平新时代中国特色社会主义思想,有选择、有针对性、有步骤、有目标地将中国故事讲出去,讲进去,以真诚的中国心温暖世界人心。

---

① 《加强和改进国际传播工作 展示真实立体全面的中国》,《人民日报》2021年6月2日。

# 一、讲好"和而不同"的中华传统　助力世界文化和谐共生

中华文明是以华夏文化为中心、不同民族文化和谐相处、进而追求天下归心的文明综合体。"和而不同"是中华文化的传统;"万国咸宁"是中国古人追求的世界大同理想。中华文化虽然有很多表现形态,但本质都是"以和为贵"。这一中华文化传统已融入了炎黄子孙的血液,成为中国人的标志和象征。

（一）认识文化的差异性

2014年5月15日,习近平总书记在北京出席中国国际友好大会暨中国人民对外友好协会成立60周年纪念活动并发表重要讲话,他指出,"中华民族的血液中没有侵略他人、称霸世界的基因,中国人民不接受'国强必霸'的逻辑,愿意同世界各国人民和睦相处、和谐发展,共谋和平、共护和平、共享和平。"[①]中华民族历来追求和平,并致力于为世界创造和平。

国有边界,文明无界。任何民族的文化都属于全人类,是人类共同的精神财富。在中华民族开启向第二个百年奋斗目标进军的新征程之际,世界百年未有之大变局也在加速演变,新冠疫情对人类社会带来的难以预测的影响也前所未有,世界不同文化之间交流、交融、交锋较以往更加频繁,甚至更加激烈。而中国未来越发展,就必然越要面向世界,也必然要面对越来越激烈复杂的文化冲突。当前,"中国威胁论"不断变换面孔出现,且越来越具有欺骗性,某些国家对中国的崛起充满恐惧,甚至上升到国家安全战略层面加以预防。在这样的背景下,更需要中国智慧协同世界一切追求和平进步的力量,打破人为的地理阻隔、心灵栅栏,实现不同文明的无障碍交流,完成人类共同的美好追求,建成一个世界各民族同心同德的幸福大家庭,推动中国与世界各国合力构建和谐的文化生态,消

---

① 《习近平在中国国际友好大会暨中国人民对外友好协会成立60周年纪念活动上的讲话》,《人民日报》2014年5月16日。

解各国不同民族文化之间的矛盾,为中国形象的世界性建构营造良性内外环境,最终推动实现国与国之间一律平等,都有尊严、也使他国他人有尊严地生活。

文化因差异而多彩,不同民族文化共同构成了世界文化万花园。中国故事作为一株根深叶茂的民族花,与世界其他民族的故事一起相映生辉,共同装扮了世界的春夏秋冬。正如习近平总书记2021年1月25日在世界经济论坛"达沃斯议程"对话会上的特别致辞中所讲,"世界上没有两片完全相同的树叶,也没有完全相同的历史文化和社会制度。各国历史文化和社会制度各有千秋,没有高低优劣之分"。"各国历史文化和社会制度差异自古就存在,是人类文明的内在属性。没有多样性,就没有人类文明。多样性是客观现实,将长期存在。"[①]向世界讲好中国故事,首先必须充分认识文化的差异性,并基于差异性对世界上不同民族文化进行细致调研分析,进而确立差异化的讲述手段和方式,做到有的放矢。要主动去"探幽寻微",以求"曲径通幽",细致入心,在差异化中寻找中国故事与所在国故事的共同点,以同求同,然后以同传异,最后以异容同。只有这样,才能充分尊重外国受众的欣赏习惯和审美情趣,用他们听得懂的语言和方式,讲述中国故事,实现中国故事的本土化。在条件允许的情况下,中国还应担起责任,主导建立各国故事交流的平台,推动各国故事之间互鉴互学,推动不同"国别故事"之间实现"跨本土"融合,形成相关理论,提炼成熟经验。这样不但能使中国故事的传播效果最大化、泛在化,也能更直接促进不同国家之间的文化交流、经济交流、政治交流。

(二) 处理好世界文化与中华优秀文化的关系

中外文化交流的历史经验告诉我们,处理好世界文化与中华优秀文化的关系是能否讲好中国故事的前提。客观世界是交换的世界,有物质文明的交换也有精神文明的交换。我们要讲的中国故事里要包含我们有而别人没有且需要的东西。也就是说,我们首先要推动具有中国智慧、中

---

[①] 《习近平出席世界经济论坛"达沃斯议程"对话会并发表特别致辞》,《人民日报》2021年1月26日。

国特色、中国气派的中国故事走出去,这样的故事是世界渴望认知的,是对人类共同发展有益的,是能丰富世界生活和文化的。在这个过程中,我们还要尊重其他民族文化,秉承文化平等态度,以我们的文化自信推动其他民族发掘并坚持本民族的文化自信。

任何有传播价值的文化符号,在重视传播手段的同时,都更应找到自身的文化逻辑、情感逻辑与传播对象之间的合理对应逻辑,让接受对象能感同身受,潜移默化接受并喜爱传播者要传播的文化精神,即所谓"不识庐山真面目,只缘身在此山中"。只有入乡随俗,客观深入研究融合不同文化的异同,外来文化才能在异质文化中生存并去异质化而成为所在国文化的内在组成成分。这是所有历经沧桑、命运跌宕起伏却依然保持旺盛生命力的文化符号的共同特征。因此,要向世界讲好中国故事,必须在坚持文化相通性的前提下,在尊重其他文化的基础上加强相互了解,加深相互认识,基于文化多元共生理念传播本民族文化。

在西方意识形态偏见视域内,中华文化是异质文化。为了迟滞中国的崛起,西方一些国家正采取多种手段,宣扬西方所谓的民主自由、普世价值,通过文化全球化推行文化霸权主义。为了消解西方文明自带的这种偏见和傲慢,我们还要有针对性地向世界讲清楚中华文化的世界同质性。我们要让世界知道,在追求美好幸福生活方面,在喜怒哀乐方面,在捍卫民族尊严和个人尊严方面,中华民族和世界上任何民族、中国人和世界上任何个人都没有区别。

## 二、讲好自强不息的中国故事　普适人类生存发展规律

中国的发展历史,尤其是中国共产党的百年奋斗史,本身就是一部苦难与奋斗的历史,是一部不畏艰难险阻、能够战胜一切困难的历史,本身已经形成中华民族的伟大精神传统,本身就是中国好故事的底本和阐发源。我们向国外民众讲述中国人自强不息的故事,就是在讲述真实的历史中国故事、当代中国故事和未来中国故事。

（一）讲述中国共产党的故事

2021年6月21日,习近平总书记在给北京大学留学生的回信中指出,"读懂今天的中国,必须读懂中国共产党。"要让世界全面、立体、客观认识中国,就必须正确了解中国共产党与新时代中国繁荣昌盛的关系。近现代以来,中国从封闭走向开放、从积贫积弱走向富强的历史,就是中国共产党不忘初心、砥砺前行,带领中国人民实现从民族自觉—自新—自强—自信—自尊的跨越式发展的历史,尤其是改革开放四十年、党的十八大以来中华民族伟大复兴运动和党的十九大以来习近平新时代中国特色社会主义思想对中国发展的核心引领作用,足以令人客观认识到中国共产党是"为中国人民谋幸福的政党,也是为促进人类进步事业而奋斗的政党。"①

中国抗击新型冠状病毒感染疫情故事是中国苦难和危机故事的最新表现形态。以中国共产党为典型代表的中国人民,在抗"疫"战争中所体现出的"只为苍生不为身"的牺牲精神,就是世界上一切追求正义和和平的国家、民族共同需要的宝贵财富,也是人类命运共同体建设的基础。我们应及时向世界直接讲,反复讲,联系国外同类故事讲,讲全、讲透、讲通这个故事,从而及时消除国际反华势力正在钩织的"疫情偏见",以正视听。目前,这是全中国人民、全世界人民都渴望听到的声音,可以增强世界对中国的信心,对人类的信心。

世界上一切事物的发展都是在矛盾中的发展,都是在"危中求机"。因此,任何民族的苦难故事都具有世界普适性价值,讲好中国苦难和危机故事,会让世界更客观认识中国、理解中国、携手中国。

（二）讲述中国百姓的生活故事

中国故事就是中国人的生活故事,是由一个个中国生活细节积累而成的群体故事。江海源于细流,泰山积于细壤。普通人的生活琐事、家长里短、喜怒哀乐等等,都具有世界性,都是不同国家、不同民族的人们愿意了解、愿意听的好故事。因此,讲好中国生活中的细节故事、点滴故事、柴米油盐酱醋茶小故事,实际上就是讲好中国大故事。当前,只有向世界客

---

① 《习近平给北京大学的留学生们回信》,《人民日报》2021年6月23日。

观展示日常化、生活化的当代中国，才能帮助海外听众形成完整的中国观，才能推动世界与时俱进认知和研究历史中国、未来中国，并助力中国向世界表达中国。

"美美与共"是中国自古以来的日常生活和文化传统，也是向世界讲中国故事的本质目的。郑和下西洋故事、中国抗"疫"故事、"一带一路"故事、绿水青山故事、人类命运共同体故事、大象迁徙故事等等，都是这种源于日常生活的中国最真实的生存观和世界观的日常表现形态，是日用而不觉的中华文化传统和现实的真实面貌。

中国生活故事就是一个个中国人的梦想故事。中国梦是每一个中国人的梦。我们向世界所讲的中国人民对幸福美好生活的向往与不懈追求的一个个小故事，共同组成了中国人民追求中华民族伟大复兴的大故事。任何一种文化都融汇在这种文化所养育的人的血液中，文化养人，人载文化。正是因此，博大精深的中华优秀文化，就是中国人的日常生活，就在中国人的一举一动之中。从这个角度看，向世界讲中国故事的起点，仍在国内，那就是中国故事的一个个载体，即每一个中国人。我们既需要从娃娃抓起，培养中国人在国际视野下讲好自己的故事的意识和能力，也要通过有效的方式，让外国人习惯于讲中国人的故事，进而发现生活细节中的中国，有血有肉的中国。

（三）外国人讲述的中国故事

外国人讲中国故事将成为中国故事走进世界的重要途径。中国梦想故事要成为世界梦想故事系列中的重要篇章，需要越来越多的外国人主动加入讲中国故事的行列。但要保证他们讲好中国故事，主动推动世界塑造真实的中国形象，首先需要我们帮助他们掌握中华文化的精髓和向世界讲中国故事的方法，引导他们客观、准确地认识和热爱中国。

在华留学生是将来向世界讲中国故事的重要力量。他们既有海外成长经历，又有中国生活体验，还有国际人际关系和跨文化交流经验；既是中国故事的承载者，也是中国故事的传播者。实践证明，在国际传播中"讲故事"被认为是最有效的手段之一，而来华留学生可以成长为"中国故事"最好的讲述者。目前,在华留学生教育还基本上属于相对封闭的"象牙塔"教育,我们要通过生动活泼的组织形式,吸引他们主动走进最真实的中国生活语境和社会环境,像盐一样融入中国当代生活的海洋,与中国老百姓一起生活,贴近中国的心脏感受中国的心跳,感悟中国国情,思考中国胸怀,从而获得真实的中国生活体验,并能以所在国乐于接受和理解的方式向世界讲中国故事,实现中国故事落地无音,润物无声。

事实证明,借洋眼洋嘴向世界讲中国故事是一条创新有效的途径,这样可以使得中国丰富的文化和当代巨大的发展成就同步为世界所感知,所认知,所理解。留学生们将像一颗颗星星,在世界各地共同闪烁着中国之光。他们是中国故事走出去的一道道门、一座座桥,将与中国人民一道,共同向世界描绘一个真实的中国,发展的中国,负责任的中国,世界的中国。

## 三、讲好休戚与共的人类故事　共推人类命运共同体

每一种文化既是其他文化发展的外力,也是内力,既是借力者,也是助力者,从而构成一个生命同一体。全球化时代,也是文化一体化时代。任何民族文化都是世界文化的一部分,世界文化既是民族文化的入口,也是出口,是果,也是因。世界一体化态势下,任何民族文化的传承、创新和交流都不再囿于一个或数个国家或地区,而是全球文化自成一个生态循环,实现一体化运动和发展。中华优秀文化有胸怀也有能力弃坦途就荒径,辟不毛为沃野,真正发挥民心互通功能,让中华优秀文化在融入世界的过程中成为世界文化生态体系中一个"熟视无睹"的常态存在,使中国的发展切实畅通地施惠于世界的美好未来。

(一) 讲好人类命运共同体与中华优秀传统文化的关系

人类命运共同体是中华文化为世界发展贡献的中国智慧,是中国故事的核心。人类命运共同体理念植根于中华优秀传统文化,因此也只有中国才能提出人类命运共同体理念。国有国界,人心无界。人类命运共

同体是推动世界上不同民族文化共同服务于人类的命运共同体,为此全世界就要形成共识:人类命运休戚与共,彼此不可分离。我们要能够担起重任,负起责任,要敢于牺牲,借力中国发展把人类对美好世界的向往共同努力变成现实。

"千人同心,则得千人力;万人异心,则无一人之用。"①习近平总书记审时度势,中国人民以天下为己任,总揽世界大局,顺应世界发展大势,提出共建人类命运共同体,就是要让万人同心同力,使天堑变通途,推动世界不同文明心心相通。2019年9月27日,国务院新闻办发布的《新时代的中国与世界》白皮书指出:"推动构建人类命运共同体,不是倡导每个国家必须遵循统一的价值标准,不是推进一种或少数文明的单方主张,也不是谋求在全球范围内建设统一的行为体,更不是一种制度替代另一种制度、一种文明替代另一种文明,而是主张不同社会制度、不同意识形态、不同历史文明、不同发展水平的国家,在国际活动中目标一致、利益共生、权利共享、责任共担,从而促进人类社会整体发展。"②人类命运共同体观主张不同国家在掌握独立命运基础上为共同命运奋斗,在独立发展的前提下实现共同发展,在自尊基础上实现相互尊重。历史与事实证明,任何国家都不可能孤立发展,只有彼此尊重,命运与共,协同发展,国家的命运才会融入人类共同的命运,才会真正形成命运相连相依的共同体。

(二) 讲好人类命运共同体与世界未来的关系

中华民族历经列强欺凌,备受屈辱,更加懂得民族尊严的可贵,和平的珍贵,这也是中国提出构建人类命运共同体并一定会为之竭心尽力地历史基础和未来承诺。中国人民希望中国的历史悲剧再也不要在其他民族身上重演,同时也将中国人对中国梦的美好期盼变成全人类的共同期盼,推动各个国家、地区"各美其美"的同时相互支持,共同为同一个和谐美满的幸福未来而奋斗。人类命运共同体是新时代中国推动"天下太平"的誓言,也是历经五千年仍生机勃勃的中华文明自古就有的使命担当和

---

① 刘安:《淮南子》,长沙:岳麓书社,2015年,第153页。
② 《新时代的中国与世界》,新华网,2019年9月27日。

责任的自然延续,也必能为当前暂时处于多极化发展的世界带来团结和谐的新局面。

未来的世界仍将一如既往在风险与动荡中发展,世界多元文化仍将伴随着碰撞和摩擦持续交流,中国故事走出去所面对的阻力和障碍也必将长期存在且复杂多变,其中既有文化的因素,经济的因素,也有政治的因素。目前,我们对世界"中国热"的判断与世界对"中国热"的直接感知并不一致,还有较大的落差。要向世界讲好中国故事,首先要找到这些落差,并推动消除这些落差,包括因我们长期疏于向世界主动表达而形成的误解,在此基础上不断加大加深中国故事在世界的融入广度和深度,加快世界从历史中国到当代中国的了解和理解进程。在这个过程中,我们既要坚持以我为主,更要秉承世界文化一律平等的原则,异中求同,同中存异,科学分析,综合平衡,扎根大地、脚踏实地推动,做到内外兼工、粗中有细、细中有异,精准对接海外接受群体,形成给即所需,所愿能给的中国故事精准落地新局面,从而让中国故事,润泽世界心灵;让中国智慧,惠及世界发展。

——《国际传播》,2022 年第 1 期

# 目　录

总序 ································································· 1

在第七届汉语中介语语料库建设与应用国际学术研讨会开幕式上的
　致辞 ····························································· 1
　　刘　利（北京语言大学前校长）

## 汉语中介语语料库建设研究与语料库应用研究

数字人文与新文科 ················································· 7
　冯志伟　新疆大学　黑龙江大学
汉语中介语语料库应用现状探究 ································· 32
　——以三个通用型语料库为例
　陈丽华　王美云　北京语言大学
智能生成文本用于语料库建设的可行性分析 ···················· 54
　——以ChatGPT的生成文本数据为例
　甘　平　彭恒利　北京语言大学
后疫情时代国际中文教育的展望：逻辑起点、现实困境、路径选择 ······ 67
　廖钟源　福州外语外贸学院
区域化汉语中介语动态语料库建库理论与前瞻 ·················· 78
　苏盛滢　泰国华侨崇圣大学
国际中文教育专硕生利用语料库进行学位论文写作的调查分析 ······ 88
　王昌宇　刘运同　同济大学
疫情期间线上汉语教学对恢复线下汉语教学的影响及其对策研究
　······························································· 105
　——以福州外语外贸学院21级国际学生为例
　游容华　福州外语外贸学院

印马华校高中学生口语语料库的建设及意义 …………………… 116
　于向宇　鲁东大学
从 2.0 到 3.0
　——汉语中介语语料库建设的新形势与新任务 ………………… 126
　张宝林　北京语言大学
日本汉语中介语语料库的建设及探索 …………………………… 143
　张恒悦　古川裕　大阪大学

## 基于语料库的习得研究与中介语发展研究

**The Parameters Study of Word Frequency Characteristics in Chinese
　　Interlanguage** ……………………………………………………… 157
　Yiluan Chen　Nanjing Normal University
中文学习者书面产出语块与文本质量关联研究 ………………… 191
　——基于学习者语料库的探索
　陈　肯　北京大学
基于语料库的聋生"是……的"句(二)偏误分析 ……………… 211
　陈甜天　王玉玲　北京启喑实验学校　北京市西城区教育学院
词汇心理表征视角下泰国学习者易混淆词研究 ………………… 227
　——以"家""家庭""家人"为例
　陈秀玉　北京语言大学
汉语二语不同文体中句法复杂度与写作成绩的关系研究 ……… 243
　崔雪涵　郭曙纶　上海交通大学
基于中介语语料库的交互三价动词习得表现及内在机制 ……… 260
　贺　琳　陕西师范大学
基于中介语语料库南亚留学生汉语介词习得的类型学研究 …… 277
　霍兴宇　祁　峰　华东师范大学
英语母语者汉语介词性框式结构习得中的概念迁移 …………… 292
　——以"在 X 上/里/中"为例
　李　凰　华东师范大学　同济大学
日本大学生汉日同题议论文中立场标记的对比研究 …………… 317
　李　佳　大阪大学

基于 DCFW 语料库的《国际中文教育中文水平等级标准》汉字量化
　　指标研究……………………………………………………… 328
　　李　琳　上海对外经贸大学
基于语料库的汉语二语学习者写作话题词语类聚研究…………… 341
　　刘荣艳　澳门科技大学
泰国学生汉泰词语翻译偏误分析…………………………………… 355
　　——以大城皇家大学汉语专业的学生为例
　　刘智善　北京语言大学
三种字幕对泰、韩留学生汉语听觉感知影响的差异……………… 367
　　秦诗睿　简红旭　南京大学
类型学视角下东南亚学习者比字句习得研究……………………… 384
　　王建红　祁　峰　华东师范大学
韩国 CSL 学习者同素同义单双音节动词混淆分布特征…………… 399
　　吴钘琰　鲁东大学
中高级韩国汉语学习者写作中的中韩同形词使用研究…………… 415
　　许希阳　朴趾源　上海交通大学
东亚文化圈内汉语中、高级水平留学生对汉语动宾式惯用语的
　　习得情况研究……………………………………………… 430
　　杨成璇　河北大学
基于语料库的空间维度形容词"深—浅"误用情况分析…………… 445
　　易　佳　清华大学
留学生认识立场标记"依我看"习得情况及教学建议……………… 460
　　尤　易　南京大学
汉语作为第二语言学习者笔语产出性词汇研究…………………… 469
　　张江丽　北京华文学院

# 附　录

第七届汉语中介语语料库建设与应用国际学术研讨会圆满召开…… 491

# 在第七届汉语中介语语料库建设与应用国际学术研讨会开幕式上的致辞

北京语言大学前校长　刘　利

尊敬的各位领导、各位专家、各位同人：

大家上午好！

今天我们齐聚樱花盛开的同济大学，隆重举行第七届汉语中介语语料库国际学术研讨会。首先，请允许我代表会议的10家主办方，向90多位线下参会代表、40多位线上参会代表，表示衷心的感谢和热烈的欢迎！

我已经以不同方式连续3次参加我们这个会议，每次都有不同的感受和惊喜。我注意到本届会议的主办方从上一届的7家增加到国内外10所高校，投稿参会的代表人数从以往历届会议的不足百人剧增到140多人。这充分表明"汉语中介语语料库建设与应用国际学术研讨会"这个学术品牌在不断成长，学术影响力在持续增加，语料库语言学在国际中文教育领域中日益成为显学，我由衷地为此感到欣慰。

"显学"之说还可以从另一个角度看。上届会议我曾查询过HSK动态作文语料库和全球汉语中介语语料库的相关数据，并在中国知网（CNKI）中统计过基于语料库的研究情况，前天我又做了同样的数据调研，对比数据如下[①]：

|  | 2021年7月15日 | 2023年3月30日 |
| --- | --- | --- |
| HSK库累计注册人数 | 54 575人 | 81 023人 |
| HSK库累计访问量 | 486 348人次 | 752 147人次 |
| 基于HSK发表的论文数 | 5 350篇 | 7 069篇 |
| 发表论文最多的年份 | 2020:734篇 | 2021:998篇 |

---

① 注：查询方法为句子检索。

续　表

|  | 2021年7月15日 | 2023年3月30日 |
|---|---|---|
| QQK累计注册人数 | 6 525人 | 15 696人 |
| QQK累计访问量 | 70 069人次 | 130 871人次 |
| 基于QQK发表的论文数 | 80篇 | 407篇 |
| 发表论文最多的年份 | 2020:15篇 | 2022:189篇 |

上述数据表明,在并不是很长的1年零8个月时间里,不论是注册人数、访问量,还是依据语料库进行研究发表的论文数量、增长幅度,其数量跨度都是很大的,有些堪称巨大。如果没有这样两个时间点的数量统计,这样的数量增长是难以想象的。我对此感到惊喜,我认为这种情况是十分令人鼓舞的。

本届会议的主题是"后疫情时代汉语中介语语料库建设与应用研究面临的挑战与机遇",我认为这个主题是合适的,因为持续3年的新冠疫情对人类社会的影响是巨大的,涉及政治、经济、教育、日常生活等人类社会的方方面面,而其对国际中文教育的影响尤为显著。其一就是来华留学生人数减少,对于语料库建设来说会影响到目的语环境中汉语中介语语料的收集。另一方面,在线教学方式又为收集口语语料、视频语料提供了便利条件。当然,这里有一个音视频语料的使用权问题,要依法处理,合法使用。

科技的高速发展是我们所处的这个时代的最显著特征之一,科技发展同样会给国际中文教育、汉语中介语语料库建设带来挑战。其中最具典型意义的就是去年11月30日OpenAI发布的ChatGPT,它被认为"是继数据库和搜索引擎之后的全新一代的'知识表示和调用方式'","在其推出短短几天内,注册用户超过100万,2个月活跃用户数已达1个亿,引爆全网热议,成为历史上增长最快的消费者应用程序,掀起了人工智能领域的技术巨浪。"(引自哈尔滨工业大学自然语言处理研究所(HIT-NLP)2023年3月6日发布的《ChatGPT调研报告》)。有研究认为"ChatGPT表现出了非常惊艳的语言理解、生成、知识推理能力,它可以很好地理解用户意图,做到有效的多轮沟通,并且回答内容完整、重点清晰、有概括、有逻辑、有条理。""ChatGPT还受到了各国政府、企业界、学术界的广泛关注,使人们看到了解决自然语言处理这一认知智能核心问题的一条可能的路径,并被认为向通用人工智能迈出了坚实的一步,将对搜索引擎构成巨大的挑战,甚至将取代很多人的工作,更将颠覆很多领域和行业。"(出处同上)也有中文教师经实际测试认为"它听不懂暗示,而且会自作聪明!""大家也暂且不必担心 ChatGPT 会砸了语言老师的饭碗。"(王建芬:向 ChatGPT 请教"把"字句——细思极恐的两个缺憾,2023-03-25 20:00 发表于美国)对于一个新事物有各种看法十分正常,而对于语料库建设者来说,了解、认识该事物,深入思考它可能给语料库建设带来的积极作用和消极影响,都是不可避免,且应积极面对的。

去年 5 月,中共中央办公厅、国务院办公厅印发了《关于推进实施国家文化数字化战略的意见》(以下简称《意见》),《意见》明确,到"十四五"时期末,基本建成文化数字化基础设施和服务平台,形成线上线下融合互动、立体覆盖的文化服务供给体系。到 2035 年,建成物理分布、逻辑关联、快速链接、高效搜索、全面共享、重点集成的国家文化大数据体系,中华文化全景呈现,中华文化数字化成果全民共享。(中国日报网,2022-05-23 17:00)语料库是较早出现的数字化产品,在《意见》的指导下语料库建设必将获得进一步的发展。作为数字化的组成部分之一,语料库建设也将在国家的数字化进程中做出自己的贡献。

科技在发展,时代在进步,在此背景下,汉语中介语语料库建设与应用研究必将不断前进,取得越来越多、越来越大的成就。

我对此深信不疑。

预祝会议圆满成功!谢谢!

# 汉语中介语语料库建设研究与语料库应用研究

# 数字人文与新文科

冯志伟

新疆大学 黑龙江大学

**摘　要**：数字人文是使用计算机技术和网络技术来研究传统的人文科学的一门新型的交叉学科，它的产生与发展得益于计算机科学和数字技术的进步及其在科学领域的普及应用。本文把数字人文发展划分为三个阶段：小规模的文本数据处理阶段、大规模的真实文本数据处理阶段、大规模的多媒体数据处理阶段，分析了数字人文在美国、欧洲、日本和我国的研制情况，指出数字人文有助于自然语言处理的发展。

**关键词**：人文计算；数字人文；新文科；自然语言处理

数字人文（digital humanities），又叫作人文科学中的计算（Computing in the Humanities）或人文计算（Humanities Computing），它是使用计算机技术和网络技术来研究传统的人文科学的一门新型的交叉学科，计算机科学、数字技术的进步推动了数字人文的产生和发展。

在计算机技术（computer technique）、数字技术（digital technique）的支持下，人文知识的获取、分析、集成和展示出现了明显的变化。

早期的数字人文研究开始于给书面的语言文字资料编制索引，现在已有大量的报纸、图书、期刊、照片、视频、文物、音乐作品、绘画作品等人文资料被数字化，并可以在线通过网络提供给大众使用，给大众以沉浸式的人文体验。面对这种越来越强的数字化情景，人文学者应当进行更新知识的再学习，掌握有关的数字化技术，并且对于这些数字化的人文资料进行整理、编目、标引、检索和利用，从而提高人文科学的研究效率，实现文理结合，进一步推动人文科学的发展。

## 1 数字人文发展的三个阶段

国内有学者认为数字人文的研究是从 20 世纪 70 年代才开始的。我们觉得数字人文的研究应当在 20 世纪 40 年代就开始了。而且这样的研究是首先从语言研究开始的,这样的研究叫作人文计算(humanities computing)。

语言是人类区别于动物的主要标志,是人类交际、思维和认知的重要工具,是一种最为重要的人文现象,因而也就成为了人文计算的首要研究目标。我们认为,语言文字的计算机处理激发了人文计算的研究。

在语言研究中,搜集和整理资料是重要的基本功。先辈学者们学富五车,他们凭着自己的聪明才智和超人的记忆力,在做学问时游刃有余,我们常常称他们为"活字典"。

上世纪 60 年代我在北京大学读书时,有一次我到王力先生家里问问题,闲谈之中,王力先生对我说,罗贯中的《三国演义》有错误,刘备、关公、张飞桃园三结义后,到卧龙岗三顾茅庐拜访诸葛亮请他出山,诸葛亮吟诗"草堂春睡足",其中的"睡"字用错了,因为在三国的时候,睡觉称为"眠"而不能称为"睡",因此王力先生认为"草堂春睡足"应当改为"草堂春眠足"。当时我觉得王力先生实在太厉害了,三国时期的文献浩如烟海,王力先生居然能从这些文献中洞察到不用"睡"字。

在北京大学时我还读过音韵学家戴震的文章,他判断,在《论语》中没有"此"字,我认为"此"是常用的指示词,非常怀疑戴震的这个说法。《论语》才 2 万多字,字数不多,于是我花了一天的时间通查了一遍,果然没有"此"字。

这两件事使得我对于王力和戴震钦佩不已,也觉得自己实在是太笨了。王力和戴震都是大语言学家,他们有着超人的智慧。

近来我用计算机再次来查询《论语》中的"此"字,发现在《论语》中,确实有一些地方出现了"此"字。

1. "此生也,何真之有?"(《论语·雍也》)
2. "此谓知本。"(《论语·为政》)
3. "君子矜而不争,群而不党,如此而已。"(《论语·卫灵公》)

这说明计算机比戴震还要厉害!

我们凡人没有王力和戴震这样高的智慧,在做学问时,只好老老实实地查询文献,或者编制"引得"(indexing,又叫索引、通检)来提高查询的效率。

在传统的人文科学的研究中,文本资料的"引得"一直是通过手工编写卡片来进行的,这样的手工工作费时而又费力,是一种极为艰苦的脑力劳动。

新中国成立以前,在我国的燕京大学曾设有引得编纂处,以哈佛燕京学社的名义印刷了古代汉籍引得63种、中法汉学研究所印刷了通检8种,巴黎大学北京汉学研究所印刷了通检6种,中华书局、商务印书馆也印刷过一些索引。这些索引都是手工编纂的,编纂工作枯燥无味,手续繁多,要经过比较版本、校刊文字、确定工作本、划定词目、摘抄例句、排列卡片、过录稿本等多个工序,才可以完成索引的编纂。

《杜诗引得》的编纂,费时将近两年。

《荀子引得》的编纂也很费工夫。人们曾经这样描述编纂《荀子引得》时的劳累情况:

"编辑五六人,晨夕不辍,历时年余,始克蒇事,……,编者诚劳而用者则逸矣。"(冯志伟 1992:32)

在国外,古代拉丁文和希腊文典籍的索引编纂工作,同样也是非常艰苦的劳动。

1946年计算机研制成功之后,人文学者们开始使用计算机来编制索引,这样就可以把人文学者们从手工编纂索引的繁重劳动中解放出来。这可以说是早期的自然语言处理(Natural Language Processing, NLP)。

1949年,在美国 IBM 公司的帮助下,意大利神父罗伯托·布萨(Roberto Busa)使用计算机成功地为托马斯·阿奎那(St. Thomas Aquinas)等神学(theology)学者的古典拉丁文作品编制机器索引(machine indexing),文本的单词数目多达 1 100 多万,并且使用计算机对于每一个单词进行了词目还原(lemmatization),也就是把文本中实际出现的经过形态变化的单词还原成原形词(lemma)。他们把包含 1 100 多万单词的全部书面文本转移到穿孔卡片上,输入计算机,编制程序进行检索(retrieval),并于1992年制作成光盘。布萨的成功,开辟了人文计算的先河(Busa 1992:10)。

图 1　Roberto Busa

1962 年,美国学者帕里什(Stephen Parrish)仿效布萨的做法,给诗人阿诺德(Matthew Arnold)和依茨(W. B. Yeats)的诗用计算机编制了索引,由康奈尔大学出版社出版,方便人们检索(Parrish 1962:1—14)。

1963 年,英国学者维斯贝(Roy Wisbey)使用计算机给中世纪的高地德语(Hoch Deutsch)文献编纂了机器索引(Wisbey 1963:28—48)。

在这个时期,欧洲的一些语言研究机构开始采用计算机来协助词典的编纂。例如,在法国用计算机编纂了《法语宝库》(*Trésor de la Langue Française*),他们在南锡(Nancy)建立了法语文学资料的档案,以此作为词典编纂的数据资源。在荷兰莱顿(Leiden)成立了荷兰语词典研究所,使用计算机来编纂词典。

1979 年,我国武汉大学把巴金、夏衍、鲁迅、郭沫若、老舍、叶圣陶、曹禺、茅盾、赵树理等 9 位现代知名作家的 33 种小说和戏剧,共 527 万字键入计算机,用 RD-11 微型计算机编制索引(冯志伟 1992:31)。

这种机器索引的方法此后逐步向文学、文艺学、历史学等领域扩展。1980 年,罗伯托·布萨因此而提出了"人文计算(Humanities Computing)"的概念(Busa 1980:81—90)。

20 世纪 60 年代初期,学者们还使用计算机来进行作者身份识别(authorship identification)。莫斯特勒(Mosteller)和华莱士(Wallace)对《联邦主义者文集》(*Federalist Papers*)的作者身份进行研究,他们采用统计方法对同一主题的有争议作者进行分析,在 12 份有争议的作者中证明麦迪逊(Madison)是最为可能的作者(Mosteller et al., 1964)。他们的结论得到学术界的普遍认可,《联邦主义者文集》的分析方法成为了作者身份识别的经典方法(Holmes Forsyth 1995:11—27)。

与此同时,美国洛克菲勒基金会自然科学部主任韦弗(Weaver)在1949年发表了一份备忘录,备忘录的题目叫作《翻译》(Translation),明确地提出了使用计算机进行机器翻译(machine translation)的问题。

在这份备忘录中,韦弗说:

"随附的备忘录中探讨了从一种语言到另外一种语言的翻译,以及利用高速、大容量及具有逻辑灵活性的现代计算设备实现这个过程的可能性。我怀着一种希望写下这份备忘录:希望它能以某种方式启发那些具有技术、知识和想象力的人,去开启这一个领域。我曾经很担心这些想法的朴素和简单,但在我看来,这个问题是这样地重要,我愿意暴露自己的无知,希望我的真实意图可以稍微掩盖我的无知。"(Weaver 1949:15—23)

这段话显示了韦弗对于"机器翻译"这样的新思想充满了憧憬和希望。

韦弗认为,机器翻译类似于解读密码,而计算机可以使用计算技术来解读密码,因此,像语言翻译这样的人文现象可以使用计算机来实现。这样的机器翻译研究当然也属于人文计算的范畴。

1954年美国乔治敦大学在IBM104电子管计算机上进行了第一次机器翻译试验,把60个用拉丁字母转写的俄语句子用计算机自动地翻译成英语,这个试验用有力的事实证明了机器翻译的可能性。第一个机器翻译系统原型的公开演示,极大地震动了新闻界。

图2 第一次机器翻译试验成功(1954年)

第一次机器翻译试验的成功用强有力的事实说明了，使用计算机来处理人文现象是可能的。

因此，我们认为，使用计算机来研究人文现象，特别是研究像处理语言这样的人文现象，早在20世纪40—50年代就开始了。机器索引、作者身份调查和机器翻译是最早的人文计算研究。这是人文计算研究的萌芽。

这个阶段的特点是研究的数据主要是文本，数据的规模都比较小，可以叫作**"小规模的文本数据处理"**（small-scale text data processing）阶段。

此后，人文计算研究的队伍日益壮大。1970年在剑桥举行了人文计算的研讨会，这是在英国举行的两年一次的系列会议的开始，此后于英国的爱丁堡（1972年）、卡迪夫（1974年）、牛津（1976年）、伯明翰（1978年）和剑桥（1980年）在偶数年相继举行了人文计算的会议。

1973年，欧洲的一些语言学者建立了ALLC，它的全称是"文学与语言学计算协会"（The Association of Literary and Linguistic Computing），旗帜鲜明地提倡采用计算机技术来进行文学和语言学的研究。1986年，ALLC出版了期刊 *Literary and Linguistic Computing*（《文学与语言学计算》），成为人文计算的专业性学术刊物。

到70年代中期，国际人文计算会议（The International Conference on Computing in the Humanities，简称ICCH）在北美举行，此后这个会议在奇数年举行，与英国的人文计算会议交替进行。后来，英国在偶数年的会议和ICCH在奇数年的会议逐渐凝聚在一起。这两个会议都专注于文学和语言学资料的计算机处理，并在一定程度上强调"语言学"。ICCH会议上发表的论文内容更加广泛，研究领域扩充到计算机在写作教学中的应用，以及音乐、艺术和考古学的人文计算等领域。1978年，成立了计算机与人文学科协会（Association for Computers and the Humanities，简称ACH）。

人文计算还影响到档案的管理。1976年在英国建立了牛津文本档案馆（the Oxford Text Archive，简称OTA）。OTA的主要工作是维护电子文本，并在得到保存人的许可和版权许可的情况下，将这些文本提供给学术研究使用。这是"数字图书馆"（digital library）的雏形（Proud 1989:9）。

在古籍整理方面，美国加州大学欧文分校的布鲁纳（Theodore Brunner）筹集了数百万美元建立了古希腊文本的"数据库"（data base），该数据库收录了从荷马到公元600年左右的所有古希腊文作者的作品，约

7000万词(Brunner 1993:10—33)。

后来,帕卡德人文研究所使用计算机编制了古典拉丁文集的语料库(corpus),为古典拉丁文研究的学者提供丰富的研究资源。古英语学者建立了"古英语语料库",并在这个语料库的基础上编写了《古英语词典》。

这一时期还建立了一些人文科学的计算中心。例如,位于卑尔根的挪威人文计算中心(现在的 HIT),美国宾夕法尼亚大学的文本计算机分析中心(CCAT),这些机构的学者们都得到了大量的支持。

这样一来,人文计算的数据规模有了大幅度的增长,为了实现数字化文本之间的数据交换和数据的再利用,国际标准化组织(ISO)在 1986 年公布了标准通用置标语言(The Standard Generalized Markup Language,简称 SGML),为数字化文本数据提供了一个定义标记的方案,它不仅可以处理许多不同类型的文本数据,并且还可以表示文本数据的基本结构特征(冯志伟 1997:20—25)。

为了提高大规模电子文本的规范化和标准化程度,计算机与人文学科协会、计算语言学会与文学与语言学计算协会在 1987 年联合成立了 TEI 研制组,TEI 是文本编码倡议(Text Encoding Initiative)的缩写,这个研制组于 1994 年 5 月出版了 TEI 的标准,把 TEI 作为电子文本编码和数据交换的指南。TEI 标准主要面向于人文科学研究,其目的在于提高数字文本的传播、分析和教学效率。TEI 标准的实施为数字人文提供了极大的便利(冯志伟 1992:13)。

20 世纪 90 年代初期,人文计算的内容逐渐明晰,成为了一门独立的交叉学科。

1999 年,英国伦敦国王学院的麦卡蒂(W. McCarty)讨论了人文计算的学科地位,他认为人文计算应该是一门独立的交叉学科,并且提出,应当在制度和学术等层面,切实地保障和支持人文计算的研究(McCarty 1999:17)。

1993 年 7 月在日本神户(Kobe)召开的第四届机器翻译高峰会议(MT Summit IV)上,英国学者哈钦斯(J. Hutchins)在他的报告中指出,自 1989 年以来,机器翻译在基于规则的技术中引入了语料库方法,这种建立在大规模真实文本(large scale and authentic text)处理基础上的机器翻译,使机器翻译进入了一个"新纪元"(new era),这是人文计算研究的一场革命,它将会把人文计算推向一个崭新的阶段。

这样一来,人文计算的处理对象,就从小规模的文本转到了大规模的、真实的文本,从大规模的、真实的文本语料库中获取知识,进入了人文计算的第二个阶段:**大规模真实文本数据处理**(large-scale and authentic text data processing)阶段。这是人文计算重要的战略转移。

万维网(World Wide Web,WWW)是基于互联网的计算机网络,通过万维网,用户可以访问存贮在互联网上的海量信息。万维网上面的数据是大规模的,数据的载体除了叙事文本之外,还可以是格式化的字母数字集、表格、声音、音乐、图形等多媒体。这样一来,随着万维网的出现和计算机技术的发展,"人文计算"的对象就从语言文字的电子文本逐步扩展到超文本、音频、图形、视频、网页、虚拟现实、数字地图、三维空间(three Dimensions,3D)等多媒体,人文计算的研究领域也从语言文字领域进一步扩展到历史、文学、美术、音乐、艺术、文物、考古等多个人文科学的领域。这样一来,人文计算就进入了它的第三个阶段:"**大规模的多媒体数据处理**"(large-scale multimedia data processing)阶段。

这样的发展使得继续使用"人文计算"这个术语显得有些过时。由于这样的多媒体数据都是数字化的数据(digital data),因此,在2001年,人文计算也就有了一个新的名称:"数字人文"(digital humanities)。布莱克维尔出版社(Blackwell Publishing)在2001年4月首次出版了一部以

图3 《数字人文指南》(2001年)

"数字人文"为书名的图书,叫作《数字人文指南》(A Companion to Digital Humanities)。"数字人文"迅速取代了"人文计算",成为了一个跨学科的、新兴的研究领域(Schreibman et al. 2004:1)。

在这种情况下,1973年成立的文学与语言学计算协会(ALLC)也与时俱进地更名为"欧洲数字人文协会"(European Association for Digital Humanities,简称 EADH)。

20世纪90年代以来,人文学者开始越来越频繁地使用各种新型的数字技术来处理人文资料,并进行人文知识生产。例如,使用计算机光学字符识别(Optical Character Recognition,简称 OCR)技术来扫描古籍图书和绘本,使用虚拟现实(Virtual Reality,简称 VR)技术来复原古代的建筑模型和历史上的都市,开发和建设各种各样的在线的声视频数据库等。2014年,史琪(M. Schich)研究了公元前600年至2012年间15万个历史人物的出生和死亡数据,根据这些大数据描绘了他们的空间迁徙模式。2015年,埃登(E. Aiden)对"谷歌图书"中500多万本电子书的词汇历时使用频度变化进行了统计分析,显示了大数据在人文科学研究中的重要价值。这样一来,人文知识的数字化迅速地从文学和语言学领域扩展到了历史、哲学、考古、绘画、音乐、表演艺术、文物保护等更为广泛的领域。在这一进程中,产生了越来越多的数字原生数据,如计算机图像、数字地图、虚拟人物、在线网页等,这些数字原生数据的产生进一步丰富了数字人文的研究内容。

国际文学与语言学计算联合会(Association for Literary and Linguistic Computing,2012年改名为 European Association for Digital Humanities)主席扎波里(Antonio Zampolli)教授是我的老朋友,他是意

图4　Antonio Zampolli

大利比萨大学的计算语言学教授,在 2001 年 4 月,他召集多个学科的研究者在意大利的比萨开了一次综合性的人文计算研讨会,随后发布了"比萨报告"(Pisa Report)。所以,我是了解这个"比萨报告"的,这是数字人文研究的一个重要文献。

在比萨报告中,罗贝(David Robey)教授绘制并发表了一副有关"数字人文"的全景知识地图。

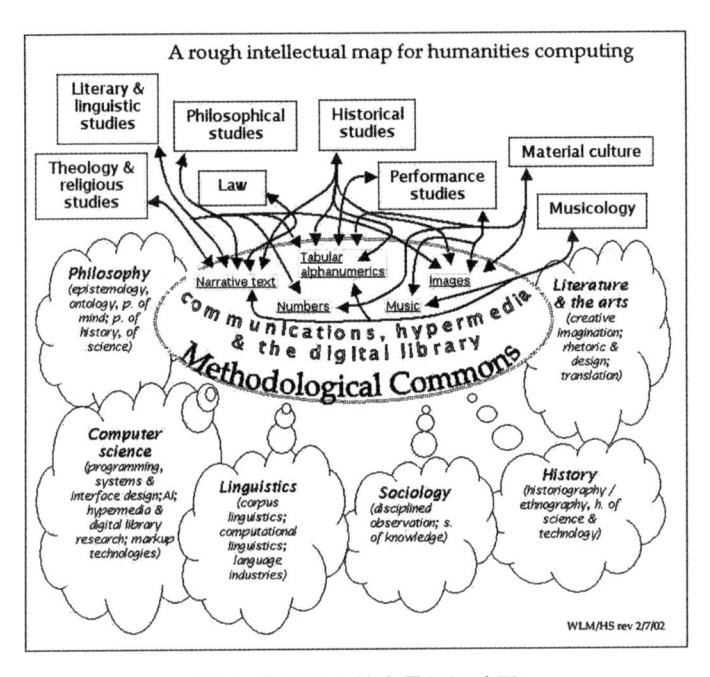

**图 5　数字人文的全景知识地图**

这个全景知识地图的中央区域指的是数字人文研究的方法论共同基础,它们是数字人文的核心,包括各种可计算的基础数据对象,如叙事文本(Narrative text)、格式化的字母数字集(Tabular alphanumerics)、图像(Images)、音乐(Music)、数字(Numbers)等,这些基础数据处理的最为关键的技术是现代通讯技术(Communications)、超媒体(Hypermedia)、数字图书馆(Digital library)等基础性的研究平台。针对这些数据而进行的计算活动包括文本分析、数据库设计、数字绘图、音乐检索等。

图中上部分的方块代表的是各种科学共同体,如文学与语言学研究共同体(literary & linguistic studies)、哲学研究共同体(Philosophical studies)、历史研究共同体(Historical studies)、神学宗教研究共同体(Theology & religious studies)、法学研究共同体(Law)、表演艺术研究共同体(Performance studies)、物质文化共同体(Material culture)、音乐学共同体(Musicology)等。双向箭头代表不同的科学共同体与不同的数据类型和计算方法之间的对应关系。例如,哲学研究共同体主要与叙事文本发生联系,文学与语言学研究共同体除了主要与叙事文本发生联系之外,还可能与图像发生联系,这种对应关系也不是固定的,它们随着研究条件和信息技术的发展而不断变化。

图中下半部分的云朵表示数字人文涉及的不同的学科及其子学科研究的具体内容。例如。数字人文的语言学(Linguistics)研究的具体内容包括语料库语言学(corpus linguistics)、计算语言学(computational linguistics)、语言产业(language industries)等。

从这个数字人文的全景知识地图可以看出,数字人文的研究已经扩充到了人文科学的各个领域。除了语言学之外,还包括文学、哲学、历史、宗教、法学、表演艺术、物质文化、音乐学等人文科学领域。

自然语言处理是数字人文研究的内容之一。2007年以来,在自然语言处理中,采用深度学习(deep learning)的方法,以大规模的双语对齐的语料库作为语言知识的来源,引进了神经网络(neural network)技术。在神经机器翻译(Neural Machine Translation,简称NMT)中,采用编码器-解码器(encoder-decoder)的体系结构,并且采用词嵌入(word embedding)的方式进行句子表示(sentence representation),明显地改善了机器翻译译文的忠实度和流畅度。例如,在汉英神经机器翻译中,输入汉语句子"布什与沙龙举行了会谈",编码器使用词向量进行句子表示,在解码器一端就可以输出相应的英语译文"Bush held a talk with Sharon"。如图6所示。

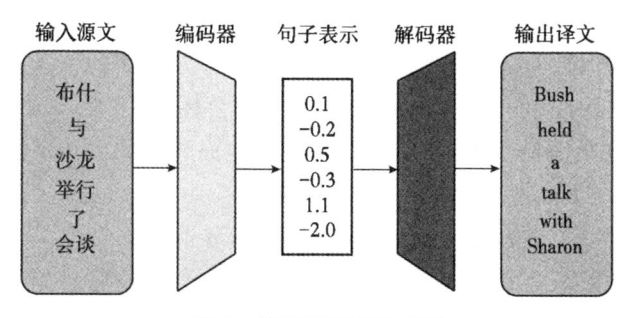

**图6 神经机器翻译实例**

目前，对于一般文本的神经机器翻译，已经接近人的翻译水平。如果加上译后编辑（Post Editing，简称 PE）加工，翻译的效果还会更佳。

自然语言处理是数字人文的重要研究领域，深度学习为数字人文提供了新的方法，大大地提高了数字人文的研究水平。

## 2　数字人文研究方兴未艾

国外的数字人文研究非常活跃，我们在这里介绍一下美国、欧洲和日本的情况。

2006 年，为了推动数字人文研究项目的发展，美国国家人文基金会专门成立了数字人文办公室（Digital Humanities Office）。

2007 年 2 月，这个基金会资助美国的布鲁克林大学考古研究中心，使用数字人文的技术来拼接古代美索不达米亚楔形文字的碎片。

楔形文字（Cuneiform script）是在公元前 31 世纪左右美索不达米亚平原上的苏美尔人创造的文字，是已知的、世界上最古老的文字。大多数楔形文字是在泥板上刻画的，所以线条笔直，形同楔形；因为楔形文字是使用芦苇杆或者木棒压印在泥板上来书写的，因此文字的笔画大部分都呈三角形的形状，而楔形文字的字形也随着文明的演变，逐渐地由表意的象形文字发展成表音的音节符号。

由于年代久远，很多刻画有楔形文字的泥板都裂开了，散落成为零散的文字碎片。因此，楔形文字碎片的拼接就成为了考古学上一个重要的问题。

布鲁克林大学的考古研究中心使用激光扫描和三维定量的数字技术，制作了楔形文字碎片的数字模板。学者们可以使用这些数字模板，把零碎的楔形文字碎片连接起来，推断这些楔形文字碎片是不是可以拼接成一篇文章，从而可以把零碎的楔形文字碎片大量地拼接起来。数字人文技术有力地推动了楔形文字的释读研究。

1964—1965 年在美国举办的纽约世博会耗资 10 亿美元，这届世博会的地点在纽约皇后区的科罗纳公园，占地面积约 2.6 平方公里。这届世博会于 1964 年 4 月 22 日开幕，于 1965 年 10 月 17 日结束，历时 1 年半，参观人数达 5 100 万人次之多，创下了历届世博会参观人数的最高纪录。这届世博会的主旋律是"自动化和太空时代"，它的代表展品是一个 12 层楼高的、不锈钢的巨型地球仪，引人瞩目。

图 7　楔形文字碎片的拼接

图 8　1964—1965 年的纽约世博会

这届世博会结束之后,经过多年的风吹雨打,当年的 100 多座展馆仅存 4 座,其中的科技馆、昆斯艺术博物馆、公园剧院等仍然继续对外开放。除此之外,这里还矗立着一个当年由美国钢铁公司建造的巨型不锈钢地球仪,它是世界上最大的地球仪模型。人们希望能够原汁原味地恢复这届世博会的面貌。

**图 9　不锈钢巨型地球仪**

数字人文技术使得实现这样的愿望变为可能。2008年,美国国家人文基金会资助佛罗里达州的一所大学,使用虚拟现实技术和多媒体技术,采用数字化的方式来重现1964—1965年的纽约世博会,使得游客们可以在虚拟的世博会的场景中,重新体验到多年前纽约世博会的盛况,观众还可以在这个虚拟的世博会中,获取当年的档案文件和图片,得到沉浸式的、身临其境的、栩栩如生的体验。这是数字人文的具有标志性意义的事件。

美国国家人文基金会还资助得克萨斯州的农业机械大学,使用高动态的图像技术来整理古代建筑遗迹的档案,从而恢复古代建筑遗迹的原貌。

欧洲科学基金会人文常务委员会非常关注数字人文的研究,这个委员会举办了多次电子人文会议(e-humanities congress)。欧盟数字图书馆(European Digital Library)于2008年11月在比利时的布鲁塞尔(Brussels)正式启动,通过这个数字图书馆的门户网站,用户可以看到各种书籍、电影、音乐、绘画和照片的数字化资料,为欧洲的数字人文研究提供了很大的方便。

英国信息系统联合委员会资助过多个数字人文项目,例如,该委员会资助过人文万维网项目(World Wide Web of Humanities),这个项目的目标是利用开源的软件来采集互联网上的档案数据,从而为英国的数字人文研究提供数据,构建体系框架;该委员会资助的 TextVRE 项目可以提供文本分析服务,帮助人文学者处理和分析各色各样的人文数据。

日本立命馆大学的京都数字文艺研究中心致力于京都文艺的数字人文研究,他们借助地理信息系统(Geographical Information System,简称GIS)、虚拟现实、三维建模等多种数字人文技术来改善日本和京都的历史与文艺研究,实现研究方法的创新。

## 3　数字人文推动我国新文科建设

我国数字人文研究早在上世纪 50 年代就开始了。著名的藏学家于道泉曾提出过翻译机械化和藏文字符编码的想法,他在 1956 年发表了《谈谈翻译机械化》一文,1982 年发表了《藏文数码代字》一文,这是我国最早讨论数字人文问题的文章。

1975 年,四川大学童恩正、张陞楷、陈景春等人利用计算机对甲骨碎片进行缀合,发表了论文《关于使用电子计算机缀合商代卜甲碎片的初步报告》。他们利用"时代、字迹、骨板、碎片、辞、边缘"等六项限制条件对于 263 个商代的卜甲碎片进行缀合,缀合率为 40% 左右。这项研究比美国布鲁克林大学考古研究中心拼接楔形文字碎片的研究早了 32 年。

1980 年,美国华裔学者陈炳藻利用计算机对《红楼梦》的单词使用频率进行统计分析,根据前八十回与后四十回单词使用的频率比较,他发现两部分的单词频率基本上是相同的,因此,陈炳藻认为,前八十回与后四十回的作者可能都是曹雪芹。此后又有学者从不同的角度研究,得出的结论各不相同,这个问题至今尚无定论。

当前我国数字人文研究逐渐从语言文字的信息处理转移到了地理信息系统、古代文学、历史学研究的交叉领域。

在地理信息处理研究方面,复旦大学历史地理研究中心与美国的哈佛燕京学社、哈佛大学东亚系等单位合作,建立了一套中国人口地理信息系统。北京的超图软件股份有限公司与中国社会科学院合作,联合开发了中国社会科学综合地理信息服务平台系统。

在古代文学研究方面,北京大学中文系开发了全唐诗电子检索系统,这个系统可以分析古代诗词的韵律特征。

在历史学研究方面,中国国家数字图书馆工程建设了包括馆藏年画数字化资源库、馆藏甲骨实物与拓片数字化资源库、敦煌遗珍数字化资源库、民国图书数字化资源库等多个数字人文数据库。北京大学中国古代史研究中心、哈佛大学费正清研究中心、中央研究院历史语言研究所发起共建了"中国历代人物传记资料库项目"(China Biographical Database，简称 CBDB)。这个资料库是线上(on line)的关系型数据库，其目标在于全面地收入中国历史上所有重要的传记资料，并将这些资料的内容毫无限制地、免费地提供给学术研究之用。截至 2021 年 12 月，这个数据库共收录 515 488 人的传记资料，这些人物主要出自 7 世纪至 19 世纪，涉及唐代和明清的人物。

南京师范大学建立了先秦 25 种典籍的语料库，包括左传(28.3 万字)、管子(16.2 万字)、韩非子(13.2 万字)、礼记(13.0 万字)、吕氏春秋(12.9 万字)、墨子(10.5 万字)、国语(9.5 万字)、荀子(9.3 万字)、庄子(8.1 万字)、仪礼(7.5 万字)、公羊传(6.9 万字)、晏子春秋(6.7 万字)、谷梁传(6.5 万字)、周礼(6.4 万字)、诗经(5.4 万字)、孟子(4.7 万字)、楚辞(4.1 万字)、尚书(3.7 万字)、周易(3.2 万字)、商君书(2.5 万字)、论语(2.4 万字)、老子(1.0 万字)、孙子(0.85 万字)、吴子(0.6 万字)、孝经(0.24 万字)。含标点合计 172.29 万字。

他们使用计算机对古籍进行了断句、标点、分词、词性标注、义项标注。例如，对于"黄帝者少典之子姓公孙名曰轩辕生而神灵弱而能言幼而徇齐长而敦敏成而聪明轩辕之时神农氏世衰"这一段文本，处理过程如下：

- **文本**：黄帝者少典之子姓公孙名曰轩辕生而神灵弱而能言幼而徇齐长而敦敏成而聪明轩辕之时神农氏世衰
- **断句**：黄帝者/少典之子/姓公孙/名曰轩辕/生而神灵/弱而能言/幼而徇齐/长而敦敏/成而聪明/轩辕之时/神农氏世衰
- **标点**：黄帝者，少典之子，姓公孙，名曰轩辕。生而神灵，弱而能言，幼而徇齐，长而敦敏，成而聪明。轩辕之时，神农氏世衰。
- **分词**：黄帝者，少典之子，姓公孙，名曰轩辕。生而神灵，弱而能言，幼而徇齐，长而敦敏，成而聪明。轩辕之时，神农氏世衰。
- **词性标注**：黄帝/nr 者/u ，/w 少典/nr 之/u 子/n ，/w 姓/v 公孙/nr ，/w 名/n 曰/v 轩辕/nr 。/w 生/n 而/c 神/a 灵/a ，/w 弱/n 而/c 能/v 言/v ，/w 幼/n 而/c 徇/a 齐/a ，/w 长/n 而/c 敦/a 敏/a ，/w 成/n 而/c 聪/a 明/a 。/w 轩辕/nr 之/r 时/n ，/w 神农氏/nr 世/n 衰/v 。/w
- **义项标注**：黄帝/nr[人] 者/u ，/w 少典/nr[人] 之/u 子/n[亲属关系]

**图 10　古籍的自动处理过程**

经过自动处理的古籍文本,不仅包含古籍的原文,而且还包含了标点、分词、词性和义项等信息,大大地丰富了古籍的内容。

他们对于先秦古籍进行了字频统计,发现频度最高的前75个汉字是:

"之、不、也、而、以、其、子、曰、人、者、有、為、则、於、公、君、無、大、故、王、天、所、夫、可、是、國、下、矣、民、與、乎、上、事、行、三、知、一、能、侯、言、必、如、得、若、謂、道、非、將、用、然、在、至、士、命、自、中、師、見、五、四、日、皆、生、死、成、及、先、從、明、治、相、利、後、食、小"。

与1998年统计的现代汉语的高频汉字相对比,得到如下的对比表:

| 序号 | 先秦汉字 | 总频次 | 总频率 | 对应 | 199 801汉字 | 总频次 | 总频率 |
|---|---|---|---|---|---|---|---|
| 1 | 之 | 56 862 | 0.042 6 | | 的 | 54 650 | 0.034 4 |
| 2 | 不 | 33 485 | 0.025 1 | | 国 | 17 688 | 0.011 1 |
| 3 | 也 | 31 683 | 0.023 7 | | 一 | 17 454 | 0.011 0 |
| 4 | 而 | 27 366 | 0.020 5 | | 在 | 13 582 | 0.008 5 |
| 5 | 以 | 25 838 | 0.019 4 | | 中 | 12 846 | 0.008 1 |
| 6 | 其 | 21 899 | 0.016 4 | | 人 | 12 513 | 0.007 9 |
| 7 | 子 | 20 251 | 0.015 2 | | 了 | 12 320 | 0.007 7 |
| 8 | 曰 | 19 315 | 0.014 5 | | 和 | 11 848 | 0.007 5 |
| 9 | 人 | 19 196 | 0.014 4 | | 是 | 11 506 | 0.007 2 |
| 10 | 者 | 18 502 | 0.013 9 | | 有 | 11 075 | 0.007 0 |
| 11 | 有 | 13 898 | 0.010 4 | | 年 | 10 952 | 0.006 9 |
| 12 | 為 | 13 040 | 0.009 8 | | 大 | 10 832 | 0.006 8 |
| 13 | 则 | 12 344 | 0.009 2 | | 不 | 9 174 | 0.005 8 |
| 14 | 於 | 11 958 | 0.009 0 | | 为 | 8 806 | 0.005 5 |
| 15 | 公 | 10 162 | 0.007 6 | | 会 | 8 467 | 0.005 3 |
| 16 | 君 | 9 355 | 0.007 0 | | 业 | 7 596 | 0.004 8 |
| 17 | 無 | 8 918 | 0.006 7 | | 上 | 7 376 | 0.004 6 |
| 18 | 大 | 8 306 | 0.006 2 | | 地 | 7 332 | 0.004 6 |
| 19 | 故 | 7 418 | 0.005 6 | | 发 | 7 325 | 0.004 6 |
| 20 | 王 | 7 308 | 0.005 5 | | 出 | 6 828 | 0.004 3 |

**图11 先秦汉字与现代汉字字频对比表**

从对比表中可以看出，先秦汉字的频度最高的汉字是"之"字，对应现代汉字中频度最高的"的"字，先秦汉子次高频的"不"字，在现代汉字中排名第 13 位，而先秦汉字中排名 18 的"大"字，在现代汉字中却排名 12 位。由此可以看出古今汉字使用情况的异同。

他们还给古籍标注了时间和空间信息，使我们了解到历史时间发生的年代和地点，有助于我们对于历史事件获得更加清晰的了解。例如，经过时间信息和空间信息标注之后，可以自动地得到孔子周游列国的时空地图：

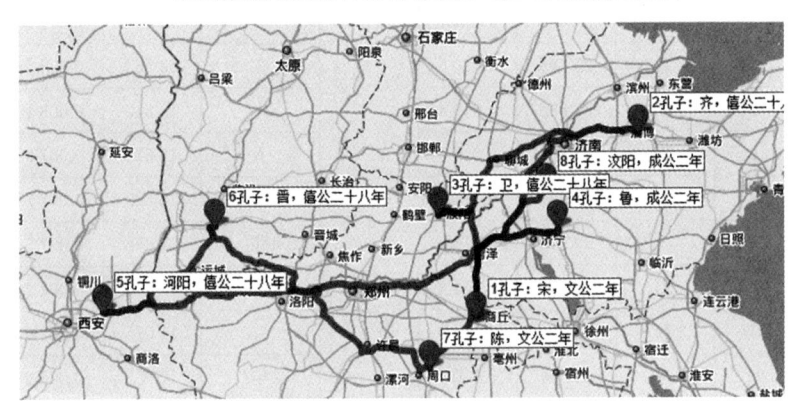

图 12　孔子周游列国时空地图

从这个时空地图，我们可以清楚地了解到孔子周游列国的时间和地点。这对于历史研究具有很大的价值。

中国科学院软件研究所用数字化技术研究古代诗歌，绘制古代诗人的知识图谱。例如，他们使用计算机输出了如下的关于明代诗人于谦的知识图谱。

从这个知识图谱中我们可以了解到，《石灰吟》这首诗是诗人于谦作的，诗的内容是："千锤万凿出深山，烈火焚烧若等闲，粉骨碎身浑不怕，要留清白在人间"。

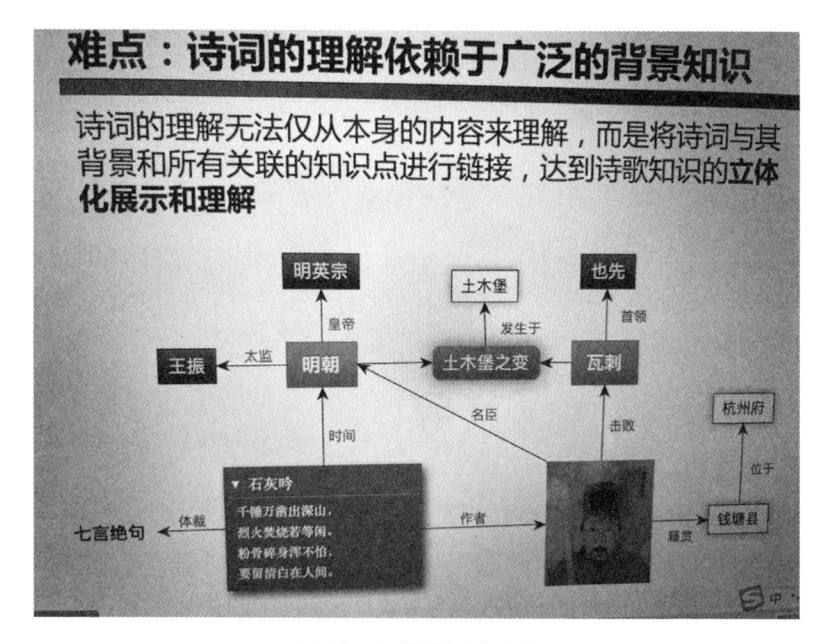

图 13　于谦的知识图谱

根据这个知识图谱,我们还可以了解到于谦是杭州府钱塘县人,他是明朝的名臣,他在土木堡之役中击败了以也先为首领的瓦剌,当时明朝的皇帝是明英宗,当时的太监是王振,等历史知识。这些知识有助于让这首诗得到立体化的展示和理解(冯志伟 2021:7)。

唐诗是我国古代文化的瑰宝,唐诗共有 4 万多首,坊间传说唐诗的作者有 3 万人之多,唐诗的作者究竟有多少,需要进一步核实。大连海事大学信息科学技术学院构建了 QuanTangShi 语料库,删除了 905 首无名氏或未明作者的诗作,整理后的唐诗语料库共 44 734 首,统计发现,唐诗作者为 2 300 个。其中近半数的唐诗作者只创作 1—2 首诗,创作了 500 首诗的诗人不足 20 人,其中白居易创作的诗最多,高达 2 844 首。这样的研究使我们对于唐诗的作者获得了清晰的认识(周爱等 2022:161—170)。

北京语言大学使用数字人文的方法研究近代汉语到现代汉语之间词语的使用情况,他们分别选择了《申报》和《人民日报》建立了语料库。《申报》的时间跨度为 1872—1949 年,共 77 年,包括字符 27 亿,《人民日报》的时间跨度为 1946—2015 年,共 70 年,包括字符 12 亿。

通过使用数字人文技术,他们从这些语料库中研究词语长度的变化,做出了1872—1947年间词语长度的变迁曲线。

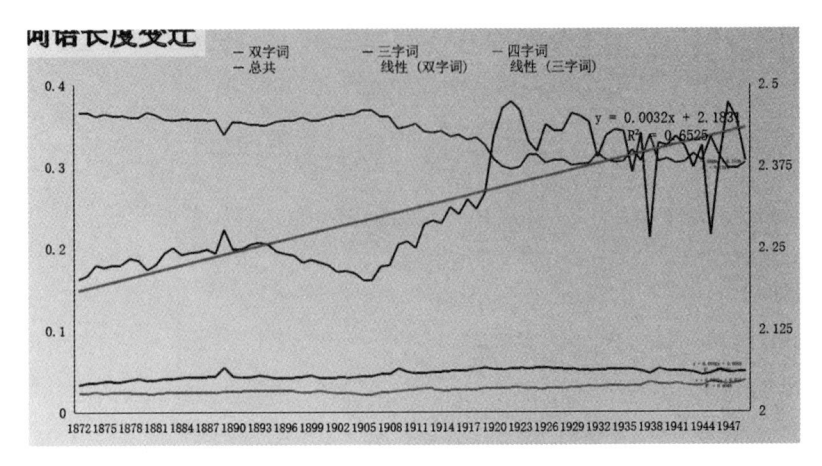

图14　1872—1947年间词语长度的变迁

从图14可以看出,从1872年以来,三字词和四字词都在缓慢地增长,三字词比四字词多,而双字词增长最快,但是增长幅度不均衡(李子茜等2022:23)。

他们还统计了"学堂"和"学校"这两个单词使用频度的变化,如图12所示。从图中可以看出,在1872—1920年间,主要是使用"学堂",很少使用"学校",1920年以后,"学堂"的使用频度越来越低,1945年之后几乎不用了,而"学校"的使用频度则逐渐升高。

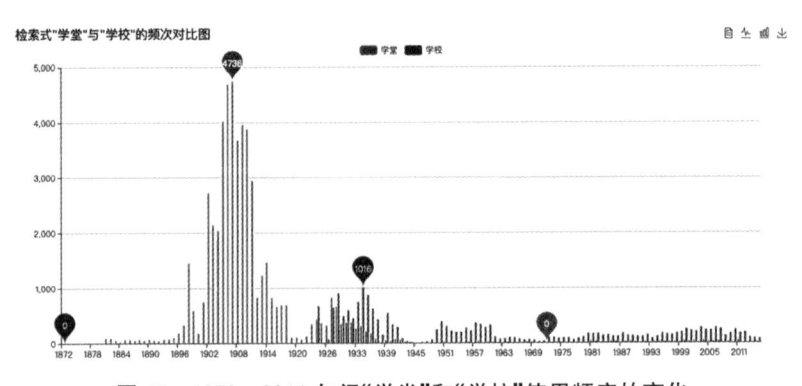

图15　1872—2011年间"学堂"和"学校"使用频度的变化

他们还分别统计了《申报》(1872—1949年)和《人民日报》(1950—2015年)中颜色词使用的历时变化(徐艺玮 2021:43)。

从图16和图17中可以看出,不论在《申报》还是在《人民日报》中,中文颜色词使用以青色、绿色、蓝色最多,黄色次之,红色再次之,白色和黑色使用较少。这是中文使用颜色词的共同性,这也许与中华民族喜爱大自然的青山、绿水、蓝天有关。图14与图15对比还可以看出,《人民日报》使用颜色词的数量比《申报》多得多,这与新中国成立后人民生活的丰富多彩有关。

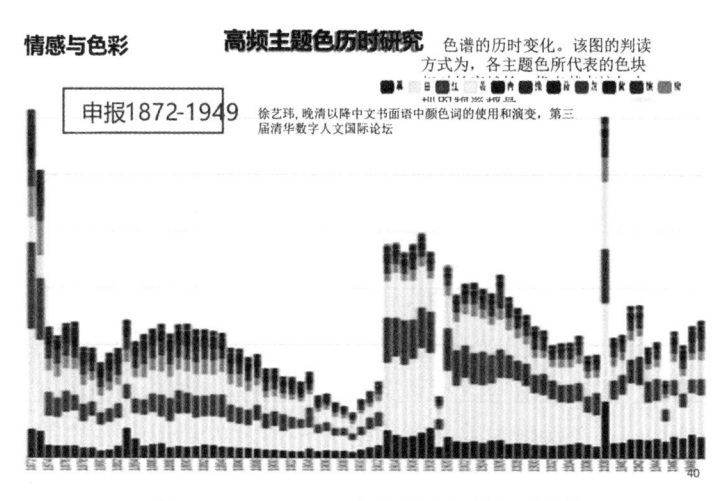

图16　1872—1949年间颜色词的历时变化

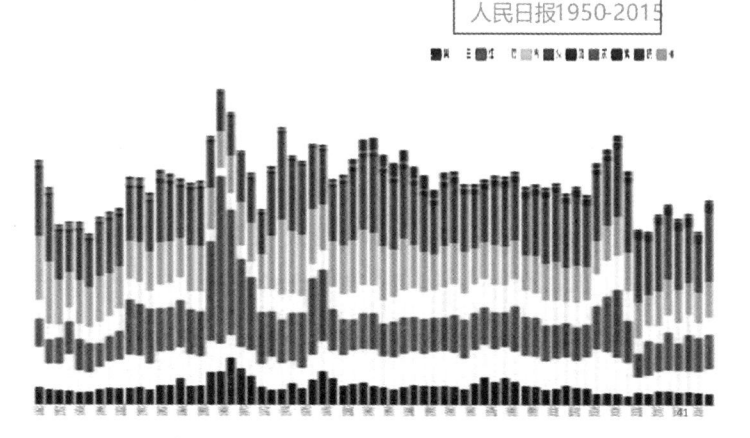

图17　1950—2015年间颜色词的历时变化

由此可见，数字人文有力地帮助我们从数字化的语言材料中获取可靠的语言知识，深化了我们对于语言的认识，这是语言学研究的一个新方向。

古籍数字化是我国数字人文研究的一个重要方面。我国古籍数字化已有多年的历史，但相对于20万种现存中国古籍来说，得到数字化的古籍只占很小一部分。随着计算机深度学习能力、文本挖掘等大数据技术和人工智能的快速发展，我国在继续推进古籍数字化的同时，应当由古籍数字化向古籍知识化转变。

古籍数字化和古籍知识化的最大区别，就是古籍数字化仅仅提供简单的字词检索，而古籍知识化则要基于现存所有存世古籍的关系性、结构化，建立"中国古典知识库"（Chinese Classics Knowledge Base，简称CCKB）。简单地说，就是运用自然语言处理前沿技术，开发适合不同古籍类型的文本分析模型和工具，实现针对古籍文本的词汇抽取、分词和关联分析；使用人工智能、大数据、自然语言处理等相应的技术工具和手段，借助过往一切古典学的研究成果，周密地设定主题词表，专业地提取各种实体，如年代、地名、人名、书名、篇名、职官、社团、思潮、事件以及各类语言和文化要素，多维度地构建不同实体间的关系，并通过这些实体及它们之间的相互关系，在保障古籍文献内容完整性及内部逻辑性的基础上突破古籍文献原有的结构，对古籍文献进行深层组织和知识管理，构建为体系化的"中国古典知识库"。

"中国古典知识库"是关乎中国古典知识整体的宏大构想。它的建设，有望给与古代文化研究相关的众多学科带来决定性变化，最大程度地促进文献的关联与知识的再发现。网络分析、文献计量、主题模型等中文信息处理技术的应用将进一步提升数字人文的科学性，从根本上促进传统文献学的现代转型。

2018年，教育部提出了"新文科"发展战略，强调文科专业应进行专业重组，把以数字技术、计算机技术和信息技术为代表的新技术融入哲学、文学和语言学等课程，以打破专业壁垒，实现文文交叉和文理交叉，开展跨学科的学习与研究。

数字人文把计算机科学与人文科学结合起来，是最为典型的文理交叉学科，这正好符合教育部"新文科"发展战略的要求，希望我国的数字人文的研究能够有效地与教育部"新文科"发展战略的实施对接起来,为"新文科"的建设贡献力量。让我们继续努力,进一步推进我国数字人文研究的发展。

**参考文献**

1. 冯志伟(1992)中文信息处理与汉语研究[M].北京:商务印书馆,31页.|| Feng Zhiwei. Chinese Information Processing and Chinese Research[M]. Beijing: Commercial Press, p.31.

2. 冯志伟(1992)国际标准化组织 TEI 会议和 ISO/TC37/SC3 第 8 次会议侧记[J].《自然科学术语研究》,1992 年第 2 期,13 页||Feng Zhiwei. ISO TEI Meeting and ISO/TC37/SC3 8th Meeting[J]. *Study of Scientific Terms*, 1992(2), p.13.

3. 冯志伟(1997)从通用置标语言 GML 到标准通用置标语言 SGML[J].《术语标准化与信息技术》,1997 年,第 4 期,20—25 页||Feng Zhiwei. From Generalized Make-up Language GML to Standard Generalized Make-up Language SGML[J]. *Term Standardization and Information Technology*, 1997(4), pp.20—25.

4. 冯志伟(2021)自然语言处理的重要资源-知识图谱[J].《外语学刊》,2021 年,第 5 期,1—9 页 || Important Resources for NLP-Knowledge Map{J}, *Foreign Language Research*, 2021(5), pp.1—9.

5. 李子茜、高天乐、饶高琦(2022)近代汉语报刊用字情况分析[A],第二十三届 CLSW 国际中文词汇语义学学术研讨会论文[C]. || Li Ziqian, Gao Tianle, Rao Gaoqi. Analysis for Newspaper Usage of Chinese Characters in Modern Chinese Language[J]. Proceeding of CLSW 13th Symposium[C].

6. 斯蒂文森(2008)雪崩[M].四川科学技术出版社.|| Stevenson, N. Snow Crash. Sichuan Scientific and Technic Press.

7. 徐艺玮(2021)晚清以降中文书面语中颜色词的使用和演变[A].第三届清华数字人文国际论坛论文[C]. || Xu Yiwei. Usage and Evolution of Color Words in Writing Text of Modern Chinese Language. Proceedings of International Congress of Tsinhua Digital Humanities.

8. 周爱、桑晨、张益嘉、鲁明羽(2022)诗人密码:唐诗作者身份识别[J],《中文信息学报》,2022 年,第 6 期,161-170 页 || Zhou Ai, Sang Chen, Zhang Yijia, Lu Mingyu. Poet Code: Attribution for Poetry in Tang Dynasty[J]. *Journal of Chinese Information Processing*, 2022(6), pp.161—170.

9. Brunner, T. F.(1993) *Classics and the Computer: The History of a Relationship*[A]. In J. Solomon(ed.), *Accessing Antiquity: The Computerization of Classical Studies*, pp.10—33. Tucson: University of Arizona Press.

10. Busa, Roberto(1980) The Annals of Humanities Computing: The Index Thomisticus[J], in *Computers and the Humanities* (14): pp.83—90.

11. Busa, Roberto, (ed.)(1992) Thomae Aquinatis Opera Omnia Cum Hypertextibus in CD-ROM[M]. Milano: Editoria Elettronica Editel.

12. Holmes, D. I. and R. S. Forsyth(1995) *The Federalist Revisited: New Directions in Authorship Attribution*[J]. *Literary and Linguistic Computing* 10: pp.11—27, 1995.

13. McCarty, Willard(1999) Humanities computing as interdiscipline. Is Humanities Computing an Academic Discipline? [N]. Paper delivered at IATH, University of Virginia. 5 November 1999.

14. Mosteller, F. and D. L. Wallace(1964) *Inference and Disputed Authorship: The Federalist*[M]. Reading. MA: Addison-Wesley.

15. Parrish, S. M.(1962) *Problems in the Making of Computer Concordances*[J]. *Studies in Bibliography* 15:1—14.

16. Proud, J. K.(1989) The Oxford Text Archive[A]. London: British Library Research and Development Report[C].

17. Schreibman, S., R. Siemens, and J. Unsworth, eds.(2004) A Companion to Digital Humanities[M]: Blackwell Publishing.

18. Weaver, W.. (1949) Translation[A]. In: Locke, W. N. and Booth, A. D. (eds.) Machine Translation of Language: Fourteen essays [C]. Cambridge, Mass.: Technology Press of Massachusetts Institute

of Technology, 15—23.

19. Wisbey, R.(1963) The Analysis of Middle High German Texts by Computer: Some Lexicographical Aspects[J]. *Transactions of the Philological Society*, pp.28—48.

# 汉语中介语语料库应用现状探究
## ——以三个通用型语料库为例

陈丽华　王美云
北京语言大学

**摘　要**：本文以"描绘现状-分析问题-探究对策"为思路，以三个通用型语料库为例，对汉语中介语语料库的应用现状进行探究。发现汉语中介语语料库主要用于偏误分析、教学研究和国别化习得研究，三个通用型语料库应用情况相似。目前存在动态追踪研究不足、研究方法单一、研究对象的关注点较为局限等问题。为改进现状，应建设历时中介语语料库、丰富研究方法、拓宽研究对象，以促进语料库应用研究发展。

**关键词**：汉语中介语语料库；偏误分析；教学研究；语料库应用

## 一、前　言

从第一个"汉语中介语语料库系统"建成至今，汉语中介语语料库建设取得了长足的发展，正在跨入一个繁荣发展的重要时期（张宝林，2016）。得益于汉语中介语语料库的建设，汉语教学与研究得到了显著的发展，取得了一系列重大的成果（张博等，2008；肖奚强等，2009；张宝林，2010）。

基于语料库的研究逐渐成为热潮，但已建设的汉语中介语语料库主要用于哪方面的研究，它们的应用情况是否相同？基于语料库的应用研究存在着何种问题？解决对策是什么？这些问题还有待进一步探究。

HSK动态作文语料库是上线最早且公开的汉语中介语语料库。暨南大学留学生汉语中介语语料库在较长的一段时间内开放给公众使用，目前由于未知原因停止开放。全球汉语中介语语料库是目前规模最大且公开的汉语中介语语料库。本文以这三个公开且广泛使用的汉语中介语语料库为例，全面考察其使用情况，可以了解汉语中介语语料库的应用情况。

本文围绕"描绘现状-分析问题-探究对策"的思路，通过可视化软件CiteSpace，结合Excel处理工具、传统文献分析法，从发文趋势、发文机构与作者、研究热点等方面，将基于语料库的研究现状动态地呈现出来。在充分了解语料库应用现状的基础上，分析现有研究中存在的不足，提出应对策略，以促进汉语中介语语料库的应用研究。

## 二、三个通用型汉语中介语语料库应用现状

### 2.1 HSK动态作文语料库

HSK动态作文语料库，又可简称为HSK语料库，是当前使用范围最大的汉语中介语语料库，于2016年向公众免费开放使用。HSK语料库收集了1992—2005年部分母语非汉语的外国人参加高等汉语水平考试的作文语料，截至2008年7月，HSK动态作文语料库总数达到了11 569篇，共计424万字，语料覆盖了100个国家和地区。[①]HSK语料库对字、词、句、篇、标点符号5个层面进行了穷尽性标注。其网址为http://hsk.blcu.edu.cn/。在CNKI中采用"篇关摘"的检索方式，输入"HSK动态作文语料库+HSK语料库"得到3 304篇文献，剔除会议通知等非相关文献，得到3 074篇有效文献。

#### 2.1.1 发文趋势

发文量在一定程度上可以反映语料库的影响力。图1展示了2003—2023年来研究文献的发文数量及发文趋势。HSK语料库的发文量大致可以分为三个阶段，分别是起步期（2003—2007），发展期（2008—2012），增长期（2013—至今）。起步期是HSK语料库的建设阶段，年度发文量为1篇，且发文内容多为语料库的建设研究。从2008年开始，发文量开始呈现明显的上升趋势，发文量逐年增加。2013年起，发文量急剧增长，年度发文量均在200篇以上。在经历较长时间的增长趋势后，近年仍保持快速增长。2021年发文量更是达到峰值，文献数量高达469篇。从HSK语料库的发文量和发文趋势可以看出，作为较早建成且对外公开的语料库，HSK动态作文语料库被研究者广泛运用，基于该语料库的研究成果丰富。

---

① 以上数据信息均来自http://hsk.blcu.edu.cn/

HSK 语料库发文量

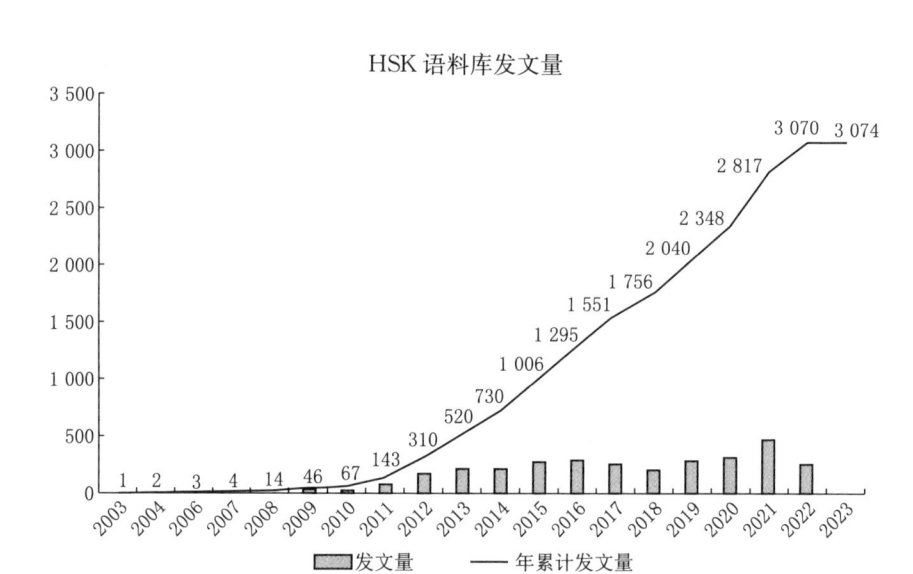

图 1 HSK 语料库发文数量及趋势

## 2.1.2 发文机构与作者

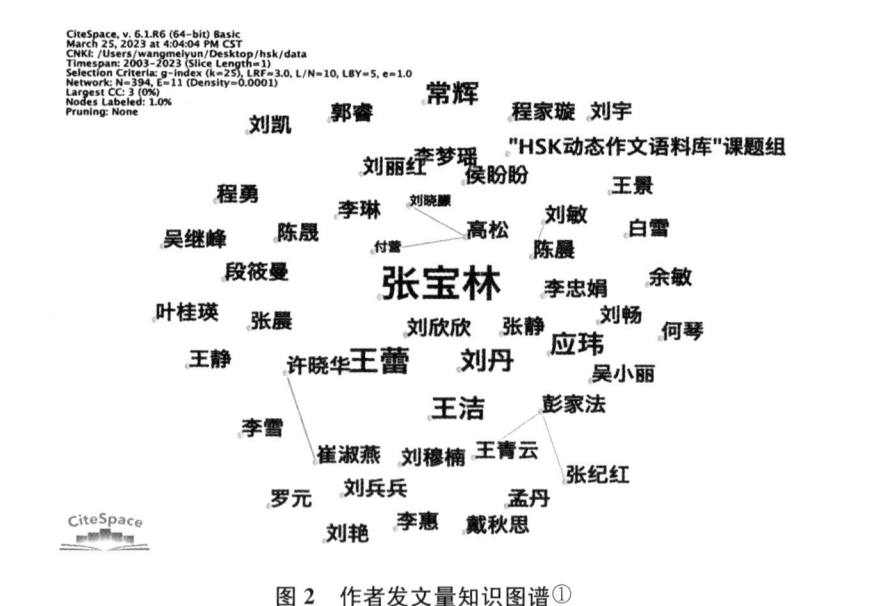

图 2 作者发文量知识图谱①

---

① 图中"王蕾"也发表了 3 篇文章,但经二次文献阅读,发现为同名作者,每位作者各发表一篇。因此,其不属于高产作者。

上图是作者共现图谱。字体越大,代表发文量越多。由图可知,张宝林是发文最多的作者,共发表了7篇。内容包括语料库的建设研究和基于语料库的研究两方面,语料库的建设方面主要是语料库的介绍(张宝林,2003)、语料库的建库构想(张宝林、崔希亮、任杰,2004),语料库的特色和功能介绍(张宝林,2009)。基于语料库的研究主要是基于HSK语料库考察了"把"字句的习得情况。以往的研究都认为"把"字句是汉语学习过程中的"老大难"问题,但是这些研究多由研究者的自省语料或是教学经验所得出的,缺乏大规模样本和实证研究的有效印证。张宝林(2010)对3 682个"把"字句进行了考察,发现外国人正确使用"把"字句的正确率是87.48%;偏误率约为12.52%,并不存在留学生"把"字句习得困难的问题。另外作者还认为"回避"并不是一种学习策略,而是一种无意识的偏误。学习者会回避使用"把"字句,不是因为"母语负迁移",其根本原因是汉语和其他语言在句子类型上的不匹配、不对应;直接原因是二语者对"把"字句的使用规则没有充分掌握。该研究使研究者们重新考虑"把"字句是否真的难这个问题,同时也推动了基于大规模语料的实证研究的发展。其次是常辉,发表了3篇文章。探讨了母语为英语的学习者对汉语空论元的习得、母语在习得汉语空论元中的作用以及影响他们汉语空论元使用的因素,发现空主语的使用频率高于空宾语,出现不对称的现象,导致该现象出现的重要原因是母语负迁移(常辉、周岸勤,2013)。此外,还考察了日本学生汉语空主语和空宾语的使用情况,发现二者在多个层面存在不对称现象。在使用频率上,空主语的使用率显著高于空宾语,有生性空主语的使用率显著高于无生性空主语。在语言层面上,出现在语篇层面的空论元显著多于句子层面,但没有出现空宾语在有生性和无生性之间的不对称现象。此外,日本学生对空主语和空宾语的使用没有受到论元位置的显著影响。空主语的使用受到汉语水平的显著影响,汉语写作水平越高空主语使用频率越低,而空宾语的使用受汉语水平影响则不显著(常辉,2014)。同时,还基于语料库研究母语为英语和法语的学习者对汉语双宾句及其格转换结构的习得情况,指出学习者主要在词汇层面习得存在困难,而非句法层面。且其可以较好地克服母语负迁移习得该结构(常辉,2014)。这些都是基于HSK语料库所作出的重要研究成果。

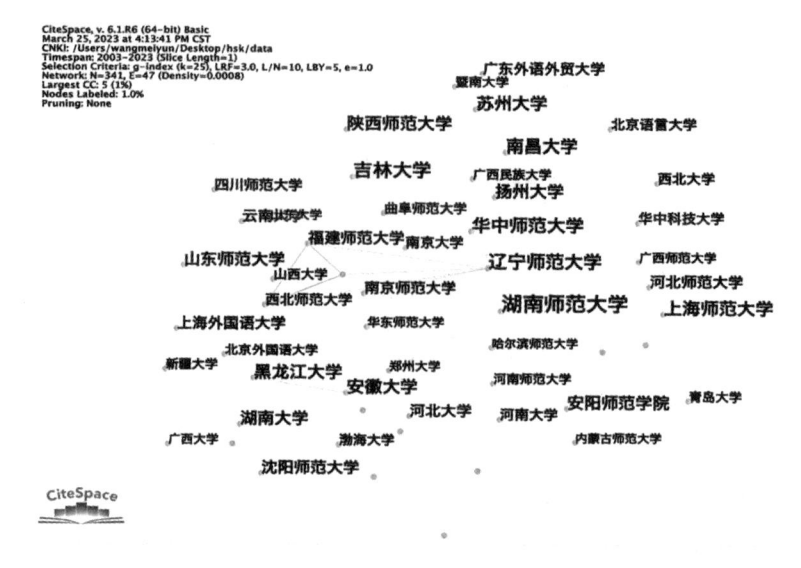

**图 3 发文机构知识图谱**

机构共现图中共有 341 个节点,说明有 341 个机构发表了与 HSK 动态作文语料库相关的研究。其中发文量最多的是湖南师范大学,共发表了 192 篇。其次是吉林大学,发文量是 122 篇,辽宁师范大学 108 篇,华中师范大学 98 篇,上海师范大学 87 篇。上述高产机构的文本类型基本为学位论文,说明 HSK 语料库已经成为硕博研究生学位论文的重要数据来源。这些研究所涉及的层面也丰富多样,比如:各种词类习得、易混淆词研究、语序习得研究、句型习得的研究、错字研究、教材的研究、写作复杂度的研究等等。可见,HSK 语料库已经成为研究汉语习得各角度的重要工具。

2.1.3 研究热点

在 HSK 研究关键词共现图谱中,出现次数最多的关键词是"偏误分析",其次是"教学建议"出现了 409 次,"教学策略"出现了 317 次,"对外汉语"出现了 178 次,"习得"出现了 172 次。通过对关键词的归纳和二次文献阅读,我们总结出与 HSK 语料库相关的研究热点:

首先是偏误分析。黄伟(2012)通过考察语料库中日、韩、欧、美学生等中高级水平学习者的汉字书写情况来研究不同母语背景对书写汉字的影响,发现母语背景因素在独体字书写方面不具有显著差异,而在合体字书

图 4　关键词知识图谱①

写方面具有显著差异。杨圳、施春宏(2013)详细描写 HSK 动态作文语料库中准价动词正确输出情况和误用表现，发现准价动词特殊的框式配位是这类动词习得的关键和难点。马文津、施春宏(2016)从语料库中选取样本，对整句、零句的正确输出和偏误情况进行了分层次、分阶段的考察，将篇章表达系统的构建过程概括为"起步—发展—优化—拓展"四个阶段，拓展了汉语中介语篇章习得领域的研究。方清明(2020)利用 HSK 语料库，提取了高频易混淆抽象名词 33 组，通过"权利—权力"等具体的个案说明了高频易混淆抽象名词在混淆率、误用方向、国别等方面都有不同的表现。总体而言，基于 HSK 语料库的偏误分析和习得研究涉及汉字、词类、句式、句型、篇章等各个层面，研究成果丰富。

其次是教学研究。包括教学对策、教学建议、教学方法以及教材编写等。这部分的研究一般与偏误分析相结合，通过对 HSK 语料库中学习者语料的分析，总结偏误的原因，然后提出教学建议。这类研究多见于学位论文。如孙红霞(2013)在研究兼语句句法、语义、语用层面特点的基础上，对兼语句的偏误现象进行分析，最后在教学方法、教材、教师三个方面对兼语句的教学提出了建议。刘敏(2014)对留学生汉字偏误进行分析，

---

① 本文的时间切片都为"1"，并对网络进行剪切，以使图片更加清晰明了。如再有其他修改会进行相关说明。

认为汉字偏误产生的原因主要来自汉字本身,汉字教学以及学习者,并针对笔画教学、部件教学、同音近音词教学、形近字教学等方面提出了教学策略。吕庆文(2019)考察了意愿类语气副词偏误现象及原因,针对教师教学和教材编写提出了教学建议。雷敏(2020)对《发展汉语·高级综合》教材语体词进行研究并分析语料库中的语体偏误语料,针对课前、课中、课后的语体词教学提出了建议。在教学研究方面,多是从教师、教学方法、教材这些方面提出教学建议,这些建议的相似性程度较高,创新性不足。此外,所提的教学建议多未经教学实践的检验,有效性有待进一步验证。

第三是国别化习得研究。通过 CiteSpace 关键词的统计,发现与 HSK 动态作文语料库相关的文章出现了韩国、泰国、哈萨克斯坦、德国、西班牙等不同国别的语言研究。HSK 语料库收集了学生的国籍背景信息,研究者借此研究不同母语背景下学习者的习得情况。范海莲(2008)考察了 HSK 语料库中越南汉语学习者的议论性作文,分析了越南学生对因果关系复句的表达特点,指出越南汉语学习者较少出现关联词语错位偏误,选用关联词语较为集中,多使用甲、乙级词语。此外,关联词语用于句内连接的远多于句间连接和段落间连接。在句内连接中,关联词搭配使用的比例不高。吕圆(2013)以印尼、泰国、韩国这三个国家的留学生作为研究对象,通过搜集 HSK 语料库以及问卷调查,分析了他们对"着"字的习得情况。研究发现,三个国家的留学生都容易误加或者误用"着"。泰国、韩国留学生除了误加、误用外,还常常出现"着"的错字和别字。印尼、韩国留学生在掌握"着"表状态持续的用法上存在困难,泰国留学生则容易在"着"表示伴随用法上出现偏误。杨正梅(2015)考察了泰国学习者"在"字介词框架的偏误语料,发现"在"字介词框架存在遗漏、误加、误代、错序等偏误类型,并探究了偏误产生的原因,最后结合研究分析提出教学建议。基于国别化的习得研究可以帮助教师根据不同国家学习者的需求来制定相应的教学策略,丰富汉语中介语语料库的应用研究成果(蔡武、郑通涛,2017)。但当前基于 HSK 语料库的研究多数是分析某一个或两个国家的留学生语料,对多个不同国家留学生汉语习得情况同时进行分析的文章较少,国别化研究的深度和广度有待进一步加强。

## 2.2 暨南大学"留学生汉语中介语语料库"

暨南大学中介语语料库，又称为暨南大学华文学院中介语语料库、暨南大学中介语语料库、暨南大学语料库。它包括留学生汉语书面语语料库和留学生汉语口语语料库。留学生汉语书面语语料库收集了暨南大学华文学院 2001—2010 年留学生作文，包括日常作文和书面作文，共 300 万字。留学生汉语口语语料库语料来自暨南大学华文学院留学生学期口语考试，转写后共计 35 万字。近年来，由于未知原因，该语料库目前不再对外公开。在 CNKI 中采用"篇关摘"的检索方式，输入"暨南大学留学生汉语中介语语料库＋暨南大学华文学院中介语语料库＋暨南大学中介语语料库＋暨南大学语料库"得到 426 篇文献，剔除会议通知等非相关文献，得到 316 篇有效文献。

### 2.2.1 发文趋势

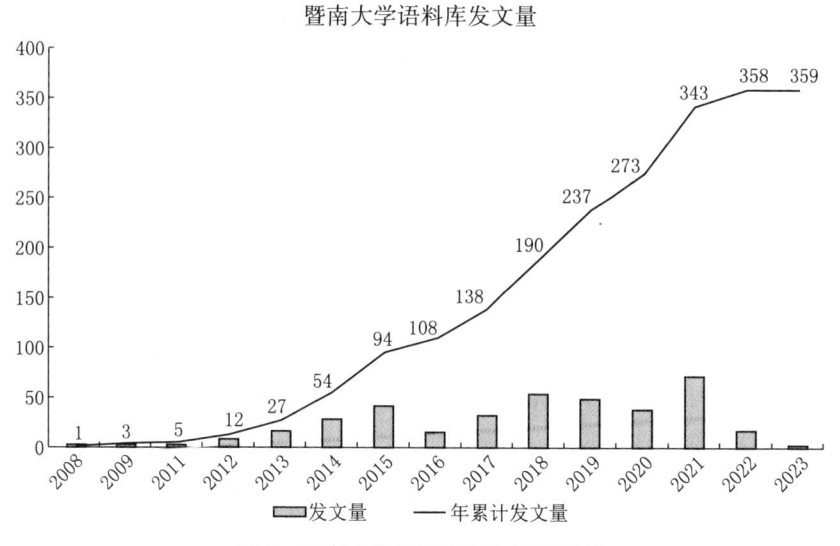

**图 5　暨南大学语料库发文量及趋势**

由上图可知，暨南大学语料库发文量大致可以分为三个时期，起步期（2018—2012），发展期（2013—2021），回落期（2022—至今）。在起步期，第一篇基于暨南大学语料库的研究文献在 2008 年发表，在此之后，发文量虽有增加，但并不明显，尚处于起步阶段。从 2013 年开始，发文量开始有明显的增长，仅 2013 年一年发文量便超过前四年发文量之和。这说明暨南大学语料库开始受到学界的关注，成为研究者重要的语料来源。在发展期内，发文量虽有起有落，但总体呈现上升的趋势。2021年达到峰值，年度发文达到70篇。近年来发文量开始回落，2022年与该语料库相关的文献仅有15篇，使用其做研究的逐渐减少，这或许与其停止开放有重要关系。

### 2.2.2 发文机构与作者

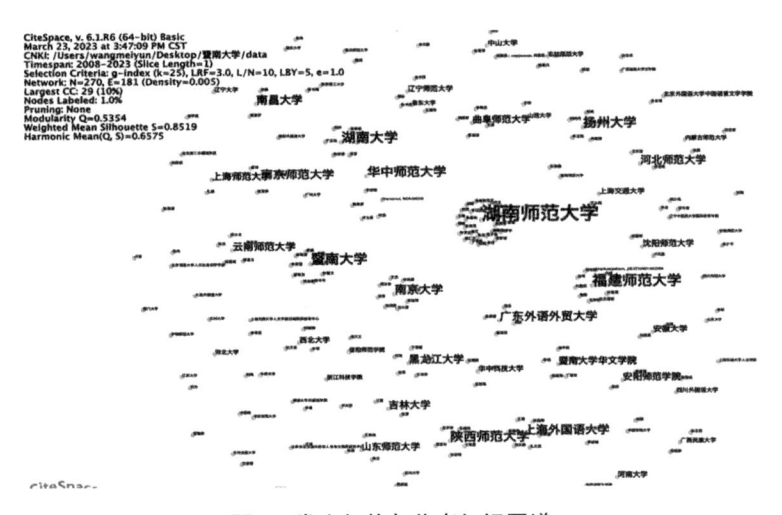

**图 6　发文机构与作者知识图谱**

根据图中的数据，我们可以清晰地看到湖南大学是使用该语料库发表文章最多的机构，共发表了44篇文章。其次是福建师范大学，发表了16篇文章，而暨南大学发表了13篇文章。这表明湖南大学在该领域的研究活动相对较为活跃。

然而，需要注意的是，图中没有大型节点，即发文量超过其他节点的机构。大部分机构的发文量仅为1篇文章。这说明基于暨南大学语料库的研究还没有形成明显的核心作者群，尚未形成明确的核心研究团队。此外，通过文献分析，我们可以看到主要的文献类型是学位论文。这也进一步解释了为何核心作者群尚未形成的原因。

### 2.2.3 研究热点

由下图可知，关键词有321个节点，节点越大，说明出现的频次越高。"偏误分析"是其中最大的节点，共出现284次。其次是"教学建议"，出现

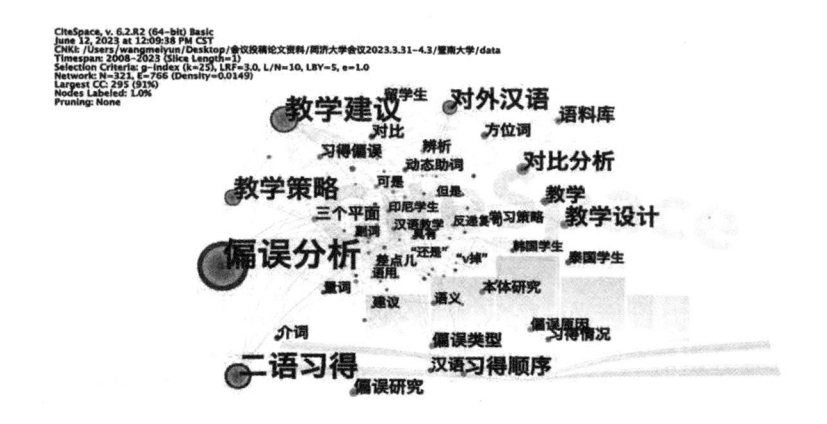

图 7 关键词共现知识图谱①

80 次,"二语习得"出现 75 次。较大的节点还有"教学策略"。由这些高频关键词可以发现利用暨南大学语料库做研究的热点领域同 HSK 动态作文语料库的研究热点基本相同,都集中在偏误分析、教学研究,以及国别化习得研究。偏误分析方面具有代表性的文章主要有华相(2009)《韩国留学生习得介词"给"的偏误分析及教学对策》。文章以暨南大学留学生中介语语料库为语料来源,对韩国留学生习得介词"给"出现的偏误进行分析,从汉韩两种语言对比以及汉语本体的角度探求了偏误原因,并提出了教学策略。该研究对偏误产生的原因分析得较为详细,是对语料实际考察之后得出的,而不是单纯套用了已有的四大偏误成因。教学研究方面,龚洵英(2014)分析了量词"遍""次""回"的语义特征,统计了对外汉语教材中这几个量词的分布,并对偏误现象进行了分析,然后针对出现的偏误类型提出了教学建议,最后将所提的建议实际运用到教学中,验证了教学建议可行性。国别化研究方面,汪俊碧(2022)对泰国、缅甸留学生书面语中动态助词"着""了""过"的使用偏误进行了分析。研究认为,汉语和泰语、缅语虽然有相似的地方,但仍存在较大的差异。泰语和缅语的语序是不固定的,汉语有固定的语序;汉语动态助词在句中有固定的位置,

---

① 关键词中出现多个同类或含义相似的词,如"偏误分析"与"偏误","二语习得"与"习得","教学建议"与"教学对策",为研究方便,本文将上述同类词进行合并。

泰语和缅语相当于汉语动态助词的词没有固定的位置。这些异同会对泰国、缅甸留学生学习汉语助词产生影响。研究提出汉语教师应当关注泰语、缅语中的助词以及它们和汉语的对比，了解它们之间的异同，合理安排教学内容，加强母语的正迁移。

### 2.3 全球汉语中介语语料库

全球汉语中介语语料库，又称为全球库、QQK，是迄今为止规模最大的汉语中介语语料库。全球库的设计总规模5000万字，截至2021年11月6日，库存原始语料2367万多字，多个层面的标注语料合计约1.26亿字。全球库语料来源广泛，有些语料是教学单位的考试答卷，有些是平时的作文作业，语料覆盖了113个国家和地区。①在标注方面，语料库采取全面标注、分版标注、自动标注和手工标注相结合。语料库网址为http://qqk.blcu.edu.cn/。在CNKI中采用"篇关摘"的检索方式，输入"全球汉语中介语语料库＋全球库＋QQK"得到172篇文献，人工剔除非相关文献后，得到149篇有效文献。

#### 2.3.1 发文趋势

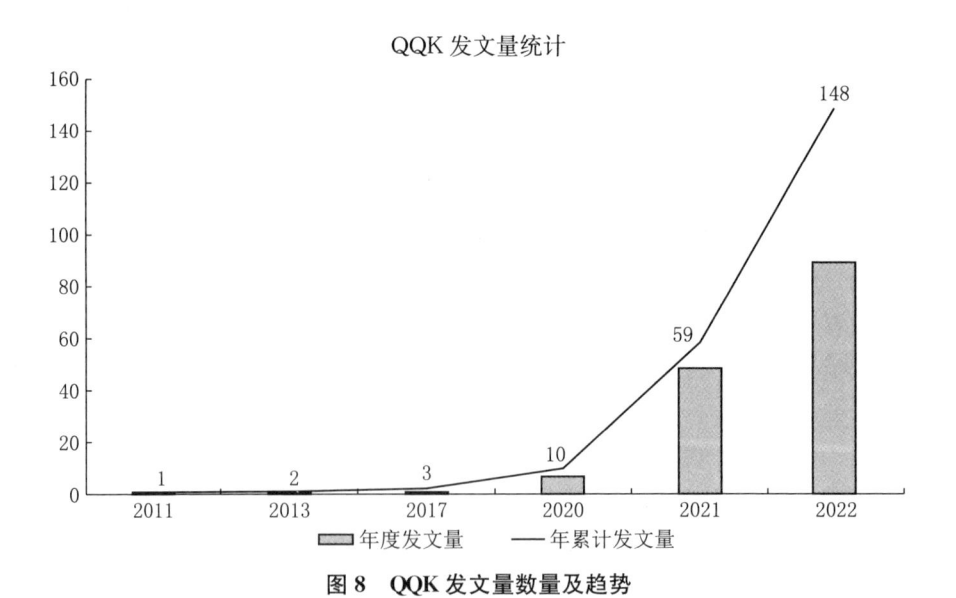

**图8 QQK发文量数量及趋势**

① 以上数据信息均来自 http://qqk.blcu.edu.cn/。

由图可知,有关全球汉语中介语语料库的研究始于2011年,其发展可以分为两个阶段,第一个阶段为起步期(2011—2017),第二个阶段为发展期(2020—至今)。在起步期,仅有三篇文章,都为语料库的建设研究,讨论全球汉语中介语语料库的建库设想、设计理念和建库平衡性探讨。在2019年语料库正式建成并供学界使用之后,使用其做研究的人群不断增加,发文量也随之增加,开始进入发展期。总体而言,全球汉语中介语语料库的使用人群不断增加,发文数量呈上升趋势,但由于建成时间短,学界知悉度相对较低,目前该语料库的使用人群较少,需进一步提高知悉度,以使更多的人了解和使用。

### 2.3.2 发文机构与作者

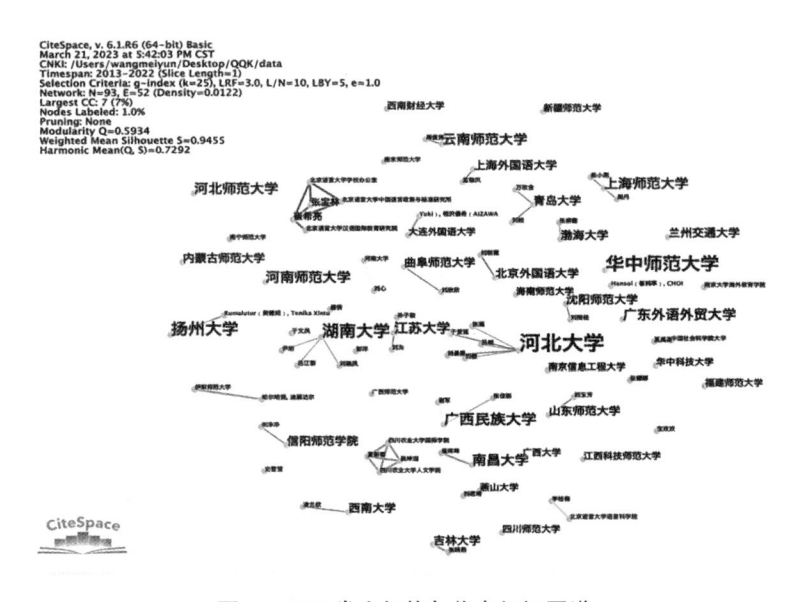

**图9 QQK发文机构与作者知识图谱**

图9显示了与全球汉语中介语语料库相关的文献的发文机构和作者之间的关系。字体的大小表示发文量的多少,字体越大表示发文量越多。根据图谱,可以看出在该语料库应用领域中,主要的作者是张宝林和崔希亮,他们共同发表了3篇论文,涉及语料库的建设方案、设计理念、特点和功能等方面。除了他们之外,其他作者的发文量都在1篇论文以内。

此外,从图中可以看出,河北大学的节点最大,是发文量最多的发文机构,其次是华中师范大学、湖南大学、广西民族大学。结合发文作者和文献进一步发现,相同的发文机构存在不同的作者,且文献类别都为学位论文。由此可见,使用该语料库的主要人群为硕博研究生。

### 2.3.3 研究热点

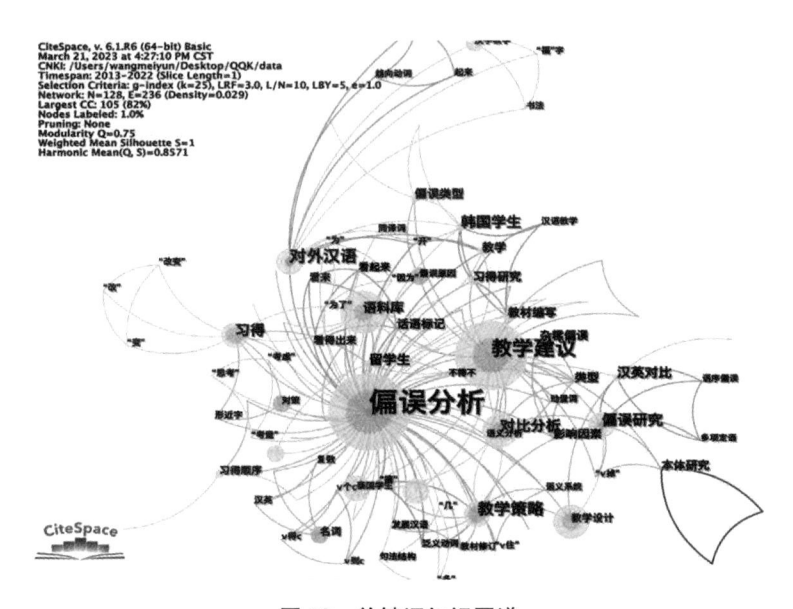

图 10 关键词知识图谱

根据 CiteSpace 分析结果显示,全球库包含 128 个节点和 245 个连接。在关键词的出现频率方面,最常见的是"偏误分析",共出现了 103 次。其次是"教学建议",出现了 30 次,再次是"教学策略",出现了 12 次。从这些关键词的共现情况可以看出,全球库的研究主要集中在偏误分析、教学研究以及国别化习得研究领域。偏误分析主要有徐陆璇(2021)分析了概数词"多"的习得情况,发现二语学习者的偏误主要有误加和误代、遗漏和错序;并从母语干扰、目的语知识负迁移、语言学习环境的消极影响、教材编写失误、课堂教学失误上对偏误的成因做出了解释。张涵(2021)基于全球汉语中介语语料库,分析了留学生在使用"经过""通过""透过"的偏误,发现"透过"和"通过"的混用频率最高,偏误的原因主要包括语言知识学习、教师原因和教材编写等。教学研究则是在偏误分析的基础上,针对偏误产生的原因给出的一些教学建议。比如陈贤德、陈玲珑(2022)

考察泰国留学生使用汉语介词"在"的偏误情况,从母语负迁移和过度泛化两个角度对偏误的成因进行解释,并对介词"在"的教学提出了建议。类似的研究还有田林平(2022)、沈沉(2022)。国别化研究所涉及的国家有泰国、韩国、日本、印尼、越南、老挝等。如张佳丽(2021)对老挝留学生"得"字补语句的偏误情况进行了分析,将汉语和老挝语进行对比分析,以预测老挝学生的学习难点。许久阳(2022)分析了日本留学生的顺承关联词习得情况,分析了语料库中的偏误语料并针对存在的问题提出教学建议。

值得一提的是,"话语标记"开始出现在语料库研究的关键词中。王思琦(2021)基于全球汉语中介语语料库,通过分析留学生口语语料,研究了留学生使用信息组织类话语标记的情况。研究发现,留学生在使用话语标记时,往往更注重其本意而忽略了使用意义。初级和中级学习者使用话语标记的频率较高,且使用相对集中,通常在同一话轮中高频使用。这项研究丰富了国际中文教育领域对话语标记的研究,并有可能成为该语料库研究的新热点。

总的来说,全球汉语中介语语料库的建设时间相对较晚,因此其研究成果相对于HSK动态作文语料库和暨南大学中介语语料库来说较为有限。然而,与其他两个语料库相比,全球汉语中介语语料库是一个多模态语料库,研究者可以从多个角度进行深入研究,而不仅局限于偏误研究领域。尽管已有研究者开始尝试从语用层面对全球汉语中介语语料库进行研究,但这方面的研究仍处于起步阶段。此外,相较于其他两个语料库,全球汉语中介语语料库的语料分布涵盖更多的国家,不同国家的语料数量也更加平衡,这为进一步探索多个国家的语言研究提供了可能,研究者可以借此进一步丰富国别化研究领域的内容。

## 2.4 小结

在研究成果方面,受到开放程度和建成时间的影响,可以观察到三个语料库之间的差异。其中,HSK动态作文语料库的研究成果最为丰富,其次是暨南大学语料库,最后是全球汉语中介语语料库。

HSK动态作文语料库是最早建成并且免费开放的语料库之一,因此研究成果相对最为丰富。它已经成为学界重要的研究工具,被广泛运用于不同研究领域。相比之下,暨南大学语料库目前已经停止开放,导致基于该语料库的研究成果呈下降趋势。而全球汉语中介语语料库由于语料数量丰富且公开免费,使用该语料库进行研究的文献数量不断增加。鉴于该语料库的开放性和可获取性,预计在不久的将来,将会有更多丰富的研究成果涌现。

综上所述,虽然不同语料库之间的研究成果存在差异,但HSK动态作文语料库在研究成果的丰富性方面位居首位,其次是暨南大学语料库,而全球汉语中介语语料库由于其丰富的语料资源和免费开放的特点,将会在不久的将来产生更多的研究成果。

在发文机构和作者方面,发文机构主要集中在普通高等院校。其中,北京语言大学、暨南大学既是建设语料库的高等院校也为语料库研究的重点院校,重要作者和发文量较多的作者多出自这两所高校,其在语料库建设与应用研究中都发挥着重要作用。此外,硕士和博士研究生是三个通用型语料库的主要使用人群,语料库已成为硕博研究生学位论文的重要数据来源。

在三个语料库的发文作者中,虽然存在一些差异,但也存在一定的交叉。例如,张宝林和崔希亮在HSK动态作文语料库和全球汉语中介语语料库都取得了重要的研究成果。这表明一些研究者在不同语料库中都积极参与研究,并在多个领域做出了突出的贡献。

总的来说,普通高等院校是主要的发文机构,硕士和博士研究生是主要使用人群。尽管在作者方面存在差异,但一些研究者在多个语料库中都取得了重要的研究成果,在语料库研究领域具有重要地位。

在研究方法方面,以偏误分析为主。偏误分析以认知理论和普遍语法为基础,旨在研究二语学习者在学习过程中产生的偏误、偏误的原因及其规律。经鲁健骥(1994年)引入汉语作为第二语言习得领域,受到众多研究者的重视,并得到了广泛的应用。在三个语料库中,"偏误分析"都是出现频率最高的关键词,这充分表明了其在研究中的重要性。目前,偏误分析已经形成了一种固定的研究范式,即"描写偏误、总结规律、分析成因、提出对策"(黄伟,2022)。

在应用现状方面,基于语料库的研究涉及汉字、词类和句式等多个层面,并且在不同层面上都有丰富的研究成果。三个汉语中介语语料库的应用情况基本相同,主要用于偏误分析、教学研究以及国别化习得研究。

　　汉语中介语语料库旨在为汉语教学和语言研究提供服务,而基于语料库的研究也是围绕这一目标展开的。在这三个研究热点之间存在着紧密的联系:偏误分析作为一种研究方法,其成果可以为教学提供参考,推动教学研究的进展。国别化习得研究提出了针对不同国别学习者的教学意见和策略,是习得研究进一步的细化,促进了国别化教学研究的发展。这三者密切结合,共同推动汉语教学的发展。

　　由此,可以回答前文提出的两个问题:三个不同的中介语语料库的应用情况基本相同,主要集中在偏误分析、教学研究、国别化的语言研究三个方面。至于汉语中介语语料库应用研究目前存在何种问题以及解决措施将在下文中讨论。

## 三、汉语中介语语料库应用问题分析

　　从上述考察可以看出,语料库已成为重要的研究工具,为各个领域的语言研究提供便利,促使研究从主观思辨的定性模式转向基于大规模真实语料的、定量与定性分析相结合的实证性研究(张宝林,2011)。将近 30 年的建库历史,为语料库的建设提供了宝贵的经验。数量众多、类型丰富的汉语中介语语料库,让研究者得以基于大规模真实的语料对语言现象进行充分的观察和描写,研究成果逐年增加。但同时也应清醒地认识到,汉语中介语语料库的应用上仍存在许多亟需解决的问题。

　　首先,从研究角度来看,受汉语中介语语料库文本的时间跨度的限制,基于语料库的研究往往是静态的,缺乏动态追踪的研究。虽然有一些研究利用不同学习阶段不同学习者产生的语料进行研究,在一定程度上可以反映习得过程的纵向发展,但也有研究者将其称为"伪纵向数据",无法真实地反映二语习得的发展轨迹。目前,由于历时语料库的稀缺以及纵向语料的缺乏,研究需求与语料库供给之间存在矛盾。这使得研究者陷入"巧妇难为无米之炊"的尴尬境地,难以进行纵向的追踪研究。

　　其次,从研究方法的角度来看,目前多数研究方法仍以偏误分析为主,并且研究的层次相对较为表浅,停留在简单的描述和归类阶段。在对三个汉语中介语语料库的应用情况进行考察时,发现"偏误分析"是出现频率最高的关键词,其研究热度居高不下。不可否认,在引入偏误分析研究方法的初期阶段,它对汉语习得和教学产生了重要的影响。然而,随着研究的深入,偏误分析在语言各个层面的研究成果已经十分丰富,达到了"饱和"状态。但研究者仍继续使用偏误分析进行研究,这就导致出现了大量同质化的研究:偏误类型都为遗漏、错序、替代、增添;偏误原因不外乎母语干扰、学习策略、过渡泛化、文化影响、教学失误等五个因素,而这样的研究就失去了意义和价值。此外,多数研究仅仅是对数据进行描述和概括,对偏误成因的解释缺乏详尽的探究,研究深度相对较浅。

最后,从研究对象的角度来看,当前的研究主要集中在字、词和句子层面,而在篇章和语用层面的研究相对不足。语言是由语素、词、短语和句子构成的音义结合的符号系统。从这些构成要素的角度出发,研究字、词和句子有助于促进相应语言点的习得。然而,实际上,语言习得是一个涉及语言系统、学习者、环境等多方面因素相互作用的复杂系统。仅仅研究某一特定语言点难以全面呈现语言习得的规律。语言的实际运用涉及篇章和语用层面,包括语篇连贯性、信息结构、话语交际等方面的研究,缺少这部分的研究不利于掌握语言习得的全貌、提高二语学习者的表达能力。此外,国别化的研究逐渐成为趋势,研究呈现出"重视个性,忽视共性"的局面(张宝林,2011)。国别化研究在一定程度上可以促进国别化教材研究和二语教学,但脱离语言共性有时会出现研究结论不严谨、不适用的情况。

## 四、汉语中介语语料库应用对策探究

首先,建设历时语料库,实现供需平衡。基于语料库的研究依附于语料库的建设,如果缺少历时的追踪语料,就难以进行纵向的语言研究。因此,建设一个纵向的历时追踪汉语中介语语料库是必要且迫切的。这不仅有助于弥补现有研究的不足,促进语言的习得研究,而且是对汉语中介语语料库的有益补充,实现研究需求和语料库供给之间的动态平衡。然而，历时中介语语料库在语料收集、标注、提取上存在着诸多困难，需要耗费大量的人力、物力、财力，因此我们需要依靠学界的共同合力和协同发展，共同建设一个能够服务于汉语教学与研究的汉语中介语纵向语料库（曹贤文，2013）。此外，研究者应结合语料库丰富的背景信息对习得进行多方面的考察。充分利用现有的多模态中介语语料库，综合声音、图像、文本进行多模态话语分析，了解影响语言习得的模态因素。

其次，打破偏误分析的桎梏，丰富研究理论。研究者需要进行更为深入的探索，跳出偏误分析研究范式的限制，从语言事实出发，对语言现象进行更深入的挖掘。研究者应该重视对数据的细致解读，不仅仅局限于描述和概括，也不仅仅囿于语言理论，而是更加详尽地解释偏误的成因，并提出相应的研究启示和教学策略，以促进研究的深入和教学的改进。

此外，仅仅采用单一的研究方法无法发现新的语言特点。因此，需要不断丰富研究方法和理论。二语学习者在学习过程中既会出现错误语句，也会使用符合语法规范的表达。如果只片面地研究偏误现象，就难以全面地了解学习者的习得情况，所得出的结论也可能不具有普遍适用性和规律性。相比之下，表现分析（刘珣，2000）既关注正确的语言现象，也重视错误的语言现象，有助于我们更全面准确地发现习得规律。

二语习得是一个动态的、非线性的过程。它不是简单地从零基础线性地向近似母语者水平发展，而是充满着变异和停滞。动态系统理论（Larsen-Freeman，1997）是应用语言学中的新兴理论，在英语作为第二语言习得研究中取得了重要成果。然而，在汉语作为第二语言习得研究领域，该理论仍处于发展阶段，还有许多值得深入探究的方面。

因此，为了更全面地解释和分析语言现象，还需从不同的角度进行研究。研究者应跳出传统的偏误分析框架，采用多种研究方法和理论，以深入把握中介语习得过程，并推动该领域的发展。

最后，拓展研究对象，将共性与个性研究结合（张宝林，2011）。研究者需将注意力从字、词和句子扩展到篇章和语用层面。当前已建设的语料库，例如全球汉语中介语语料库，已经对篇章层面进行了标注，为研究者开展篇章研究提供了便利。通过这些研究，我们可以更全面地探索语言习得过程中的规律，深入理解语言的实际运用。同时，我们需要将语言习得视为一个动态系统，考虑到语言系统、学习者个体差异以及学习环境等多重因素的相互影响,以便更好地揭示语言习得的复杂性和多样性。这样的综合性研究方法有助于我们全面理解语言习得的过程和机制。

此外,过于关注单一语言点的国别研究可能会导致将语言孤立地看待,不利于揭示语言习得的普遍规律。因此,研究者还应重视语言的共性研究,将个性研究与共性研究结合起来。例如可以从语言共性、语言类型学的视角出发,寻找不同语言类型在同一语言项目习得中是否出现相似的偏误现象,以及探究这些偏误现象的成因。还可以研究不同语言类型之间习得的偏误是否存在某些规律和差异。通过扩展研究对象和重视共性研究,进一步推动语言习得研究的发展,促进语料库资源的最大利用。

## 五、结　语

汉语中介语语料库对汉语作为第二语言的教学具有重要作用,基于大规模真实语料的研究弥补了定性研究的不足,更好地展现二语习得规律。本文以三个通用型汉语中介语语料库的应用现状为例,发现基于语料库的研究中存在以下问题:共时研究为主,缺少历时追踪研究;研究方法单一,以偏误分析为主;研究对象集中在字、词、句上,重视个性研究而忽视共性研究。为了改善这些问题,我们提出以下对策:首先,建设历时中介语语料库,以弥补现有研究的不足,促进对语言习得过程的深入研究。其次,丰富研究方法,不仅限于偏误分析,还应探索其他研究方法,如动态系统理论和表现分析,以更全面地理解语言习得。最后,需要拓宽研究对象层面,将研究重点从字、词和句子扩展到篇章和语用层面,以更好地揭示语言习得的规律和实际应用。通过采取这些对策,可以进一步促进汉语中介语语料库的应用研究,提高研究的深度和广度。

**参考文献**

蔡武,郑通涛(2017)我国汉语中介语语料库研究现状与热点透视——基于CiteSpace的可视化分析[J].华文教学与研究,第3期。

曹贤文(2013)留学生汉语中介语纵向语料库建设的若干问题[J].语言文字应用,第2期。

常辉,周岸勤(2013)母语为英语的学习者汉语中的空论元研究[J].语言教学与研究,第3期。

常辉(2014)母语为英语和法语的学习者对汉语双宾句及其格转换结构的习得研究[J].语言文字应用,第2期。

常辉(2014)日本学生汉语空主语和空宾语的不对称现象研究[J].世界汉语教学,第2期。

陈贤德、陈玲珑(2022)泰国学生习得汉语介词"在"的偏误分析及对策建议[J].遵义师范学院学报,第3期。

范海莲(2008)HSK高等作文中因果关系的表达——以越南应试者为例[D].北京语言大学。

方清明(2020)基于型式搭配视角的高频易混淆抽象名词辨析研究[J].语言教学与研究,第4期。

龚洵英(2014)量词"遍""次""回"的对外汉语教学研究[D].湖南师范大学。

华相(2009)韩国留学生习得介词"给"的偏误分析及教学对策[J].暨南大学华文学院学报,第1期。

黄伟、李珺婷(2022)近二十年汉语二语偏误分析硕士学位论文的计量分析[J].云南师范大学学报(对外汉语教学与研究版),第2期。

黄伟(2012)字形特征对汉字文化圈中高级水平学习者书写汉字的影响——基于"HSK动态作文语料库"的观察[J].世界汉语教学,第1期。

雷敏(2020)《发展汉语·高级综合》教材语体词及其教学策略研究[D].华中科技大学。

刘敏(2014)留学生汉字偏误分析及教学策略研究[D].重庆大学。

刘珣(2000)对外汉语教育学引论[M].北京语言文化大学出版社。

鲁健骥(1994)外国人学汉语的语法偏误分析[J].语言教学与研究,第1期。

吕庆文(2019)意愿类语气副词的习得偏误分析及对外汉语教学策略[D].上海师范大学。

吕圆(2012)印尼、泰国、韩国留学生动态助词"着"习得研究[D].湖南师范大学。

马文津、施春宏(2016)基于整句—零句表达系统的汉语中介语篇章现象考察——以日语母语者汉语语篇为例[J].世界汉语教学,第 4 期。

沈沉(2022)外国留学生框式结构"既 A 又 B"的偏误分析及教学建议[D].广东外语外贸大学。

孙红霞(2013)对外汉语中兼语句偏误分析及教学策略[D].西安外国语大学。

田林平(2022)国际汉语教学中初级双音节多义词研究及教学建议[D].安徽大学。

王思琦(2021)基于口语语料的留学生信息组织类话语标记使用研究[D].华中科技大学。

肖奚强等(2009)外国学生汉语句式学习难度及分级排序研究[M]高等教育出版社。

徐陆璇(2021)基于语料库的概数词"多"习得情况研究[C]//北京大学对外汉语教育学院.2021 对外汉语博士生论坛暨第十四届对外汉语教学研究生学术论坛论文集。

许久阳(2022)日本留学生顺承关联词语习得偏误研究[D].内蒙古师范大学。

杨圳、施春宏(2013)汉语准价动词的二语习得表现及其内在机制[J].世界汉语教学,第 4 期。

杨正梅(2012)泰国留学生习得汉语"在"字介词框架研究[D].西南大学。

张宝林(2003)"HSK 动态作文语料库"简介[J].国外汉语教学动态,第 4 期。

张宝林(2009)"HSK 动态作文语料库"的特色与功能[J].国际汉语教育,第 4 期。

张宝林(2010)回避与泛化——基于"HSK 动态作文语料库"的"把"字句习得考察[J].世界汉语教学,第 2 期。

张宝林(2011)外国人汉语句式习得研究的方法论思考[J].华文教学与研究,第 2 期。

张宝林、崔希亮、任杰(2004)关于"HSK 动态作文语料库"的建设构想[C]第三届全国语言文字应用学术研讨会论文集.香港科技联合出版社。

张宝林(2016)再谈汉语中介语语料库的建设标准[J].语料库语言学,第1期。

张博等(2008)基于中介语语料库的汉语词汇专题研究[M].北京大学出版社。

张涵(2021)中高级留学生近义介词"经过""通过""透过"习得偏误研究[D].河北大学。

张佳丽(2021)老挝留学生"得"字补语句的偏误分析[D].广西民族大学。

Larsen-Freeman, D. Chaos/Complexity Science and Second Language Acquisition[J]. Applied Linguistics,1997(2):141—165.

# 智能生成文本用于语料库建设的可行性分析
## ——以 ChatGPT 的生成文本数据为例

甘 平 彭恒利

北京语言大学

**摘 要**：智能生成文本技术的快速发展和广泛应用为语料库建设带来了新的机遇。本文以美国 OpenAI 研发的生成预训练模型 ChatGPT 为例，从技术发展趋势、生成文本质量和成本效益三个方面，探讨智能生成文本用于语料库建设中的可行性。随着模型优化和数据来源的扩展，智能生成文本技术展现出不断提升的潜力。通过与人类创作的自然文本进行对比分析发现，智能生成文本技术在扩充语料库规模、丰富多样性和自动标注方面具有明显的成本效益，可以提高语料库建设的效率，这为解决语料库建设难题提供了新的思路和方法。

**关键词**：智能生成文本；语料库；可行性；ChatGPT

## 一、引 言

近期，由美国 OpenAI 研发的生成预训练模型 ChatGPT 凭借自身强大的功能，推出不久便火爆"出圈"。作为聊天机器人，其不仅可以和人类进行多轮对话，同时还具备较高的 AIGC（即人工智能生成内容）能力，可以生成大量符合人类需求的多种复杂文本，如文章、摘要、评论等。此外，ChatGPT 还可以编写代码、翻译不同语言的文本等功能。其广泛的数据来源、强大的语言理解生成能力都预示着智能生成文本有了更加广阔的应用前景。

以往，语料库建设（包括中介语语料库）常常会出现语料规模有限、语料分布不平衡等问题。语料规模有限意味着语料库中可用的样本数量相对较少，这可能导致相关研究在特定领域或主题上的结果不够准确或完整;语料分布不平衡表示某些类别或主题的文本样本数量过多,而其他类别或主题的文本样本数量较少,这也会对基于该语料库的研究结果产生影响。面对这些问题,现有的解决思路多聚焦于人工如何拓宽语料采集途径等上(张宝林,2022)。然而,这种途径往往存在一些挑战和限制。首先,人工收集大规模的文本数据是一项耗时费力的工作,需要强有力的组织和经费保障。其次,保护用户隐私和数据安全也是一个重要的考虑因素,在数据采集和使用过程中需要遵循相关的法律和伦理准则。

目前,以 ChatGPT 为代表的语言模型已经被广泛应用于金融、管理、娱乐、健康、教育等多个领域(吴军其等,2023;徐光木等,2023)。然而,利用智能生成文本技术解决语料库建设难题却鲜有涉及。面对语料库建设难题,仅从人工层面寻求解决思路并不经济。从人工智能技术的发展趋势来看,智能生成文本技术或许能提供一种新的选择。由此,本文将以 ChatGPT 所生成的文本数据为例,尝试从不同方面来探讨智能生成文本用于语料库建设的可行性。

## 二、技术发展趋势

回溯智能生成文本技术的发展和应用,大致可分为三个阶段。

### 1. 基于规则的智能生成文本

早期的智能生成文本方法主要基于规则,依赖专家知识来指导文本生成过程(万小军,2023)。相比于基于统计的方法,这种规则方法不需要大量的训练数据,能够产生较为准确的文本结果,并具备较高的语法和语义正确率。

规则方法的实现依赖于专家知识的编码,专家需要根据语言的规则和规范设定一系列规则和规则集,用于引导文本生成过程。通过这些规则,智能系统能够根据输入的条件和上下文生成符合规则的文本。例如,在机器翻译中,专家可以制定一系列翻译规则,指导系统将源语言句子转化为目标语言句子。

然而,规则方法自身的局限限制它的进一步发展。首先,规则方法难以处理复杂的语言结构。人类语言具有丰富的语法和语义规则,而这些规则的复杂性使得仅仅依靠规则方法难以完全模拟人类的语言表达能力。其次,规则方法需要大量的规则和语法知识,而专家知识的获取和编码是一项费时费力的任务,同时规则集的维护和更新也需要投入大量的资源和成本。

因此,尽管早期的智能生成文本方法在准确性和语法语义方面具备优势,但其受限于复杂语言结构的处理和规则知识的获取成本,无法进一步推进其发展。

2. 基于统计的智能生成文本

为了克服规则方法的局限性,研究者转向使用标注数据,探索了另一种途径,即采用统计方法进行文本生成。基于统计的智能生成文本通过分析和利用大量的标注数据中的统计信息,以生成符合语言规律和语义逻辑的文本内容。这种方法主要依赖于统计模型和概率模型,通过计算单词、短语或句子的概率分布,从而生成连贯、自然的文本。

这种方法具有以下优点:首先,它可以生成更加自然、符合人类语言表达的文本,因为它基于大量的标注数据进行训练,能够学习到不同语言结构的频率和概率分布。其次,该方法对于处理简单的语言结构和生成短文本具有较好的效果,因为在这些情况下,统计模型可以准确地捕捉到单词之间的概率关系。

相较基于规则的方法,基于统计的文本生成方法适用范围更广,生成结果也更为自然。然而,这种方法也存在一些局限。首先,它对于处理复杂的语言结构和生成长篇文本的能力相对较弱。复杂的语法规则、语义关联和上下文理解对于统计模型来说较为困难。其次,该方法在面对稀有单词或短语时可能存在困惑,因为训练数据中对于这些稀有事件的统计信息有限。

3. 基于深度学习的智能生成文本

智能文本生成技术的第三个阶段是基于深度学习技术的发展。在这个阶段,技术有了突破,文本生成技术在文本质量、自动化等方面取得了显著的进展。特别值得一提的是 ChatGPT 的出现,它展示了基于深度学习的文本生成技术的强大潜力。

ChatGPT 通过大规模的预训练和微调过程,拥有卓越的语言理解和生成能力。该模型可以进行多轮流畅对话,并生成符合人类需求的各种复杂文本,如文章、摘要、评论等。此外,ChatGPT 还具备编写代码、翻译不同语言文本等功能,扩展了其应用领域。该模型的问世为智能生成文本技术带来了革命性的突破。其生成的文本流畅准确,与人类对话时表现出惊人的逼真度。ChatGPT的成功是基于深度学习模型在大规模数据上的训练,通过学习语言规律和语义关联,使其能够生成高质量的文本。

然而也必须看到,尽管ChatGPT在文本生成方面取得了显著成果,但仍面临一些挑战。例如可控性的问题,即生成文本的细节和风格难以直接控制。这也限制了模型在某些特定应用场景下的实用性和可靠性。

综上,现有的智能生成文本技术并没有走出深度学习的时代,但其所采用的模型在不断优化,算法组合在不断丰富;同时,其数据来源也在不断扩展,ChatGPT的参数量更是以千亿计。因此才会出现涌现现象,让ChatGPT成为现象级的语言产品。当然,智能生成文本技术绝不会止步于此,ChatGPT目前只是GPT3.5版,其后发布的GPT4已经在此基础上又有了新的进步,GPT5预计会在2023年底上线,从技术发展趋势上来看,未来一定还会有更加出色的中英文模型的出现。

## 三、生成文本质量

将智能生成文本应用于语料库的建设,首要是评估其文本质量。研究尝试将智能生成文本和相同主题下人类创作的自然文本进行对比,分析二者在汉字、词汇、句子等层面的语言特征。李富林(1995;66)指出"体裁是人们为实现一定交际目的而选用的语言表达方式的总和",任春艳(2004;58)认为不同作文体裁所体现的语言特点不同,采用的评价标准也存在差异;此外,朱奕瑾、饶高琦(2023;71)在研究标准例句库建设时,指出不同的类型的提示语在鲁棒性、需求符合程度以及内容丰富程度等方面存在不同。因此,对比分析中还会加入文章体裁、提示语类型两个变量,研究ChatGPT根据用户需求所生成文本的准确性和稳定性。

### 3.1 研究方法与过程

研究材料为从《意林》《百科知识》等杂志上选取的不同体裁文章(包

括记叙文、说明文和议论文)各5篇,采用两种较为常见的提示语(描述型和示例型)引导ChatGPT分别生成与自然文本相同体裁的文本各5篇。两种提问形式如下表所示。

表1 提示语类型

| | |
|---|---|
| 描述型 | 请写一篇以《……》为题的记叙文/议论文/说明文,字数……左右,内容为……。 |
| 示例型 | ……请模仿上述文章写一篇题为《……》的记叙文/议论文/说明文,字数……左右,内容换成……。 |

研究工具采用的是北京语言大学语言监测与智能学习研究小组与图宾根大学陈小彬教授团队合作完成的中文CTAP(Common Text Analysis Platform)汉语文本复杂度分析平台[1]、北京大学吴云芳教授主持完成的北京大学文章分级系统[2]以及鲁东大学程勇等主持开发的汉语文本阅读难度分级系统[3]。中文CTAP平台可以分析包括汉字、词汇、句子层面的195个中文特征,该平台的优势在于用户可以根据自己的需求灵活选择不同的指标构成特征集;北大文章分级系统是基于神经网络模型构建的汉语分级系统;鲁东大学的文章分级系统采用的则是传统的线性回归方式。此外,本研究的数据处理工具为Microsoft Excel。

研究步骤:使用三种不同的文本分析工具,对不同体裁的自然文本和生成文本分别进行分析,对比相同体裁下,自然文本与生成文本的不同以及不同类型提示语是否会影响生成文本的准确性和稳定性。

## 3.2 研究结果与分析

利用中文CTAP对自然文本、两种提示语引导出的生成文本(以下分别简称为"自然""生成描述""生成示例")共15篇的195个特征指标进行分析,根据结果筛选出了较为常见的34个涉及字、词、句、篇章的指标,此外,还利用北大文章分级系统和鲁东大学的文章分级系统分别对不同体裁的自然文本和生成文本进行了分析。

---

[1] http://202.112.194.62:8085/ctapnew/#userhome
[2] http://www.chinese-pku.com/classification
[3] http://120.27.70.114:8000/analysis_a

### 3.2.1 汉字层面

汉字层面选取了可以展示汉字丰富性和难度的 10 个指标,并将自然文本与两类提示语生成的文本相减,得到下列结果。

表 2　文本汉字特征

| 特征名称 | 自然—生成描述 ||| 自然—生成示例 |||
|---|---|---|---|---|---|---|
|  | 记叙文 | 说明文 | 议论文 | 记叙文 | 说明文 | 议论文 |
| 字符丰富性:类型词元比率(TTR) | 0.036 | −0.008 | 0.127 | 0.020 | 0.018 | 0.126 |
| 字符丰富性:类型词元比率(对数 TTR) | 0.013 | −0.003 | 0.049 | 0.008 | 0.011 | 0.051 |
| 字符丰富性:类型词元比率(平方根 TTR) | 0.604 | −0.109 | 2.665 | 0.562 | 1.092 | 3.047 |
| 字符丰富性:类型词元比率(修正 TTR) | 0.427 | −0.077 | 1.884 | 0.397 | 0.772 | 2.154 |
| 字符丰富性:只出现一次的字符比例 | 0.041 | −0.011 | 0.130 | 0.027 | 0.007 | 0.131 |
| 字符复杂性:高笔画字符比例 | −0.001 | 0.000 | 0.001 | 0.001 | 0.001 | 0.002 |
| 字符水平:简单字符的比例(标记) | −0.013 | 0.002 | −0.050 | −0.023 | 0.027 | −0.041 |
| 字符水平:简单字符的比例(类型) | −0.013 | 0.006 | −0.055 | −0.024 | 0.023 | −0.053 |
| 字符水平:困难字符的比例(标记) | 0.015 | −0.002 | 0.023 | 0.024 | −0.012 | 0.014 |
| 字符水平:困难字符的比例(类型) | 0.019 | −0.002 | 0.029 | 0.029 | 0.000 | 0.022 |

"TTR"是"Type Token Ratio"的简称,表示的是类符—形符比,衡量汉字丰富度时表示文本中不同汉字的数量占总字数的比例,因此其取值范围为 0—1,且越接近 1,表示汉字的使用越丰富。而对数 TTR、平方根 TTR、修正 TTR 是为了改善 TTR 本身受文本长度影响提出的,其作用都是相同的。只出现一次的字符比例指的是文本中只出现一次的汉字占文本总字数的比例,也是衡量文本汉字丰富度的一个指标。从上表可以

看出,描述型提示语下的说明文体裁的生成文本字符丰富性比自然文本略好一点,其他情况下,都是自然文本中使用的汉字较为丰富一点,但总的来说丰富度并没有太大的差距。

从汉字难度方面来看,自然文本和生成文本在体裁和提示语类型上都没有太大差异,但两种类型提示语下的生成文本的说明文体裁往往比自然文本更倾向于使用较为难字而非简单字。

#### 3.2.2 词汇层面

词汇层面选取了词汇丰富度和难度的 13 个特征指标,如下表所示,其中"自然—生成描述"表示的是自然文本与描述型提示语生成文本的特征值之差;同理,"自然—生成示例"表示的是自然文本与示例型提示语生成文本的特征值之差。

表 3　文本词汇特征

| 特征名称 | 自然—生成描述 ||| 自然—生成示例 |||
|---|---|---|---|---|---|---|
|  | 记叙文 | 说明文 | 议论文 | 记叙文 | 说明文 | 议论文 |
| 词汇丰富性:类型词元比率(TTR) | 0.052 | 0.007 | 0.133 | 0.042 | 0.074 | 0.138 |
| 词汇丰富性:类型词元比率(对数 TTR) | 0.017 | 0.003 | 0.048 | 0.015 | 0.028 | 0.054 |
| 词汇丰富性:类型词元比率(平方根 TTR) | 0.855 | 0.390 | 2.572 | 1.154 | 2.437 | 3.041 |
| 词汇丰富性:类型词元比率(修正 TTR) | 0.604 | 0.276 | 1.818 | 0.816 | 1.723 | 2.150 |
| 词汇丰富性:只出现一次的词比例 | 0.041 | −0.011 | 0.130 | 0.027 | 0.007 | 0.131 |
| 词汇水平特征:简单词汇的比例(标记) | −0.067 | −0.013 | −0.065 | −0.061 | −0.052 | −0.075 |
| 词汇水平特征:简单词汇的比例(类型) | −0.045 | −0.006 | −0.054 | −0.048 | −0.042 | −0.072 |
| 词汇水平特征:困难词汇的比例(标记) | 0.004 | −0.004 | −0.010 | 0.004 | −0.021 | 0.002 |
| 词汇水平特征:困难词汇的比例(类型) | 0.002 | −0.007 | −0.028 | 0.004 | −0.034 | −0.014 |

续　表

| 特征名称 | 自然—生成描述 ||| 自然—生成示例 |||
|---|---|---|---|---|---|---|
| | 记叙文 | 说明文 | 议论文 | 记叙文 | 说明文 | 议论文 |
| 基本词汇数量统计:长度为1的词比例 | 0.048 | 0.018 | 0.161 | 0.066 | 0.037 | 0.135 |
| 基本词汇数量统计:长度为2的词比例 | −0.063 | −0.028 | −0.171 | −0.075 | −0.069 | −0.141 |
| 基本词汇数量统计:长度为3的词比例 | 0.011 | 0.008 | 0.000 | 0.002 | 0.029 | 0.003 |
| 基本词汇数量统计:长度为4及以上的词比例 | 0.005 | 0.003 | 0.009 | 0.007 | 0.003 | 0.003 |

词的TTR(Type Token Ratio)与字的TTR相似,它指的是在不考虑词性的情况下,文本中不同类型的词占总词数的比例。该比例可作为衡量文章词汇多样性的指标。根据各种词的TTR以及只出现一次的词比例,我们可以观察到生成文本在词汇多样性方面稍逊于自然文本。

从词汇难度的角度来看,在记叙文体裁中,自然文本倾向于使用较为难的词汇,而生成文本则使用相对更多的简单词汇。总体而言,生成文本比自然文本更多地使用二字词,自然文本则更常使用三字词和四字词。

### 3.2.3 句子层面

句子层面选取了关于句子复杂度的涉及句子长度和句法复杂度的4个指标,如下表所示。

表4　文本句子特征

| 特征名称 | 自然—生成描述 ||| 自然—生成示例 |||
|---|---|---|---|---|---|---|
| | 记叙文 | 说明文 | 议论文 | 记叙文 | 说明文 | 议论文 |
| 基本句子数量统计:平均句子长度(字符) | 0.014 | 1.336 | 12.138 | 1.116 | 7.859 | 12.927 |
| 基本句子数量统计:最长句子长度(字符) | 22.400 | 4.000 | 44.800 | 21.200 | 32.400 | 43.000 |
| 句法复杂性特征:平均句法树深度 | −0.439 | 0.100 | 0.475 | −0.195 | 0.827 | 0.553 |
| 句法复杂性特征:平均依存距离 | 0.412 | 0.083 | 1.395 | 0.342 | 0.605 | 1.464 |

句子长度可以直观地反映出句子在形式上的复杂程度。根据观察,不同提示所生成的文本在句子长度上没有明显差异,但自然文本中的三种体裁平均句子长度和最长句子长度均超过了两种提示语下生成文本的对应值。这一发现在一定程度上表明,自然文本在句子形式上比生成文本更为复杂。

句法树深度和依存距离体现的是句法复杂度,前者是基于短语结构的句法分析,句法树越高,句子越复杂;后者指的是存在句法关系的词之间的距离,距离越长意味着句法关系越丰富(崔悦,2022)。从表4可以看出,自然文本在句子复杂度和句法丰富度上都优于生成文本,只有记叙文体裁的自然文本在基于句法树深度的句子复杂性不及两种提示语下的生成文本。

### 3.2.4 篇章层面

篇章层面选取了表示篇章连贯性的7个特征指标,如表5。

**表 5 文本篇章特征**

| 特征名称 | 自然—生成描述 ||| 自然—生成示例 |||
|---|---|---|---|---|---|---|
|  | 记叙文 | 说明文 | 议论文 | 记叙文 | 说明文 | 议论文 |
| 词性密度特征:连词 | 0.009 | 0.019 | 0.014 | 0.007 | 0.014 | 0.013 |
| 词性密度特征:代词 | −0.035 | −0.002 | −0.029 | −0.035 | 0.003 | −0.032 |
| 词性密度特征:人称代词 | −0.034 | −0.006 | −0.033 | −0.029 | −0.001 | −0.030 |
| 词性密度特征:疑问代词 | 0.002 | 0.003 | 0.003 | 0.001 | 0.002 | 0.003 |
| 词性密度特征:指示代词 | 0.003 | 0.001 | 0.002 | 0.002 | 0.002 | 0.003 |
| 连贯复杂性特征:局部词汇重叠 | −0.251 | −0.165 | −0.328 | −0.229 | −0.106 | −0.284 |
| 连贯复杂性特征:全局词汇重叠 | −0.033 | 0.003 | 0.081 | −0.035 | −0.010 | 0.067 |

连词在一定程度上反映了文本的逻辑衔接情况,而代词则能够部分地展示文本的连贯性和前后衔接性。因此,连词和代词的使用密度较高时,可以提供关于文本连贯性的参考信息。根据上述表格的观察,总体而言,自然文本在衔接性方面略优于生成文本,而不同生成文本之间的差异较小。

词汇重叠指的是整体或局部实词的重复情况,较高的词汇重叠率在一定程度上表明文章的连贯性较好,内容也更易于理解。根据表5,局部和全局的词汇重叠率总体上自然文本略低于生成文本,但差距并不显著。两种生成文本之间的差距也不是很大,体裁上的差异也不是很明显。

### 3.2.5 文章分级结果

从两个不同算法的文章分级系统的结果来看,不论是基于描述型提示语生成的文本还是基于示例型提示语生成的文本,它们与相同体裁下的自然文本在难度分级上都非常接近。在北大文章分析系统的分析结果中,阅读对象的学段保持了高度的一致性。而在鲁东大学文章分级系统的结果中,尽管存在一些差异,但最大差距也不超过1岁。

由于篇幅问题,下表仅展示每种体裁下一篇文章的分析结果。

**表6 两大文章分级系统结果对比**

| 体裁 | 文本类别 | 鲁东大学文章分级系统 | | 北大文章分级系统 |
|---|---|---|---|---|
| | | 适合年级 | 适龄 | 适合年级 |
| 记叙文1 | 自然 | 5—6年级 | 11岁左右 | 5—6年级 |
| | 生成描述 | 5—6年级 | 11岁左右 | 5—6年级 |
| | 生成示例 | 初中年级 | 12岁左右 | 5—6年级 |
| 议论文1 | 自然 | 初中年级 | 12岁左右 | 初中年级 |
| | 生成描述 | 初中年级 | 14岁左右 | 初中年级 |
| | 生成示例 | 初中年级 | 13岁左右 | 初中年级 |
| 说明文1 | 自然 | 初中年级 | 13岁左右 | 5—6年级 |
| | 生成描述 | 初中年级 | 14岁左右 | 5—6年级 |
| | 生成示例 | 5—6年级 | 11岁左右 | 5—6年级 |

### 3.3 小结

通过上述分析可以看出,不同体裁的自然文本在字、词、句和篇章层面上大多表现优于生成文本。然而,仔细观察这些数据,我们会发现两者之间的差距并不是很大,这意味着生成文本在不同体裁方面都展现出相对良好的性能。此外,ChatGPT在描述型和示例型提示语下生成的文本在字、词、句和篇章方面总体上表现一致,没有显著差异。这也在一定程度上表明智能生成文本在语言质量方面具有一定的稳定性。

## 四、成本效益

### 4.1 规模效益与多样性

智能文本生成技术利用生成模型能够产生大量高质量的语料库数据，从而有效地扩充语料库的规模和内容。生成模型通过学习原始语料库数据的统计特征和语言模式，能够生成与原始数据相似的文本数据，从而保持一致性和连贯性。这种生成的文本数据具有与原始数据相似的领域覆盖、主题涵盖和语言风格，因此能够有效地扩展语料库的内容，增加语料库的总量。

生成模型的数据基于原始语料库数据的训练结果，因此具有与原始数据相似的特点。这意味着生成的数据能够保持与原始数据相近的语言表达方式、语义含义和上下文逻辑。通过这种方式，生成的数据能够填补原始语料库中的空白领域、主题或特定语言风格，从而提高语料库的广泛性和代表性。

多样性是评估语料库质量和价值的重要因素之一。智能文本生成技术利用生成模型能够生成各种不同领域、风格和话题的语料库数据，从而丰富语料库的多样性。生成的数据可以涵盖不同语言表达方式、领域术语和文化背景，从而增加语料库的多样性。这种多样性的扩展有助于满足不同领域的研究需求，支持基于不同目的的学术研究。

### 4.2 成本控制

传统的语料库建设过程中，手动标注和整理数据所需的时间和人力成本相当庞大。这些过程需要专门的人员进行数据标注、分类和清洗，费时费力且容易出现人为误差。然而，智能文本生成技术的出现为语料库建设带来了新的解决方案。

智能文本生成技术利用生成模型能够自动生成大量高质量的语料库数据，极大地节省了时间和人力成本。相比传统的手动标注和整理数据，使用生成模型自动生成数据的方法具有高效性和自动化的特点。生成模型通过学习原始语料库数据的统计特征和语言模式，能够生成与之相似的文本数据，无需人工干预。

通过智能文本生成技术生成语料库数据,可以大大减少人工标注和整理的工作量,从而显著降低语料库建设的成本。这种自动化的方法能够提高效率,减少人为误差,并使语料库的建设过程更加可控和可靠。

### 4.3 效率

智能文本生成技术通过生成模型的应用,能够自动生成高质量的语料库数据,从而有效提高语料库建设的效率。生成的数据可以迅速建立语料库的基础框架,为后续的人工标注和编辑工作提供参考,从而加速整个语料库建设的进程。

生成模型的优势在于其能够快速生成大量的数据,因此可以极大地提高语料库的建设速度和效率。相比传统的手动标注和编辑方法,使用智能文本生成技术能够快速填充语料库的内容,减少了人工劳动的时间和成本。这对于大规模语料库的建设尤其具有重要意义。

通过智能文本生成技术生成的数据能够迅速构建起语料库的基础框架。生成模型通过学习原始语料库数据的统计特征和语言模式,生成与之相似的文本数据,保持了语料库的内在一致性。这样的数据可以作为起始点,为后续的人工标注和编辑工作提供基础,大大减少了从零开始构建语料库的工作量和时间。缩短语料库建设周期。

### 4.4 小结

从成本效益上来看,智能文本生成技术可以使用生成模型来自动生成语料库数据,扩充其规模,丰富其多样性,这将大大节省时间和人力成本,提高语料库的建设效率。

## 五、结　语

本文以 ChatGPT 为例,对智能生成文本技术在语料库建设中应用的可行性进行了探讨。通过分析技术发展趋势、生成文本质量和成本效益,我们发现智能生成文本技术在语料库建设领域具有广阔的应用前景。随着模型的优化和数据来源的不断扩展,智能生成文本技术的潜力不断提升。通过与人类创作的自然文本进行对比分析,我们可以评估生成文本的质量,从多个角度全面考量其可靠性。此外,智能生成文本技术在扩充语料库规模、增加多样性和自动标注方面具有明显的成本效益,能够显著提高语料库建设的效率。综上所述,智能生成文本技术为解决语料库建设难题提供了新的思路和方法,为语言研究和应用领域带来了巨大的机遇。当然,这只是初步分析得出的结论,后续仍需做进一步的研究和实践。

**参考文献**

程勇,徐德宽,董军(2020)基于语文教材语料库的文本阅读难度分级关键因素分析与易读性公式研究,《语言文字应用》第1期。

崔悦(2022)汉语二语写作质量自动评估的特征选取研究,北京语言大学硕士学位论文。

郭昭军(2023)老舍小说与王朔小说语言计量研究,《通化师范学院学报》第5期。

李富林(1995)语言体裁学简论,《河南师范大学学报(哲学社会科学版)》第1期。

李文彪,吴云芳(2023)基于神经网络模型的汉语文本难度分级,《中文信息学报》第2期。

任春艳(2004)HSK作文评分客观化探讨,《汉语学习》第6期。

吴军其,吴飞燕,文思娇,张萌萌,王嘉桐(2023)ChatGPT赋能教师专业发展:机遇、挑战和路径,《中国电化教育》第5期。

徐光木,熊旭辉,张屹,魏晴晴(2023)ChatGPT助推教育考试数字化转型:机遇、应用及挑战,《中国考试》第5期。

张宝林(2022)汉语中介语料库建设的反思与前瞻,《国际中文教育(中英文)》第2期。

张宝林(2022)扩大汉语中介语料库语料来源的途径,《国际中文教育(中英文)》第2期。

赵婷婷,宋亚静,李贵喜,王嬿,陈亚瑞,任德华(2022)基于深度强化学习的文本生成研究综述,《天津科技大学学报》第2期。

朱奕瑾,饶高琦(2023)基于ChatGPT的生成式共同价值标准例句库建设,《云南师范大学学报(对外汉语教学与研究版)》第3期。

# 后疫情时代国际中文教育的展望：
# 逻辑起点、现实困境、路径选择

廖钟源

福州外语外贸学院

**摘　要**：新形势下，汉语二语教学活动正处于发展和转型关键期，在与疫情常态化考验作斗争的同时，为国际中文教育的发展迎来新机遇、新挑战。国际中文教育要以不变应万变，结合人类命运共同体的研究视角，从国际中文教育展望的逻辑起点出发，探析当前国际中文教育在本土化和国际传播方面的实质性问题，形成与世界各国各地区的利益共同体、责任共同体和命运共同体，最终指向增强民族文化认同、构建中文话语体系、转型智能媒体传播、加速文化创造转化等内容。力求在整合梳理国际中文教育的改革创新路径基础上，主动回应国际中文教育的学科体系建设，搭建世界文明交流的全球语言教育平台，重构国际中文教育的国际话语体系，以优化汉语跨文化传播的交际效果。

**关键词**：后疫情时代；国际中文教育；本土化；跨文化传播；共同体

# 一、引　言

后疫情时代，国际中文教育的国际话语权也面临价值空间的动摇。不仅要同新冠病毒作常态化抗争，还要同反全球化浪潮、局面多变的国际形势、西方"后真相"给人类文明带来的混乱、泛众化传播引发的文化偏见与冲突，以及群体极端和狂欢现象作斗争。在智能融媒体传播环境下，知识生产与消费的过程已融为一体，语言社交场景媒介化，已为语言学习者提供网络行动的全景平台，媒介成为语言社会化传播跨时空情境的公共空间。正如教育部副部长、国家语委主任田学军认为，要深化国际中文教育和语言文字交流合作，积极提升中文承载和传播信息的能力，进而"打造有国际影响力的中文传播平台,提升优秀中文期刊的国际影响,提高人类信息知识的中文表达能力水平"(田学军,2020),这才是打造国际中文教育传播创新体系的必由之路及发展目标。

## 二、逻辑起点:国际中文教育的发展现状

### 2.1 美美与共:从语言共同体走向人类命运共同体

语言共同体产生于劳动这一核心内驱。对个人而言,"他只是作为某一人类共同体的天然成员,才把语言看作是自己的"(马克思、恩格斯,2012)。国际中文教育与人类命运共同体具有同构性,呈现出语言与共同体之间互动传播的过程,延续马克思主义的最高价值,即"人的自由全面发展"。根据新中国特色发展经验,转换成为"人的生存自由",建立以相互尊重、求同存异为基础的国际合作交流原则,促进世界和平稳定与可持续发展,构建合作共赢的新型国际关系。(王公龙,等,2019)对于人类文明发展而言,文明只有姹紫嫣红之别,但绝无高低优劣之分。相较于国际中文教育的教学本质,重在要求外国汉语学习者学会汉语听说读写的言语交际技能(周小兵,2012),并不要求同母语学习者一样系统掌握汉语的全方位知识。这就为国际中文教育的社会交往价值提供广阔的应用空间,奠定人类命运共同体与国际中文教育的互动关系。在全球化背景下,国际人文交流是多元文化共存共在的融合过程,语言文字是解读文化的入口,是一个民族整体性的文化心理底座(钱冠连,2005)。作为文化交流的纽带,国际中文教育不仅需要提升二语学习者的跨文化交际能力,还需要培养语言学习者全球化时代的世界观,共同谱写构建人类命运共同体新篇章。

### 2.2 共存共在:从单向灌输走向多元互动

人类命运共同体的核心内涵之一是共存共在(王春辉,2020)。国际中文教育作为连接内部经验与外部世界的沟通桥梁,提供给汉语学习者与外界深入交流的公共场域。在这个公共空间,不仅可以获取作为国际公共教育产品的语言服务,还可以借此汲取异域文明的先进经验与智慧结晶,携手促进世界多元文化间互鉴共荣,保护和促进世界语言多样性。

在这样的视域下,语言交流的格局必然是朝着多元并存、双向交流的方向发展,保护语言多样性,尊重文化差异性。2018年9月,首届世界语言资源保护大会在长沙召开,国际社会关于语言多样性对人类命运共同体的构建作用达成共识。次年2月,联合国教科文组织发布《岳麓宣言》,精确阐述人类命运共同体对多元语言格局的作用。语言承载的文化差异性理应受到尊重与保护,长期以来以英语为代表的西方国家不合理、不公正的旧秩序阻碍着语言多样性和多元化的发展,文化霸权主义威胁全球文化安全,不利于欠发达文明的可持续发展,更无法彰显语言在促进世界公民合理分配利益中的交际作用。语言的交往承袭历史经验的同时,还创造新的文明。鉴于此,国际中文教育在世界范围内的教育实践,是从知识生产到知识传播的中国方案,推动人类命运共同体的构建。

## 2.3 共享共赢:从世界文明走向全球文明

世界上任何具有影响力的国家,都产出大量的全球公共产品。在旧秩序中,以英美为代表的西方资本主义国家成为全球的主导者,英语作为关键语言成为该意识形态范围内的第一语言。世界的发展,需要构建人类命运共同体,必然也需要中文的融入与参与。中文从世界文明走向全球文明的过程是历史的选择,中文有庞大的母语使用者以及数以亿计的海外学习者,成为全球最大的语言生活共同体。据不完全统计,截至2023年4月,全球共有180多个国家和地区开展中文教学,82个国家将中文纳入国民教育体系,外国正在学习中文的人数超过3 000万,累计学习和使用中文的人数接近2亿。随着国际社会对有中文背景的复合型人才需求增加,孔子学院在"一带一路"国家推出"中文+"人才培育项目,进一步拓宽国际中文教育作为公共产品的辐射范围,为中资企业海外市场的拓展提供懂中文会技术的复合型储备人才,也为当地学员和民众提供就业岗位,同时解决当地社会发展供给侧结构性矛盾。因此,中文国际传播效果直接决定了在共同体框架体系内政治、经济、文化等功用价值的发挥程度同时,也对人类命运共同体的构建产生直接影响。

## 三、现实困境:国际中文教育的发展机遇

### 3.1 国际中文教育的内在困境

#### 3.1.1 国际中文教育热度减退

随着中国改革开放后,国家综合实力不断增强,汉语国际地位不断提升,在语言学习实用主义的助推下,国际中文教育呈现一派热潮的态势。新冠疫情暴发后,随着国际政治经济形势发生骤变,部分汉语学习者面对复杂多变的国际局势,降低海外汉语辅助岗位的求职意愿,实用主义的学习需求淡化,导致国际中文教育的学习热度迅速减退。究其原因,一是受疫情影响,海外来华留学生数量减少;二是许多海外教育机构被迫关停,海外汉语学习者求学困难,中文教师则难以返回岗位执教;三是学习方式由线下变成线上远程学习,许多海外教学机构或汉语学习者由于网络硬件设备不足、网络传输速率低下、教学效果无法评估等问题造成国际中文教育的传播阻碍。

#### 3.1.2 国际中文教育资源掣肘

教育资源配置不均引发的数字鸿沟正在不断拉大不同国家、地区汉语学习者获取知识的差距。首先,发达国家和发展中国家经济水平的差距、线上教学资源差距较大,教育资源失衡凸显,导致汉语学习者先天的教育不公平现象加剧(陆俭明,等,2020)。其次,在教育过程中也存在教育机会不均等现象。欧美院校可开展近乎线下授课效果的高质量实时在线视频教学,而非洲地区孔院只能实现异步、非实时的会话教学。再次,缺乏精品的本土化教材、国别化教材、数字化教材,无法满足各类不同人群的多元学习需求。这就要求打造一批符合新时代主流思想、满足各类不同学习需求的优质教材。最后,国际中文教育符合"新文科"的学科特点,既有中国语言文学的学理支撑,又有教育学的学科属性。"新文科"建设的抓手是课程建设,如何建设一批独具"中国风"特色的交叉型、复合型的国际中文教育课程是当前教材同质化现象下值得思考的战略问题。

#### 3.1.3 学科理论体系仍待完善

长期以来,国际中文教育教学理论体系主要依赖国际第二语言教学理论体系,但汉语与印欧语系在语音、语法、书写等方面有着显著的差别,这就导致汉语本土化、国别化教学范式缺失。同时,随着数字化国际中文

教学改革浪潮的推进,国际中文教育顺应中国学术走出去的国家计划,学科属性的定位尤其重要(陆俭明,等,2020)。当前,国际中文教育学科理论体系呈现出来的问题如下:一是学科研究基础薄弱,还未建立可评估、指导线上教学模式的相关理论与实践的教学体系。二是国际中文教育学科地位长期没有得到重视。没有独立的一级学科,致使学科建设后劲不足,本科人才培养全部依靠文学院,硕博士挂靠在教育学之下,无法实现人才有效衔接。三是学科属性归类错位。缺乏对学科内生性长远规划的谋虑,最显著结果就是国际中文教育专业培养出来的高级人才,擅长教学实践,却无法产出优秀科研成果。四是如何结合现代教育技术、科技前沿成果改革传统国际中文教育教学体系,以提高教师媒介素养、优化教学管理模式、开发数字化教学资源、增强课堂教学体验和提升学生核心素养。

### 3.1.4 留学服务意识亟待提高

在疫情前,许多中文教育机构主要依赖国家官方资金投入运作,通过国内外高校开展联合办学,中文教育传播范围受限于市场内的高校学生,未能积极拥抱市场外社会层面的汉语学习者。这表明中文教育机构缺乏积极的留学教育市场服务意识。相对而言,英国作为在中国深耕几十年的外语,在疫情期间英国文化教育协会作出许多值得我们效仿的举措。例如,借助信息化媒体微博,举行线上社交沙龙,利用知名本土网络红人作为意见领袖进行市场开拓,提升自有品牌知名度。他们适应疫情常态化的节奏,开通雅思机考和视频口试,实时更新英国疫情防控办法和院校教育政策信息,及时解决留学生潜在心理和思想障碍。因此,孔院从走出去向国际化发展转变,必然要提高海外孔院留学教育服务意识,健全国际中文教育市场化机制,提高汉语教育和留学服务配合效力,提升孔院面对突发事件的沟通协调能力,协助在华留学生办理相关服务(文秋芳、杨佳,2020)。此外,要结合政策战略导向与产业规模发展要求,使国际中文教育从学校走向社会,为国际中文教育服务体系的长远发展注入新鲜血液(吴勇毅,2020)。

## 3.2 国际中文教育的传播障碍

### 3.2.1 意识形态阻碍中文传播交流

当前,中国经济的高速发展,正在逐步缩小与发达国家之间的差距,但是一些发达国家仍然沿用冷战思维,存在意识形态零和博弈,甚至无端臆造中国为假想敌,宣扬所谓"中国威胁论"。实际上,当今世界各国的竞争早已不限于单一领域,而是要考虑一个国家的综合实力,包括政治经济的硬实力,以及文化要素为主导的软实力。文明的冲突是不同文化的碰撞,而语言文字的推广和使用是文化传承与发展的活态载体。鉴于此,有些国家将国际中文教育传播看作为"中共"意识形态的渗透,将常态化的文化交流认作"文化殖民"。2020年8月13日,美国国务卿蓬佩奥宣布将孔子学院美国中心列为"外国使团",认为孔子学院是"中国共产党宣传事业的一份子",这样污名化的举动阻碍正常的双边文化交流。实际上,美国政府是出于自身政治经济利益的考量,用不同意识形态的视角来妖魔化国际中文教育,引导舆论试图颠覆国际中文教育的未来发展。

### 3.2.2 国际形势干扰中文对外传播

当前世界格局并不稳定,各类武装冲突频发。当下俄乌冲突的背后,正是以美国为首的北约阵营与俄罗斯、白俄罗斯等国的两大军事政治集团之间以军事武装冲突为主的全方位斗争。中国作为一个负责任的联合国安全理事会常任理事国,肩负着维护世界和平稳定的任务,鲜明地亮出公平正义,求同存异的旗帜。但是,我们以和为贵的态度势必会招致一些敌对国或利益共同体国家的不满,这就致使中文教育在对象国势力范围内的传播举步维艰,甚至受到抵制。如苏联解体后,原华约成员国爱沙尼亚、乌克兰、拉脱维亚等国,对俄语采用对立抵抗的姿态,显著反映国际形势对中文对外传播的干扰作用。1965年至1998年期间,印尼政府两次推行反华、排华政策,导致中文教育在三十多年间难以在印度尼西亚推广。当下中国与周边国家的边界问题、岛屿归属争端显著频发,这些都容易造成国际地缘政治关系紧张,由此制约中文教育的国际化发展。

### 3.2.3 全球化思潮扭曲中国的形象

20世纪90年代,苏联解体后人类社会从各自原始封闭的状态向由超级大国美国主导的融合互通的全球性社会转变,世界已经变成一个"全球化"的整体单位。在疫情期间,各国采用"封国""封城""航班熔断"等手段,限制疫情的扩散蔓延,世界范围内的商旅、求学、经贸等大规模的人员交流活动近乎冻结,致使全球化浪潮不断收缩发展空间。随着疫情在全球范围的快速蔓延,新一波的西方民粹主义思潮抬头,Sibo Chen 和 Carry Wu 两位学者从跨文化传播视角出发,认为这种反亚裔种族主义根植于西方特殊的历史语境,在持续不断的殖民主义、多元文化主义的浪潮以及媒体疫情报道议程框架的影响下形成(Chen,S.、Wu,C.,2021)。由此引发一系列的反全球化思潮,如病毒种族主义、极端民粹主义和超级保护主义等(保建云,2020)。受此影响来华求学的外国留学生或是赴所在国传授语言的中文教师,在国际交通出行、校园社区生活、日常教学中都遇到阻碍,海外中文教育机构及其相关从业人员受此影响,整个行业遇到严重冲击,降薪、裁员等负面现象涌现。

后疫情时代,国际中文教育遇到的内在困境和传播障碍,其本质原因在于国际中文教育事业的战略规划不足,缺乏智库支持(王春辉,2021)。这就要求我们寻找共赢共享的发展价值空间,减少国际中文教育推广中存在的文化冲突,建设社会各界支持的智库平台,构建国际中文教育事业的大周期模型。

## 四、路径选择:国际中文教育的时代使命

### 4.1 增强民族文化认同

语言是统一的多民族国家维护自身民族团结与国家稳定的重要工具,还是承载民族文化形象,增强民族共同体意识的关键载体。塞缪尔·亨廷顿曾指出,文明即指文化实体,共同的宗教、历史、传统和语言将把部分国家凝聚在一起,文化的相似性将会推动文明主体采取共同的行动,形成拥有共同目标的文明,即文化共同体。因此,相同文化价值观或文化习俗的国家将会重新组合,形成具有共同属性的文化阵营。全球化浪潮将世界政治、经济、文化资源进行重新组织与分配,使得世界各国、各民族之间产生文化碰撞与交融的机会,同时反全球化的极端思想也相随伴生。由此看来,文化价值观"关系"密切的国家或地区将会形成"区块化"的合作阵营,如欧盟、东盟、非盟、南美国家联盟等世界联盟的实践(钱乘旦,2021),而语言文字作为各阵营沟通交流的工具,也将成为"区块化"互通互认深入合作发展的重要枢纽。作为公共交换产品的国际中文教育,得以在世界范围内广泛传播。"国际"中文教育必然是具备国际化视野,用

"自塑"的方式向世界讲好"中国故事",借助"教育"的媒介桥梁,创造性继承和创新性发展中华民族璀璨的历史文化,开辟民族文化认同的入口;文化共生与技术赋能二者互为连通,是实现国际中文教育内容创新发展的关键目标和重要路径(段鹏、宋芹,2022)。国际中文教育在世界范围的国际化过程,不仅是语言教育本体的问题,还是不同文化群体间跨文化传播的过程。这就涉及全球传播的文化认同、文化多元以及文化适应的问题,这些问题必然要经历国际保守主义思潮的洗礼与碰撞。这就需要转变国际中文教育的跨文化传播理念,将其作为一种与世界公民共享的公共文化盛宴。

### 4.2 构建中文话语体系

在后真相时代,海外敌对势力处心积虑地煽动反华情绪,四处宣扬"中国威胁论"等错误观点,致使国际中文教育的海外传播处于被动处境。荷兰学者雅普·梵·吉内肯提到,新闻媒体对国际事务的报道,更多是由特定文化、意识形态以及新闻生产逻辑塑造的"社会建构"或"社会呈现"(Ginneken、Jaap van,1998)。为避免敌对势力意识形态和政治立场的显性纷争,应借鉴英国文化委员会、韩国世宗学堂的做法,一方面借助文化渗透方式宣扬中华优秀传统文化,提升我国国际形象;另一方面联络本土教育机构或组织,借用戏剧演出、项目研讨、学术调查等软性方式输出。可见,汉语国际推广应从"走出去"向"融进去"转变(王海峰,2020)。不断增强语言文字在地化适应力,结合所在国教育经验、思维逻辑、行为方式,加大汉语国际教育推广力度,培育中文教育低龄化基本盘,实现汉语教学能进入多数国家的国民基础教育体系。同时,要加强危机管理(王辉,2021)。面对孔院外部环境变化科学判断,建立危机快速处理机制,帮助师生做好心理安抚。此外,在孔院全球结构布局上,把更多的教育资源和资金投入"一带一路"沿线发展中国家,加强与当地国际中文学校协同配合,构建可持续发展的国际中文教学生态圈。回归语言学科本体,加强学科建设,规划学科顶层设计和人才培养布局,建立自成系统的学科话语体系和学术话语体系(汤颖、徐辉,2022)。在新文科背景下,结合语言智能技术、语言工程等方向,突出兼具中国语言文学和教育学的学科属性,建构国际中文教育特色交叉学科课程体系。理顺学科准确定位,发展成为具备独立话语体系和学术体系的一级学科。让国际中文教育的中国话语体系建设向世界发出中国声音、提出中国方案、贡献中国智慧。

### 4.3 转型智能媒体传播

教育技术改变知识生产的过程,而技术塑造的数字化将传统的信息传输的形式,从单向垂直转变为多元水平的流动模式。教学技术连接全球教育资源的同时,也在制造知识学习的区隔,正拉开不同国家间的数字鸿沟。因此,国际中文教育面临着智能媒体传播环境带来的挑战与机遇。这就要求增进中文教育的教师素养、教学模式、教学资源等领域,展开本土化方面的深入交流与合作。如融通国内外人才培养体系,加强与国外汉学、中国学专业的深入合作,培养本土中文教师;针对不同国家学生的兴趣点和教育理念,加大教学技能培训,提升教师信息化教学能力。在此基础上,探索基于本土化的线上线下融合教学模式,制定中文在线教育课程标准,共建共享数字化教学资源,打造合作共同体。同时,根据所在国的国情、地情、民情,开发国别化中文教材满足不同层次、不同需求的汉语学习者;将传统的纸质资源转化为数字资源,开发高质量数字化教材,推动线上精品课程建设;以加快推进中文数字图书馆建设为契机,打造集中华传统文化书籍、工具书、特色教材、电子读物于一体的线上共享资源库。通过上传中文音视频学习资源,不断完善国际中文教育资源库建设。教育数字化转型下,国际中文教育通过区块链、人工智能、大数据、物联网技术,为汉语学习者提供更优质、更便捷、更高效的学习途径。虽然线上教育还存在许多不足的问题,但可以依托人工智能、AR、VR、MR 等技术加以弥补。例如利用未来影像技术应用于 Cool Panda VR 系统和"新时代中国故事"虚拟仿真实验中,可以模拟语言学习真实环境,使语言学习者自主探索和发现知识。这些都充分发挥教育技术的作用,满足不同学习者数字化学习的诉求。

### 4.4 加速文化创造转化

国际中文教育的本质是语言学习,是否能吸引到更多第二语言学习者,关键在于语言学习的"红利"。后疫情时代,对于国际中文教育事业的发展,首先,应理清语言教学孰先孰后的问题。应该认识到国际中文教育不仅要解决教学问题,还需要提升中文的功用价值。正如习近平总书记指出的,要正确把握文化传承与创新发展的关系,运用新技术、新手段,深入挖掘中华优秀传统文化的内涵,充分发挥其价值引导力、文化凝聚力、精神推动力的强大作用。其次,在国际事务中增加中文的应用场景,提高中文的国际影响力。比如,2022年北京冬奥会开幕式上,出现的"二十四节气""中国门""中国窗""中国结""虎头帽"等传统文化元素,吸引全球观众的目光深入理解中国文化。再次,发展中文信息技术,如微信、抖音,助力中文教学、中文使用与传播,用信息化手段增加中文的科技、文化含量,实现"中文+技术"新范式。最后,国际中文教育需要扬长避短,彰显文化魅力,在书法、武术、戏剧、歌舞、剪纸、游戏等系列文化活动中,融入中国传统文化元素。例如美国华盛顿孔院在"老鹰捉小鸡"传统游戏中,将传统文化进行现代化演绎,为汉语学习者提供了新的学习途径。在国际重要场合,使用中文传达科技人文前沿成果,使中文成为国际科技文化领域交流的通用语言。

## 五、总 结

国际中文教育通过以语言文字教学为基础,创新性传承文化、知识、价值观,使外国汉语学习者重塑中国印象,达成文化认同。美国人类学家、跨文化传播的创始人爱德华·霍尔曾提出"文化即传播,传播即文化"的著名论断。跨文化传播的意义在于最大程度减少文化隔阂,连通不同文化间的沟通与理解,实现共存共在、共享共赢。鉴于此,在目标国文化语境中,科学的国际中文教育传播体系需要建立在语言本土化的基础上,深挖语言背后的文化底蕴和文化身份,才能提高跨文化传播的效果。

**参考文献**

田学军(2020)努力开创新时代语言文字事业发展新局面,《语言与翻译》第2期。

马克思、恩格斯(2012)《马克思、恩格斯选集》第2卷,北京:人民出版社。

王公龙,等(2019)《构建人类命运共同体思想研究》,北京:人民出版社。

周小兵(2012)《对外汉语教学导论》,北京:商务印书馆。

钱冠连(2005)《语言:人类最后的家园》,北京:商务印书馆。

王春辉(2020)国际中文教育行稳致远,底气何来,《光明日报》6月20日第12版。

陆俭明,等(2020)"新冠疫情下的汉语国际教育:挑战与对策"大家谈(下),《语言教学与研究》第5期。

陆俭明,等(2020)"新冠疫情对国际中文教育影响形势研判会"观点汇辑,《世界汉语教学》第4期。

文秋芳,杨佳(2020)从新冠疫情下的语言国际教育比较看国际中文在线教育的战略价值,《语言教学与研究》第5期。

吴勇毅(2020)国际中文教育"十四五"展望,《国际汉语教学研究》第4期。

保建云(2020)病毒种族主义、极端民粹主义与超级保护主义——2020年反全球化思潮的新表现,《人民论坛》第36期。

王春辉(2021)历史大变局下的国际中文教育——语言与国家治理的视角,《云南师范大学学报》(哲学社会科学版)第2期。

钱乘旦(2021)全球化、反全球化和"区块化",《当代中国与世界》第1期。

段鹏、宋芹(2022)文化共生与技术赋能:文化类节目高质量发展的思考,《中国编辑》第3期。

汤颖,徐辉(2022)人类命运共同体视域下的国际中文教育:挑战,机遇与使命,《辽宁师范大学学报》(社会科学版)第3期。

王辉(2021)新冠疫情影响下的国际中文教育:问题与对策,《语言教学与研究》第4期。

王海峰(2020)复杂形势下的中文教育国际化之路,《海外华文教育》第5期。

Chen, S., Wu, C. (2021) *Stop Asian Hate: Understanding the Global Rise of Anti-Asian Racism from a Transcultural Communication Perspective*. Journal of Transcultural Communication.

Ginneken, Jaap van. (1998) *Understanding Global News: A Critical Introduction*. Thousands Oaks, CA: SAGE Publications.

# 区域化汉语中介语动态语料库建库理论与前瞻

苏盛滢

泰国华侨崇圣大学

**摘 要**：现存的汉语中介语语料库多为平面化中介语语料库，本文旨在基于前人研究基础上结合实践发展需求，引入区域国别视角规划建设汉语中介语语料库，且对现有通用型汉语中介语语料库进行细节优化。

本文将从以下方面对建设多轨立体区域化汉语中介语语料库提出理念与设想：一是建库理念，按区域进行目标明确的语料收集、录入与加工；二是建库路径；三是生语料库的构建，可在建设汉语母语者语料库的基础上作为学习者中介语发展语料库的对照构建，同时不再局限于口语语料与书面语料，还可以语音语料，学习者偏误与教材相关性语料，以及语言环境对学习者产生偏误影响多轨构建。

**关键词**：汉语中介语语料库；区域化；建库理论

## 一、前 言

本研究旨在按照区域规划建设汉语中介语语料库时对现有通用型汉语中介语进行细节优化。目前，我国已开发研究并正在使用的汉语中介语语料库有：1995年国内第一个"汉语中介语语料库"建库成功（陈小荷，1996）；北京语言大学后又推出"HSK动态作文语料库"；南京师范大学推出"外国留学生语法信息偏误库"；中山大学推出"汉字偏误标注的汉语连续性中介语语料库"；暨南大学推出的是"东南亚华裔留学生作文语料库"；南京大学则建立的是两个针对于外国留学生的语料库，其中有以国别较为突出的"美国学生汉语作文纵向语料库"，以及"外国留学生汉语口语纵向语料库"；苏州大学建设的是"小型外国学生汉语口语语料库"；香港中文大学建设的"外国留学生口语语料库";台湾师范大学建设的是"汉语学习者汉字偏误数据资料库";鲁东大学胡晓清教授所带领的团队则是从国别化入手建设了两个相应语料库——"韩国留学生汉语中介语语料库""多层偏误标注的国别化汉语中介语动态语料库"。这些现有语料库的规模大小未有相应标准,因此其侧重方向各有不同,国别种类不同或是语料侧重方向也有不同。

最新推出的则是由北京语言大学张宝林教授与崔希亮教授团队所推行的"全球汉语中介语语料库"。由此可见,汉语中介语语料库呈积极发展趋势,正逐步往尽善尽美的方向上发展,这也体现出汉语中介语语料库的建设对汉语作为第二语言教学与习得研究起到了坚实的支撑作用。

目前,针对汉语中介语语料库的研究方向众多:

1. 针对于汉语中介语语料库本身的研究。如建库标准化、建库理念、建库范式、建库原则、建库层级、语料来源与收集、语料标注等。

2. 不同语料库间的对比研究。

3. 单个语料库专项研究。

在探索中介语语料库过程中,发现目前语料库细节规划还未呈现明朗态势,因此本文为汉语中介语语料库提出从区域化视角规划汉语中介语语料库中的归类问题,拟讨论区域化汉语中介语语料库建库理念与实践前瞻等问题。

对上述现有汉语中介语语料库进行研究分析中发现,现在所使用的中介语语料库多为平面化中介语语料库,语料大多数来源是学生作业,且语音相关语料内容较为稀少,并且在排布分局上未有细致规划,只有大体分类。鉴于区域国别研究是目前立足于世界视角与国家发展战略研究相匹配的新兴研究领域,而汉语中介语语料库是在汉语作为第二语言教学与研究领域的重要支撑,因此我们应该正确对待区域国别学理论在汉语中介语语料库中的应用,运用相关理念对汉语中介语语料库进行合理布局规划,建设或细化多轨立体区域化汉语中介语语料库。

## 二、建库理念

### 2.1 分析现有汉语中介语语料库

#### 2.1.1 现有语料库优势

目前,语料库建设的优势在于以下几个方面:

1. 原始语料规模扩大

最新推出的"全球汉语中介语语料库"最大的优势则是在于语料样本多,原始语料规模扩大。"全球汉语中介语语料库"目前收集的原始语料多达 2 367 万字。这使得语料标注范围也逐步注意广度与深度,语料标注内容也开始注重全面性与丰富性。(张宝林、崔希亮,2022)

2. 语料全面标注与自动标注

现有语料库标注范围逐步扩大,趋向于全面发展,内容也趋于丰富性与标准性。以最新的"全球汉语中介语语料库"为例,语料包含字、词、短语、句、篇、语体、辞格、标点符号、口语和视频语料的语音、视频语料的体态语等 10 个层面(张宝林、崔希亮,2022);"全球汉语中介语语料库"标注模式为保证语言分析能力的顺利运用,因此采取"偏误标注+基础标注"的模式,词标注模式也体现了全面标注的特性。张宝林教授曾提出全面性是汉语中介语标准原则,全面指的是内容上的整体全面,除指对字、词、短语、句、篇、语体、语义、语用、修辞、标点符号等 10 个层面进行标注。还需在口语语料库和多模态语料库基础上,增加语音与体态语方面的标注。(张宝林,2013)

自动标注是目前语料库标注中最常用的标注方法,其特性为速度快、标注一致性高。"全球汉语中介语语料库"在建设过程中根据实际情况尝试实践使用自动标注手段,同时在此过程中借鉴数字赋能中文信息处理手段,其中包含繁体字、异体字转换自动标注;熟语下的小类标注,例如成语、歇后语、谚语、俗语等;对某些句类、句型、句式进行一定程度的自动标注。

3. 语料库建设标准化

现有汉语中介语语料库在建库过程中的逐渐自动化,一定程度上也推动了汉语中介语语料库在建设过程避免随意性,带动了标准化的建设发展。比如步骤环节标准化、标注内容标准化、检索方式标准化等。

4. 语料库的检索方式

语料库的检索方式逐渐丰富,到现有最新的汉语中介语语料库,检索方式功能高达 9 种:

(1)字符串一般检索。对语料库中具体的字、词、短语、句子进行检索;

(2) 分类标注检索，对依据标注规范所做的各层面，即字、词、短语、句、篇、语体、辞格、标点符号、语音、体态语等 10 个层面的标注内容进行检索；

(3) 离合词检索；

(4) 特定条件检索；

(5) 词语搭配检索；

(6) 按词性检索；

(7) 词语对比检索；

(8) 按句末标点检索；

(9) 重叠结构检索。（张宝林、崔希亮，2022）

### 2.1.2 现有语料库不足

目前，随着汉语中介语语料库的动态发展趋势及应用研究后，仍能发现存在一些问题如下：

**1. 语料分布失衡与平面性**

国别平行语料库大多数为大语种平行语料库，小语种平行汉语中介语语料库资源匮乏，使得语料分布存在失衡性。语料库平衡性意在"构成特定语料库中各部分语料的类型和比例相对适当，以满足语料库建设和使用中的合理性和可靠性等方面要求"（施春宏、张瑞朋，2013）。

**2. 语料标注缺失性**

现有汉语中介语语料库中缺少语义与语用标注，需进一步在建库过程中标注语义与语用的明确范围，及其偏误标准。

**3. 语料标注忽视人工作用**

现有的汉语中介语语料库大多数强调自动化标注的省时省力，以及自动化的便捷与一键生成的快捷。但我们仍然不能忽视人工作用，因为人工的准确性还是机器所无法比拟的，虽然科技数字赋能为大势所趋，我们仍需正视现实人工智能并非能完全取代人工，为了保证汉语中介语语料库的准确性与运行的流畅性，依旧需要人工工作的介入，来指正机器所出现的错误，与引导自动化智能发挥其应有的作用。

**4. 语料标注忽视自然性与真实性**

大多数情况下，语料收集多为在课堂上的作业样本，这使得语料生成的过程中，学生会受到固定主题影响或者任务机制影响，其语料产生较为刻意,从而使得语料在某一程度上已经经过自主"加工",缺失自然部分。

5. 语料话题单一且语料背景复杂

现有中介语语料库很多情况下存在话题单一且重复,视角或者语料不够丰富。这就是在收集的过程中,往往可能是同一学校、同一任教教师在同一门课中布置相同作业所形成的固定模式。但是话题虽单一,可是语料来源的背景却较为复杂,天南海北都有,却没有进行相应划分归类。

### 2.2 汉语中介语语料库融入区域迭代策略

"迭代"概念最早起源于计算机领域,又称为"辗转",旨在不断用变量的旧数据推动新数据产生的发展过程。迭代思维主要运用在对现有方案与模型所出现的问题与相关状况加以改进与升级。"区域迭代策略"则是指采用改进的迭代方式对汉语中介语语料库中庞杂的语料体系按区域进行划分,在区域划分基础上再对国别进行相应细化。由于运用区域迭代策略所整合的目标语料能更加明确,对汉语中介语语料库可进行"迭代升级"赋能区域国别标准及特征细化。

## 三、建库路径

目前,我国现有语料库语种选取划分仅针对于国别视角,因此在现有汉语中介语语料库中语料种类之间联系不够紧密,未能形成完整体系,缺乏关联性也不便于用户搜索,会出现研究过程中需打开多个语料库查找的情况。因此在建库路径中,应当注意系统性。

首先,考虑如何将这些语料种类间的国别紧密联系,形成体系,考虑从其上位区域入手,应当选定区域如何进行划分。由于是汉语中介语语料库,建议以从我国区域视角出发进行相应划分。

其次,是选定基于何种区域进行划分。我国国际中文教育专业发展中的区域化发展提供了详尽便捷的划分路径如下:一是按照我国区域划分后,对应邻国;二是国家发展战略路线下的"一带一路""中国-东盟自贸区"等;三是按照中外合作院校协同发展划分区域;四是参考高校共建孔子学院、课堂划分相应区域。

## 四、生语料库构建

### 4.1 语料的收集来源

语料库的关键决定性取决于语料来源与选取。区域化下所建设的汉语中介语语料库,不能注重单一发展,应当多轨同步发展。

#### 4.1.1 区域化收集语料

按照所规划好的语料收集区域,再参考语言环境因素所带来的影响进行划分收集语料。除区域化下的国别划分收集语料外,还可以考虑区域群体分类收集语料,比如学生是同一区域学校,还是非同一区域学校。所选取的学校样本中是其中一位学生,还是一群学生。

#### 4.1.2 语料库来源多样性与连续性

中介语语料库按照区域划分后的,其生语料来源不应局限在口语语料库与书面语语料库,可收集语音语料。语音语料来源可分为日常语料与非日常语料。日常语料以日常交际与访谈、教师辅导语料为主,非日常语料则是以平时课堂语料、考试规定口语语料为主。一般语料多为收集学习者的作业样本与考试样本,还应对应收集学习者偏误与教材相关语料,这部分多以书面语为主。在收集语料过程中,不仅可以收集共时还可以同时收集历时;可以动态按照学期收集,也可以按照所学阶段进行收集,同时可以监控收集中小学至高校等不同阶段,不同语言背景的学生语料。

#### 4.1.3 语料库的自然性与真实性

在国际中文教育的教学过程中,更多地强调的是"以学生为中心,教师为指导"原则。因此在语料收集的过程中,我们也应当注重语料应以"学生为中心",注重语料的自然性与真实性。可针对不同区域化下的特点,设定语料收集标准和原则,以此保证语料来源下的自然性与真实性。因为自然性与真实性是语料本身应当具备的重要因素,语料应当更多产生于学习者的自然流露,可以针对课型或者本课主题设定相关主题给学生,但是在基于相关主题下所生成的主题,教师应该仅仅停留在指导与引导层面,让学生充分发挥其主观能动性,生成出具有其所在区域特点的语料显现,同时应提醒学生在语料生成过程中禁用相关智能辅助手段,如现在大热的"ChatGPT"自动生成答案,或是传统的翻译软件翻译答案,或者再原始的照抄以往的优秀语料片段。

### 4.2 语料标注加工

#### 4.2.1 区域化设定语料标注规范及标准

每个区域的学生语料特点其实都是相对应集中的,比如纯东南亚学生的书面语水平好过口语水平,但如果是华裔家庭的东南亚学生则会呈现出书面语与口语整体水平全面发展,再比如日本、韩国学生的阅读和写作能力较强,口语能力较差,而欧美学生则相反;但并不能据此就认为欧美学生的语言能力普遍都强于日韩学生。因此,我们认为口头表达语料和作文语料反映的是两种不同的言语能力,并不存在哪一个更能反映语言能力的可能;正如本族语者中,文笔很好而口头表达欠佳的现象也是会时常发生。因此,在语料标注加工的过程中,我们需要根据每片区域化总结出一些相应的特点,基于这些特点生成相关语料标准手册及应对的标注规范。

#### 4.2.2 设计辅助标注工具

数字赋能汉语中介语语料库,通过采用人工智能手段辅助自然语言处理与支持数据文本分析技术发展,我们可以运用相关科技手段针对区域化汉语中介语语料库特点的尝试合集新型辅助标注工具。可运用计算语言学,深度分析不同区域化语料所呈现出的学习技术,语料中的区域特点分析,区域语向量技术等。还可挖掘区域化中所潜藏的语料主题结构特点与语义信息,根据相应情况设计针对具有区域化汉语中介语语料库特点的辅助标注工具。

#### 4.2.3 根据标准规范与手册人工细化区域化特点并行

虽然现在科技手段先进,更多地提倡信息技术手段取代人工以避免过多地消耗精力,但是在语料库的建设过程中我认为还是需要采取人机互助模式,人工干预需要并行。人工可以在标注过程中,比技术辅助手段更为细致,同时标注也会更加细致入微。同时,人工在选取语料方面也能更加地注意全面性与代表性。上述有提到就现有汉语中介语语料库所面临的一项问题就是在于语料话题单一且重复,失去丰富性,这时候就应当采取人工干预,通过人工干预手段减少重复话题,使得语料具有多视角。作为大型的语料库,需要注重语料的平衡性,而技术手段还无法像人工情感一样理智且理解平衡的界限与节点在哪里,因此人工干预下可以使得语料库视角平衡且具有情感性。

人工干预还可以处理较为复杂的语料背景。人工智能面对地域差异性之间的敏感度可能会不如人工参与,因此建立区域化的汉语中介语料库应当由人工针对区域特点划分并掌握区域之间的平衡性。在语料背景复杂的情况下,也可进行标注梳理,使区域语料库所呈现的情况与其区域教学对象特点、教学目标、教学适应环境保持一致呈现。

人工还可以按各区域学生分级水平特征与学校特征进行区域特点标注。不同区域的学生所在不同学习阶段所呈现的特点也是不一样的,甚至是不同区域中的不同学校都有较为纷杂的特征,在此情况下所产生的语料水平势必会有特殊情况出现,因此必须有人工干预出现找出基于区域上的特点划分,并进行合理的对接与整合语料,使得语料标注内容具有同质性,能及时反映区域特点,让不同区域之间产生区分性与可比性,消弭大型综合汉语中介语语料库不科学与不合理的问题。可以先设定相关程序编程,由技术过滤自动分级区域特点,但是人工最后对其进行标准校对是较为科学的干预手段。这样在既追求汉语中介语语料库全面性的前提下,也能使语料具有代表性,语料库也能逐步因地制宜地往全面化进行发展,从而达到汉语中介语语料库最佳的建库理想状态。

### 4.2.4 推行三次校对原则

在收集语料与转录语料的过程中,信息技术的确可以节省不少繁琐的工作,但是其所面临的往往是智能但不一定做到完全智能。在此情况下还需要进行人工干预,人工干预与信息技术手段也会有失误情况出现。因此,推行交叉校对标准,三次校对原则,以保证语料库所呈现的语料内容减少因标注产生的错误,偏误仅仅停留在不同区域原始语料的呈现上即可。三次校对原则是指第一次校对由技术手段完成,第二次校对由人工干预完全审查完成,在完成第二次校对后,再由技术手段与人工干预交叉进行校对,而每次人工校对都需要采用不同的工作人员交替进行,将标注失误尽可能降低。

### 4.3 检索系统的开发

检索系统开发,应当按照上述区域化设定相应检索分类,搭建系统的检索平台。重新建库可能需要耗费大量的人力、物力与精力，花费时长难以计算，因此可在编程系统开发上搭建相应检索平台，并将此平台运用至现有中介语语料库中，在现有语料库中进行区域化设定与细化。同时，在系统开发过程除了编程实现区域分库统计之外还应当注意现在最在意的语料来源中隐私规避问题，因此此系统还应当注意去隐私化，尽可能做到凸显语料背景与语料特点，弱化语料背后学习者的个人信息体现。

在检索系统开发过程应当更加注意页面简洁，因为区域化的分库就是为了汉语中介语语料库可以更加便捷地智能搜索，告别繁杂页面或者标注查阅过程中的繁杂。

## 五、结　语

本文系统地论述了将区域国别化理论引入汉语中介语语料库建库过程，并基于区域国别化理论设定相关建库路径。汉语中介语语料库的建立对于汉语作为第二语言习得研究具有积极作用。因此，汉语中介语语料库在发展过程中应更加注意对语料的划分保证其具有全面性与代表性。基于这些特性为解决分析所带来的难题与区域代表性所体现的不可替代价值，因此提出使用区域国别化理论辅助建立汉语中介语语料库或搭建相应平台系统应用到现有汉语中介语语料库中，互应互补，协同增效。汉语中介语语料库中的语料是一种可观察抽象的存在，虽具有主观性，但是其区域特点呈现客观性；虽然语料来源是个人化的，但是语料所呈现的区域特点却又是集体和公共的特点；语料虽然是随机生成的，但是也会因课程与任务设置而显现其协商性，但是基于区域化视角特点又体现出其是具有一定的规约性和可预测性。

数字技术赋能汉语中介语语料库为其发展提供了新的技术发展要求，挑战与机遇共生，而区域国别学的产生也为汉语中介语语料库核心分析技术进行相应拓展，可将二者结合进行改造与适用、更符合现在复合型跨学科发展的主导之路，也从另一侧面探索并呈现出汉语中介语语料库更为细致的构成与运作，以及汉语中介语语料库更多意义表征可能性。

**参考文献**

张宝林、崔希亮(2022)"全球汉语中介语语料库"的特点与功能,《世界汉语教学》第 36 期。

张宝林(2022)汉语中介语语料库建设的反思与前瞻,《国际中文教育(中英文)》第 7 期。

胡晓清(2019)国别化汉语中介语动态语料库建设理念、实践与前瞻,《山东师范大学(人文社会科学版)》第 63 期。

冯胜利、施春宏主编(2018)《汉语语体语法新探》,上海:中西书局。

施春宏、张瑞鹏(2013)论中介语语料库平衡性问题,《语言文字应用》第 2 期。

陈小荷(1996)"汉语中介语语料库系统"介绍,第五届国际汉语教学讨论会论文选。

储诚志、陈小荷(1993)"全球中介语语料库"的特点与功能,《世界汉语教学》第 1 期。

# 国际中文教育专硕生利用语料库
# 进行学位论文写作的调查分析

王昌宇　刘运同

同济大学

**摘　要**:语料库已成为国际中文教育领域撰写毕业论文的常用方法或工具之一。本文基于知网、读秀等学术平台的搜索,对 2010—2023 年国际中文教育专业(含改名前的"汉语国际教育""对外汉语教学")专硕生的论文进行定量考察,聚焦目前使用语料库法进行学位论文写作的选题和研究方法。利用 Tableau、CiteSpace 等数据分析软件,在定量分析和定性分析的基础上,描述分析目前各类选题范围的研究现状,并明确亟需注意的问题与不足,最后提出相应改进意见和建议。

**关键词**:语料库;专业硕士学位论文;选题;方法

　　近年来,随着语料库的大规模建立,语料库研究方法已广泛波及国际中文教育研究的各个领域。在专业硕士论文写作中,也已经有了不小的数量。专业硕士论文的选题与方法,体现硕士群体的学术关注重点、学科素养与专业能力,因此,专硕生学位论文的选题一直受学界的关注和重视。黄伟、李珺婷曾对 20 年间(2001—2020)的偏误类硕士学位论文进行了计量分析,指出当前文章在偏误类型和偏误原因方面囿于成说,缺乏具体问题具体分析合理性的不足[i];王辉对 2009—2020 年间汉语国际教育专业硕士论文被引情况进行了分析,指出当前的研究热点和研究趋势[ii];李丽对文化类选题进行过仔细分析,并结合困境给出相应策略[iii];黄微对专业硕士文化类选题进行了较为全面的分析,指出论文类型单一、缺乏创新等问题[iv]。也有人对各高校的国际中文教育专硕论文做过专题调研,如徐晶晶《近十年甘肃高校汉语国际教育硕士学位论文选题研究》[v]等。

　　但是截至目前,尚未见对国际中文教育领域内使用语料库进行学位论文写作的全面综述类文章。本文以近12年国际中文教育专业硕士蓬勃发展时期的学位论文为基础考察对象,围绕选题与方法两个维度展开,描述分析各类学位论文的特点;分析不足的同时,给出相应建议。

## 一、选题的定量统计与分析

结合知网、读秀等学术平台对各高校论文进行高级检索,可得近12年间使用语料库进行学位论文写作的总计349篇。其中部分大学硕士论文因未上传知网等学术平台等原因,未能搜索到相关文章。

从历年的选题数量上来看(图1),2011—2022年,总体呈上升趋势,其中2021年达到峰值,有53篇之多。2022年略有回落,可能与一些大学停招专硕生有关。

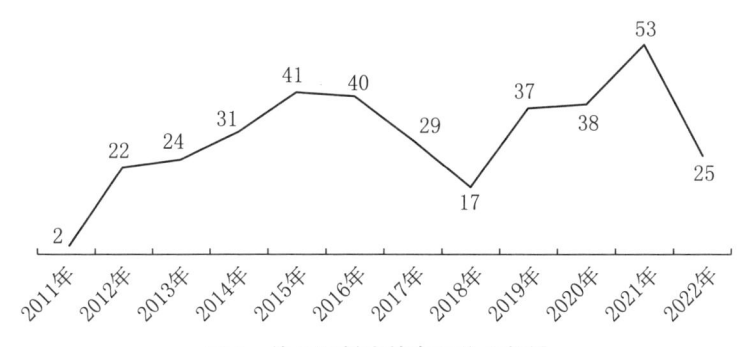

**图1 使用语料库的专硕论文数量**

就349篇文章的选题来看,内容虽然广泛,但主题相对集中。涉及的领域大致有汉语教学语言本体、汉语教学教师专业知识、习得过程中的偏误以及文化等内容。因此,根据文章内容及为讨论方便,我们将上述文章分成了5个大类,分别是:语言本体类、二语习得与偏误类、辨析与搭配类、汉语教学类、文化与其他类,各部分占比如图2所示。

在5种类别的文章中,二语习得与偏误类占比最多,共计156篇,占48%。文化与其他类占比最少,总计9篇,占比3%,该类中的其他主要是指一些综述类的文章,如《汉硕学位论文"偏误研究"类选题分析》《黑龙江大学汉语国际教育硕士学位论文考察》,也包含一些难以归入他类的文章,比如针对国别化语料库展开的调研——《泰国汉语教学语料库现状分析》。

各类型文章占比

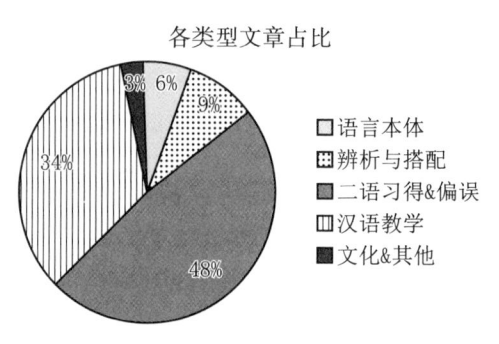

**图2 各类文章占比**

## 1.1 语言本体类选题

在语言本体类选题中,语言对比是一个比较热门的选题视角。李玉楠(2011)将汉语和英语中的爱恨类动词进行了比较;顾爽(2011)将汉英常用的贬义词进行对比研究;再如潘静静(2021)将二语学习者母语和汉语的假设标记"的话"的使用情况进行对比研究。上述提及的这些论文虽然是本体研究,有些聚焦于语言间语法的不同,有些聚焦于语义和语用,本质上都是立足于汉语教学,对于二语教学都有直接的启示作用。

语言本体选题占比

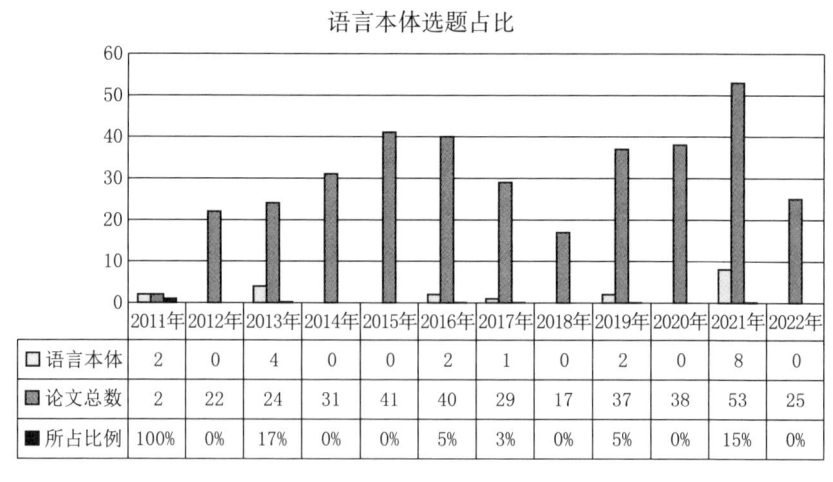

| | 2011年 | 2012年 | 2013年 | 2014年 | 2015年 | 2016年 | 2017年 | 2018年 | 2019年 | 2020年 | 2021年 | 2022年 |
|---|---|---|---|---|---|---|---|---|---|---|---|---|
| 语言本体 | 2 | 0 | 4 | 0 | 0 | 2 | 1 | 0 | 2 | 0 | 8 | 0 |
| 论文总数 | 2 | 22 | 24 | 31 | 41 | 40 | 29 | 17 | 37 | 38 | 53 | 25 |
| 所占比例 | 100% | 0% | 17% | 0% | 0% | 5% | 3% | 0% | 5% | 0% | 15% | 0% |

**图3 语言本体选题占比**

由于近几年一直强调以实践性为导向,所以专硕生的学位论文也随之出现了转向,偏实践性的论文越来越多,但这也导致当前的语言本体类选题数量急剧下降。事实上,面向教学的语言研究并不是对教学毫无益处。这样的研究选题应该继续鼓励,但是在选题上应该更加均衡。

就选题内容看,当前语言本体研究存在比例严重失衡的问题,其中最为突出的,是使用语料库进行语音相关研究的数量为 0 篇。语音方面的缺失,究其根本,笔者认为有两个主要原因:一是汉语口语语料库的开发与建设还处于起步阶段,虽然现在建成且开放的已经有不少大规模的口语语料库,但其数据本身还需要校对,推广至专硕生群体也还需一段时间;另一个原因是涉及语音学的口语语料处理需要一定的相关专业知识,国际中文教育专硕生因其专业属性和培养目标不同,而语音处理的相关知识和软件操作能力的培养也需要一段不短的时间,所以国际中文教育专硕生在语音数据的处理能力上也确实有所欠缺。

语言本体中其他子类研究中也存在一些有待进一步完善的地方。词汇选题上当前谓词和语气词研究较多,名词的研究几乎集中于汉外对比,其他词性的词汇研究非常稀缺,可以适当增加该类选题。语法上除了陈如岳的一篇动词结构研究,其他语法研究均是关于话语标记。

### 1.2 二语习得与偏误类选题

利用语料库进行二语习得与偏误的人数一直居高不下,语料库因包含大量留学生使用汉语进行交际或写作时存在的真实错误,故而围绕偏误而展开的研究类别也非常之多。其中对因国别和汉语水平差异而产生的偏误研究最多。

二语习得 & 偏误类选题占比

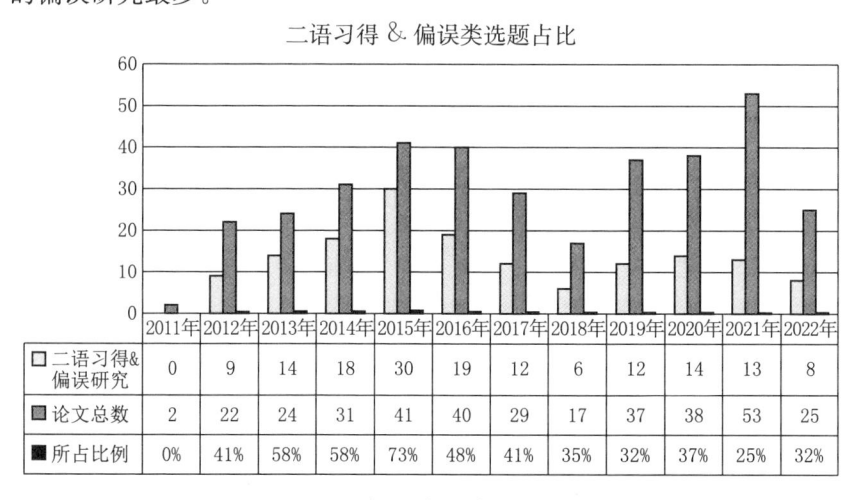

| | 2011年 | 2012年 | 2013年 | 2014年 | 2015年 | 2016年 | 2017年 | 2018年 | 2019年 | 2020年 | 2021年 | 2022年 |
|---|---|---|---|---|---|---|---|---|---|---|---|---|
| 二语习得&偏误研究 | 0 | 9 | 14 | 18 | 30 | 19 | 12 | 6 | 12 | 14 | 13 | 8 |
| 论文总数 | 2 | 22 | 24 | 31 | 41 | 40 | 29 | 17 | 37 | 38 | 53 | 25 |
| 所占比例 | 0% | 41% | 58% | 58% | 73% | 48% | 41% | 35% | 32% | 37% | 25% | 32% |

**图 4　二语习得 & 偏误类选题数量占比**

近12年的专硕论文中,国别化的偏误研究共计64篇。其中,汉字文化圈国家占比最大(韩国16篇,日本15篇),共占据该小类研究的国别化研究的49%。美国虽然只有3%的占比,但这只是因为其母语是英语的国家,而在偏误类文章中,针对英语而做的偏误研究并不算少,故而这一比例说明不了重要性的问题。至于多国对比的选题,大多是基于自己所教授的班级情况,如混班制等,这类偏误研究数量也不算少且具有现实启发意义。

二语习得 & 偏误类:国别化选题中各国占比

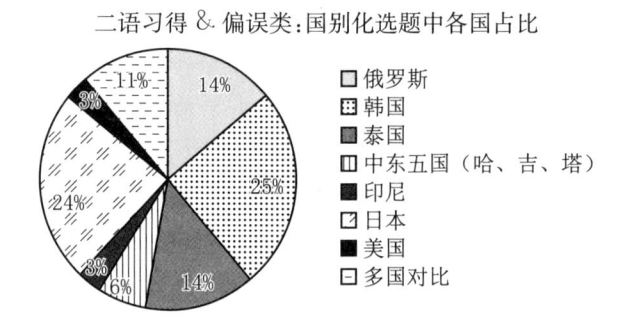

**图 5　国别化选题中各国占比**

我们对现有国别化选题中最主要的四个国家选题做张一览表,便于更直观地看出选题研究的分布情况。

**表 1　国别化选题中研究主题分布情况**

|  | 日　本 | 泰　国 | 韩　国 | 俄罗斯 |
|---|---|---|---|---|
| 词汇 | 方位词(上);<br>介词(在、跟);<br>疑问语气词;<br>语气词(吧、吗、呢) | 方位词;<br>动态助词(着);<br>频率副词; | 汉语介词;<br>动态助词(着);<br>否定词(别);<br>疑问词(怎么);<br>人称代词(自己);<br>副词(真、太、很);<br>概数词; | 程度副词(2篇);<br>指示代词;<br>离合词 |
| 句式 | 定语习得;<br>副词+是;<br>句式(是…的);<br>汉语能性结构;<br>动宾语序 | 多项定语;<br>因果复句;<br>反问句;<br>可能补语;<br>情态补语;<br>句式(在…上) | "有"字句习得;<br>比较句;<br>时量补语;<br>动宾结构;<br>形容词谓语句 | 语序;<br>汉语宾语 |

续　表

|  | 日　本 | 泰　国 | 韩　国 | 俄罗斯 |
|---|---|---|---|---|
| 汉字 | 汉字习得（2篇）； | / | 汉字书写情况；形声字习得 | 汉字偏误（中1篇、外1篇） |
| 写作 | 书信写作偏误 | 语篇衔接 | 书信写作；写作语序（2篇）；求职信 | / |

从上表我们不难发现，无论是从汉语要素还是汉语技能教学角度，结合语料库进行的选题都主要集中于学习者在学习汉语时可能遇到的难点：疑问语气词、多项定语、语序、汉字习得、书信写作等等。其中值得我们注意的是因部分开设国际中文教育专硕的学校，会同时招收部分外国学生进入该专业学习，所以针对同一个重难点的偏误情况，中外学生不同的研究视角和结论是值得我们加以重视的。以汉字偏误为例，在《俄罗斯留学生汉字习得偏误分析》一文中，作者基于自己国家（俄罗斯）学生的汉字书写情况，在考察偏误时，细致地将学生按汉语水平分成了A、B、C三类，并根据同一汉语水平下的汉字书写情况作了对比考察。而同校同类型的两篇文章也是基于国别化而做的文章，虽然在数据选择上更为充实，且对偏误类型和偏误原因作了更深入的探讨，但是却未能对学生汉语水平进行进一步细分。

在依据汉语水平而做的偏误研究中，我们应该关注到，针对中高级的留学生偏误研究有14篇，而围绕初级留学生汉语水平的论文仅1篇。很显然，针对初级汉语水平学习者而做的研究严重不足，应给予更多的关注度。

表2　基于汉语水平而做的偏误研究数量情况

|  | 数量 | 例　　文 |
|---|---|---|
| 初级 | 1篇 | 王瑞雪《对外汉语初级阶段的常用程度副词偏误研究》 |
| 中高级 | 14篇 | 薛楚楚《基于HSK语料库的中高级阶段留学生关联词语偏误分析与教学》 |

鲁健骥曾提出，虽然课堂上的学生可能来自各个大洲各个不同的国家，但是偏误就形式上而言，不外乎四大类型——遗漏（少成分）、增添（多

成分)、替代(所用不当)、错序(词序有误)ⅵ。同时,教学上的失误是诱发学生偏误的原因之一;二语习得与偏误类研究方面,预测偏误、找出偏误固然重要,但能否恰当地运用于教学,对学生汉语水平有切实的提高,是更为重要的问题。另外一个很重要的问题是,目前的偏误研究大多着眼于学习者的母语迁移,也就是受母语影响而造成的偏误,但实际上,偏误还可能与教师的教学方式、授课时的表述有着密切关系,而当前这部分研究是严重缺失的,所以在二语习得与偏误研究中,我们不妨通过对老师授课的实际观察和长期记录,来探索基于教师教授的方法、表达,所导致的教授班级学生偏误的情况,这也有利于提高教师教学能力和科研能力。

### 1.3 辨析与搭配类选题

辨析与搭配一直是专硕生利用语料库进行写作的一个长期关注话题,每年几乎都有数篇。从占比来看,2017年之前在3%左右浮动,2018年达到峰值,占比24%,此后几年都在6%~16%区间浮动。在总计28篇的该类研究中,有关词汇的辨析与搭配文章最多,有25篇,其他该类文章主题为句式的辨析(1篇)和同音形近词研究(2篇)。在词汇辨析中,有些是单纯地将两个或多个词语进行对比,并探讨其在教学中应该注意的问题,该类文章总计17篇;有些是面向某个具体的国家而进行的国别化词汇辨析,总计有8篇。

**辨析与搭配选题数量占比**

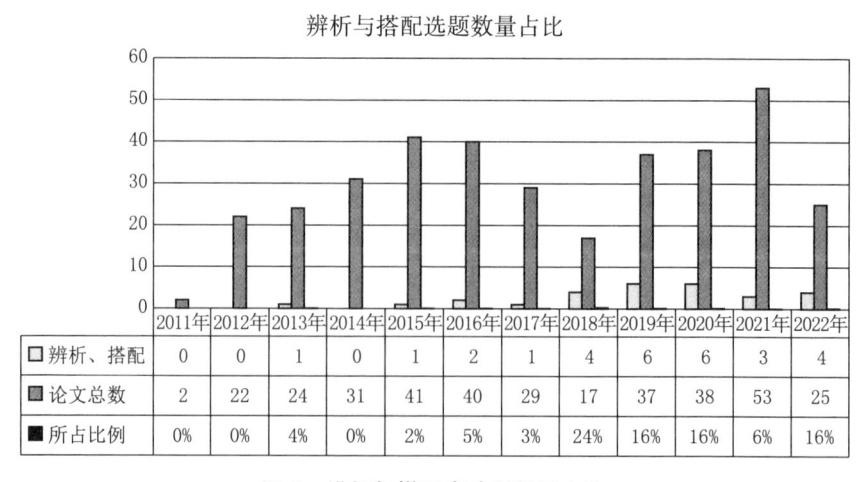

| | 2011年 | 2012年 | 2013年 | 2014年 | 2015年 | 2016年 | 2017年 | 2018年 | 2019年 | 2020年 | 2021年 | 2022年 |
|---|---|---|---|---|---|---|---|---|---|---|---|---|
| 辨析、搭配 | 0 | 0 | 1 | 0 | 1 | 2 | 1 | 4 | 6 | 6 | 3 | 4 |
| 论文总数 | 2 | 22 | 24 | 31 | 41 | 40 | 29 | 17 | 37 | 38 | 53 | 25 |
| 所占比例 | 0% | 0% | 4% | 0% | 2% | 5% | 3% | 24% | 16% | 16% | 6% | 16% |

**图6 辨析与搭配类选题数量占比**

辨析与搭配类选题大部分集中在词汇,而 2011—2023 年,12 年间句式的辨析仅有 1 篇。外国留学生在二语习得的过程中,句式的偏误有时候不仅仅是单一句式习得问题的体现,有时候是受相似句式的影响而造成的。对句式偏误的研究虽然有难度,但值得努力。另一个不足体现在同音形近字的研究上,汉语因为有着大量的同音字,这对于外国学生学习来说,是一个不小的困难。这方面的研究也可以进一步加强。

### 1.4 汉语教学类选题

汉语教学类选题是利用语料库进行学位论文写作的一个主要类别,就数量上看总体呈现上升趋势,结合 12 年间百分比该类选题每年平均稳定在 30% 左右。在归类时笔者将教材、教法和教师("三教"问题)研究都归入了汉语教学这一类别之中。其中与教学(法)相关的共计 96 篇,和教材有关的有 12 篇,仅 1 篇选题和教师相关。

我们使用 Tableau 对上述 96 篇文章进行主题高频词分析,可得图 8 的主题词数据透视图。左侧与词语配对的是作为选题出现的次数,右侧表格的方格大小表示该主题词在该类选题中的占比和重要程度,其中占比最高的是句式和词汇,也就是说针对不同句式和词汇而进行的教学设计和研究最多,这也符合实际教学需要。上述统计结果基本符合事实。但是考虑到软件无法结合文章实际内容等问题,我们采用人工方式重新统计了各部分的数量。

#### 汉语教学类选题数量占比

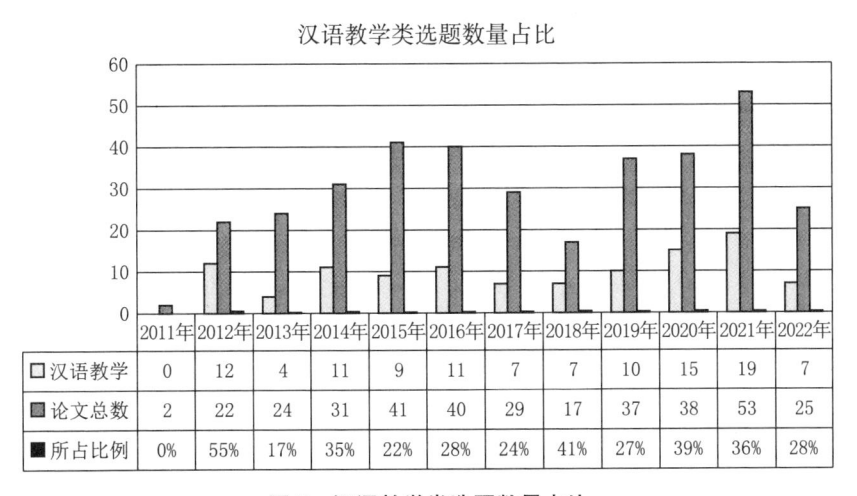

| | 2011年 | 2012年 | 2013年 | 2014年 | 2015年 | 2016年 | 2017年 | 2018年 | 2019年 | 2020年 | 2021年 | 2022年 |
|---|---|---|---|---|---|---|---|---|---|---|---|---|
| 汉语教学 | 0 | 12 | 4 | 11 | 9 | 11 | 7 | 7 | 10 | 15 | 19 | 7 |
| 论文总数 | 2 | 22 | 24 | 31 | 41 | 40 | 29 | 17 | 37 | 38 | 53 | 25 |
| 所占比例 | 0% | 55% | 17% | 35% | 22% | 28% | 24% | 41% | 27% | 39% | 36% | 28% |

**图 7　汉语教学类选题数量占比**

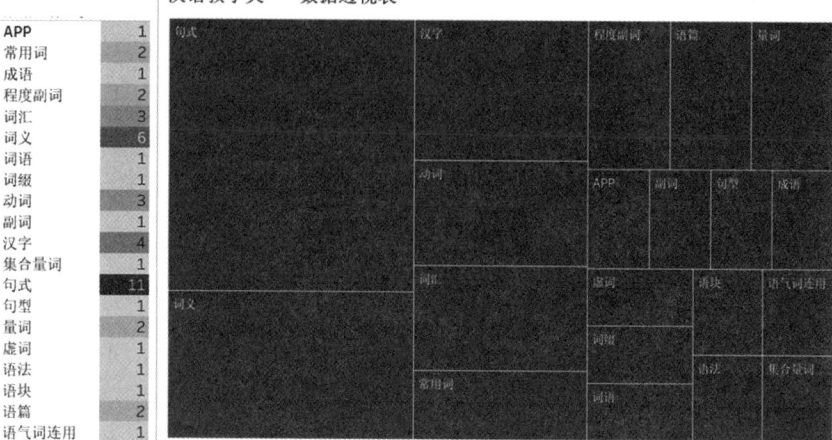

图 8　汉语教学类——主题词数据透视表

表 3　汉语教学研究分类数据表

| 基于实践的研究 | 句式 & 语法 | 22 篇 | 词汇教学 | 52 篇 |
|---|---|---|---|---|
| | 汉字教学 | 4 篇 | 语用 | 9 篇 |
| | 文化教学 | 3 篇 | | |
| 基于理论的研究 | 教学法 & 理论 | | 2 篇 | |
| 其　　他 | 学习资源 & App 探究 | | 3 篇 | |

通过人工统计，我们重新整理相关数据，可以发现，目前大部分研究都是基于实际教学的语言点而进行的，只有 2 篇涉及了相关教学法和教学理论。然而理论指导下的教学研究是非常重要的，当前语言学界有很多语言教学理论，早期的传统语法、生成转换语法、现如今流行的构式语法、语块理论等。之所以提倡在相关理论下进行语言教学，是因为利用教学理论去进行教学，有利于我们更加深刻地认识理论本身，充分利用其优点，增加对语言的认识。胡邦岳[vii]老师曾就构式语法下的双宾句教学展开过详细讨论，确定了具体教学顺序并加以实施，通过对比实验证实了双宾句教学在构式语法下更具优势。同时，在实际教学中运用相关语言理论，也能够有效地检验其正确性，避免盲目跟随和套用热门理论而造成的学生语言学习中的偏误。刘源[viii]曾就构式语法下的存现句教学存在的不足进行改正，为初级汉语学习者设计教学实验进行探讨，并给出改进后的

教学方案。当前学界流行的教学理论和教学法,大多是在以英语为母语的西方国家提出的,而汉语和印欧语系语言有所不同,因此在结合理论进行教学有助于发现每一种教学法在汉语实际教学中可能出现各种各样不同的问题,从而加深对语言的认识,这对于教师和学生学习来说都是有益处的。

教材研究中,就单本教材展开的专题调研和就某一主题展开的多本教材探究数量平分秋色,各占 6 篇。单本教材研究中围绕《博雅汉语》展开的有 1 篇,围绕《发展汉语》展开的研究有 5 篇。综合教材的研究主要集中于词汇或句式的编排,也就是探讨某一语言点的教学具体路径,也有一些是针对词汇对比而进行的。教材作为语言知识的载体,其研究的重要性仅次于教学,如何编排、遵循什么样的顺序、语言点之间如何搭配和展现是该类研究中非常重要的问题。但是综观当前的研究,围绕某一知识点的纵向研究很多,但是不同教材之间的横向对比相对较少,可以适当增加类似文章。

表4 汉语教材研究主题-数量表

| 教材名称/类型 | 研 究 主 题 | 数 量 |
| --- | --- | --- |
| 《发展汉语》 | 教材语体词、生词的英文释义、时间副词、成语、双音羡余词 | 5 篇 |
| 《博雅汉语》 | 汉字教学 | 1 篇 |
| 综合教材 | 编排研究("被"字句/"是"字句/连动句/形容词编排生动形式)、词汇对比 | 5 篇 |
| 教材中的文化因素 | 国家形象 | 1 篇 |

从数量上看,使用语料库进行的汉语教学研究中,有关教师的研究非常缺乏,目前唯一的 1 篇论文是关于教师行业用语泛化研究。该类研究的缺乏倒是合乎逻辑,因为结合创新性的要求,该类选题确实较难找到切入口。教师作为教学活动的主体,其研究的重要性是无可厚非的,但是如何结合语料库进行研究,参考已刊论文也许可以适当拓宽思路,比如针对教师在教学中自行建立小型语料库的方法、提高使用语料库进行教学和科研的能力等,更多的选题有待在实际教学中做更深入的探索。

### 1.5 文化与其他类选题

在语料库法的研究视野下,文化与其他类选题是比较少的一类。在为数不多的论文中,主要涉及的主题有:文化教学策略、文化内涵分析、文化认同和国家形象等。

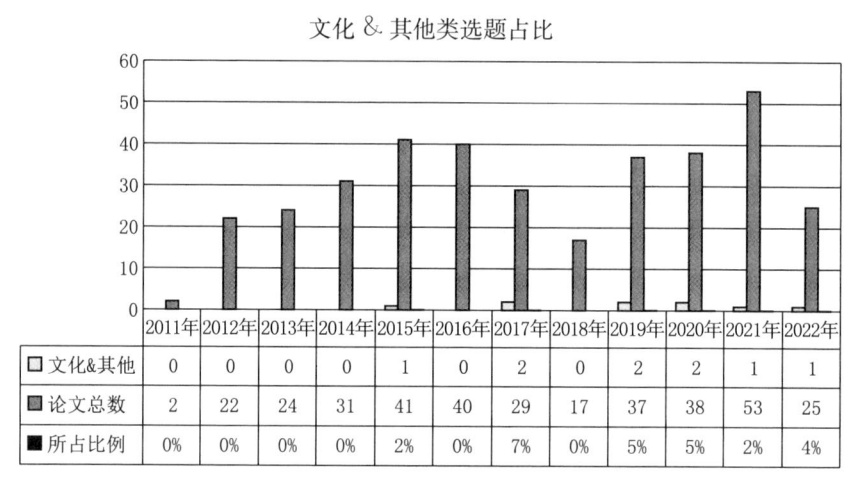

文化 & 其他类选题占比

| | 2011年 | 2012年 | 2013年 | 2014年 | 2015年 | 2016年 | 2017年 | 2018年 | 2019年 | 2020年 | 2021年 | 2022年 |
|---|---|---|---|---|---|---|---|---|---|---|---|---|
| 文化&其他 | 0 | 0 | 0 | 0 | 1 | 0 | 2 | 0 | 2 | 2 | 1 | 1 |
| 论文总数 | 2 | 22 | 24 | 31 | 41 | 40 | 29 | 17 | 37 | 38 | 53 | 25 |
| 所占比例 | 0% | 0% | 0% | 0% | 2% | 0% | 7% | 0% | 5% | 5% | 2% | 4% |

**图 9 文化与其他类选题数量占比**

从上面的数据,我们不难发现,专硕论文中的文化与其他类选题目前鲜有人涉足,利用语料库进行文化教学及相关研究的,更是屈指可数。其中一个很重要的原因是很多学生想不到语料库可以进行文化研究。其实语言中有很多和文化相贴合的部分,比如词义与文化,祖晓梅在《跨文化交际》一书中就曾将词义与文化分为四个部分来论述——颜色词、动物词、禁忌语和委婉语。高樱 2017 年所写的《"青"的文化内涵及对外汉语教学对策研究》一文就属于颜色词的研究。这样类似的话题其实还有很多,如有着不同文化含义的"猫"在汉英等双语平行语料库中,能够检索出"长舌妇""包藏祸心的女子"等类似的语义,而这样的语义在中文中是没有的,而这正是语义在文化中的体现,会影响人们的日常交际。所以利用语料库来进行文化研究是一个可行的方向,但是需要有特定的依托,最为通常的研究视角是基于跨文化视野下的语言交流活动。

通过对五类的选题进行定量分析,我们不难发现每个类别的文章中目前都存在一些不足与问题。结合各小类的问题，我们可以对专硕生利用语料库进行写作中选题的不足做一个总结。周小兵等学者指出汉语国际教育专业学位论文的研究材料必须真实可靠，研究应当用于解决汉语国际教育中的实际问题ix。通过对以上选题的定量分析，我们可以看到语料库在国际中文教育专业硕士毕业论文写作中，目前存在着三大不足：一是选题分布不平衡的现象，部分领域选题甚至无人涉及；二是大多学生已经习惯于把语料库当成搜集典型偏误例证的来源，而非发现学生错误的数据来源；三是选题时未能充分结合外国留学生学习的重难点，囿于现有研究框架，生搬硬套现象明显。针对以上的不足我们给出如下三点总结性建议：第一，选什么样的题目去做，落实到每个学生，其实都是个体的选择，但是作为学生而言，通常会选择数据易得、操作不太复杂的选题。因此作为论文指导教师，应该鼓励一部分有能力的学生挑战较难的选题，以打破目前的不均衡现状；第二，现有各种各样的语料库，可以进行多种类型的研究。较为集中的偏误与习得研究习惯于套用母语负迁移等习得偏误理论，把语料库的数据看成是验证现有理论的例证，而非通过学生的偏误来探寻学生错误形成的原因。针对这样的现象我们倡导在教学实践中，结合偏误的共性来完成个性化的调研，也就是允许学生结合已有理论，但同时必须总结出自己所教授的学生群体的个性问题；第三，中国学生因为不能切身体会外国留学生学习汉语过程中的真实困难，所以在论文中未能充分结合学习重难点而进行探讨也很容易理解，解决这一问题也并不困难。当前国际中文教育专硕生群体中有一部分是在华学习的外国留学生，他们的专硕论文对中国学生来说有一定的启发意义，中国学生可以结合他们在选题时的切入视角，从母语为汉语者的角度做更深的解读。

## 二、方法的选用

研究方法方面我们重点关注的是各小类论文语料的选取和来源，以及使用了什么样的方法去论证文章主题。

在语言本体类研究中，汉语的语料几乎都来自北京大学 CCL 语料库和北京语言大学 BCC 语料库或是二者结合使用。与此同时，基于同一语言点的对比是该类占比最多的文章类型，因此就语料选择而言，平行/多语语料库势必会成为首选。根据研究目的的不同，也有一些其他语料来源，比如在研究词汇感情色彩时，可以从《汉语褒贬义词语用法词典》《常用贬义词语讲解辞典》等辞书中选取对应语料；就考试而言所做的研究可以用《汉语词汇与汉字等级大纲》作为语料。在本体研究中，当前用于解释的方法大多也是基于三个平面理论，少数几篇仅从语用或某个单一角度进行论述。从方法所结合的理论来看，目前在本体类研究中，基于动词而做的传统语法和生成语法仍占主要地位。

二语习得与偏误类研究论文中，语料选取来源最多的是 HSK 动态作文语料库，在 156 篇论文中，使用频次达 147 次。而近 5 年汉字偏误的热度持续走高，因此在做汉字偏误时，除 HSK 动态作文语料库外，中山大学的汉字偏误标注的汉语连续性中介语语料库是被使用频次最高的语料来源。该类文章的论证方法也几乎趋于统一，即选取研究所需的相应语料，进行统计分析，对所发生的偏误进行分类，结合各类偏误类型总结偏误原因。针对国别化和汉语水平而做的研究，除语料选取外，论证思路几乎无差别。

辨析与搭配类文章是为了通过比较，找出词汇、句式或汉字中的相同与差异，在分析学生易发生偏误的基础上，针对偏误的特点对差异进行有针对性的讲解和教学。这样的研究目的也直接影响了我们研究方法的选择。语料的选取大多是来源于语料库，其中也有一些是利用调查问卷来获得语料，使用调查问卷作为语料来源通常有特殊原因，一般是出现在面向国别化的词汇辨析中。语料库选取上，北京语言大学的 HSK 动态作文语料库是被使用频次最多的语料库。大部分学生在利用语料库检索过程中通常会同时利用多个语料库进行分析。研究方法上，主要体现在三个层面：一是如何描述两个词汇或句法结构间的差异，二是如何描述多个/一类词汇或句法间的差异，三是针对差异如何进行有效教学。

解释差异并有针对性地进行有效教学，是汉语教师的一项核心能力，在解释词汇差异时，最常用的解释维度有三个——句法、语义、语用。汉语三个平面的理论用于充当解释词汇差异的三个维度既便于操作，且具有解释力。在超 9 成的学生都使用该方法去解释和描述差异的情况下，有一些方法的使用便会使人耳目一新。比如有学生只针对一组词间的交叉义项进行辨析,再通过 WordSmith 计算出误代率,从而归纳二者的误代原因。这样的创新做法是值得提倡的。

  汉语教学类研究因包含教师、教材、教法,类型较为丰富,所以方法上较其他类别文章相对多元。语料选取仍以 HSK 动态作文语料库为主,不过不同的是教学类文章通常会参考相关文件,比如词汇研究会参照《HSK 词汇等级大纲》,语法研究通常会参照《国际汉语教学通用课程大纲》等。在教学(法)的研究上主要集中于课堂模式和教学方法的探讨,比如综合课中汉字的教学模式,无论是教学方法还是课堂模式,本质上都是为了激发学生兴趣,提高学习效果。教材研究中,研究最为常见的方法是对比,将同一主题下的多本教材或词典进行比较,分析优劣,并给出改进意见。目前唯一的 1 篇关于教师的研究是教育行业用语泛化研究,该文的研究方法是对行业用语的结构、语义特征进行描写,本质上仍属于使用三个平面理论对文本进行分析的方法范畴。

  在文化与其他类的研究中,使用最多的是自建语料库,或是从已有语料库中选取一部分贴合研究主题的语料,其中包含一些国际新闻报道中的语料,选取其中符合要求的内容,再借用相关文化理论进行分析,以探讨文化认同、国家形象、文化内涵及相应教学对策等话题。比如以文化认同理论为基础,运用话语分析和语料库分析相结合的方法,研究印尼华文媒体报道中的中国文化认同情况及话语建构策略(陈晓林,2021)。其语料的选取是来自对应国家新闻报刊的专栏,如印尼《国际日报》"中国新闻"专栏报道等。

表5　各类研究中语料库使用频次表

| 北京语言大学 HSK 动态作文语料库 | 15 次 | 暨南大学书面语语料库 | 5 次 |
| --- | --- | --- | --- |
| CCL 语料库 | 5 次 | BCC 语料库 | 4 次 |
| 全球中介语料库 | 2 次 | 调查问卷 | 2 次 |
| 国家语委现代汉语语料库 | 1 次 | 汉籍全文检索系统 | 1 次 |

  除上述语料的选取和各小类会涉及的方法外,通常会用到的一些软件也可以顺带提及,分词软件最为常用的是 Corpus Word Parser,语料的处理通常会使用 WordSmith 或 Antconc 等语料库检索软件,如果涉及语料的转写通常会使用 FileToFolder 先将音频转写成文档文件,再使用语

宝标注或是熊子瑜开发的 xRecorder 等进行转写。转写时的标注一般会遵循会话分析学派的转写系统进行,但目前口语语料转写成文字时不同论文所遵循的标准都不唯一,尚无一个统一的标准。

## 三、方法的不足

　　Tognini-Bonelli(托格尼尼)在 2001 年曾经总结说语料库语言学研究有两种范式:一是基于语料库——也就是利用语料库检验现有理论/修正,二是语料库驱动——也就是对各类现象进行全新界定[x]。目前国际中文教育专硕生在撰写研究论文时,无一例外都是前者,也就是把语料库当成一种数据的来源。之所以形成这种现象,是因为这会大大降低学生书写毕业论文的难度,只要谈到辨析、搭配,就去检验 MI 值、T 值,就只围绕语义韵、节点词、类联接展开论述。所以在看这类文章时,很容易有千篇一律的感觉。我们提倡国际中文教育专硕生在撰写毕业论文时,不仅仅要考察上述相关必要维度,在此基础上还要选取一些可用的理论,比如可懂输入、中介语理论等等,再次结合进行分析,然后针对不同的应用场景给出一些教学建议/理论修正,这样的论文和研究才能真正对实际教学有所帮助。当然,这样的不足也体现为不同选题中的文章,语料的选取来源和使用的研究方法几乎相同。通常我们认为研究方法的选取是由研究目的来决定的,在五大类专硕学位论文中,各小类文章所使用的方法几乎一致。三个平面理论的使用固然没有问题,但是不同的研究目的还是有待做进一步区分,比如韵律语法的考察应该从韵律组配的角度出发,考察其韵律格式,语用的文章应该重点凸显语用上的差异,语法类的文章应该在句型模式、语法功能上做更深入的探讨。

　　此外就研究工具而言,定量分析通常需要作者在语料库中搜索一定数量的相关语料,并做数据的统计分析,也有一些选取了比较冷门的,比如 Sketch Engine 等。工具本身并无好坏,但是不同研究目的的文章,选取什么样的研究工具更加合适,需要对软件的功能有清楚的认知。目前国际中文教育领域专硕生使用最多的语料库量化统计工具是 WordSmith 和 Antconc。有学者曾经将 WordSmith 和 Antconc 做过对比[xi],我们再以表格的形式加以说明。

表 6  WordSmith 和 Antconc 对比表

| 功能 | WordSmith | Antconc |
| --- | --- | --- |
| 主要功能 | 1. 检索功能：以节点词为中心，按研究者需求以一定跨距内的语境共现情况进行排列，可以考察语义韵、类联接、语义倾向等；<br>2. 单词列表：筛选出需要的词汇及其意义；<br>3. 词频统计：统计词出现频率高低，并可以进行排序；<br>4. 主题词：通过制作词频表，对词汇进行对比 | 1. 检索功能：检索对象可以是词、短语、句子；<br>2. 索引词图：以图示的方式表明词在文本中的位置及亲疏程度；<br>3. 词频统计：统计词出现频率高低，并可以进行排序；<br>4. 主题词：将文本进行对比，列出差异的词汇 |
| 性能 | 算法好，执行速度快 | 处理汉语时需要额外指令和操作 |
| 界面&操作难度 | 界面复杂，不易操作； | 界面简单，易于上手 |
| 其他 | 付费、商业软件 | 免费 |

从表 6 不难发现，在一些基本检索上，二者没有太多区别，但是在语法检索、跨文档比较等领域，Antconc 较 WordSmith 略显欠缺，且缺乏翻译研究所需功能。但同时，不可否认的是，Antconc 好处也有很多，比如在考察词汇组合情况，或是衡量由单词组成的词组能否构成搭配时，MI 值、T 值的计算是更为便捷的。在研究所需费用上，Antconc 也具有优势。研究时可以根据实际情况和研究需求来选择相应工具。如果涉及相关口语语料的转写，在使用 Antconc 时还需要进行一些预处理，因为软件本身是为印欧语系的语言设计的，汉语书写本身词与词之间不会分开，所以使用一些其他软件如 Corpus Word Parser，人工处理就显得十分重要，这有助于提升文本处理的准确度。

## 四、结　语

目前国际中文教育专业硕士学位论文写作中，使用语料库法的人数越来越多。专硕生因其培养目标不同，故而在选题上更偏向实践，论文写作侧重与教学实践有关选题的特点也十分明显。但当前专硕生在选题上仍存在极不均衡的现象，对语料库的利用比较表面化，创新性不足。研究方法上受分析统计工具局限,存在多样化选题但单一化操作的缺点。语料库的发展为专硕生的专业学习和发展提供了便利的工具,在对专硕生的培养环节应加强对专硕生利用语料库进行研究的训练。同时,专硕生的学习和发展需求也为语料库的建设和应用带来动力,帮助设计出更多更好为专硕生服务的语料库(如用于学习教学的教学视频库、帮助教师进行语音诊断的语音库等等)。

**参考文献**

[1] 黄伟,李珺婷(2022)近二十年汉语二语偏误分析硕士学位论文的计量分析,《云南师范大学学报》(对外汉语教学与研究版)。

[2] 王辉,施武佳(2022)汉语国际教育专业硕士学位论文高被引情况的计量分析,《云南师范大学学报》(对外汉语教学与研究版)。

[3] 李丽(2022)汉语国际教育专业硕士文化类学位论文选题与写作:困境与出路,《天津师范大学学报》(社会科学版)。

[4] 黄微(2022)汉语国际教育专业硕士文化类学位论文选题研究——以中国知网收录论文为例,《江西科技师范大学》。

[5] 徐晶晶(2022)近十年甘肃高校汉语国际教育硕士学位论文选题研究,《兰州交通大学》。

[6] 鲁健骥(1992)偏误分析与对外汉语教学,《语言文字应用》。

[7] 胡邦岳(2017)第二语言教学中"双宾句"构式-语块教学法及其教学顺序,《华文教学与研究》。

[8] 刘源(2014)构式理论下的对外汉语"存现句"教学研究,《辽宁师范大学》。

[9] 周小兵(2017)汉语国际教育专业硕士毕业论文的研究设计与写作(上)[J].国际汉语教育(中英文)。

[10] Tognini-Bonelli, E. (2001). Corpus linguistics at work. John Benjamins Publishing Company.

[11] 王菲,王天竹(2021)语料库检索软件的功能与特点对比研究——以 WordSmith Tools 6.0 与 AntConc3.2.4 为例,《信息与电脑》(理论版)。

# 疫情期间线上汉语教学对恢复线下汉语教学的影响及其对策研究

## ——以福州外语外贸学院 21 级国际学生为例

游容华

福州外语外贸学院

**摘 要**:2021 年新冠疫情还在延续,虽然国内院校的本土学生的授课已经恢复线下教学,但对于国际学生,因各国疫情存在诸多不确定因素,福建省内各大高校的国际学生仍暂缓返校,所以对于国际学生的教学仍继续采用线上模式。线上教学在新冠疫情影响下短时间内快速发展,并在不断地改进和完善,同时也凸显了许多问题和缺陷,以福州外语外贸学院 2021 级国贸全英班国际学生为例,他们接受了长达一年半(3 个学期多)的线上汉语教学,对于他们返校后恢复线下教学已经产生了非常大的影响。本文试图分析探讨线上教学存在哪些不良影响,以及在后续可以采取哪些措施进行弥补或替换。

**关键词**:线上教学;汉语教学;影响分析;对策研究

2021 年新冠疫情在中国趋于稳定,但在全世界范围内还存在诸多不确定因素,所以当国内、福建省内各大高校本土学生陆续恢复线下教学的同时,福建省内各大高校对国际学生发出的是暂缓返校的通知,采取的是线上教学模式。在新冠疫情的影响下,在广大人民群众的需求驱动下,线上教学的平台和技术快速发展并不断迭代和完善,但从教学过程及师生授课及学习效果反馈来看,也凸显了许多问题和缺陷。虽然当前疫情已经结束,但线上教学对未来的教学方式和教育理念已经产生了不可磨灭的影响。

福州外语外贸学院是福建省首个具有招收国际学生资质的民办高校,自 2017 年开始招收国际语言生,2019 年开始招收国际学历生(国际经济与贸易专业本科教育)。该校 2020 年因疫情严重和政策直到 2022

年底,才陆续迎来国际学生的返校。以福州外语外贸学院 2021 级国际经济与贸易全英班(国际学生)为例,他们在入学开始,就是采用的线上教学,经过了长达一年半(3 个学期多)的线上汉语学习,线上教学对他们的学习产生了非常大的影响。

## 一、线上教学对国际学生汉语学习的影响分析

### 1.1 线上教学对国际学生汉语学习的影响分析

线上教学对国际学生汉语学习的影响主要集中在以下几个方面:1.时差、硬件、网络及授课平台选择;2.线上课堂问题行为和学习态度;3.教材选择、师资情况、课程内容和作业;4.学习效果和学习体验。下面结合福州外语外贸学院 2021 级国际学生的实际情况展开分析。

#### 1.1.1 时差、硬件、网络及授课平台选择分析

福州外语外贸学院 2021 级国际学生刚入学时有 14 个,都是来自非洲国家,集中在摩洛哥、利比里亚、几内亚三个国家,他们和中国的时差达 8 个小时,考虑到时差的问题,在排课时都安排在中国的下午和晚上时间上课,但是下午 2 点,是他们的早上 6 点,另外每年的 3~4 月间是穆斯林的斋月,他们从日出到日落之间的十几个小时是不能吃东西的,这些因素都会影响到他们的上课和学习情况。

非洲国家的网络建设没有中国的好,收费也比中国国内的高,学生们上网课普遍是一部手机,手机屏幕小,上课一次是 90 分钟,中间只有休息 5 分钟,持续时间长,对学生的学习效果影响也很大。

福州外语外贸学院要求线上课采用超星直播平台,这个平台的互动效果不如腾讯会议,但有课程回放链接,平台后台也便于教务处进行监管,所以老师们可以选择超星直播加腾讯会议的组合方式进行授课。

#### 1.1.2 线上教学课堂问题行为和学习态度

福州外语外贸学院 2021 级国际学生线上教学学习态度和课堂问题行为主要有以下几种情况:①缺席、迟到、早退的学生较多。上文有提到过这个和学生所在国与校方上课时间有 8 个小时时差有关。在下午第 1 节上课时,他们是早上 6 点。在和学生们的交流过程中,发现他们有的就在床上进行学习了,早上起不来是迟到或缺席的主要原因,另外他们的文

化里面对时间的观念不太强,这个还可以从恢复线下课后学生的迟到现象突出看出来。有一名学生保持很高的出勤率,如断网、生病或有其他事情,会提前请假,所以也和个人对这门课程的重视程度,想学好汉语的强烈程度有关。②课堂问题行为主要包括不开摄像头、在上课期间突然离开、走神等,表现为当老师呼叫学生进行课堂互动时,对方没有反应,但看平台学生是在线的。因为考虑到学生有可能在床上上课,另外学生也反馈过开了摄像头,画面会出现卡顿、延迟很多等问题,所以没有强制要求学生上课开摄像头,但这就会导致老师上课时看不到学生在做什么。为不影响其他人,在老师讲授的时候,其他学生是静音的,这样授课老师对学生的课堂活动和行为就会缺乏监督和管理,课堂学习的效果很难得到保障。③学生的作业完成情况没有办法监管到,学生作业未如期完成,除了要求补做或者说在平时成绩部分扣分外,没有更为有效的方式来督促学生要按时完成作业。

1.1.3 教材选择、师资情况、课程内容和作业

福州外语外贸学院 2021 级国际学生汉语类课程选用的是北京语言大学的《HSK 标准教程》系列 1~4 的教材,这套教材是比较经典的汉语学习教材,有听力、语音、词汇、语法及配套的练习,所以自 2014 年出版至今,仍有不少学校在选用这套教材,这套教材在 2019 年进行了修订,使用起来还是受到了师生的好评。

师资方面,授课老师都有国际汉语教师资格证书,有多年的汉语教学经验,会以英语为中介语进行授课和学生进行日常的互动交流。

课程内容安排上,会根据学生的学习反馈情况进行调整和安排,但是在线上教学时,学生出勤率低、迟到、早退率高的情况下,要组织学生在线进行听写或者小测、单元测试的可能性比较小,没有办法及时跟踪到学生的学习反馈情况,这个是老师们在之前的线上教学过程中疏忽的或者没有考虑周全的。

课内作业和课后作业的安排上,出勤率高的学生,作业完成率高,反之,则低。虽然老师会在下课前或课后把作业发布在师生学习微信群上,但是没来上课的学生很少会按要求完成作业,在下一次上课前询问作业完成情况,除了上一次课有来上课的同学外,其他学生的回答多是没有完成,或者只完成了一部分。一段时间积累下来,有的学生就会出现跟不上

的情况了。汉字书写类的作业本身完成就有难度,加上没有去看课程回放,也没有进行持续性的训练,21级国际生在一年多的汉语学习后,竟然出现了还是无法正确书写自己名字的情况。本来按照课程内容设置是有小组练习,时常因为在线的只有一个学生而无法达成;布置为课后作业的,又考虑学生之间彼此不熟悉,不在一个地区,有的甚至不在一个国家,完成作业有难度,而被舍弃掉了,这个部分是任课老师要让学生自己想办法完成,或者在恢复线下课后尤其要注意弥补上的。

#### 1.1.4 学习效果和学习体验

福州外语外贸学院2021级国际学生汉语类课程学习效果是不理想的,这个从他们返校后的后续学习,还有后续的课堂教学中可以看出来。当然这个原因是多方面的,首先线上教学的出勤率低,课后作业完成率低,导致汉语的学习时间没有得到保障,作为语言类的课程学习,没有听说读写多维的综合练习,是很难提升进步的。其次,他们在第一个学年汉语类课程的周课时只有6课时,第二个学年周课时增加到8课时,但缺乏汉语使用练习的机会和氛围。如果学生自己不积极主动地采用跟读、背诵、练习书写的方式来进行识记,是不可能真正学会一门外语的。再次,线上学习,只能在小小的手机屏幕上看到老师的上半身,而老师是看不到学生的,师生、生生间的交流、互动很少。非洲学生在课上、课后听不懂有时会问,但在线上的时候,问的很少,平时也不会通过微信询问学习上的问题。除了汉语语言知识,其他的学习内容和交流内容也很少,没有丰富的学校活动,没有热烈的课堂交流与讨论,学习体验感不强,老师看不到学生的书写状态;学生写得对不对老师看不到,也没有办法及时进行点评。

### 1.2 小结

综上所述,福州外语外贸学院2021级国际学生汉语类课程线上学习的效果远低于线下授课的效果,主要反映在时差和文化习俗的差异上,这个需要学生自己去进行克服和调适,校方和老师只能尽量根据他们的情况做些微调,毕竟老师们还有其他课程和工作,这就涉及跨文化的交流与协作的问题。其次,学生对教学平台的不熟悉、学生方网络的不稳定、网速的延迟等也是偏向于客观因素,这个短时间内学生们可能没有能力做出较大的改变。再次,学习态度和课堂学习行为方面,这个和学生对汉语的喜爱程度、想学好汉语的迫切程度成正相关关系,学生喜爱学习汉语,对汉语没有畏难情绪,很想学好汉语,会积极配合老师,按照老师的节奏,积极做好课前预习,课中保持在线状态,并认真听讲,开口读、动笔写,做好课内课外有关练习,课后及时完成作业,跟得上老师的进度,这样的学习效果就好,学习成绩也会不错。

## 二、国际学生汉语学习线上教学效果与学习效果不佳的对策分析

### 2.1 国际学生汉语学习线上教学效果不佳的对策分析

在第一部分,我们分析过国际学生汉语学习线上教学效果不佳的原因,这个部分存在着现实的不可控因素。大规模开展线上教学不到两年时间,能达到当前基本上能推进学生学习进度的效果,已然是不容易。对于福州外语外贸学院2021级国际学生班的汉语类课程老师们来说,他们的最大问题就是时差和网络问题。学生缺席或者迟到很长时间,不知道学生什么时候离开了线上课堂或者掉线等情况,严重影响了教学进度和教学质量。因为网络问题或者学生不想打开摄像头、麦克风,无法及时进行教学互动和交流,看不到学生的作业完成情况和学习效果的反馈,也会让老师们有很深的挫败感,上课对着屏幕连着上四节课下来,身心俱疲。

老师们会提前把教材pdf版发送给学生,电子课件也会提前或在上完课后发送给学生,但是学生可能出于经济考虑,不会再去购买纸质教材或者把教材打印出来,另外配套的课后练习也没有打印出来,上课只有一部手机,没有办法在看ppt的同时,看教材,或者完成相应的练习。我们对学生的线上学习体验关注的比较多,却往往忽略了教师的线上教学体验,当一个教师长时间处于教学无学生反馈及互动的教学情境中,很容易产生自我怀疑与自我否定,从而产生职业倦怠心理,这个是要引起重视的。

针对以上所说的问题,笔者认为可以尝试使用以下对策:①教师可以在电脑左前或者右前方摆放一面镜子,可以时不时关注下镜子里的自己的言行举止,不至于让自己的上课陷入自言自语式的感受中。②可以利用一次课前的时间把班级公约共同制定出来,并希望师生都能互相遵守,给同学们一条平时成绩的基准线,制定奖惩措施,比如,做到了一次平时

分加1分,违反了一次则扣1分等等,要让学生明确来不来上课是有明确奖惩制度的。成绩的高低与他们的奖学金挂钩,他们还是会比较在乎的。③课程回放链接要给学生,鼓励学生去看课程回放,有看回放的同学也给予一定的奖励。④作业要求学生要及时上传到平台或者指定的地方,有完成的给予奖励,没有完成的给予扣分,每次上课前公布作业提交及完成情况。⑤换一种方式进行听写,比如给拼音要求写出汉字,或者给出汉字要求写出拼音等,不一定当场完成,但要求每个同学一周内都完成;每个月进行小测,根据小测结果进行教学内容及进度的调整,这部分成绩计入平时分,与期末总评成绩挂钩。

### 2.2 国际学生汉语学习线上学习效果不佳的对策分析

未返校的国际学生都是在家里参与线上汉语课堂,经与学生沟通了解到,非洲有的国家和地区时常停电,停电则无法使用Wi-Fi,手机流量价格很高,网络不太稳定,有时会掉线;另外,自然天气灾害有时也会影响他们的学习,比如有一次摩洛哥连着几天下大暴雨,学生家的房屋也被雨水困住了,对他们的生活造成了很大的影响,也无法正常线上上课。还有因学生在家上课,跟学生视频连线过,他们的学习环境不是像中国的学生,有一个独立的、相对安静的空间,在跟他们进行语音连线时,经常会听到他们家人、邻居及附近的噪音,也会对学生的学习及课堂教学造成干扰,所以在不是必要的时候学生端是静音的。以上所列的这些情况就会导致线上课堂大部分情况下只能靠学生自律,教师是没有办法直接看到学生的学习状态的。

线上学习受到网络、学生个人能力等各种限制,互动的方式也缩小为课堂。基于以上的情况,笔者给出的几个对策是:①选择更加有趣的课堂内容,可以吸引学生准时到课参与线上学习。②授课过程中适时插入讨论和活动的环节,当然这些讨论和活动可以在微信群或者以文字的形式在直播平台上进行,也可以让学生课后拍一些视频或录音发到微信群,在课后进行交流和讨论。③课程回放链接给学生,告知学生课程回放有时间限制,在什么时间点前完成课程回放的收看,会给予一定的奖励。④在需要的时候,要求学生开视频、语音、发言,要让学生敢于开口说,才能说得越来越好。⑤在与学生的沟通中发现,有的学生认为线上课堂注意力容易分散,在课堂学习过程中,没有人监管,经常睡觉玩游戏,有的学生感觉很懵,时间过得很快,学了一下就要马上考试了。显然在家里学习,学生会比较懒散,要让学生有一些学习压力,但压力也不能太大。定期的检测是有必要的。对于语言类的学习,词汇量的积累是非常重要的,课文的背诵也是必需的。语法知识的掌握需要在练习中进行检测。要让学生之间有种班集体的意识,让他们彼此之间既有一定的竞争关系又有协同合作的关系。线上教学过程中随堂互动环节的缺失,容易降低学生在课堂上的存在感和集体意识,这是需要老师帮助去建立和维护的。

另外在某些课程的安排上,有的课程连排 4 节,这有利也有弊,利的方面在于便于学生和老师用整块的时间来进行汉语学习,但是多数学生认为线上课程上课时长过长,一次课 4 节课,2 个大节课间休息 15 分钟,2 个小节课间休息 5 分钟,在他们国家,学生 6 点开始上课,9 点 20 下课,课间 15 分钟休息时间是他们的 7:30—7:45 分,对学生的作息和生活安排很具有挑战性。

学生在线上教学期间,并没有在课后向老师询问问题的情况,这不代表学生在学习过程中没有遇到的困难,但学生不向老师提问,背后的可能性有很多,其中就学生完成作业的情况来看,学生的作业完成情况因为老师没有办法严格进行检查,但又与课程总成绩有一定的关联,学生也有可能通过抄袭或代写的方式来完成,却不会直接向老师询问作业完成过程中遇到的困难或者不理解的地方。这说明:①师生并未线下见过面,尽管每次上课学生可以从屏幕前看到老师,但师生间的信任关系并未充分建立起来,在熟稔度上都是有所欠缺的,可能学生也不好意思麻烦老师。②可能与不同的文化理念差异也有关系,中国人认为"不懂就问"是一个好的品质,以及作为学生在求学过程中需要具备的。在恢复线下课后,发现国际学生只会在老师上课的时候,在讲到某个点时,他们不懂的话会问,在课后不会主动问问题。

## 三、国际学生恢复汉语线下教学的对策分析

### 3.1 国际学生恢复汉语线下教学的问题分析
虽然教师和学生都努力希望线上教学能够达成线下教学的大部分教

学成效,但显然双方对此都过于乐观了,以福州外语外贸学院2021级国际学生为例,他们来华返校后,老师们发现他们虽然上了长达一年半的线上汉语课程,也都通过了每个学期的期末考试,但在线下课堂上,除了一个学生达到预期教学效果外,另外几个学生们连他们自己的汉语名字都不会正确书写,写了示范汉字给他们抄写,他们的书写没有笔画笔顺的概念,依然是"画"汉字阶段,还未进入"写"汉字阶段。尽管他们已经经过了一个学期的汉语读写课的书写训练,但显然,这个是教师的一厢情愿,学生的学习效果显然没有达成。另外,21级大部分国际学生们跟读长句子还有困难,让他们独立读课文或例句,如果没有标注拼音,他们不敢开口读,或者就干脆保持沉默。要检查他们的作业时,没做的就说作业没带来,或者在老师讲评作业时抄写答案。也就是说,在之前的线上教学的效果没有达成的情况下,国际学生想要继续往下学新的内容,实际上难度是很大的,在旧知没有掌握的情况下,继续往下学新知,学生的学习压力也可想而知。加上他们刚到学校,要适应包含时差、水土不服、人生地不熟等外在环境的巨大变化,同时,他们还需要经历一个月的斋月,还有,丰富的课外活动等等,都对他们的学习产生了许多负面的影响。

### 3.2 改进国际学生线上汉语课的对策分析

#### 3.2.1 学校、教师层面

(1) 如果是一开始就是线上课的教学班级,建议在正式课前,设置课前线上交流环节。让授课老师和每位国际学生都打开摄像头做自我介绍,一是确认每位师生都具备上课软硬件设备并已经学会操作授课或学习平台,二是可以让原本陌生的、来自不同国家、地区的师生之间相互认识,并尽快熟悉起来,打破上课的隔阂,拉近彼此的距离。

(2) 教师应提前设置线上练习题或测试题。授课教师在授课过程中以弹窗提问或者在屏幕上直接呈现练习题或测试题等形式来监督学生是否在认真听课,如超星学习平台可以设置多个类型的问题并可设置自动(定时)和手动发放,也可以自动打分,并设置作答次数及是否可以查看答案等,如一定时间内未作答,回答的正确与否等均会被自动记录,这样可以更有效地监督学生。

(3) 授课教师的ppt建议制作简明扼要、易懂。在初级阶段的汉语课ppt上可以加上拼音,课件可以提前1—3天发送给学生,可以推送跟教学内容相关度较大的短视频(15分钟以内)给学生,推荐,也可以考虑在课件中插入视频,可以丰富和扩展教学内容,活跃教学气氛,帮助学生理解教学内容,拉近师生关系。

(4)每次课的课堂回放都及时传送给学生,尽量不让学生错过一次课,让没有听懂或听得一知半解的学生也可以通过反复观看课堂回放弥补或者加深、巩固要学的知识点。

(5)课程安排尽量不要连着4节课,如果只能这样安排,应该在教学过程中穿插不同的教学形式,听说读写滚动起来,可以设置一些课堂小活动、小游戏,不会让学生觉得课堂太漫长,不要让学生觉得课堂太无趣。

(6)课后作业布置应是跟课堂所学高度结合的,仔细听课能够独立找到答案或解决方案的。另外作业完成需要的时间以30~45分钟为宜,太少的训练达不成训练效果,不能太长,会让学生产生厌倦或逆反心理。有国际学生反馈他们为了求学做兼职工作,他们还不能像在学校一样,只考虑学习。

(7)教师帮忙牵线在校生与国际学生结成一对一的学习组,对国际学生的学习和作业完成进行帮辅。

### 3.2.2 学生层面

(1)摆正学习态度,长时间的线上学习更多需要靠学生自学,线上上课过程中教师的角色不得不转为辅助,实践证明,学生的学习态度积极性与学习效果呈正相关关系。

(2)国际学生在上课前要为自己准备良好的学习环境、检查网络状况、手机或电脑电量、教材、练习册和纸笔。可以提前向家人说明线上学习时间段,在此期间尽量不打扰,戴上耳机听课,排除外界干扰。

(3)国际学生的学习场所应固定在一个地方,有书房的在书房,没有书房的要找一处有高度合适的桌椅坐下来听课,不应在床上学习,容易犯困和走神。

(4)鼓励国际学生多开口,多回应老师发起的提问或讨论话题,积极参与课堂互动,活跃课堂气氛的同时,有助于保持自己的注意力,也锻炼了听和说的能力。

(5)建议有条件的学生准备纸质教材教辅,准备投影仪。纸质书比电子课本方便翻阅查找，预习和复习起来也更高效，在需要记笔记和书写的时候可以直接书写在课本或练习册上；投影仪可以减轻视力负担，打造更好的学习氛围。

### 3.3 恢复国际学生汉语线下教学的对策建议

汉语课程是一个系列课程，上了汉语基础，有一定的词汇量和汉字、语法的积累，才能往下学。HSK1级是要求掌握150个汉字，HSK2级是要求掌握300个汉字，HSK3级是要求掌握600个汉字，HSK4级是要求掌握1 200个汉字。这里的汉字词汇量是最基本的，实际学生在学习汉语的过程中都会超过这个数量。但因为线上课的词汇量掌握情况和课文背诵情况没有办法监督到位，线下课的任务除了教授新的汉字、词汇、语法、文化知识外，还需要检查学生之前学习的情况，做好补缺补漏的工作。

首先要给学生制定在大学期间通过HSK4级的考试的目标和计划，因为目前我校的汉语类课程只开设两个学年。大一开设的汉语基础1主要涉及汉语拼音发音、汉字笔画笔顺和偏旁部首，以及一些语法知识，虽然是基础，但非常重要，就好像一个房子的地基，如果没有打稳打扎实，这个房子是建不好的，很脆弱。因为线上课的时长达一年半，可以说21级国际生的汉语基础并没有打扎实，这就严重影响了他们后面的学习。所以，在恢复线下课后，可以采用专题形式，对语音、汉字笔画笔顺、汉字偏旁做专项的复习和练习，力争在短时间内让他们能够掌握好这个部分的要点。这个基础部分的学习是可以贯穿在汉语课程的始终，学得越多、掌握的汉字越多，他们对偏旁部首的理解会越深刻，也反过来促进他们对具有相同偏旁部首字的学习和掌握。

第二，教师一对多个学生，且不住校，没有时间在课后进行面对面辅导学生，这个时候朋辈辅导就发挥了很大作用。由教师搭建中国学生和国际学生的一对一或一对二等辅导对子或小组，可以帮助国际学生较快结识到新朋友，有助于国际学生更快融入校园；国际学生在遇到学习上的困难或困惑时，也更倾向于向同辈寻求帮助，同时也可以帮助中国学生结识到国际友人，双方进行跨文化的交流，对中国学生来说，也可以锻炼他们的跨文化交际能力和英语口语交际。

第三，学生返校初期，会面临比较多的适应上的困难，语言交流上的障碍也会加深他们的挫败感和离家的孤独感,但返校后沉浸式的汉语学习环境对他们是非常有利的,要鼓励他们勇敢走出宿舍、教室大门,多使用汉语和中国人进行交际交流,不要囿于国际生的小圈子,要大胆开口说,不要怕犯语言错误,老师要注意在纠偏纠误的时候尽量态度亲和,不要让学生产生自己很笨的、汉语很难学好的感觉。

第四,教师的课堂调控能力和对教材内容的选取能力要比较强,正视国际学生之前线上汉语学习成效欠佳,教学效果未达到预期的现实;按照计划的教学进度授课,教学进度虽然能如期完成,但对于国际学生来说,他们会越来越听不懂,积累的问题只会越来越多。要注意课堂的现场生成性,宁愿牺牲一些教学进度,也要让学生掌握清楚知识点,这样后续的内容,他们可以通过自学的形式继续进行下去,"授人以鱼不如授人以渔",毕竟汉语作为一门外语,也是需要坚持学习,才能不断精进,从而感受到汉语的美好。

**参考文献**

[1] 祖晓梅.跨文化交际[M].北京:外语教学与研究出版社,2015.

[2] 刘珣.对外汉语教育学引论[M].北京:北京语言大学出版社,2000.

[3] 程棠.关于对外汉语教学目的的理论探索[J].世界汉语教学,1999(3):107—113.

[4] 黄荣荣.Tutorial.汉语远程教学模式中的教学[J].云南师范大学学报,2005(05):26—31.

[5] 宋晖.对外汉语在线教学的"三教"问题[J].国际汉语教育(中英文),2018(3):4—10.

[6] 郭英剑.当学生"隐入"屏幕教学该怎样进行[N].中国科学报,2020-02-11.(007)

[7] 李德灿.广西高校留学生线上汉语教学调查分析[J].广西教育,2021(23):28—30+35.

[8] 艾宁.疫情期间广西大学泰国留学生线上汉语学习情况调查研究[D].广西大学,2022.

# 印马华校高中学生口语语料库的建设及意义

于向宇

鲁东大学

**摘　要**：目前，汉语中介语口语语料库研究相对滞后。针对既不同于汉语本体，又不同于以汉语作为外语或第二语言的华语，跨国别口语语料库建设更是少之又少。因此，建设印马华校高中学生口语语料库不仅对研究不同国别的华语教学的共性和差异性提供了研究思路和方向，更为华语教学研究给予了语料支撑。本文设定了十五个口语话题，收集了印度尼西亚、马来西亚华人、辅之以国内同学段高中学习者的同话题口语语料，建设了印马华校高中学生口语语料库，说明了语料库的建设意义及原则，描述了建设过程及难点问题，分析了目前存在的不足，提出了未来建设发展的展望。

**关键词**：印尼、马来西亚华语教育；高中学段；口语语料库；跨国别

## 引　言

随着中国综合国力的提升，全球华文教育范围日益扩大，尤其是东南亚地区对华裔学生的华文教育，既植根传统，又有了新的发展。

广义上讲，全球华文教育是大概念，部分学者认为它等同于国际中文教育，部分研究者则认为它是主要面向华裔学生的传承语教育，而目前针对华裔学生的传承语教学相关研究较少。而面向华裔学生的华文教育，和面向所有以汉语作为外语或第二语言学习的国际中文教育之间的共性与个性是值得探讨的问题。

同时，在华语教育比较成熟的东南亚地区，比如印尼、马来西亚等国家，它们的华文教育历史悠久，发展传承较成熟，它们之间的华文教育情

况更接近于中国的母语教育还是更接近于二语教育,学习者的学习程度更接近于中国母语学习者还是二语学习者,这些都是尚未解决的问题。且由于收集口语语料比较困难,比如口语采集的途径较少、海外的录音条件较差、多重语言互相干扰、转写正确率较低导致校对工作困难、语言水平受限语料太短太少等等。因此基于书面语的研究较多,口语研究较少,需要这一方面加强研究。

为了推进华文教育的纵深发展,应对不同国家的华文教育进行一些更深入的研究,寻找他们的共性和个性,以更好地协助华文教育的展开。

本文以马来西亚和印度尼西亚两所华语学校同一学段的华裔高中生辅以同学段汉语母语各三十及以上位学习者为研究对象,以相同的十五个主题构建华人华语口语语料库,介绍了本文设定的十五个口语话题,收集了印度尼西亚、马来西亚华人、辅之以国内同学段高中学习者的同话题口语语料,建设了印马华校高中学生口语语料库,说明了语料库的建设意义及原则,描述了建设过程及难点问题,分析了目前存在的不足,提出了未来建设发展的展望。

目前初步打算为在后续以 CAF 三性分析法对比口语产出性词汇的差异与共性,横向分析不同地域背景下华语发展变化,深究其背后的文化认同理念,以得出以上几点问题的研究,为海外华语教学增添助力。

## 一、研究现状

目前,国内汉语语料库建设及发展较成熟,如北大 CCL 语料库、北语 BBC 语料库、台湾"海峡两岸暨香港、澳门语料库"等等。其他国家也有进行汉语语料库的建设研究,如"新加坡华语语料库""英国兰卡斯特汉语语料库"等等。华语语料库建设中,刘华主持建设的"东南亚主要华文媒体语料库"、王茂林主持开发的"东南亚华裔学习者作文语料库"等具有特色。

近年来,有关汉语中介语的语料库建设逐渐深入发展,从笔语向口语语料库建设及研究方向扩展。口语语料库的建设如北语的"汉语学习者口语语料库"、北语的"HSK 动态口语语料库"等。但是由于口语收集、转录、校对及标注困难较多,汉语中介语口语语料库还是少之又少。

华语研究方面,如台湾地区、香港地区、澳门地区、新加坡、马来西亚多集中在单区域华语研究,其他地区如泰国、印尼等华语研究成果较少。而针对多区域华语比较研究,除港澳区域汤志祥研究的共同词语及特有词、"两岸四地"刁晏斌提出的语言对比研究现状及思考、赵春利、石定栩有关"有信心"句式的异同研究外,近乎于无。

总之,有关汉语中介语语料库的笔语语料库较多,口语语料库较少,针对华语的语料库建设较少,尤其是华语口语语料库。有关华语的研究多集中在单区域,部分对比研究也是与普通话相对比,很少有不同国别之间双边及多边的华语比较研究。视角的受限导致研究出现局限化且缺乏新意。

面向汉语为母语的学习者的汉语教学、面向华裔学生的华文教育和面向所有以汉语作为外语或第二语言学习的国际中文教育,这三者之间的共性与个性相关的论文更是十分短缺,亟待补充。正是基于这一点,本文提出建设多国别华语口语语料库,以期把华语研究引向深入。

## 二、建设语料库的意义与作用

汉语国际教育和汉语推广中,华文教育和华语传播是主要的部分。随着华语的不断发展,华文教育与研究成为了新一轮的研究趋势,华语语料库的建设更是语料库工作者应肩负的责任。因此本文提出建设"印马华校高中学生口语语料库",并在下文统一简称为"华语口语语料库"。

一方面,汉语热的机遇和挑战意味着汉语走向国际步伐加快,而面向华人群体的华语教育,既不同于汉语作为二语或外语的教学,也不同于汉语作为母语的教育,有其独特的特点。若想展开华语研究,包括汉语与华语的对比研究、不同区域华语语言差异与共性研究、跨区域华语研究等,尤其是语言特色更明显的华语口语研究,都需要华语口语语料库的支撑。

另一方面,《汉语水平词汇与汉字等级大纲》和《汉语国际教育用音节汉字词汇等级划分》多从汉语本体层面依据母语者使用频率选择字词,逐渐不能满足汉语研究需要,本研究通过建设印尼、马来西亚、中国同学段高中学生的华语口语语料库,对华语口语字词表的提取及研究、华语教育用字表和用词表的制定提供帮助。

不仅如此,利用华语口语语料库,可以进行多区域华语研究。多区域华语研究以国别为参照,不同于单区域的华语研究,而是将研究范围扩展到有相似语言特征的多个区域,既可以发现不同国别区域之间华语的共性和差异性,也可以将不同国别的华语与普通话进行对比,发现其不同于普通话的词汇、语法特征,还可以对虽不同于普通话,却在各个区域华语内部之间存在的共性和联系进行比较,进而设计更有针对性的华语教学方法和华文教材。除此之外,还可以通过对多区域华语的词汇、语法表达进行研究,探索华语的多样性和丰富性。

华语口语语料库补充了汉语中介语语料库薄弱的华语语料库部分,学段、话题、国别、汉语水平等多变量控制的华语口语语料库建设更是语料库建设全新的尝试,丰富了汉语作为中介语语料库的内涵。

## 三、语料库建设的原则

语料库建设依托三个原则,分别是真实性原则、准确性原则、全面性原则。

真实性是语料库建设的前提。语料的转写必须与音频完全相符,包括学生对语言本身的重复、修复、停顿、语气词和口头语等全部保留,不做删除修改。对于错误字音的错字、错误的搭配、生造词等进行保留。对于那些无法听清判断的字词写上拼音并做标记,保留最真实的口语语料。

准确性原则主要包括标点符号、文字、标注等方面的准确性。标点均为中文、半角格式,所有添加的符号均为半角英文状态。无因音频和转录文字不对应而造成的错别字。标注方面应先确定标注范围和标注规范,在进行小范围试标注后对规范进行完善补充,保证语料和标记符号的一致性与准确性。

全面性原则指的是语料依据加工情况可进行不同研究。对于只进行了转写校对的生语料,只能进行字词层面的检索研究。在经过分词及词性标记后,可进行搭配、词性统计等方面的研究。在进行字、词、短语、句子层面的偏误标注后,可以进行全方位的对比研究。随着语料库不断建设,可研究的方面趋于全面化。

## 四、口语语料库构成状况

国内的现当代汉语在不断发展和规范化后,虽然和过去的古汉语和近代汉语差异逐渐变大,但是逐渐趋于统一化,缺乏多样性。但海外的华语发展则相对独立,在口语上保留了古代和近代汉语的很多特点,所以海外华语的口语研究意义较大。而全球的华人华侨大多分布在东南亚地区,生活历史较久,对华语的认同度较高,其中的华裔学生更是华语教育的主力,其学习过程中的口语语料价值极高。

因此本文的口语语料库的建设以印尼、马来西亚的高中华人学生作为研究对象,以国内同学段高中学生为对照组,分别收集了十五个不同话题的口语语料,构建华语口语语料库。通过对话题的主题、学习者的国别以及汉语水平级别等加以限制,研究其口语语料。

(一)语料库现有库容及建库流程

本语料库的语料来源分成三个部分,分别是国内烟台一中的高中学生、印尼泗水小太阳三语学校高中学生、马来西亚石角中学高中学生。形式是话题回答,共十五个口语话题,每个话题回答时间不少于 3 分钟,话题来自《轻松学中文》系列课本。目前已对国内学生、印尼、马来西亚学生的语料进行了转写、校对及分词,合计语料总时长约 80 小时,文本语料约 100 万字。其中国内学生共收集五十余人,每个人十五个话题的口语语料,语料总时长合计约 40 小时,已完成转录和校对,文本语料合计近 50 万字。印尼学生语料收集情况为十五个口语话题,每个话题回答人数为二十五至三十人,去掉无效及打不开的录音文件,语料总时长合计约 19 小时,已完成转录和校对,文本语料合计近 30 万字。马来西亚收集了三十个学生,每人十五个话题的口语语料,语料总时长合计约 20 小时,已完成转录和校对,文本语料合计近 20 万字。在完成语料的收集、转录、校对后进行语料的标注工作,依托 Matlab2016a 构建检索系统,最后建成华语口语语料库。

(二) 语料的来源及预处理

本语料库的语料来源分成三个部分,分别是国内烟台一中的高中学生、印尼泗水小太阳三语学校高中学生、马来西亚石角中学高中学生。形式是话题回答,共十五个口语话题,来自《轻松学中文》系列课本。

其中作为对照组的国内烟台一中高中学生语料采集方式为每人十五个口语话题,每个话题不少于3分钟,逐个作答并录音,共计四十余人参与语料采集工作。作为实验组的马来西亚石角中学高中学生语料采集以课后作业的方式,每人十五个口语话题,每个话题不少于3分钟,逐个作答并录音,共计三十余人参与语料采集工作。

而作为重点实验组的印度尼西亚泗水小太阳三语学校的语料收集,在阐述之前需先了解小太阳三语学校的中文教学方式。

该学校是一所从小学到高中的三语学校,学习的语言包括印尼语、英文、中文,有时还会掌握部分爪哇语。许多学生家中有亲人曾是中国人,因此具有中国情怀,学习中文积极性尚可,且从小学上到高中,因此具有较好的汉语基础。上课使用的教学语言为中文,随堂的印尼老师会进行辅助。中文教学班级采取按汉语水平分级的方式,每个年级分成高级、中级、初级、基础四个班级。使用的教材为《轻松学中文》的1—8册,高级班在高一从第七册开始学习,到高三完成第八册的学习。中级班在高一从第五册开始学习,到高三完成第六册课本的学习。初级班在高一从第四册开始学习,到高三完成第五册课本的学习。基础班在高一从第一册开始学习,第二册因内容重复不学习,到高三完成第三册课本的学习。

笔者负责高一高级、中级、初级班以及高二高级、中级、初级班共六个班的口语和写作课,还负责高三高级和中级班HSKK高级的教学,在半年口语和写作课教学实践过程,以包括平时作业、测验、考试等方式在Teams平台完成了对印尼学生口语素材的收集。

笔者首先根据《轻松学中文》系列教材,从每册的课本、练习册等选出了十五个口语话题,然后在每个班上课时进行了话题即时回答的尝试,判断话题是否符合学生的汉语水平。在尝试过程中,发现初级班的学生对所有话题几乎都词汇量掌握欠缺,没有可讲的东西,且高一高二初级班人数相差过大,无法构成对照组,因此语料收集对象先排除了高一高二的初级班学生。高一高二的中级班对其中的部分话题回答效果尚可,对部分话题回答效果一般,而高一高二的高级班则认为有些话题过于简单不感兴趣,对相对复杂的话题回答更积极主动。

在发现不同水平的学习者对话题的回答程度不同后,针对学生的汉语水平分级现象,笔者收集过程中又进一步将话题进行了细分,并设置了对比组。对高一、高二中级班采用相同的较为简单的七个话题进行对比,对高一、高二高级班采用相同的较为复杂的八个话题进行对比,最后印尼学生语料收集情况为:十五个口语话题每个话题回答人数为二十五至三十人。

国内、印尼、马来西亚的语料经过转录和校对后,会分别建文件夹,包括十五个话题的 word 文档和 txt 版。在每个话题文档中标注上语料的数字序号,并按序号放上相应的口语录音文件,重新进行汇总整理。

### (三) 语料的转写与处理

由于受到母语和其他语言的干扰、自身汉语水平的限制,再加上口语语料录制的即时性等诸多因素的影响,学习者存在发音不标准、语言表达紊乱等现象。因此口语语料存在诸多问题,仅依靠机器技术的转录会存在较多的错误,所以我们采取了先机器转录后人工校对和复核的方式对口语语料进行整理。

我们在经过多种尝试比对后,选择了语音转文字正确率相对较高的"灵听"工具进行了转录,随后进行文本语料的人工校对,在校对完毕后进行二次复核检查。转写严格按照前面所说的原则,并参考了北语"全球汉语中介语语料库"口语语料转写及标注的相关规范。不回避错误,对于错误字音的错字、错误的搭配、生造词等进行保留,对于完全无法分辨的词语写上拼音并做标记,保留最真实的口语语料。

在完成语料的转录校对工作后,会根据研究需要对语料进行标注和统计。目前的统计方向为字、词层面的统计。在后续会进行口语产出性词汇方向的研究。统计包括:汉字基本信息,包括语料库及各子库总的频次、字种数,每个字种在每个国家、每种媒体、每个子语料库、总库中的频次、文本数,汉字分类使用的统计等;词语基本信息,这些信息包括语料库及各字库总的频次、词种数,每个词种在每个国家、每个子语料库、总库中的频次、文本数,分词性统计数据、词性分布情况等。口语语篇中出现的人名、地名等专有名称和数字以及英文不计入统计范围。

## 五、语料库建设中的难点及解决对策

### (一) 转写难点及解决对策

口语语料的转录和校对过程是最基本的一步,准确性和真实性是基本的要求。但许多学生受母语和其他语言的干扰或其自身口语水平较低的影响,常出现发音不到位、不准确或模糊的现象,如声调、声韵母偏误,如学习者在旅行话题中提到"我出去'liú xíng'",后面则说"'lǚ xíng'(旅行)过程中我……",无法判断前面本意是"流行"还是"旅行"的错读,可能造成歧义,也会对后期的研究带来困扰。除此之外,录音设施的落后也会导致收音不佳、录音效果不好。对转写难点处理方法为:若转写者能够准确判断出对应的字词,则正常录入,若转写者能够听清语料的发音,但因为意思模糊而无法判断所用字或词,则以拼音代替。如果发音听不清楚,无法辨别,则标记为【?】。

### (二) 分词和词性标注难点及解决对策

由于口语语料在收集时是即时性表达,所以除了语音、词语和句法偏误外,口语语料还存在大量的停顿、中断、自我修复与重复,导致机器自动分词效果很差,这也是我们在对口语语料进行分词时的主要难题。

这主要是由于口语语料存在以下几个特点:首先,口语作为初始语言,会有各种自我修复、结构颠倒、词汇冗杂等情况出现,其本身具有灵活多变的特点,无疑会对机器的分词处理带来干扰。其次,印尼和马来西亚为典型的双语或多语社会,受到印尼语、英语、爪哇语、马来语等的影响,印尼与马来西亚华语在词汇和语法方面都有自己的鲜明地域特征,人们在日常生活中语码转换和语码混乱非常普遍,常会出现语序颠倒、词语的混用,导致机器在分词和词性标注时因理解障碍导致误判。

因此,针对口语语料的这些特点,我们在采用 MATLAB 的分词程序进行机器分词和词性标注后,对分词和标注结果加强人工查核纠错,与此同时,根据口语的特点,积极调整和改进系统,争取提高机器自动切分与标注的准确性。而对于因口语表达思考过程带来的停顿、重复或修复而产生的很多非"词"的成分,要对其是语素还是非语素词进行区分和标注。

对于汉语中本不存在,只是根据母语迁移或目的语泛化而出现的生造"词",若不加以处理和标记,在分词过程中就可能与其前后词相结合,为分词带来麻烦。我们会在语料标注中将生造词标记为[Sz],但不加注词性。

## 六、结语与展望

众所周知,口语相对书面语来说,有其独有的特征。海外华语虽然与普通话同出一源,但是随着时空的变迁,两者逐渐发展成"同中有异、异中有同"。华语的口语常常受粤语、闽南语和潮汕语、台湾腔等多种方言和英语、印尼语、马来语等多国语言的影响,在语速、语调等方面存在各种变异,这给华语口语语料的转录带来了很多困难。

华语研究虽然已经取得了不少成果,但仍需进一步深入研究拓展,从研究方法、视角、范围等方面进行创新,而建设相应的语料库可以避免个人视角的局限性,更具系统性、客观性和科学性,也更利于总结语言规律。本文正是对印尼、马来西亚的同学段华人学生口语语料进行了收集,并以国内汉语作为母语学习的学生的口语语料作为对照组,构建跨国别、同学段、同话题的华语口语语料库。

在未来,我们会摆正汉语特点与人类语言共性的关系,对多区域华语进行横向和纵向比较研究。我们希望通过建设华语口语语料库,对口语词汇量、词频、词性、语法复杂程度等变量的口语产出性词汇进行分析,为华语课程教学和教材的设计的调整提供支撑。同时,也可以进行多区域华语比较研究,包括不同区域的华语对比,比如区域性华语的整体性特征与普通话的比较研究,揭示出华语区域性词汇还有语法的特征,促进语言现象和规律的发现以及研究理论的深入分析,助力海外华语教育及研究。

**参考文献**

[1] 赵守辉,刘永兵.新加坡华族学前儿童口语语料库的生成[J].世界汉语教学,2007(02):98—105+4.

[2] 黄婉桦.马来西亚华语和汉语标准语词语差异研究[D].暨南大

学,2010.

[3] 崔希亮,张宝林.全球汉语学习者语料库建设方案[J].语言文字应用,2011(02):100—108.DOI:10.16499/j.cnki.1003-5397.2011.02.017.

[4] 刁晏斌.两岸四地语言对比研究现状及思考[J].汉语学习,2012,No.189(03):95—103.

[5] 朱湘燕,黄舒萍.印尼苏北华语口语词汇与现代汉语词汇差异调查[J].华文教学与研究,2013(01):54—62.DOI:10.16131/j.cnki.cn44-1669/g4.2013.01.005.

[6] 肖媛.留学生口语产出性词汇发展的研究[D].中央民族大学,2013.

[7] 赵春利,石定栩.两岸四地汉语"有信心"句式的异同[J].汉语学报,2014(02):27—36+95—96.

[8] 赵敏.多区域华语比较研究的现状、特点与路径[J].深圳大学学报(人文社会科学版),2018,35(06):149—156.

[9] 张霁阳.自建小型汉语中介语口语语料库对新《hsk词汇大纲》的探究[C]//北京大学对外汉语教育学院.2019对外汉语博士生论坛暨第十二届对外汉语教学研究生学术论坛论文集.[出版者不详],2019:11—18.

[10] 刘华.全球华语语料库建设及功能研究[J].江汉学术,2020,39(01):46—52.DOI:10.16388/j.cnki.cn42-1843/c.2020.01.005.

[11] 胡晓清,许小星.韩国汉语学习者中介语口语语料库的建设及意义[J].华文教学与研究,2020(01):53—59.DOI:10.16131/j.cnki.cn44-1669/g4.2020.01.009.

[12] 郭文娟.汉语中介语口语语料库在汉语教学中的应用研究——以来华留学生第一次社会采访教学为例[J].现代语文,2020(02):115—123.

# 从 2.0 到 3.0

## ——汉语中介语语料库建设的新形势与新任务[①]

### 张宝林
### 北京语言大学

**摘　要**：汉语中介语语料库建设跨入 2.0 时代，设计水平和整体功能得到很大提升，极大地促进了汉语二语教学与习得研究的发展。语料库建设还存在一些问题：单语种，横向语料，偏误标注，语料不平衡，无法给"母语负迁移"之类的研究结论、汉语二语发展研究等提供充分的证据与支持。汉语习得研究正在向复杂动态系统理论指导下的纵向的动态研究转变，急需建设多语种、纵向语料、查询便捷、平衡的语料库，把语料库建设由 2.0 时代推进到 3.0 时代，为汉语教学和习得研究提供充足的语料资源和强有力支持。

**关键词**：汉语中介语语料库；3.0 时代；多语种；纵向；平衡

## 一、语料库建设面临的新形势

（一）2.0 时代的新气象

2018 年 1 月，HSK 动态作文语料库（2.0 版，以下简称"HSK 库"）问世，标志着汉语中介语语料库（以下简称"语料库"）建设在软件系统的设计研发方面开始进入 2.0 时代（张宝林，2019）。2019 年 3 月全面建成并正式开放的全球汉语中介语语料库（以下简称"全球库"）则是从建设目的、宗旨、规模、标注内容、建设方式、软件系统等方面全面进入了 2.0 时

---

[①] 本文得到语言资源高精尖创新中心项目"汉语中介语语料库建设创新工程"（KYD17004）；北京市社会科学基金重点项目"汉语中介语语料库建设标准研究"（15WA017）；教育部哲学社会科学研究重大课题攻关项目"全球汉语中介语语料库建设和研究"（12JZD018）资助。

代,堪称2.0时代语料库建设的典型代表①。所谓"2.0时代"的语料库建设以"精细而丰富"为特征,相比于"简单粗放"的1.0时代的语料库,二者的主要区别如下面表1。

表1 汉语中介语语料库1.0时代与2.0时代特征对照表

| 对照项 | 1.0时代特征 | 2.0时代特征 |
| --- | --- | --- |
| 建设目的 | 自建自用为主 | 共建共享,服务学界 |
| 建设方式 | 离线,分包,固化 | 在线,众包,迭代 |
| 语料规模 | 百万字级 | 千万字级 |
| 语料类型 | 一种,笔语/口语 | 多种,笔语+口语+视频 |
| 标注内容 | 少数层面 | 全面,10个层面 |
| 标注模式 | 偏误标注为主 | 偏误标注+基础标注 |
| 检索方式 | 简单检索,2种 | 复杂检索,9种 |
| 应用研究 | 偏误分析为主 | 表现分析,"三性"分析 |
| 总体概括 | 简单粗放 | 精细而丰富 |

2.0时代的语料库设计水平和整体功能得到很大提升,进一步推动了基于语料库的汉语二语习得研究的发展。例如在中国知网(CNKI)查询发现,基于"HSK动态作文语料库"进行研究发表的各类论文已达7281篇。其中,2015—2018年发文量一直在600篇上下徘徊,2019年则达到了663篇,2020年达到750篇,2021年则跨过800篇、900篇两个数量段,达到了1040篇②,比上一年剧增290篇,增幅达38.67%③。(详见图1)全球库建成4年余,注册用户已达17 176人,访问量为141 407人次;基于该库进行研究发表的各类论文达473篇。其中,2019、2020年发文量只有区区几篇到十几篇,2021年达到141篇,提升约8倍到16倍,2022年更是达到212篇④。(详见图2)可见汉语中介语语料库在汉语二语教学与习得研究中发挥了很大作用。

---

① 详参张宝林、崔希亮(2022)。
② 查询时间:2023.7.26。检索范围:总库中文。检索方式:句子检索,同一句:HSK、动态作文语料库。
③ 算法:(1040−750)/750≈0.386 7=38.67%。
④ 查询时间:2023.7.26。检索范围:总库中文。检索方式:句子检索,同一句:全球、汉语中介语语料库。

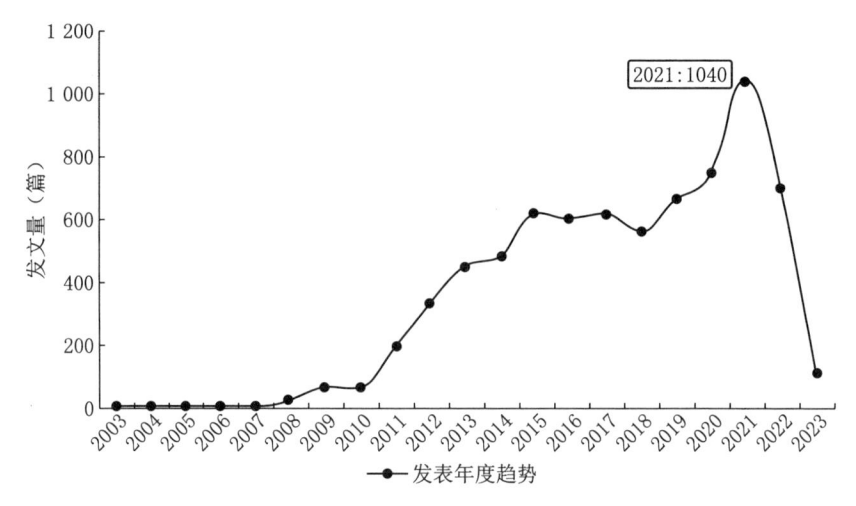

**图 1　HSK 库年发文量分布图**

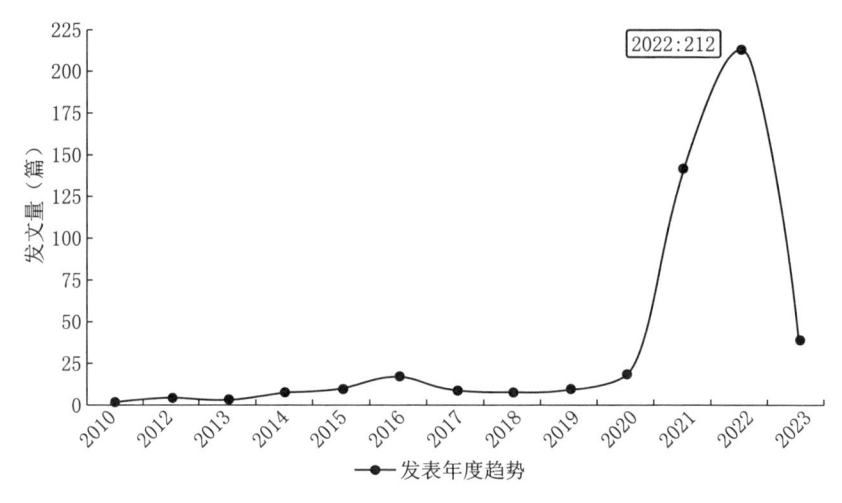

**图 2　全球库年发文量分布图**

通过主要主题来看 HSK 库的具体使用情况,"偏误分析"以 1 536 篇高居榜首,比第 2 位"对外汉语教学"多 554 篇,比第 3 位"留学生"多 890 篇,可谓遥遥领先。(详见图 3)而全球库的使用情况则有很大变化,"偏误分析"已以 1 篇之差退居第 2 位,排在"对外汉语教学"之后;仅比第 3 位"习得研究"多 15 篇,差别不是很大,呈并驾齐驱之势。(详见图 4)从这些数据来看,依据语料库的研究始终集中在汉语二语教学、偏误分析和习得研究等方面。

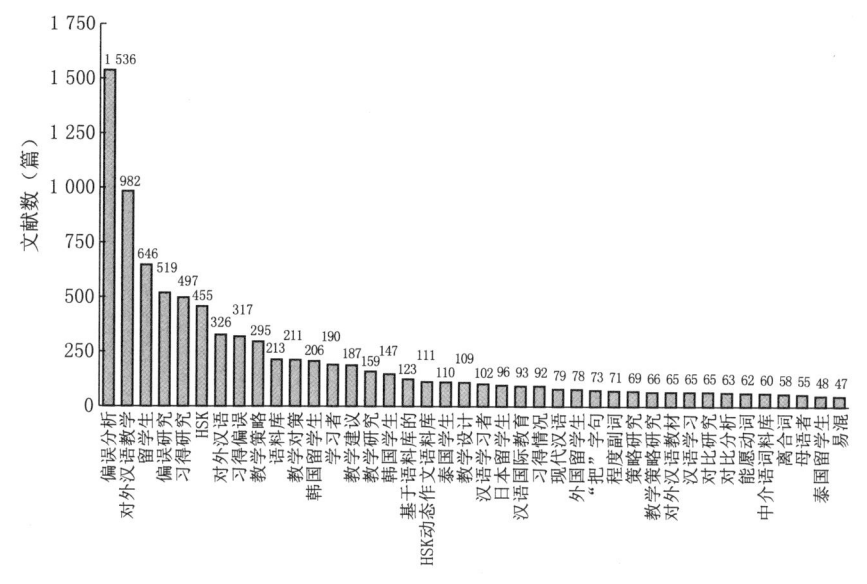

图 3 　HSK 库主要主题分布图

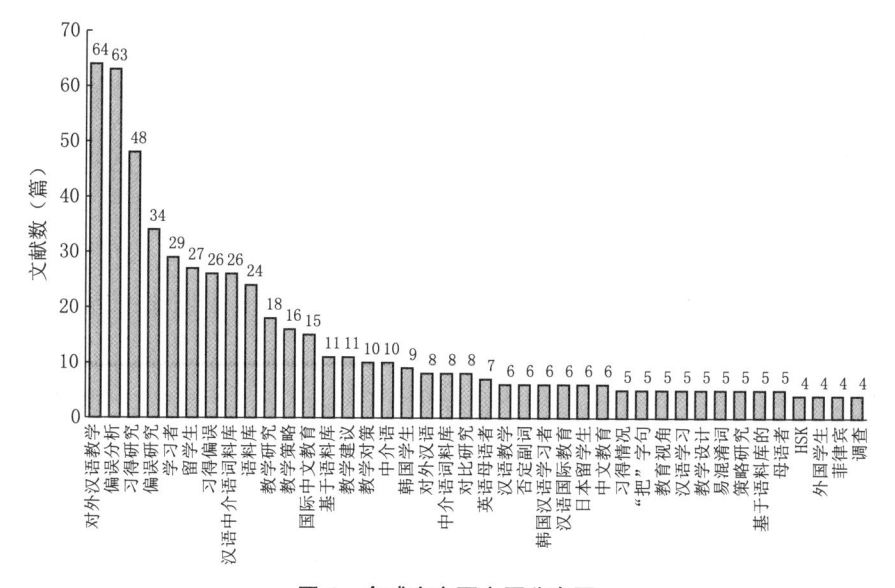

图 4 　全球库主要主题分布图

其他相关研究也得出类似的结论,例如:"'偏误分析'作为最突出的分析方法在频次与中介中间性排名均靠前,'易混淆词'在频次与中介中间性排名也十分靠前,反映它们在 20 年来的研究文献中占比较高。"(尤易、曹贤文,2022)"'偏误分析'与'偏误'出现的频次最高……其他出现频次较高的是'习得顺序''中介语''HSK 动态作文语料库''习得''偏误类型'等。"(王立,2022)"'汉语中介语语料库'资源较好地应用汉语偏误研究、习得顺序研究、教学策略研究中。"(李娟、谭晓平、杨丽姣,2016)"偏误分析与习得研究、语料库建设研究和基于国别化的学习者研究是该领域发展的三大热点。"(蔡武、郑通涛,2017)

(二) 2.0 时代的新问题

1. 语种问题

迄今为止所有的汉语中介语语料库,不论是笔语库,还是口语库;不论是通用型库,还是专用型库;不论是单体语料库,还是多维参照的汉语中介语语料库库群(胡晓清,2016);不论是 1.0 时代所建之库,还是 2.0 时代所建之库,皆为单语库,即汉语中介语库。全球库虽然考虑到汉语中介语与目的语的对比研究,加入了一定数量的汉语母语语料,但仍然是单语库。这种缺少学习者母语语料的语料库,无法为学习者母语和目的语、中介语之间的对比分析提供帮助。这就使得语言迁移的研究失去了依据,所谓母语负迁移的研究结论得不到学习者母语语言事实的支持,所得结论不过是既有理论的翻版复制,形成了一种对号入座的固定套路;且论述普遍简略,研究缺乏深度,几乎没有参考借鉴的价值和意义。

2. 连续性问题

从语料库建设整体情况看,语料缺乏连续性,多为共时语料库,而非历时语料库。可供中介语的静态研究之用,不能为二语习得过程的动态考察提供支持,不能充分满足汉语二语教学与研究的需求。从语料库建设本身来看,其设计水平和建设水平都是不高的。

3. 平衡性问题

语料库中各类语料的平衡性十分重要,决定着不同类型的语料之间是否具有可比性,能否进行对比研究,研究结论是否可靠。可见,语料的平衡性在一定程度上决定着语料库的功能和使用价值。例如 HSK 库自 2006 年建成后即向学界免费开放,在中介语研究方面发挥了很大作用,但在语料产出者的国籍分布方面极不平衡,语料多者达数千篇,少者仅有几篇甚至一篇。(任海波,2010)如此少的语料无法进行不同母语学习者习得汉语的对比分析,完全没有使用价值。全球库的语料平衡性有较大改进,但问题依然存在,并未彻底解决。(张宝林,2022)有的语料库注意到了这一问题,但其并不对外开放,因而不能发挥其应有的作用。

4. 标注问题

1.0时代的语料库一般只做偏误标注,不做基础标注,即正确语言现象的标注。(张宝林,2010)且标注的内容很少,一般只有字、词、句等少数语言层面的标注;且不充分,有的只做几个句式的标注,其他句式即弃之不顾。作为2.0时代的代表性语料库,全球库贯彻全面标注的原则,进行了字、词、短语、句、篇、语体、辞格、标点符号、语音、体态语等10个层面的标注,扩大、提高了语料库的功能与使用价值。然而在现阶段,大多数层面的语料标注为人标机助,以人工标注为主,标注的一致性、准确性难以充分保证。全球库建成后曾专门组织人力进行审核修改,大大提高了标注正确率;但如果没有足够的人力和经费支持,这种审核修改工作是难以进行的。总体来看,标注质量问题尚未彻底解决。

5. 检索问题

一般的语料库检索方式十分简单,只有字符串一般检索和对标注内容的检索,而对一些库存语料中的语言现象却无法检索,例如对离合词"离"的用法、"是……的"句等有两个检索对象的语言现象即无法检索。全球库根据用户需求研发了9种检索方式,大大增强了检索能力。但只有分类标注检索可以检索到偏误语料和正确语料,其他检索方式则不能分别检索两种语料,使用上仍然不是十分方便。有用户询问"A的A,B的B"结构(例如"跳舞的跳舞,唱歌的唱歌")该用哪种方式检索,用户"试了很多种方式还是检索不到准确的结构"。这种语言形式的检索在设计时确实未予关注,目前只能采用"按词性检索"方式检索"v+的/u+v"。但由于无法限制v是相同的动词,会查出很多不符合要求的语料。需要进一步改进检索方式,以满足用户的使用需求。

6. 其他基础性问题

在中文的自然语言处理中,分词与词性标注研究最为成熟,分词正确率已达99%左右(黄昌宁、李涓子,2002:145),具备实用水平。其中分词是词性标注的前提,词性标注又是实现"按词性检索"的基础,分词和词性标注的水平制约着按词性检索的实际效果。然而时至今日,汉语中介语语料库建设并没有自己的分词规范和专用词表,而是借用母语语料库建设用的规范和词表。由于中介语中存在的字词偏误,机器自动分词存在分词错误是必然的,在错误分词基础上所做的词性标注存在错误也是必然的。例如:由于别字形成的"有宜(友谊)、知说(知识)",由于语素顺序颠倒形成的"忘淡(淡忘)、爱亲(亲爱)",由于学习者臆测形成的"慈脸(慈祥的脸)、高量(大量)"在汉语词汇中并不存在,在各个分词系统中的词表中也不可能有。因而在分词时会将这些组合切分开,并错误地标记不正确的词性代码。显而易见,研制汉语中介语语料库建设专用的分词规范与词表是提高语料库建设水平的当务之急。

为了保证研究结果的客观性、稳定性和普遍意义,库存语料越多越好(杨惠中主编,2002:136),来源越广越好,类型越丰富越好。存在的问题是,不同来源的语料所标明的语料水平可能评价标准不一,因而缺乏可比性,进而影响到研究结论的可靠性。这就需要对学习者语料进行等级水平的自动分级,而目前这样的自动分级系统并不多见,且不对公众开放,难以用到;系统的质量与效能尚有待提高与完善,例如有的系统语料分级的有效性只有70%(胡韧奋、冯丽萍,2023),远未达到实用水平。因而急需开发优质高效的语料自动分级系统。

语料库中语料的背景信息大多来自学生的入学登记表、成绩登记表之类的教学管理文件,有国籍信息而无母语信息,也没有参加 HSK 考试的分数和等级水平。从语料采集的角度看,是需要增加这些背景信息的。

## 二、语料库建设面临的新任务

### (一)相关研究对语料库建设的新需求

语料库的建设是为汉语二语教学与研究服务,教学与研究的实际需求是语料库建设的驱动源泉与不竭动力,决定着语料库建设和发展的方向。曹贤文(2020)从二语习得研究"需求侧"角度,分析汉语学习者语料库建设与二语习得研究的互动发展趋势,探讨如何加强汉语学习者语料库建设以更好满足二语习得研究的需要;提出要加强汉语中介语多维语料库、汉语中介语动态发展语料库、中介语及其影响变量联动数据库、学习者多语发展语料库、汉语学习者网络交际语料库等的建设,以满足"三性/四性"(准确性、流利性和复杂性＋多样性)分析、对学习者中介语系统的动态发展轨迹做出完整的描述和解释等研究的需要。上述观点基于语料库建设的现实情况,结合二语研究理论的发展,具有很强的针对性和敏锐的前瞻性,对语料库建设具有十分重要的指导意义。

郑通涛、曾小燕(2016)从大数据视角审视汉语中介语语料库存在的问题,主要包括语料库建设缺乏跨学科视角、缺乏高质量且真实的口语语料资源、语料数据来源存在局限性、缺少建设学习者的历史语料库、语料库数据尚不能充分共享等五个方面。指出在六对十二类语料库中包括单语语料库和多语语料库、不同变体语料库和集母语与二语为一体的语料库。大数据时代的中介语语料库将是一个"融入学习者特征"的时代,"时时更新的网络词网"的时代,"数据挖掘技术发展"的时代,"满足学习者个性需求"的时代,"互联共享"的时代。这些认识站在时代发展的高度,反映出相关研究对语料库建设的需求。

李娟、谭晓平、杨丽姣(2016)关于"要注重收录语料层级的平衡性和国别的平衡性。除文本语料外,还需加强学习者语音语料的收集","要积极做好自动标注软件的研究开发工作"的见解,王立(2022)关于"共时研究较多,基于语料库的历时研究缺失"的认识,尤易、曹贤文(2022)关于"加强自动评量系统、智能写作评估等方面的建设及研究"的观点,都颇具建设性。

目前基于语料库的研究大多围绕中介语理论进行偏误分析,二者分别产生于20世纪60年代后期和70年代早期,属于二语习得研究第一时期和第二时期的理论方法。(参赵杨,2015:42—50)虽然仍被广泛使用,也有其使用价值,但确实较为陈旧。更重要的是,这种研究模式下的"四大偏误类型"和"五大偏误原因"已成为固定的套路,研究结果一定跳不出这个范围,甚至不看论文都能预测到,使这种研究走进了死胡同。(张宝林,2011)

汉语二语习得研究需要理论突破,梁茂成(2021)认为,近年来偏误分析法和中介语对比分析法遇到了前所未有的挑战,而复杂理论(Complexity Theory)和多因素分析(Multi-factorial Analysis)方法将成为中介语语料库研究的新趋势。依据复杂动态系统理论,语言学习的本质是其非线性特点,学习频率是习得获取的主要原因,效果只能在多次重复后被发现。

(郑通涛,2014)这为收集连续性语料建设历时的纵向语料库提供了充分的理论根据。

(二)语料库建设面临的新任务

1. 把语料库建设从 2.0 时代推进到 3.0 时代

相比于语料库建设的 1.0 时代,2.0 时代的语料库建设已经获得了长足的进步,然而仍然存在单语种、语料的连续性、平衡性、人工标注为主等方面的诸多不足,因而需要继续改进。这种改进从语料库的总体设计思路到建库的技术路线,从语料库的基本性质到具体功能,从语料库建设到语料库应用研究,都将是一种质的飞跃,所建设的将是新一代语料库,即 3.0 时代的语料库。它与 2.0 时代语料库的区别主要体现在下列诸方面,详见表2。

表2 汉语中介语语料库 2.0 时代与 3.0 时代特征对照表

| 对照项 | 2.0 时代特征 | 3.0 时代特征 |
| --- | --- | --- |
| 语料库性质 | 横向静态库为主 | 纵向动态库为主 |
| 语料采集 | 共时语料 | 历时语料 |
| 语料语种 | 单语种(汉语) | 多语种(依学习者母语而定) |
| 语料类型 | 多种,非同题 | 多种,同题 |
| 语料平衡性 | 不严格 | 严格 |
| 语料加工 | 手工标注为主 | 自动标注为主 |
| 技术路线 | 重在语料标注 | 重在检索方式研发 |
| 应用研究 | 中介语理论为主 | 复杂动态系统理论为主 |
| 总体概括 | 单语种共时静态库 | 多语种历时平衡动态库 |

2. 建设 3.0 时代语料库的意义

从上述对比可见,3.0 时代的语料库将是严格遵守平衡性的多语种的纵向动态语料库,技术路线将从重标注转向重检索,应用目标将从主要为中介语理论背景下的偏误分析转向主要为复杂动态系统理论观照下的汉语二语发展研究,其与 2.0 时代的语料库具有质的区别。

建设 3.0 时代的语料库具有下列意义:

1) 建设创新型汉语中介语语料库

建设以汉语为核心的多语语料库,这在汉语中介语语料库的建设与发展史上尚无先例。放眼整个语料库语言学领域,多语语料库以往虽有,但多为双语,少见三语,罕见多语者;双语语料库或是平行/对应语料库(parallel corpora),或是对比/类比语料库(comparable corpora)。3.0 时代的语料库则将收集学习者产出的汉语中介语语料、学习者产出的和汉语中介语语料同题的用其母语书写的对比语料、学习者完成的汉语和其母语的翻译语料,将平行语料库和对比语料库融为一体,这在以往的语料库建设中是没有的,属创新性语料库。

2) 拓展与深化语料库建设的理论研究

任何一种新型语料库的产生都是需求催生的产物。从研究的角度看,这种语料库的创意是在何种背景下产生与如何形成的? 能够满足哪些需求? 总体设计是怎样的? 建设方式与技术路线是怎样的? 多种语料如何安放与调用、呈现? 为什么是这样的? 为何如此设计? 等等,对这些问题的研究与解答,无疑能够极大地推动语料库建设的理论研究。

3) 为应用研究提供支持

以往的偏误分析、习得研究在讨论偏误成因时,常常是从既有理论出发,把母语负迁移作为首要原因。然而这样的结论只是套用现成理论,并无学习者产出的汉语中介语和其母语之间实际语料的具体对比分析;加之简单笼统的说明,其是否正确根本无法证明。而 3.0 时代的语料库采集了学习者产出的汉语中介语语料、学习者用其母语所写的与汉语中介语语料同题的对比语料、汉语中介语与学习者母语的翻译语料,这就给母语迁移的证明或证伪提供了语料支持,使其结论更加客观、可信、可靠。

4) 推动应用研究的转型与发展

以往的纵向研究所依据的多为"类历时语料库(quasilongitudinal corpus)",但这类数据被称为"伪纵向数据"(pseudolongitudinal data),用分层截面数据来取代纵向数据,其有效性充满争议。因为"类历时语料库有一个基本假设:二语是线性发展的,习得过程是线性渐增的。然而二语发展并非总是连续上升的过程,学习者的进步模式除了线性上升或下降以外,也包括 N 形、Ω 形、V 形、U 形等不同模式(文秋芳、胡健,2010),非线性过程是二语发展的常态"。(曹贤文,2020)可见依据"类历时语料库"进行二语发展研究是不可靠的。而3.0时代的语料库将"花大力气采集中介语发展过程中的多波纵向数据","来支撑相关二语习得研究,尤其是深入考察中介语在时间轴上的变异和变化表现,对学习者中介语系统的动态发展轨迹做出比较完整的描述和解释。"(曹贤文,2020)这将极大地推动汉语二语教学与习得研究从中介语理论指导的偏误分析向复杂动态系统理论指导的汉语二语发展研究转变与发展。

5)推动"以效果为导向"的课程改革

建设3.0时代的语料库须采集同一个/批学习者的汉语中介语口语和笔语历时语料、对该语料的学习者母语翻译语料、学习者的同题母语写作语料,以便对学习者的汉语中介语进行包括语体、语言迁移等内容在内的全面而深入的考察。存在的问题是,这些语料分属汉语中介语、学习者母语、口语、笔语、翻译等不同类型,如何收集这些语料?通过现有课程类型能否收集到这些语料?

目前国内的汉语二语语言技能课的课堂教学模式主要是"主干课+分技能课"的模式,主干课即所谓精读课、综合课,分技能课包括听力、口语、阅读、写作、翻译等课程。显而易见,建库所需要的不同类型的语料是无法通过现有的任何一门课程来收集的,也许只有改变这种课程类型才能收集到多种类型且密切相关的语料。而这种改变课程类型的想法是否存在实现可行性?是否存在改变的理据?从目前的实际情况看,这种课堂教学模式和课程设置流传已久,根深蒂固,为学界普遍接受,似乎难以改变。然而,这种教学模式和课程设置是否符合语言能力增长的实际过程?其实际效果究竟如何?似乎尚无人关注。

郑通涛(2014)指出:"从复杂动态系统来解释大脑功能的分区,我们也会发现一个传统误区,即对大脑语言学习的功能分区的认识。以往人们一直简单地认为,左大脑或者右大脑,一部分是偏于视觉功能的处理,另一部分是偏于语言功能的处理。其实,这是一种非常肤浅的说法。因为任何一个功能都是各个部分通过共同协作来实现的,不可能单独运用某部分的功能。大脑的功能全部都是在协同工作中。"既然大脑语言学习的功能是其各个部分协同作用的结果,分技能课的设置似乎就缺乏理据,甚至有违科学了,因此并非不可改变。由于"学习各系统循环效果制约语言学习方向,效果是复杂动态系统能维持下去的推力。这要求我们以效果为导向进行教材编写、以效果为导向进行交际能力的重新定义,我们目前的交际能力并不是以效果为导向。此外,还应以效果为导向研究教材法、课堂组织法以及进行教学评估。这种以效果为导向的教学思想转变将挑战目前几乎所有的对外汉语教学领域。"(郑通涛,2014)这就为改革现有课程设置提供了理论依据。

可以翻译课作为课程体系改革的尝试,其基本教学过程是:

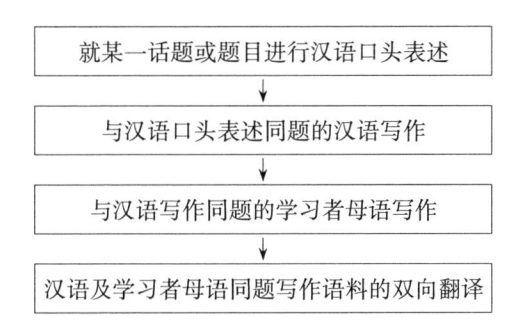

```
就某一话题或题目进行汉语口头表述
            ↓
与汉语口头表述同题的汉语写作
            ↓
与汉语写作同题的学习者母语写作
            ↓
汉语及学习者母语同题写作语料的双向翻译
```

经过定期的多波积累,即可得到学习者产出的汉语中介语口笔语语料、翻译语料、学习者母语语料,解决建库的前提——语料收集问题。

## 三、语料库建设的相关因素

(一)后疫情时代的挑战和机遇

3年新冠疫情给国际中文教育造成重大影响,其突出表现之一即疫情防控导致的人员交往减少,国际学生人数减少。对语料库建设来说,采集充足的高质量的语料变得艰巨,这是挑战。而线上教学则使口语语料、视频语料的采集变得容易,从而可以加速口语库、多模态库的建设。线上教学因疫情而起,但可能不会随疫情的减弱乃至消失而消失,疫情对教学的某些影响可能会长期存在。例如随着互联网的出现与普及,网络教学、远程教学已存在多年,但始终只是一种使用并不广泛的辅助教学手段。而在疫情流行期间却成为了主要的教学形式,并会在后疫情时代继续存在,成为一种比疫情之前作用更大的辅助教学手段。因此,需因势利导,迎接挑战,利用机遇,推动语料库的建设与发展。

(二) 科学技术发展的挑战和机遇

1. 语音识别技术对口语语料库建设的推动作用

语料库建设与发展并不平衡,口语库建设始终滞后于笔语库,多模态库更为罕见。之所以如此,口语语料转写难是一个十分重要的原因。(刘运同,2020;张宝林,2017)近年来,以科大讯飞为代表的中文语音识别技术得到了极大发展,口语语料转写难的问题已在相当程度上得到解决。"即使转写的是汉语作为第二语言的学习者的口语或视频语料,它依旧具有时间短(1小时音频最快5分钟出稿、最慢10分钟出稿)、准确率高(可达95%以上)的特点。"(梁丁一,2021)这样高的自动转写速度与质量,必将极大地推动口语库、多模态库的建设。

2. 人工智能技术发展的挑战和机遇

"2022年11月30日,OpenAI推出全新的对话式通用人工智能工具——ChatGPT。ChatGPT表现出了非常惊艳的语言理解、生成、知识推理能力,它可以很好地理解用户意图,做到有效的多轮沟通,并且回答内容完整、重点清晰、有概括、有逻辑、有条理。……使人们看到了解决自然语言处理这一认知智能核心问题的一条可能的路径,并被认为向通用人工智能迈出了坚实的一步,将对搜索引擎构成巨大的挑战,甚至将取代很多人的工作,更将颠覆很多领域和行业。"(哈尔滨工业大学自然语言处理研究所,2023)

ChatGPT对语料库建设显然具有重要意义和应用价值,应当在充分了解与测试基础上加以充分利用。它能为语料库建设提供哪些帮助?能否在文本中找出需要的语言现象?能否帮助甚至取代人工进行语料标注?

字标注方面,ChatGPT是有其效用的,例见图5。

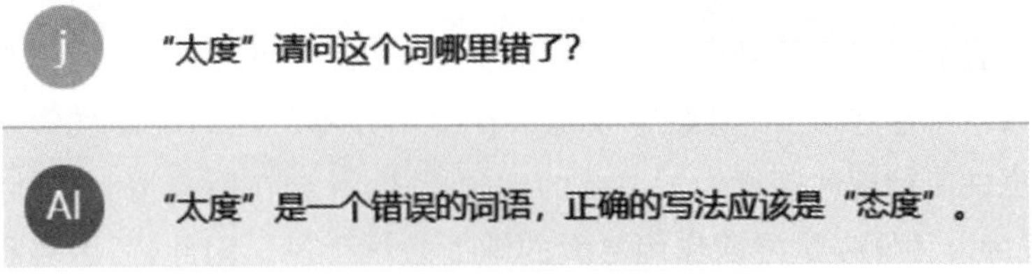

> j: "太度"请问这个词哪里错了?
>
> AI: "太度"是一个错误的词语,正确的写法应该是"态度"。

**图5 词标注示例图**

图 5 表明,ChatGPT 对别字有很好的辨识能力,可以在相当程度上取代人工进行别字的标注。但其把别字问题视为词语问题,这个定性是不对的,表明其语言知识不足。

ChatGPT 对汉语句子的认识与把握有较大问题,例如意义上的被动句,见图 6。

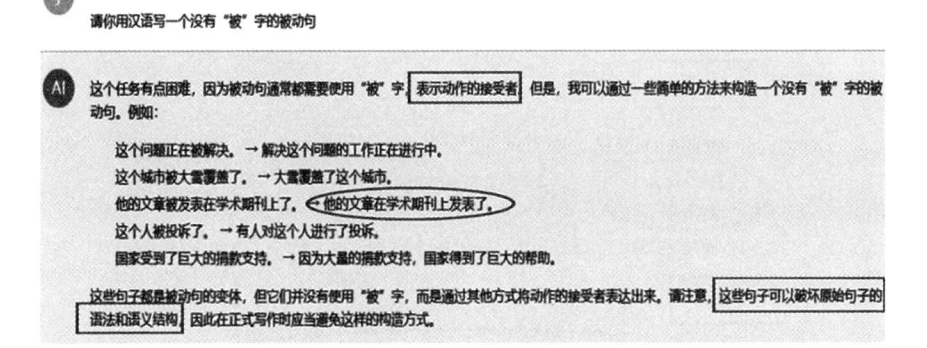

**图 6　ChatGPT 对意义上的被动句的判断**

ChatGPT 生成的 5 个句子中,第 3 个句子完全正确,第 1 个句子也可以,其他 3 个句子则都是主动句,是不符合题目要求的。"这些句子可以破坏句子的语法和语义结构"的认识也是不准确的,例如句子的"语义结构"就不应被改变。由此看来,其对被动句的相关知识缺乏了解,无法代替人工进行被动句标注。

给 ChatGPT 一篇外国汉语学习者写的汉语短文,让其挑出不同类型的句子,结果见图 7。

ChatGPT 对动词谓语句的判断完全正确,形容词谓语句对错各半,"把"字句、连动句、兼语句则完全错误。其判断带有随机性,不能保证结果的正确性,甚至多数判断错误;原因是其缺乏充分的语言学专业知识。因此不能取代人工标注。

从 ChatGPT 的实际表现来看,在建库中可以有限使用,但不能依靠它。

3. 国家政策助力

据新华社北京 5 月 22 日电近日,中共中央办公厅、国务院办公厅印

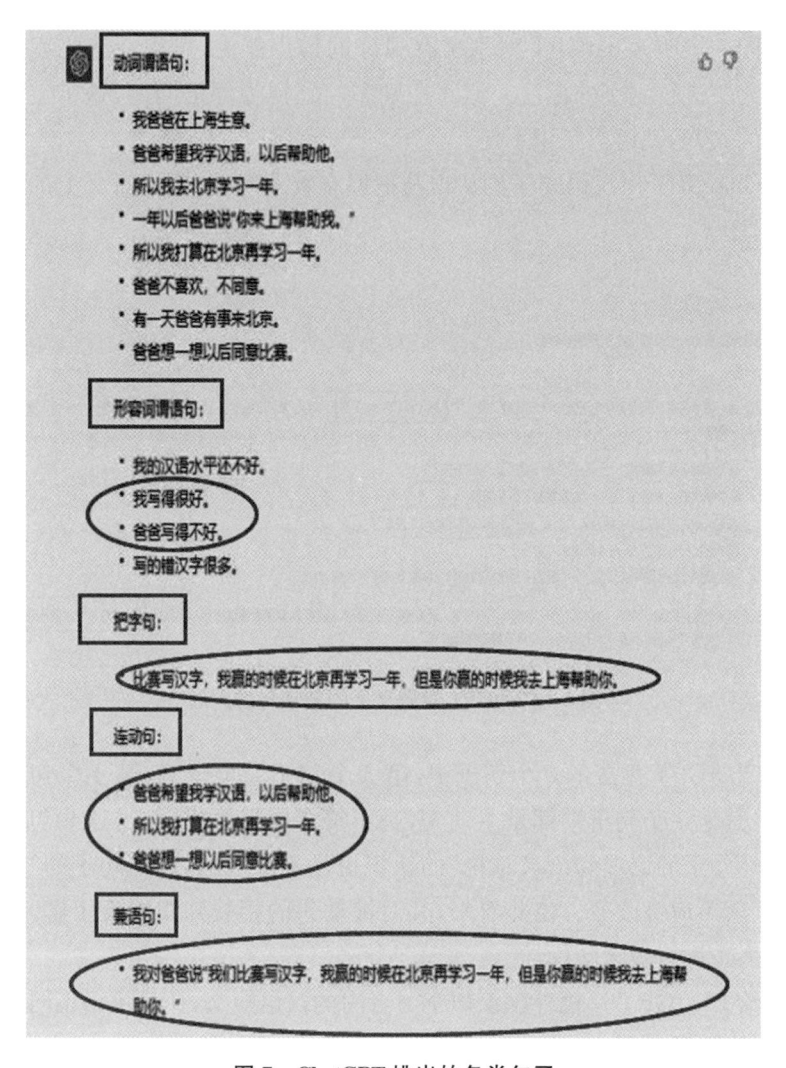

图 7　ChatGPT 挑出的各类句子

发了《关于推进实施国家文化数字化战略的意见》(以下简称《意见》),并发出通知,要求各地区各部门结合实际认真贯彻落实。这对语料库建设来说是一个重大利好消息,语料库是早期的数字化产品,必将在国家政策的推动下得到进一步发展。例如《意见》明确指出文化数字化基础设施和服务平台属文化服务供给体系,中华文化数字化成果全民共享。我们期待这一政策措施将彻底解决汉语中介语语料库一直以来的普遍不开放、不能充分共享的问题。

## 四、结　语

汉语习得研究正在由以中介语理论为主导转向以复杂动态系统理论为主导,由以横向的静态研究为主转向以纵向的动态研究为主,走向具体、细致、深入的二语发展研究。针对这一转变,急需建设多语种、纵向、平衡、动态的语料库,建设规模适度、设计精密、标注准确、质量优异、功能丰富的通用型语料库。时代特征、科技发展、国家相关政策为此创造和提供了需求与条件,学界应借此机遇,顺势而为,把语料库建设由2.0时代推进到3.0时代,建设新型语料库,为汉语习得研究提供充足的语料资源方面的强有力支持。

**参考文献**

蔡武,郑通涛.我国汉语中介语语料库研究现状与热点透视——基于CiteSpace的可视化分析[J].华文教学与研究,2017,(3).

曹贤文.二语习得研究"需求侧"视角下的汉语学习者语料库建设[J].华文教学与研究,2020,(1).

哈尔滨工业大学自然语言处理研究所.2023 ChatGPT调研报告(仅供内部参考)[R].

胡韧奋,冯丽萍.2023 L2C-Rater:汉语二语作文自动评分系统研究[Z]."第七届汉语中介语语料库建设与应用国际学术研讨会"大会报告,2023年4月,上海.

胡晓清.多维参照的汉语中介语语料库库群的建立构想[A].第十届中文教学现代化国际研讨会论文集[C].清华大学出版社,2016.

黄昌宁,李娟子.语料库语言学.北京:商务印书馆,2002.

李娟,谭晓平,杨丽姣.汉语中介语语料库应用及发展对策研究[J].曲靖师范学院学报,2016(2).

梁丁一[J].汉语中介语语料库口语及视频语料转写研究[A].汉语中介语语料库建设与应用研究[C].北京:中国书籍出版社,2021.

梁茂成.中介语语料库研究——历程、挑战与发展趋势[Z].第五届"汉语中介语语料库建设与应用国际学术研讨会"大会报告,2018年8

月,南京.

刘运同.汉语口语中介语语料库建设中的两个关键问题[J].华文教学与研究.2020,(1).

任海波.关于中介语语料库建设的几点思考:以"HSK 动态作文语料库"为例[J].语言教学与研究,2010,(6).

王立.基于语料库的国际中文教育研究论文文献计量分析[J].国际汉语教学研究,2022,(2).

文秋芳,胡健.中国大学生英语口语能力发展的规律与特点[M].北京:外语教学与研究出版社,2010.

杨惠中主编.语料库语言学,上海:上海外语教育出版社,2002.

尤易,曹贤文.20 年来国内外学习者语料库建设及应用研究分析[J].国际中文教育(中英文),2022,(2).

张宝林.基础标注的内容与方法[A].张普,宋继华,徐娟.数字化对外汉语教学实践与反思[C].北京:清华大学出版社,2010.

张宝林.汉语中介语口语语料库建设的现状与任务[J].Journal of Technology and Chinese Language Teaching,Volume 8 Number 2,2017.

张宝林.从 1.0 到 2.0:汉语中介语语料库的建设与发展[J].国际汉语教学研究,2019,(4).

张宝林.扩大汉语中介语语料库语料来源的途径[J].国际中文教育(中英文),2022,(2).

张宝林,崔希亮.全球汉语中介语语料库的特征与功能[J].世界汉语教学,2022,(1).

赵杨.第二语言习得[M],北京:外语教学与研究出版社,2015.

郑通涛.复杂动态系统与对外汉语教学[J].国际汉语学报,2014,(2).

郑通涛,曾小燕.大数据时代的汉语中介语语料库建设[J].厦门大学学报(哲学社会科学版),2016,(2).

# 日本汉语中介语语料库的建设及探索

张恒悦　古川裕
大阪大学

**摘　要**：本文首先概括介绍日本语料库的产生及发展背景，接着分析日本汉语中介语语料库的建设情况，在指出其问题和局限的基础上，分享笔者团队正在研发的日语母语者汉语中介语语料库在设计理念和实施方案上的一些探索和尝试，以期为国别化的汉语中介语语料库的建设提供一个新的视角。

**关键词**：日语母语者；中介语；语料库

## 一、引　言

日本是汉语教学颇为兴盛的国家之一。特别是在大学教育中，汉语专业学习者以及作为第二外语的汉语选修者为数众多，因此，存在着广泛而丰富的汉语中介语资源。在此背景之下，以日本本土母语者所产出的汉语中介语为对象的语料库开发获得了一定程度的进展，然而，就眼下的成果而言，无论从规模、内容还是从语料库的功能设计的方面来看，都存在一些局限，距离全面服务于日本本土汉语研究与教学这一目标尚有不少需要改善的空间。

本文首先概述日本语料库的产生及发展的过程，然后介绍汉语中介语语料库的研发现状，在分析其问题和局限的基础上，分享笔者团队正在研发的日语母语者汉语中介语语料库在设计理念和实施方案上的一些尝试和探索，以期对国别化汉语中介语语料库的建设提供启示和借鉴。

## 二、日本语料库的产生和发展

1994年"言语处理学会"的创立，是日本语料库开发史上具有里程碑意义的一件事。在此之前,以国立口语研究所所代表的日本学术机构虽然早在20世纪50年代就进行过大规模的口语及社会学意义的语言田野调查①,积累了丰富而宝贵的第一手数据,但这些数据大多没有经过计算机语言信息技术的处理,基本停留于纸质印刷和磁带保存的状态。

随着"言语处理学会"的创立,建设规模庞大、方便检索的网络语料库作为国家级别的科研项目被提到议事日程上来。作为日本语料库开发的领头羊,国立国语研究所语言资源开发中心在进入21世纪后,投入大量的人力和物力,陆续推出了各类大型语料库,比如,网罗所有书籍、杂志、报纸、白皮书、教材、博客,反映现代日语书面语整体风貌的"BCCWJ(现代日语书面语均衡语料库)"、储存各地方言谈话录音的"COJADS(日本诸方言语料库)"、展现日语近代书面语发展过程的"CMJ(近代语语料库)"等等,从而使日语语料库的开发得到全方位的发展。

而这之中,尤其值得关注的是以非母语者产出的日语中介语为对象的两个语料库的研发。一个是I-JAS(多语种母语日语学习者横断语料

图1 I-JAS　　　　　　　　图2 C-JAS

---

① 据前川喜久雄(2014)记载,战后成立的国语研究所最初着手的语言研究项目是对东京地区的口语进行大规模记录和调查,从地区、采集点、性别、年龄、学历、说话者人数等多方面都考虑到均衡性,并获取了大量数据,这在世界范围内看都具有先驱性。

库 https://www2.ninjal.ac.jp/jll/lsaj/ijas-search-info.html），另一个是C-JAS（汉语·韩语母语者日语纵断谈话语料库 https://www2.ninjal.ac.jp/jll/lsaj/cjas-search-info.html）。

前者横向收集了包括日本在内的 20 个国家和地区，拥有 12 种不同母语的日语学习者 1 000 人的谈话和作文数据，并附有丰富的学习者信息，可以根据水平、母语、课题任务、学习环境等要素进行分类比较。后者纵向追踪了 6 名日语学习者（汉语母语者 3 名、韩语母语者 3 名）历时 3 年的口语发展过程，共计 57 万词，标志着日本语料库的开发不仅仅把目光局限于日语母语者所产出的规范的日语，对日语教学进行国际化推进不可或缺的中介语语料库的建设也开始重视起来。

乘着这一时代大潮，以日语母语者所产出的汉语中介语为对象的语料库也应运而生，这就是由东京外国语大学望月圭子教授主持，获得日本文部科学省科研经费的资助，研发历时 3 年，于 2015 年正式上线的"汉语学习者作文误用检索平台"https://corpus.icjs.jp/corpus_ch/index.php。该语料库虽然是横跨英日中三种语言偏误研究的一部分，包含于"英日中偏误语料库（英日中国語ウエブ誤用コーパス）"之中，但是拥有独立的页面，可以直接检索。

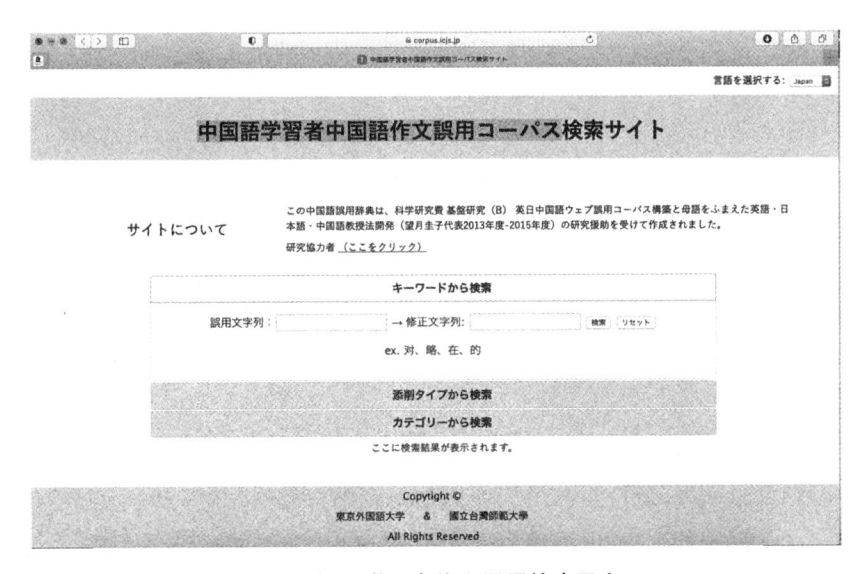

图 3　汉语学习者作文误用检索平台

该语料库由东京外国语大学汉语专业的学生(二、三、四年级)所写的396篇作文所构成,具有以下三个特点:1)日语母语者语料 2)在非汉语环境下习得 3)无偿共享。

从以上3点来看,该语料库的确可以称得上是开国别性语料库的先河之作,同时在与学界无偿共享其成果方面也值得称道。

## 三、"汉语学习者作文误用检索平台"的局限

根据我们的调查,"汉语学习者作文误用检索平台"是日本现今唯一一个开放性的日语母语者汉语中介语语料库,其存在对于探讨和发展在日汉语教学的意义和作用不言而喻。

但同时,也必须指出,从使用者的角度看,该语料库也存在不少局限。

首先,正如其标题所示,该语料库的主要目的是聚焦于偏误,围绕着检索偏误和告知偏误的修改方法而进行,这便带来了该语料库在功能上的局限,即检索功能单一。由于检索的结果只限于偏误例,那么,偏误以外的中介语所蕴含的其他信息几乎都被屏蔽掉了。于是,出现了这样的情况:尽管通过该语料库可以检索出某一语法或词汇相关的偏误例,但却无法了解其正确使用的例子,因而也就无法计算出该语法或词汇的偏误率。这一局限显然大大地削弱了中介语的利用价值。

其次,语料来源单一。众所周知,影响语言习得的因素有很多,其中接受专业教育还是非专业教育对学习者的习得程度有着深刻的影响,因此,以接受专业教育者为对象的研究结果未必适应于接受非专业教育的对象。而该语料库的语料来源于东京外国语大学汉语专业学生的作文,均为接受汉语专业教育的学习者,也就是说,日本大学汉语教育中占绝大多数比例的作为第二外语选修汉语的学习者在这里是缺席的。由此可见,该语料库由于语料来源单一,事实上很难全面满足日本汉语教育的教学需求。

另外,学习者背景信息的提示方法也难言有效。偏误研究离不开对学习者背景信息的分析,该语料库对这一点没有忽略,对每一个学习者的国籍、性别、年龄、学习时间等背景信息都有采集,然而,其提示方法却是通过附件的形式一个一个地分别附加在每篇作文中,因此,学习者的背景

信息是无法进行检索的。除非一篇一篇分别打开加以确认,然后进行手工统计,否则,无法得到统计结果。因此,从这一点来看,该语料库在设计上对于使用者的需求也考虑欠周。

## 四、"日语母语者汉语中介语语料库"的研发概况

本章将介绍和分享由笔者团队进行的"日语母语者汉语中介语语料库"(以下简称 JSCIC)的开发情况。

JSCIC 是日本学术振兴学会资助的一项国家级科研项目「日本語母語話者の中国語中間言語コーパスの構築とその応用」(22K00710 代表:张恒悦)。其宗旨在于构建反映日汉语学习者全貌的中介语语料库,从使用者视点出发,开发丰富的检索功能,通过多语种版本向海内外开放,以期达到国际性共享。

JSCIC 具备以下几个特点:

1)全面地收集各类学习者产出的语料,以反映日语母语者汉语中介语全貌。语料的来源尽量做到多元,既包含汉语专业各个年级的学习者,也包含作为第二外语而选修汉语的各个年级学习者,还包含从中国本土、华语圈国家和地区,以及西方国家留学居住归来的学习者,另外,也包含出生并成长于有汉语母语者家庭的学习者。

2)从使用者视角出发,提供丰富的检索功能。汉语中介语语料库的主要使用者是汉语教学的从业者以及汉语语言教学的研究者,因此,使用者的关心所在和视角对语料库的建设是至关重要的。事实上,除了偏误和汉语语法研究之外,第二外语习得研究、汉日对比研究、汉语教学法研究、作文指导、教材开发等方方面面都需要从中介语中寻找线索。因此,为各种不同研究领域的使用者提供便利的检索功能是该语料库的基本出发点。

3)方便非日语使用者利用

JSCIC 将本着国际性共享原则,提供多语种使用指南,方便非日语使用者进行自由检索和利用。

以下为 CILCJS 的内部基本构成情况:

**表 1　语料构成**

| 总字数 | 约 100 万 |
|---|---|
| 作文数 | 约 2 000 篇 |
| 作者数 | 约 647（780 人次） |
| 作文题目 | 约 90 个 |

关于作文题目的选取，我们兼顾了多种要素。除了依据记叙文（比如：我的爱好）、议论文（比如：日本的少子高龄化问题）、说明文（比如：我的拿手菜）的标准进行分类外，也考虑到了文体的多样性，比如描写人物（我的朋友）、描写地点（我的家乡）、日记、书信、看图说话等。

所有的作文都属于命题作文，写作过程中可以利用辞典或网络，但不可以让汉语母语者修改，更不可以复制粘贴。作文字数一般在 400—800 字之间。大部分用 WORD 文件直接提交，一部分是由纸质作文转写而成。

题目数量与作者人数的举例见表 2、表 3：

**表 2　题目数量举例**

| 自我介绍 | 181 篇 |
|---|---|
| 日记 | 161 篇 |
| 我的爱好 | 100 篇 |
| 我的大学生活 | 93 篇 |
| 一封信 | 83 篇 |
| 一个人 | 62 篇 |

**表 3　题目数举例**

| 作者 10 人以上的题目数 | 50 |
|---|---|
| 作者 10 人以下的题目数 | 40 |
| 作者 1 人的题目数 23 | 23 |

作者的主要成员包括两类：1—4 年级的汉语专业学习者，以及 1—2 年级作为第二外语的汉语选修者。对于作者的属性，我们主要使用的标注项如下：

**表 4　作者属性标注项**

| | |
|---|---|
| • | 专业 |
| • | 学习时间 |
| • | 写作时间 |
| • | 高中开始学习者 |
| • | HSK/中国语检定等级 |
| • | 汉语母语者家庭 |
| • | 海外留学居住者 |

而性别、年龄、出生地、授课语言等项目不在标注范围之内。

## 五、JSCIC 在设计上的探索和尝试

### 5.1　以生语料作为底层设计

众所周知,语料库的设计一般分为两种:一种是保留语料原生态的生语料库,另一种是对语料进行修改加工的熟语料库。就目前的情况来看,汉语语料库的设计似乎形成了以下一种倾向:

```
    母语者语料              中介语语料
       ↓                      ↓
     生语料库               熟语料库
   (例如:CCL 语料库)    (例如:HSK 动态作文语料库汉语误用检索平台)
```

生语料库的代表当属北京大学中国语言学研究中心开发的 CCL。由于以反映汉语母语者实际语言状态为目的,该语料库提供的是原始生态的语料,除了对作品和作者等语料外的信息做了分类之外,对语料本身并没有进行加工。相比之下,中介语语料库基本都把语料处理为熟语料,而且进行了偏误修改等高度深加工。从最具影响力的"HSK 动态作文语料库"的情况来看,对语料本身的偏误进行修改和标注几乎成为语料库设计的中心。"汉语误用检索平台"也是按照这一思路来的。于是就形成了"中介语＝偏误修改"这样一种设计范式。

然而,是不是所有的中介语语料库都有必要遵守这一范式呢?

JSCIC 在这一点上做了新的尝试,即不囿于偏误修改,采取了以中介

语的原生语料为底层的设计方式。

之所以如此,主要是基于以下权衡和考虑:

1) 从使用者的角度看,学界对中介语的兴趣并不限于偏误例句。即便是偏误分析,研究者也需要了解包括正确例子在内的中介语的整体状况。而语言习得研究、教学法研究、双语对比研究、教材开发、作文指导等领域的研究者,更是希望得到没有经过修改的中介语原生语料。以往的中介语语料库的开发情况表明,因为以偏误检索为中心,语料库的设计难以实现多功能多目的性的利用。

2) 中介语料库的使用者基本上是专业的汉语教育研究者,而非一般的学习者。那么,如何识别修改偏误的工作可以交由使用者本人来进行进一步处理。与如何识别修改具体的偏误相比,如何大规模地获取真实语料,并有方便的检索统计工具可资利用才更切合使用者的需求。

3) 据粗略的调查,在日本的汉语教育研究者中,汉语母语者已经远远超过半数①。就汉语母语者而言,偏误句的修改与否并不存在太大的问题。当然,对于日语母语的使用者来说,不做偏误修改也许会带来不便,但随着ChatGPT等人工智能软件的飞速发展,这个问题自行解决将不存在太大的困难。另外,在以原生语料为底层的设计上,也可以考虑将来增加外挂件服务于特殊目的,比如偏误检索等。如果底层足够开阔,回旋的空间也是存在的。

4) 理论上来说,某一个语法点或语言现象的偏误类型是一定的,语料积累到了一定规模以后,语料的增加只会重复提高各个类型的频次而不是类型的数量。从这个意义上来说,既然有"汉语学习者作文误用检索平台"可以聚焦于偏误分析,那么JSCIC就没有必要去做重复性的开发。相反,与"汉语学习者作文误用检索平台"出发点不同,并与之构成一种互补的关系,才有助于中介语价值的发挥,并全面服务于在日汉语教学。

### 5.2 丰富的检索功能

基于上述认识,JSCIC着力进行的是适应各个领域利用者的检索功

---

① 我们对日本9所大学汉语任课教师的母语状况进行调查,发现汉语母语者人数平均占69%。

能的开发。在检索功能的设计上,主要沿着两条轴线展开:一条是横断性检索;一条是纵断性检索。

横断性检索包括以下四个视点:

1) 关键词检索

关键词检索是一种概括性的说法,其功能其实是通向多个层次的。首先,它可以检索任意音节的词汇或熟语性表达;其次,也可以检索一些特殊形式,比如重叠式(V—V、ABAB等);然后,可以检索特定的语法项目,如副词"才""把"字句等;还有,可以检索复句或固定搭配中的呼应项,如"虽然……但是……""对……感兴趣"等,另外,也可以检索标点符号等。而且,检索到的例句的语境长短度可以进行一定程度的调整。

2) 词性及其出现频率检索

上一节谈到JSCIC以不进行偏误修改的生语料作为底层设计,但这并不意味着我们试图创建的是纯粹的生语料库。事实上,我们对语料也进行了一定程度的加工,主要是在对词汇单位进行切分之后,对词性进行了标注。这样,可以检索各类词的出现频率和分布状况,并可以图解生成可视的词汇云图。

3) 作者属性检索

为了保护隐私,作者的姓名均匿名化为ID。作者的属性区分包括以下内容:

表5　作者属性区分内容

| 专　　业 | 汉语专业/二外 |
|---|---|
| 学习时间 | 1—4年以上 |
| 写作时间 | 2星期—3个月间隔 |
| 高中开始学习者 | 大学前学习经历 |
| HSK/中检等级 | 实际等级 |
| 汉语母语者家庭 | 父母一方　父母双方　(外)祖父母　亲戚 |
| 海外留学居住者 | 汉语圈　美国　加拿大　英国等 |

通过ID以及各个标注项最终可顺利检索到相应的语料。

4) 全文检索

使用者的需求当然不仅限于一个一个的例句,对作文全文的情况了解的需求也是存在的。于是,我们又设计了全文检索的功能。首先,通过关键词检索,可以找到包括某关键词的作文全文。其次,也可以通过作文题目来检索。如前所述,JSCIC 的作文题目共计 90,这之中包括了诸如《我的家乡》《我的大学生活》《日本的人口问题》等多种多样的题目,同时,JSCIC 的作文在收集阶段也注意到了各种文体在分布上的平衡性和多样性,除了通常意义上的叙述文、说明文、议论文、论文摘要、书信等分类外,在各类文体的内部还有进一步的分类,比如,叙述文的内部还可以进一步区分出叙述人物、场所、事件过程、未来规划等小类,这就为不同使用者的不同使用目的的检索提供了广泛的可能性。

下面,我们再谈一谈纵断性检索。

至今为止,"汉语误用检索平台"等开放性汉语中介语语料库大多提供的是横断性的检索功能,因此,所得到的语料是静态的。JSCIC 在丰富和加深对横断性的检索功能的开发的同时,也增加了可按时间顺序追踪某一个或一群学习者的习得过程的纵断性的检索功能,这就为动态语料的检索提供可能。

上文提到的能够进行检索的各个项目,通过对时间的指定,就可以得到在指定时间段出现的相应项目的动态语料。比如:特定学习者的时间顺序作文(某学习者 1—4 年级的作文)、特定学习者群的时间顺序作文(非汉语专业 1 年级学生的作文)、特定题目的时间顺序作文(题为《我的家乡》的 3—4 年级学生作文)等等。

## 六、结　语

本文在分析日本语料库以及日本汉语中介语语料库发展概况的基础上,分享了笔者团队所开发的日语母语者汉语中介语语料库 JSCIC 在设计理念和实施方案上的一些创新和探索。我们的目的当然首先是服务于日本的汉语教学与研究,同时也希望该成果能够在世界范围内获得广泛的利用和共享。汉语国际化的推广离不开国别化汉语教学和研究的加深,而另一方面,不同国别之间的对比研究又可以反过来为重新审视本土的汉语教学和研究提供新的视点。当前,JSCIC 正在紧锣密鼓开发中,计划于 2025 年上线,届时欢迎海内外学者使用并提出宝贵意见!

**参考文献**

冯志伟(2002)语料库研究的历史与现状 Journal of Chinese Language and Computing，2002 Vol.12，No.1，pp.43—62

前川喜久雄(2014)国立国語研究所における言語資源開発(これまでとこれから)pp.1—36 国立国語研究所。https://www.anlp.jp/anniversary/20th_sympo/slide_maekawa.pdf

望月圭子(2016)「英日中国語ウェブ誤用コーパス構築と母語をふまえた英語・日本語・中国語教授法開発」研究成果報告書。https://kaken.nii.ac.jp/ja/grant/KAKENHI-PROJECT-25284101/

张宝林(2022)《汉语中介语语料库建设研究》商务印书馆。

# 基于语料库的习得研究
# 与中介语发展研究

# The Parameters Study of Word Frequency Characteristics in Chinese Interlanguage

Yiluan Chen
Nanjing Normal University

**Abstract:** This paper, based on the Global Chinese Interlanguage Corpus(QQK) and the Lancaster Corpus of Mandarin Chinese(LCMC), adopts quantitative approaches from the perspectives of the word frequency order and spectrum indices, illustrating the word frequency characteristics of written interlanguage for CSL learners and comparing each parameter's capacity to represent the development of Chinese interlanguage. The results show that: (1) The word frequency order of both the interlanguage texts and the Chinese texts conformed to Zipf's law. (2) The parameter $a$ and the goodness of fit $R^2$ in Zipf's law, the indicator $a$, the word frequency geometry indicator A, the indicator b, the high-frequency word coverage $R_2$ and the word frequency repetition rate $RR_r$ could reflect the transition from Chinese interlanguage to Chinese and could be adopted as part of the parameter system serving for the study of word frequency characteristics of Chinese interlanguage. (3) The parameter b in Zipf's law as well as other frequency spectrum indices are vague and cannot be employed as quantitative parameters for Chinese interlanguage.

**Key words:** Chinese interlanguage; quantitative linguistics; Zipf's law; frequency(spectrum) indices

## 1. Introduction

Interlanguage was introduced by Selinker(1971), who argued that learners acquire a second language as a process of 'hypothesis-verification' of the target language. According to Nemser(1971), the learner's language system is a continuum that is always developing and changing as it moves closer to the target language. Investigating the relationship between second language learners' abilities and associated variables can be done through the study of interlanguage, which can lead to a thorough investigation of language learning theory.

Early research on interlanguage concentrated less on the general development of learner languages and more on qualitative investigations with examples that highlighted specific, particular linguistic phenomena. To analyze and explain the issues from corpora, researchers primarily used a single approach, such as linguistic, pedagogical, or psychological methods, remaining solely at the level of a single, static level of interpretation. The research on interlanguage has gradually broadened its scope to include corpus construction studies, dependency analysis, and quantification studies over the last five years(2018 to 2022), in addition to inheriting the traditional research on acquisition order and error analysis. This has drawn the attention of scholars to the method of quantitative study.

The methods and paradigms of quantitative linguistics have provided substantial statistical support for the representation and analysis of interlanguage. Early studies of quantitative analysis, such as Qian(2002), Huang & Qian(2003) and Zhang(2006), used parameters such as diversity, density and novelty to test the vocabulary size. With the constant improvement in size and analysis complexity of corpora, simple parameters and quantitative approaches are no longer sufficient. In this regard, Dai & Cai(2006) also pointed out that the majority of the papers did not make use of statistical approaches such as regression analysis, cluster analysis, and the construction of equation models, which had the potential to disclose development patterns of interlanguage. This shows that in order to analyze the laws and nature of language evolution, empirical studies of Chinese interlanguage have a significant need for mathematical analytical techniques such as quantitative statistics and analysis, cognitive science, and computational analysis.

Quantitative analysis has advanced with the growth of quantitative linguistics, developing a robust research community and a coherent research paradigm, and progressively moving from the study of foreign languages to the study of Chinese interlanguage. For the grammatical studies, scholars have generally adopted the dependency grammar to analyze sentence structure, establish dependency trees and quantitatively analyze sentence structure, such as the study of the distribution of dependency distances and dependency relations(Hao et al. 2022; Hao et al. 2023), the study of the development of the valence of verbs, nouns and adjectives(Hao et al. 2021; Hao et al. 2022; Hao et al. 2023) as well as the standardization and construction of dependency treebanks in Chinese interlanguage(Xiao et al. 2020; Gao & Qian 2021). At the same time, word, as the basic unit of texts, is an important tool for scholars to quantify the styles of interlanguage(Wu 2021), text complexity(Wang et al. 2022; Wang 2022), syntactic networks(Wang 2020; Hao et al. 2021a), and typology features(Hao et al. 2021b). For instance, Chen & Xu(2019) confirmed that Chinese interlanguage was indeed a self-organising and adaptive language system by using The Guangwai-Lancaster Chinese Learner Corpus(GLCLC) to demonstrate how two of the five parameters and Zipf's law could distinguish the level of interlanguage and how both genre and task types had an impact on interlanguage. A new perspective with a logical and comprehensive argument was presented by Chen & Xu (2019), who also provided a model for the quantitative analysis of interlanguage. There were still some issues, though, that need more time to be addressed. First of all, the paper simply mentioned that Zipf's law could identify the level of interlanguage, but it was unknown whether pertinent parameters could also characterize the level of interlanguage. Second, there were many other indicators based on word frequency, whose abilities required more verification, but the research only utilized five parameters to compute interlanguage. Finally, the ultimate goal of interlanguage is to become more similar to the target language, but since the corpus used for this article only contained interlanguage(elementary, intermediate, and advanced levels), it was difficult to demonstrate the whole scope of interlanguage development.

In fact, word frequency has long been studied in the quantitative linguistics as one of the key indicators of the lexical characteristics of texts. What the most representative study was that word frequency was used as one of the quantitative indicators of words when Zipf(1935) discovered a power-law relationship between the order of word frequency and word length, which was named as Zipf's law. With a number of improvements by scholars, Zipf's law has been more precisely formulated and more widely used. For example, Benoît(1952) revised the law by adding several parameters to make it more consistent with the actual situation. Wang et al. (1987) found that the word frequency as well as word order numbers in Chinese did not obey the Zipf's distribution and proposed a new formula for the probability distribution. According to Popescu(2009), Zipf's law of distribution was followed by word frequency order in 20 different languages texts, including English, German, French, Italian, Russian, and Mori. Yu(2018) demonstrated that such a power-law relationship also exists in Chinese texts. By means of simulation experiments, he showed that the power-law relationship was due to the existence of certain hierarchical levels in natural texts which had the heterogeneity in their constituents. In addition, as word frequency is one of the most significant quantitative indicators, word frequency spectrum data and curves now include other characteristics like h-point, content word coverage rate, and relative repetition rate. In Popescu's study, he introduced h-point into linguistics using it as a statistic related to text features, and later he argued for a variety of parameters like arc length, hapax legomena, Gini's coefficient, word frequency geometry indicator A/B, etc., illustrating the value of the parameters in language quantification(Popescu 2009:19; Popescu et al. 2009:31). Pan(2015) examined genres of the new modern Chinese poetry and investigated phonemes and words in terms of order, frequency and probability parameters with the help of parameters including n-gram, high-frequency words, lexical richness and the golden mean. Huang(2018) used 15 word-frequency(spectrum) indices[1] based on word frequency to quantitatively analyze the styles of modern Chinese, and found that some of the parameters had the function of distinguishing the styles.

In words, researchers prefer to test Zipf's law in many languages and utilize a parameter of the law as a standard for linguistic typology studies in light of previous research. Chinese interlanguage has been employed in fewer studies to fit Zipf's law. In addition, researchers favor using more detailed parameters when studying genres or styles rather than Chinese interlanguage studies. Consequently, it is unclear how accurately Zipf's law and its parameters capture development in Chinese interlanguage. Hence, this paper selects the Global Chinese Interlanguage Corpus(QQK) as the object of study. By analyzing the texts according to Zipf's law, we examine the various word frequency parameters, identifying their trends in interlanguage, and choosing parameters appropriate for characterizing the word frequency properties of Chinese interlanguage. We aim to respond to the following three questions:

Question 1: Do the word frequency orders of Chinese interlanguage conform to Zipf's law? Do the parameters and goodness of fit $R^2$ in the law reflect trends of interlanguage?

Question 2: Which word frequency(spectrum) indices reflect trends of interlanguage?

Question 3: Which of the word frequency parameters in the Chinese interlanguage can exhibit a propensity to converge toward the word frequency distribution of the target language?

## 2. Research Design

### 2.1 Materials

In this study, some texts from the Global Chinese Interlanguage Corpus(QQK) are chosen as the written interlanguage corpus and some texts from the Lancaster Corpus of Mandarin Chinese(LCMC) as the written target language corpus. The details of the four corpora are shown in Table 1.

### 2.2 Methods

#### 2.2.1 Quantitative Parameters

The model used in this paper is $y=a*x^{-b}(R^2>0.75)$(Zipf 1935). This model includes the independent variable $x$, which refers to the order of a word after arranging all words in the text in descending order; the dependent variable $y$, which refers to the number of times the word appears in a text for the fit; the parameters $a$、$b$ and the goodness of fit-$R^2$. The relevant concepts involved in Zipf's law are frequency, order, text length, and vocabulary : frequency, noted as $f(x)$, refers to the number of times a word appears in a text; order, noted as $r(x)$ and known as word order, refers to the sequence of $f(x)$ in the descending order; text length, noted as $N$, refers to the token of words appearing in the text; text vocabulary, noted as $V$, is the type of words in the text.

The quantitative indicators employed in this study are based on Huang(2018), and include 12 frequency(spectrum) indices[2]. They can be split into five categories according to the meanings they convey: (1) Indicator $a$, content word coverage rate $R_1$ and word frequency geometry indicator A represent quantitative parameters of the distinction between auxiliary-syntactic meaning words and content words; (2) Indicator $b$, high-frequency word coverage $R_2$ and word frequency geometry indicator B are used to distinguish low-frequency words from high-frequency words; (3) Non-usual word coverage rate $R_3$ is utilized to distinguish between frequent and uncommon words; (4) Degree of lexical balance $R_4$ indicates the level of vocabulary balance; (5) word frequency repetition rate $RR_r$, relative repetition rate $RR_{r,\ rel}$, word-frequency spectrum repetition rate $RR_s$ and word-frequency spectrum relative repetition rate $RR_{s,\ rel}$ show the repetition rate of words in the text.

2.2.2 Procedure

Proper nouns and exonyms, such as names of places, persons, and organizations, were eliminated from the corpora to increase the accuracy of the results. Second, Corpus 1—4 was examined manually using Segtag, a word-sorting tool, for word segmentation and lexical assignment. Then, the corpora were statistically analyzed for word order and frequency using Antconc and NLREG used to suit the word frequency order of the texts. In account of parameter $a$, parameter $b$ and the goodness of fit $R^2$, we can answer Question 1. Next, the above 12 word frequency(spectrum) indices are quantified by a text analysis quantification software, Quita, using frequency, order, token and type as basic indicators. To address Question 2, one-way ANOVA is carried out using SPSS. After that, we arrange the Corpus 1—4 in the order and examine the parameters in Zipf's law and 12 word frequency(spectrum) indices by ANOVA and trend analysis. Finally, we can answer Question 3 according to the scatter diagrams and box plots.

# 3. Results

## 3.1 Word frequency and its order

3.1.1 Word frequency order of Chinese Interlanguage

By counting the frequency of each word in Corpus 1—3 and ranking the frequencies in order from largest to smallest in each corpus, we found the relationship between word frequency and word frequency order. Subsequently, NLREG was used to fit the data, and it was found that the power law relationship between word frequency and word order of each corpus conformed to the Zipf's distribution law which was shown in Figure 1. By analyzing the power law relationship of the word frequency order in each corpus, it was found that the word frequency order of each corpus not only followed Zipf's distribution law, but also had a very high goodness of fit($R^2>0.9$). According to the reasons for Zipf's law proposed by Yu(2018), two possible characteristics of the interlanguage could be explained: (1) the interlanguage was similar to a language, existing in a separate language system different from both the native language and the target language; (2) it had its own hierarchy which represented the superiority or inferiority of a certain ability of the lexis.

Subsequently, the 600 items from Corpus 1—3 were randomly divided into 20 articles of 30 items each. By fitting the word frequency and word order in the 20 articles of Corpus 1—3, it was found that all articles followed the power-law relationship of Zipf's distribution law. Via the chi-square test, the values of $a$, $b$, $R^2$ were found to be independent of $N$ (sig. $> 0.05$), meaning that the text length to some extent did not affect the value of the $a$、$b$、$R^2$. Therefore, we assumed that there was a correlation between the value of $a$, $b$, $R^2$ and learners' level as well as $V$. Consequently, a correlation analysis was used to investigate the relationship between the two factors. Table 2 demonstrated that, to some extent, a correlation between two factors did exist(sig. $<0.01$). It showed that there was nearly an 80% correlation between $a$ and $V$, showing that $a$ was mostly influenced by $V$. Additionally, the correlation between $b$ and learners' level as well as $V$ was more similar, meaning that $b$ was more consistently influenced by both. Moreover, there was also a 75.50% correlation between learners' level and $V$, suggesting that learners' output vocabulary may differ significantly depending on their level and, in turn, may reflect the learners' level to a certain extent. As a result, the analysis of the correlation of the value of $a$, $b$, $R^2$ and learners' level as well as $V$ suggested that the value of $a$, $b$,

$R^2$ can partly reflect the learner's level.

$R^2$ represents the goodness of fit for the power-law relationship of word frequency order. The higher $R^2$ is, the better the power-law function can reflect the relationship between word frequency and word order in the text. Table 2 found that there was a negative correlation between $R^2$ and learners' level as well as $V$(sig.<0.01, sig.<0.05) which meant the higher the learners' level was, the higher $V$ was, the lower $R^2$ was. This partially reflected the hierarchical structure of the interlanguage indicated above: when learners' proficiency levels decline, their output texts will have fewer words, simpler texts, and simpler hierarchical relationships. At the same time, $R^2$ measured by Zipf's law, $y = a * x^{-b}$, will be much higher. For instance, when there is only one word in the text, which satisfies $x=1$, $y=1$, $a=1$, $b$ equaling value, $R^2$ will be equivalent to 1. On the other hand, the higher the learners' level, the larger the vocabulary of the output text, the more complex the text, and the more complex the hierarchical relationships contained in it will be. The effect fitted using the power-law function will not be as good as the one fitted to the simple text, or in other words, will be lower.

3.1.2 Word frequency order of Chinese

By counting the frequency of each word and ranking the frequencies in order from largest to smallest in Corpus 4, the connection between word frequency and word order in Corpus 4 was later found to adhere to Zipf's law, $y = 641.965\,8x^{-0.910\,1}(R^2 = 0.948\,4)$, and was depicted as Figure 2 when NLREG was used to match the data.

Subsequently, using the same method for Corpus 4 as for Corpus 1—3 in 3.1.1, we found that all texts in Corpus 4 followed the power-law relationship of Zipf's law. The results of the chi-square test indicated that there was no relationship between the values of $a$, $b$, $R^2$ and the text length(sig.=0.241>0.05). Then, the relationship between the values of $a$, $b$, $R^2$ and $V$ was examined by a correlation analysis. The results in Table 3 showed that there was no correlation between any two of them, proving that the values of $a$, $b$, $R^2$ were unrelated to the text vocabulary at the same text level, or that when the texts were all written in the target language, the quantity of text vocabulary was not a factor affecting the values of $a$, $b$, $R^2$.

## 3.2 Word frequency(spectrum) indices

Zipf's law is a power-law function based on word frequency, so it is inseparable from word frequency. According to the examination of word frequency and word frequency order, both Chinese interlanguage texts and Chinese texts exhibited very high goodness of fit and followed Zipf's rule. This section required to analyze word frequency(spectrum) indices created on the basis of word frequency in more detail from a micro perspective and investigate how well they may represent Chinese and interlanguage.

3.2.1 Word frequency(spectrum) indices of interlanguage

The word frequency(spectrum) indices of the texts were measured using Quita using a corpus of 60 articles, 20 articles from each of the corpora 1—3 (a total of 60), as the text corpus(Table 4). The chi-square test revealed no correlation between any of the indices (sig. >0.05), proving that the indices' values were not impacted by the length of the text. A one-way ANOVA was conducted on the indices (Table 5), and we found that indicator $a$, word frequency geometry indicator A, indicator $b$, high-frequency word coverage $R_2$, word frequency geometry indicator B, non-usual word coverage rate $R_3$, degree of lexical balance $R_4$, word frequency repetition rate $RR_r$, word-frequency spectrum repetition rate $RR_s$ and word-frequency spectrum relative repetition rate $RR_{s,rel}$ were significantly different, while repetition rate $RR_{s,rel}$ and word-frequency spectrum relative repetition rate $RR_{s,rel2}$ showed no differences.

Following that, by correlation analysis, the relationship between the values taken for 10 indices and learner level sums was examined. As shown in Table 6, indicator $a$, indicator $b$, and word-frequency spectrum repetition rate $RR_s$ were positively correlated with learners' level and $V$. In contrast, word frequency geometry indicator A, high-frequency word coverage $R_2$, word frequency geometry indicator B, word frequency repetition rate $RR_r$ and word-frequency spectrum relative repetition rate $RR_{s, rel}$ were all negatively correlated with learners' level. The non-usual word coverage rate $R_3$ and degree of lexical balance $R_4$ were unrelated to learners' level and $V$.

3.2.2 Word frequency(spectrum) indices of Chinese

Using the same steps in 3.2.1, 20 articles from Corpus 4 were organized and five categories of word frequency(spectrum) indices of the texts were quantified using Quita(Table 7). A chi-square test revealed that the 12 word frequency(spectrum) indices were not related to $N$ (sig. $> 0.05$), i.e. the length of the text did not affect the value of these indices to some extent. Subsequently, a one-way ANOVA was conducted on the 12 indices(see Table 8) and we found that when text vocabulary was the factor and indices were the dependent variable, there were no significant differences (sig. $> 0.05$). This indicated that the value of indices was not related to the amount of text vocabulary in the same level of text, i.e. text vocabulary did not influence the value of the indices when the texts were all in the target language level.

## 4. Discussion

### 4.1 Comparison of word frequency order between Chinese and interlanguage

By fitting the Zipf's law to Corpus 1—4, it was found that all texts' word frequency and word order followed it, and the parameters were significantly correlated with learners' level and text vocabulary (sig. $<0.01$), with positive correlation of parameter $a$ greater than 60% and positive correlation of parameters $b$ about 35%. The goodness of fit $R^2$ was significantly correlated with learners' level and text vocabulary(sig.

<0.01), with a negative correlation of nearly 70%. What are the characteristics of the different stages in interlanguage that are reflected in this correlation? In general, the interlanguage is a dynamic system that moves closer to the target language; in what way or by which parameters is this trend reflected? To further explore the performance of Zipf's law at different stages of the interlanguage, a one-way ANOVA was conducted on the parameters $a$, parameters $b$ and $R_2$ in Corpora 1—4, using learner level as a factor and parameters' values as the dependent variable. Table 10 showed that parameters $a$ and $R_2$ were not significant in distinguishing intermediate level from the advanced, but were more prominent in distinguishing other levels; parameters $b$ was only significant in distinguishing elementary level from others.

### 4.1.1 Parameter $a$ and the goodness of fit $R^2$

In Zipf's law, $y = a * x^{-b}$, when $x = 1$, $y = a$. This means that parameter $a$ represents the frequency of the word whose order is 1. Chen & Xu(2019) found that parameter $a$ was closely related to language level and genre and that parameter $a$ tended to be near to the frequency of high-frequency words used in the text. In a research of English interlanguage, Ouyang(2021) discovered that the value of parameter $a$ increased with the level of interlanguage and progressively reached the value used by the target language. The distribution of parameter $a$ in the elementary level texts was shown by the scatter diagram(Figure 3(a)) to be mainly concentrated below 20, whereas the distribution of the intermediate and advanced level texts was wider than that of the elementary level texts, and was mainly concentrated above 25, and the distribution of the parameter $a$ of the target language level texts was even wider, evenly distributed above 30. The box plot(Figure 3(b)) demonstrated a general tendency of parameter $a$ increased with the level of Chinese, with the distribution of median parameter $a$ being lowest at the elementary level and highest at the target language level. Theoretically, the higher the learners' level is, the more words they will use, and the more low-frequency words will appear along with the increase of high-frequency words. When the word frequency order is 1, for instance, the word frequencies in the corpus of this study are 387, 521, and 608 for the elementary, intermediate, and advanced levels, respectively, and 730 for the level of the target language.

The goodness of fit $R^2$ represents how accurate the function is when depicting and fitting the text. The scatter diagram [Figure 3(c)] and box plot [Figure 3(d)] showed that in the elementary level text, the median of $R^2$ was above 0.96, the highest of all levels, with the highest degree of aggregation, while the medians of $R^2$ in the intermediate and advanced level were concentrated in the range of 0.94—0.95, taking relatively similar values, with the intermediate level having a lower degree of aggregation than the elementary level and a higher degree than the advanced level. The median of $R^2$ in the target language level was the lowest, at 0.90 and its level of aggregation was the lowest of all levels. This trend suggested that the power-law relationship in Zipf's law($y=a*x^{-b}$) between word order and frequency varied depending on the interlanguage complexity. The power-law link between word order and frequency was more obvious the lower the interlanguage level, the higher the value of $R^2$ and the better the law represented the elementary-level texts. On the other hand, the higher the interlanguage level, the lower the value of $R^2$, the less well the law portrayed the target language level texts and the more imprecise the power-law relationship between word order and word frequency. We have verified that there was a correlation between $R^2$ and learners' level, which reflects the hierarchical nature of the interlanguage. As the level of the learner decreased, the smaller the vocabulary of the produced text, the simpler the text, the simpler the hierarchical relations contained in it, and the higher the one fitted using the distribution law; In contrast, users of the target language generally produced texts with a higher vocabulary than learners of the interlanguage, and the texts were more complex, with more complex hierarchical relations, which could not be fully depicted and fitted using only a power-law function.

The trend of parameter $a$ and the goodness of fit $R^2$ in Chinese interlanguage basically corresponded to the development of learners' levels, and could basically distinguish between different stages of interlanguage. Combined with Table 10, it was found that they could be used to distinguish intermediate level from target language level at the same time as they can distinguish advanced level from target level[3], and are only insignificantly useful in distinguishing intermediate level from advanced level. Therefore, we speculates that parameter $a$ and $R^2$ may have been influenced by interlanguage fossilisation. Overall, through the analysis of parameter $a$ and $R^2$, we concludes that parameter $a$ and the goodness of fit $R^2$ can reflect the development of interlanguage continuously converging to the target language, i.e. the higher parameter $a$ and the lower the goodness of fit $R^2$, the more similar the word-frequency characteristics of the interlanguage texts are to those of Chinese texts, provided that other conditions are consistent.

4.1.2 Parameter $b$

In Zipf's law, parameter $b$ is the exponential. To further examine the characteristics of the parameter $b$ and its meaning, the following transformation of Zipf's law, $y = a * x^{-b}$, is presented.

$$y = a * x^{-b} \tag{1}$$

Calculate the equation's logarithm on both sides.

$$\ln y = \ln(a * x^{-b})$$

$$\ln y = \ln a - b \ln x \tag{2}$$

Let $y = \ln y$, $x = \ln x$.

$$y = -bx + \ln a \tag{3}$$

After transformation, the power function of equation(1) became the linear function of equation(3). The meaning of the parameter $b$, which referred to the the slope in the linear function, became more obvious. As a result, the word frequency order power functions of Corpus 1—4 were changed into linear functions.

Corpus 1: $y_1 = -0.790\,3x_1 + 5.987\,7$ ($0 \leqslant x_1 \leqslant 7.016\,6$) \hfill (4)

Corpus 2: $y_2 = -0.853\,6x_2 + 6.272\,9$ ($0 \leqslant x_2 \leqslant 7.446\,0$) \hfill (5)

Corpus 3: $y_3 = -0.842\,0x_3 + 6.322\,5$ ($0 \leqslant x_3 \leqslant 7.474\,2$) \hfill (6)

Corpus 4: $y_4 = -0.910\,1x_4 + 6.464\,5$ ($0 \leqslant x_4 \leqslant 8.264\,6$) \hfill (7)

According to the distribution of the four linear functions in Figure 4, the primary function at the elementary level was closest to the $x$-axis, had the least absolute value of the slope, and changed slowest. Both the intermediate and advanced levels' absolute values of the slopes of the major functions were higher than those at the elementary level, and the rate at which the functions changed was halfway between the elementary level and the level of the target language. The linear function at the target language level had the highest absolute value of the slope and the fastest change. In Figure 4, the $x$-axis and $y$-axis represented the word order and word frequency after taking logarithms. The slope in Figure 4 still indicated the connection between word order and word frequency because the nature of the data and the correlations did not change after applying logarithms. In general, word frequency decreases as word order increases. In terms of learners' levels, the higher the level, the faster the relationship between word frequency and word order changed. In other words, as word frequency order increased, word frequency decreased faster, indicating that the proportion of low-frequency words in the text was increasing. For instance, with the same word order, the word "的" with the highest number of appearance occurred 387 times at the primary level, while it occurred 730 times at the target level. When the word order is 5, the word "很" occurred 114 times at the primary level and the word "在" occurred 151 times at the target level. This meant when the relationship between word order and word frequency was changing at an increasing rate, the word with a frequency of 1 accounted for an increasing proportion of the text. However, it is also important to recognize that the relationship between intermediate and advanced levels of word order and frequency was more similar, and the change at the intermediate level was, in some ways, even closer to the change at the target language level. This was not consistent with how people generally perceived the development of learners' level. Why was the intermediate level closer to the target language level than the advanced level, despite the fact that the intermediate level was supposed to serve as a transitional level between the elementary and advanced levels? We discovered that parameter $b$ did not differ noticeably and had little to do with identifying texts at the intermediate, advanced, and target language levels when combined with the findings of parameter $b$ in Table 10. Because of the distinction between these and parameter $a$ and $R^2$, the impact of interlanguage fossilisation on parameter $b$ could essentially be disregarded. Therefore, we argued that parameter-$b$ could not reflect the tendency for interlanguage to move closer to the target language. That is to say, as the parameter $b$ increased, the characteristics of word frequency in the text were not necessarily more similar to those in the Chinese text.

This part determined whether parameter $a$, parameter $b$ and the goodness of fit $R^2$ of the Zipf's distribution law can depict the trend of interlanguage by fitting the power-law relationship between word frequency and order in the texts of Corpus 1—4. The results showed that parameter $a$ was positively correlated with the level of the interlanguage, while the goodness of fit $R^2$ was negatively correlated with the level. Thus, both values could reflect the trend of change in the transition from an interlanguage to a target language. The relationship between the parameter $b$ in the law and the level of the interlanguage was more ambiguous, i.e. increase in parameter $b$ of a text did not necessarily imply that its word-frequency characteristics will be similar to the target language text.

## 4.2 Comparison of frequency (spectrum) indices between Chinese and interlanguage

According to the quantitative study of the word frequency (spectrum) indices of Corpus 1—3 texts, eight indices, like indicator $a$, word frequency geometry indicator A, indicator $b$, high-frequency word coverage $R_2$, word frequency geometry indicator B, word frequency repetition rate $RR_r$, word-frequency spectrum repetition rate $RR_s$ and word-frequency spectrum relative repetition rate $RR_{s,\,rel}$, might, to some extent, reflect the proficiency level of readers and the scope of the vocabulary, however the other four indices did not. The values of the 12 indices in Corpus 4 did not correlate with the amount of the text vocabulary, indicating that at the same level, the impact of text vocabulary on the values of the indices was not statistically significant. Which indicators, then, could demonstrate changes in text vocabulary between levels, demonstrate learning progress, and ultimately reflect the propensity of interlanguage to converge on the target language? Firstly, the correlation test revealed that the eight word frequency (spectrum) indices in corpus 1—4 were correlated with learners' level and V. Secondly, a one-way ANOVA was conducted on these eight indices in Corpus 1—4 with learners' level as a factor and indices taking value as the dependent variable, and it was found that they could be divided into three categories: indicator $a$, word frequency geometry indicator A, indicator $b$, high-frequency word coverage $R_2$ and word-frequency repetition rate $RR_r$ performed more similarly in the mediated languages, word-frequency spectrum repetition rate $RR_s$ and word-frequency spectrum relative repetition rate $RR_{s,\,rel}$ performed consistently, and word-frequency geometry indicator B differed from both of these cases.

### 4.2.1 Indicator $a$, word frequency geometry indicator A, indicator $b$, high-frequency word coverage $R_2$ and word-frequency repetition rate $RR_r$

Indicator $a$, based on h-point, shows where auxiliary-syntactic meaning words and content words are separated. We arrange the word frequency in descending order and obtain a word frequency curve. The h-point on the curve is the location where $f(x)$ equals $r(x)$. The frequency of use of words with auxiliary-syntactic meaning to the left of the h-point, is dominant in the text. Terms with content meaning to the right of the h-point have a lower frequency of usage but add to the vocabulary. Popescu (2009:23) stated that h-point and indicator $a$ can be utilized as linguistic typological statistics for analyzing the composite dimension and as statistics regarding textual aspects within a language.

Word frequency geometry indicator A is also based on h-point, representing the lexical utilization rate. The higher the lexical utilisation, the more frequently a word is used, the lower the text vocabulary, and the less lexical richness.

Indicator $b$ is generated from k-point and indicates the use of high-frequency words. In a text, $g(x)$ is used to record the number of the words whose frequency is $x$. The word frequency spectrum is a collection of pairs formed by the variables $x$ and $g(x)$. K-point is the location on the spectrum where $g(x)$ and $r(x)$ are equal. Low frequency words are to the left of k-point, and high frequency words are to the right.

High-frequency word coverage $R_2$ is based on k-point and is determined by the number of word types of high-frequency words as a proportion of the total vocabulary in the text.

Word frequency repetition rate $RR_r$ refers to the sum of the squares of the word frequency to text length ratio for each word in the text. When it comes to word frequency, a high repetition rate indicates that more words are repeated and that the vocabulary is less varied.

Theoretically, (1) The greater the vocabulary used in texts produced as learners' proficiency levels rise, the higher the proportion of content words in the texts should be, and indicator $a$ should increase; the proportion of low-frequency words in the texts will also rise, and indicator $b$ should rise; (2) As the level of learners increases, the vocabulary should grow, word usage should decline, and the value of word frequency geometry indicator A should decrease; the more low-frequency words there are, the higher the proportion of low-frequency words, the smaller the coverage of high-frequency words, and the smaller the value of $R_2$; at the same time, the repetition rate of words will be lower, and $RR_r$ should show a decreasing trend.

By analyzing the scatter plots of the indices (Figure 5), we found that the trend of these five indices was more consistent, showing a more significant difference between the elementary level and the target language level, while the difference between the intermediate level and the advanced level was not significant, even in the case of the emergence of indicator $a$ and $R_2$, where the intermediate level was closer to the target level. This was more in line with the findings in Table 12, i.e. these five indices did not play a significant role in distinguishing intermediate and advanced levels. Combined with their good performance in distinguishing intermediate level from target language level and advanced level from target language level, we speculated that, similar to the case of parameters $a$ and the goodness of fit $R^2$, these five indices may have been influenced by interlanguage fossilisation. Overall, it seems that indicator $a$, word frequency geometry indicator A, indicator $b$, high-frequency word coverage $R_2$ and word-frequency repetition rate $RR_r$ are able to reflect the developmental trend of interlanguage convergence towards the target language.

4.2.2 Word-frequency spectrum repetition rate $RR_s$, word-frequency spectrum relative repetition rate $RR_{s,\ rel}$

Word-frequency spectrum repetition rate-$RR_s$ refers to the square of the ratio of the number of words per word frequency in the text to the vocabulary of the text. On the word frequency spectrum, a higher repetition rate results in more words being used at lower frequencies and a richer vocabulary in the texts.

Word-frequency spectrum relative repetition rate-$RR_{s,\ rel}$ is based on $RR_s$. The higher the $RR_{s,\ rel}$, the more words tend to be used towards high frequency words, and the less richness of the vocabulary.

Theoretically, as learners become more advanced, lexical richness increases and more words tend to be used, the value of $RR_s$ will increase accordingly and the value of $RR_{s, rel}$ should decrease. Unlike the previous indices, Table 12 illustrated the significant role of $RR_s$ and $RR_{s, rel}$ in distinguishing between intermediate and advanced level texts. However, analysis of the scatter and box plots of these 2 indices(Figure 6) revealed that their trends were opposite to those predicted by the theory. Why could these 2 indices distinguish between intermediate and advanced levels without being affected by interlanguage fossilisation? Why did they appear to develop in the opposite direction? Further research is needed here. Therefore, in terms of showing the trend in the approach of interlanguage to the target language, this paper argued that $RR_s$ and $RR_{s, rel}$, with poor ability, were not suitable for depicting the stages of interlanguage.

### 4.2.3 Word frequency geometry indicator B

Word frequency geometry indicator B, generated from k-point, represents the utilisation of vocabulary in terms of the word frequency spectrum. The higher the utilisation, the lower the number of low frequency words and the smaller the vocabulary richness. Theoretically, as the learners' level increases, the richness increases, the utilisation decreases and the value of indicator B decreases. From the scatter diagram and box plot in Figure 7, it was found that indicator B did not decrease significantly as learners' level increased. Furthermore, Table 12 showed that indicator B did not play a significant role in distinguishing intermediate level from advanced level and intermediate level from target language level, but can distinguish advanced level from target language level. This indicated that indicator B was not affected by interlanguage fossilization. Thus, in terms of showing the trend of interlanguage, indicator B is less capable.

## 5. Conclusions

In this paper, the parameters of word frequency features in interlanguage were examined in two parts: the parameters related to word frequency order, and the frequency(spectrum) indices. The first part determined whether parameters $a$, parameter $b$ and the goodness of fit $R^2$ of the Zipf's distribution law could depict the trend of interlanguage by fitting the power-law relationship between word frequency and order in the texts of Corpus 1—4. The second part examined frequency(spectrum) indices: each index was investigated to identify which indices might be utilized as the parameters of word frequency for measuring interlanguage by analyzing how well they could reflect the transition from the interlanguage to the target language. The results have shown that the word frequency order of both interlanguage texts and Chinese texts conformed to Zipf's law. The parameter $a$ was positively correlated with the level of the interlanguage, while the goodness of fit $R^2$ was negatively correlated with the level of the interlanguage. Thus, both of the parameters could reflect the trend of change in the transition from an interlanguage to a target language. In the frequency(spectrum) indices, indicator $a$, word frequency geometry indicator A, indicator $b$, high-frequency word coverage $R_2$ as well as word-frequency repetition rate $RR_r$ are more capable of showing trends in interlanguage more clearly, while other indicators are not. Thus, among all the parameters, the parameter $a$, the goodness of fit $R^2$, indicator $a$, indicator A, indicator $b$, $R_2$ and $RR_r$ can be regarded as the parameters of word frequency characteristics in Chinese interlanguage. Other parameters (parameter $b$, $RR_s$, $RR_{s,\ rel}$, indicator B, $R_3$, $R_4$, $R_1$ and $RR_{r,\ rel}$) show an ambiguous relationship with the level of interlanguage. As to whether some of them are influenced by interlanguage fossilisation, the argument for this needs to be investigated further.

**Notes**

1. 15 frequency (spectrum) indices include indicator $a$, content word coverage rate $R_1$, word frequency geometry indicator A, indicator $b$, high-frequency word coverage $R_2$, word frequency geometry indicator B, non-usual word coverage rate $R_3$, degree of lexical balance

$R_4$, word frequency repetition rate $RR_r$, relative repetition rate $RR_{r,\ rel}$, relative repetition rate $RR_{r,\ rel2}$, word-frequency spectrum relative repetition rate $RR_{s,\ rel}$, word-frequency spectrum relative repetition rate $RR_{s,\ rel2}$, word frequency relative entropy $H_{r,\ rel}$ and word frequency spectrum relative entropy $H_{s,\ rel}$.

2. This paper does not deal with wording and information content, so it does not use the comprehensive wording parameter 'word frequency geometry index A/B', which indicates the word, word form, repetition and variation of the text, or the entropy-related 'word frequency relative entropy $H_{r,\ rel}$' and 'relative entropy of word frequency spectrum $H_{s,\ rel}$'.

3. When comparing the advanced level with the target language level, the significance of parameter $a$ was 0.068, which was slightly greater than 0.05, and this could be considered significantly different compared to the other cases where the significance was greater than 0.05.

**Disclosure Statement**

No potential conflict of interest was reported by the author(s).

**References**

Benoît, Mandelbrot(1952). *Contribution a la the'orie Mathe'matique des Jeux de Communication*. Paris: Publications de l'institut de statistique de l'universite' de Paris.

Chen, Heng & Hai Xu(2019). Quantitative linguistics approach to interlanguage development: A study based on the Guangwai-Lancaster Chinese Learner Corpus. *Lingua* 230:102736.

Corder, Stephen Pit (1971). Idiosyncratic dialects and error analysis. *IRAL* 4(2), 147—160.

Dai, Weidong & Junmei Wang(2006). A Review of Domestic Chinese-English Interlanguage Studies. *Foreign Languages Research* 59(1), 35—40.

Gao, Song & Long Qian(2021). The construction of Chinese interlanguage dependency treebank. *Language Education* 9(4), 35—41.

Hao, Yuxin, Xuelin Wang & Haitao Liu(2021a). Development of Chinese interlanguage's verbal valence based on syntactically-annotated corpus. *Applied Linguistics* 117(1), 29—41.

Hao, Yuxin, Xuelin Wang, Meng Wu & Haitao Liu(2021b). Syntactic networks of interlanguage across L2 modalities and proficiency levels. *Frontiers in Psychology* 12:643120.

Hao, Yuxin, Xuelin Wang & Qi Yu(2021c). Typological characteristics of interlanguage: across native language types and L2 proficiency levels. *Lingua* 257:103085.

Hao, Yuxin, Xuelin Wang & Yanni Lin(2022a). Dependency distance and its probability distribution: Are they the universals for measuring second language learners' language proficiency? *Journal of Quantitative Linguistics* 29(4), 485—509.

Hao, Yuxin, Xuelin Wang, Shuai Bin & Haitao Liu(2023a). A probability distribution of dependencies in interlanguage. *Poznan Studies in Contemporary Linguistics* 59(1).

Hao, Yuxin, Xun Duan & Haitao Liu(2023b). On the development of adjective valence in Chinese based on syntactically—tagged corpus. *Journal of Huaqiao University (Philosophy & Social Sciences)* 154(1), 146—156.

Hao, Yuxin, Yanzi Wang & Haitao Liu(2022b). A study of the development of the noun valences of the Chinese interlanguage based on the dependency treebank. *Journal of Yunnan Normal University (Teaching & Studying Chinese as a Foreign Language Edition)* 20(4), 84—92.

Huang, Li & Xujing Qian(2023). An inquiry into Chinese learners' knowledge of productive vocabulary: A quantitative study. *Chinese Language Learning* 1, 56—61.

Huang, Wei(2018). A study of modern Chinese stylometry based on word frequency. In Liu, Haitao(Eds.), *Advances in quantitative lin-*

*guistics* (pp.90—109). Zhejiang University Press.

Nemser, William (1971). Approximative systems of foreign language learners. *International Review of Applied Linguistics in Language Teaching* 9(2), 115—124.

Ouyang, Jinghui(2021). *Quantitative analysis of developmental features of interlanguage in Chinese EFL learners' writings*. Zhejiang University.

Pan, Xiaxing(2015). *Quantitative study on Chinese new poetry*. Zhejiang University.

Popescu, Ioan-Iovitz, Ján Mačutek & Gabriel Altmann (2009). *Aspects of Word Frequencies*. Lüdenscheid: RAM-Verlag.

Popescu, Ioan-Iovitz(2009). *Word Frequency studies*. Berlin: Mouton de Gruyter.

Qian, Xujing(2002). A tentative study on measuring vocabulary size. *Chinese Teaching in the World* 4, 54—62+3.

Wang, Haoyu(2022). *A quantitative study on vocabulary development of learning Chinese of speaking other languages based on HSK dynamic composition corpus*. Guangxi Normal University.

Wang, Haoxue, Yong Cheng & Xiaoqing Hu(2022). A dynamic development study of CSL writing quality based on lexical features and grammatical patterns. *TCSOL Studies* 86(2), 20—31.

Wang, Shicong(2020). *A systematic empirical analysis of Chinese interlanguage based on word co-occurence network*. Huaqiao University.

Wu, Meng(2021). *A study on stylistic features of Chinese interlanguage from the perspective of multi-feature analysis*. Huaqiao University.

Xiao, Dan, Erhong Yang, Minghui Zhang, Tianying Lu & Liner Yang (2020). Dependency annotation guideline for Chinese inter-language. *Journal of Chinese Information Processing* 34(11), 19—28+36.

Yu, Shuiyuan(2018). A linguistic explanation of Zipf's law. In Liu, Haitao (Eds.), *Advances in quantitative linguistics* (pp. 1—25). Zhejiang University Press.

Zhang, Hesheng(2006). A quantitative study of vocabulary development of foreign students learning Chinese as a foreign language. *Chinese Teaching in the World*1, 70—76+3.

Zipf, George Kingsley (1935). *The Psychobiology of Language: An Introduction to Dynamic Philology.* Boston: Houghton-Miflin.

## Appendix
## Table

Table 1. Four corpora

| Resource | Style | Native Language | Chinese Level | Size | Naming |
|---|---|---|---|---|---|
| The Global Chinese Interlanguage Corpus (QQK)[1] | Written | Korean | Elementary | Random 600 items | Corpus 1 |
| | | | Intermediate | Random 600 items | Corpus 2 |
| | | | Advanced | Random 600 items | Corpus 3 |
| The Lancaster Corpus of Mandarin Chinese (LCMC)[2] | Written | Chinese | Target | Random 600 items | Corpus 4 |

Notes: 1: The Global Chinese Interlanguage Corpus: qqk.blcu.edu.cn. 2: The Lancaster Corpus of Mandarin Chinese: https://www.lancaster.ac.uk/fass/projects/corpus/LCMC/.

Table 2. The correlation between $a$, $b$ and learners' level, $V$ in Corpus 1—3

| Correlating Test | | $a$ | $b$ | Level | $V$ |
|---|---|---|---|---|---|
| $R^2$ | r | | | −.388 | −.281 |
| | p. | | | .002 | .030 |
| Level | r | .623 | .419 | 1 | |
| | p. | .000 | .001 | | |
| $V$ | r | .799 | .445 | .755 | 1 |
| | p. | .000 | .000 | .000 | |

Table 3. The correlation between $a$, $b$, $R^2$ and $V$ in Corpus 4

| Correlation Test | | $a$ | $b$ | $R^2$ |
|---|---|---|---|---|
| $V$ | r | 0.364 0 | 0.127 0 | −0.052 0 |
| | p. | 0.115 0 | 0.595 0 | 0.828 0 |

Table 4. Word frequency (spectrum) indices in corpus 1—3

| Number | Article | indicator $a$ | $R_1$ | $A$ | indicator $b$ | $R_2$ | $B$ | $R_3$ | $R_4$ | $RR_r$ | $RR_{r,\,rel}$ | $RR_s$ | $RR_{s,\,rel}$ |
|---|---|---|---|---|---|---|---|---|---|---|---|---|---|
| 1 | 1-1 | 10.840 0 | 0.839 5 | 1.317 9 | 7.954 5 | 0.090 9 | 1.782 4 | 0.398 5 | 0.636 3 | 0.017 7 | 0.988 7 | 0.522 3 | 0.545 9 |
| 2 | 1-2 | 7.527 8 | 0.826 6 | 1.348 4 | 7.679 8 | 0.105 6 | 1.698 7 | 0.354 2 | 0.606 3 | 0.018 9 | 0.988 1 | 0.486 6 | 0.577 6 |
| 3 | 1-3 | 7.138 9 | 0.844 4 | 1.389 1 | 8.333 3 | 0.102 0 | 1.693 0 | 0.404 7 | 0.639 0 | 0.017 2 | 0.989 6 | 0.528 9 | 0.530 0 |
| 4 | 1-4 | 6.612 2 | 0.841 0 | 1.502 7 | 7.797 7 | 0.133 3 | 1.561 1 | 0.336 6 | 0.595 5 | 0.014 6 | 0.991 4 | 0.478 1 | 0.574 1 |
| 5 | 1-5 | 8.055 6 | 0.865 5 | 1.434 4 | 12.097 3 | 0.084 2 | 1.482 3 | 0.451 7 | 0.679 1 | 0.012 5 | 0.992 9 | 0.613 8 | 0.429 1 |
| ... | ... | ... | ... | ... | ... | ... | ... | ... | ... | ... | ... | ... | ... |
| 20 | 1-20 | 10.360 0 | 0.855 2 | 1.427 2 | 5.600 0 | 0.117 9 | 1.848 8 | 0.343 6 | 0.637 1 | 0.015 6 | 0.991 5 | 0.446 5 | 0.622 7 |
| 21 | 2-1 | 8.426 6 | 0.840 4 | 1.453 6 | 10.924 8 | 0.079 2 | 1.544 0 | 0.440 8 | 0.647 9 | 0.012 9 | 0.992 0 | 0.583 5 | 0.458 2 |
| 22 | 2-2 | 6.796 9 | 0.832 2 | 1.389 9 | 9.787 6 | 0.093 6 | 1.493 7 | 0.381 6 | 0.604 4 | 0.012 7 | 0.991 6 | 0.530 2 | 0.512 5 |
| 23 | 2-3 | 9.750 0 | 0.831 9 | 1.370 5 | 11.898 3 | 0.072 7 | 1.595 4 | 0.450 1 | 0.665 5 | 0.013 8 | 0.990 7 | 0.627 8 | 0.413 6 |
| 24 | 2-4 | 10.380 2 | 0.866 6 | 1.369 6 | 11.167 8 | 0.076 1 | 1.601 4 | 0.449 0 | 0.675 0 | 0.012 5 | 0.992 5 | 0.595 3 | 0.449 7 |
| 25 | 2-5 | 10.680 0 | 0.818 4 | 1.304 3 | 12.979 6 | 0.116 4 | 1.544 4 | 0.438 2 | 0.638 3 | 0.019 9 | 0.986 3 | 0.631 3 | 0.414 7 |
| ... | ... | ... | ... | ... | ... | ... | ... | ... | ... | ... | ... | ... | ... |
| 40 | 2-20 | 12.132 2 | 0.850 5 | 1.215 9 | 13.265 3 | 0.059 8 | 1.592 8 | 0.452 3 | 0.676 1 | 0.014 6 | 0.989 6 | 0.630 3 | 0.410 8 |
| 41 | 3-1 | 7.714 3 | 0.863 8 | 1.442 7 | 15.304 7 | 0.106 3 | 1.430 8 | 0.436 5 | 0.635 4 | 0.011 5 | 0.993 0 | 0.604 6 | 0.434 9 |
| 42 | 3-2 | 8.612 2 | 0.851 9 | 1.324 2 | 11.604 9 | 0.085 1 | 1.454 1 | 0.402 8 | 0.620 0 | 0.012 0 | 0.992 2 | 0.545 4 | 0.492 5 |
| 43 | 3-3 | 8.972 2 | 0.839 0 | 1.299 5 | 11.719 2 | 0.086 3 | 1.600 7 | 0.445 8 | 0.654 1 | 0.015 3 | 0.989 7 | 0.608 4 | 0.435 1 |
| 44 | 3-4 | 7.390 6 | 0.835 1 | 1.310 8 | 10.111 5 | 0.081 7 | 1.541 4 | 0.393 2 | 0.618 2 | 0.012 1 | 0.991 6 | 0.534 2 | 0.504 6 |
| 45 | 3-5 | 9.750 0 | 0.860 4 | 1.279 0 | 9.877 1 | 0.071 8 | 1.600 7 | 0.430 2 | 0.654 8 | 0.013 8 | 0.990 9 | 0.550 9 | 0.499 0 |
| ... | ... | ... | ... | ... | ... | ... | ... | ... | ... | ... | ... | ... | ... |
| 60 | 3-20 | 8.306 1 | 0.868 6 | 1.305 2 | 13.208 6 | 0.090 1 | 1.594 7 | 0.427 5 | 0.630 4 | 0.012 3 | 0.991 9 | 0.574 5 | 0.472 8 |

Notes: The first number in 'Article' means the number of the corpus and learners' level, i.e. 1 for elementary level; 2 for intermediate level; 3 for advanced level. The last number refers to the serial number of the article in this corpus.

Table 5. The one-way ANOVA analysis for the indices in corpus 1—3

| | ANOVA Analysis | f | p. |
|---|---|---|---|
| 1 | indicator $a$ | 4.649 | .013 |
| 2 | $R_1$ | 1.604 | .210 |
| 3 | A | 21.267 | .000 |
| 4 | indicator $b$ | 21.412 | .000 |
| 5 | $R_2$ | 19.947 | .000 |
| 6 | B | 7.356 | .001 |
| 7 | $R_3$ | 9.918 | .000 |
| 8 | $R_4$ | 3.887 | .026 |
| 9 | $RR_r$ | 7.014 | .002 |
| 10 | $RR_{r,\ rel}$ | 0.755 | .475 |
| 11 | $RR_s$ | 15.12 | .000 |
| 12 | $RR_{s,\ rel}$ | 18.684 | .000 |

Table 6. The correlation between 10 indices and learners' vocabulary as well as $V$ in corpus 1—3

| | | Level | | $V$ | |
|---|---|---|---|---|---|
| | | r | p. | r | p. |
| 1 | indicator $a$ | .278 | .031 | .203 | .120 |
| 2 | A | −.619 | .000 | −.630 | .000 |
| 3 | indicator $b$ | .540 | .000 | .586 | .000 |
| 4 | $R_2$ | −.480 | .000 | −.560 | .000 |
| 5 | B | −.372 | .003 | −.485 | .000 |
| 6 | $R_3$ | .213 | .102 | .228 | .079 |
| 7 | $R_4$ | −.063 | .635 | −.098 | .456 |
| 8 | $RR_r$ | −.440 | .000 | −.639 | .000 |
| 9 | $RR_s$ | .260 | .045 | .275 | .034 |
| 10 | $RR_{s,\ rel}$ | −.307 | .017 | −.347 | .007 |

Table 7. Word frequency (spectrum) indices in corpus 4

| Number | Article | indicator $a$ | $R_1$ | A | indicator $b$ | $R_2$ | B | $R_3$ | $R_4$ | $RR_r$ | $RR_{r,\,rel}$ | $RR_S$ | $RR_{s,\,rel}$ |
|---|---|---|---|---|---|---|---|---|---|---|---|---|---|
| 1 | 4-1 | 11.918 4 | 0.851 9 | 13.990 6 | 25.509 5 | 0.063 1 | 403.987 7 | 0.460 6 | 0.687 2 | 0.009 8 | 0.992 7 | 0.722 8 | 0.300 3 |
| 2 | 4-2 | 11.076 9 | 0.895 6 | 12.368 6 | 22.091 4 | 0.073 7 | 299.879 2 | 0.465 8 | 0.709 3 | 0.008 4 | 0.994 7 | 0.699 7 | 0.333 7 |
| 3 | 4-3 | 17.305 6 | 0.881 2 | 19.638 2 | 21.539 3 | 0.043 2 | 498.992 8 | 0.462 3 | 0.701 1 | 0.009 1 | 0.993 3 | 0.669 8 | 0.366 9 |
| 4 | 4-4 | 10.650 9 | 0.904 7 | 11.772 6 | 19.036 3 | 0.050 0 | 380.725 8 | 0.473 3 | 0.737 8 | 0.007 7 | 0.995 4 | 0.694 3 | 0.339 7 |
| 5 | 4-5 | 12.367 3 | 0.885 3 | 13.969 4 | 22.282 3 | 0.051 0 | 437.157 8 | 0.465 3 | 0.707 7 | 0.007 7 | 0.994 7 | 0.689 1 | 0.342 0 |
| ⋮ | ⋮ | ⋮ | ⋮ | ⋮ | ⋮ | ⋮ | ⋮ | ⋮ | ⋮ | ⋮ | ⋮ | ⋮ | ⋮ |
| 16 | 4-16 | 17.944 4 | 0.885 4 | 20.265 9 | 28.562 5 | 0.043 8 | 652.653 1 | 0.472 1 | 0.729 2 | 0.007 6 | 0.994 6 | 0.720 6 | 0.310 4 |
| 17 | 4-17 | 11.081 6 | 0.890 4 | 12.445 3 | 22.125 0 | 0.059 3 | 372.964 3 | 0.456 7 | 0.684 9 | 0.007 9 | 0.994 9 | 0.676 0 | 0.356 4 |
| 18 | 4-18 | 11.992 5 | 0.867 2 | 13.828 8 | 21.951 2 | 0.048 8 | 450.000 0 | 0.467 2 | 0.713 9 | 0.010 2 | 0.992 4 | 0.721 3 | 0.306 6 |
| 19 | 4-19 | 11.952 7 | 0.893 3 | 13.380 1 | 18.712 8 | 0.049 1 | 380.860 9 | 0.465 3 | 0.714 8 | 0.007 9 | 0.995 0 | 0.678 2 | 0.357 6 |
| 20 | 4-20 | 10.959 2 | 0.872 4 | 12.561 5 | 17.728 4 | 0.047 3 | 374.933 4 | 0.462 8 | 0.700 5 | 0.008 1 | 0.994 7 | 0.664 8 | 0.372 4 |

Notes: The first number in 'Article' means the number of the corpus and learners' level, i.e. 4 for the target level. The last number refers to the serial number of the article in this corpus.

Table 8. The one-way ANOVA analysis for the indices in corpus 4

| | ANOVA Analysis | f | p. | | ANOVA Analysis | f | p. |
|---|---|---|---|---|---|---|---|
| 1 | indicator $a$ | 7.742 | .277 | 7 | $R_3$ | 2.899 | .436 |
| 2 | $R_1$ | 4.682 | .350 | 8 | $R_4$ | 2.072 | .504 |
| 3 | indicator $b$ | 6.462 | .301 | 9 | $RR_r$ | 2.692 | .450 |
| 4 | A | 3.689 | .391 | 10 | $RR_{r,\ rel}$ | 2.472 | .467 |
| 5 | $R_2$ | 22.567 | .164 | 11 | $RR_s$ | 9.882 | .246 |
| 6 | B | 176 104.647 | .052 | 12 | $RR_{s,\ rel}$ | 10.77 | .236 |

Table 9. The correlation between $a$, $b$, $R^2$ and learners' level as well as V in Corpus 1—4

| Correlation Test | | Level | V |
|---|---|---|---|
| $a$ | r | .639 0 | .667 0 |
| | p. | 0 | 0 |
| $b$ | r | .387 0 | .357 0 |
| | p. | 0 | 0.001 |
| $R^2$ | r | −.663 0 | −.684 0 |
| | p. | 0 | 0 |

Table 10. The one-way ANOVA analysis for parameter $a$, parameter $b$, $R^2$ in corpus 1—4

| | Level | | | | | |
|---|---|---|---|---|---|---|
| | 1vs.2 | 1vs.3 | 1vs.4 | 2vs.3 | 2vs.4 | 3vs.4 |
| | p. | p. | p. | p. | p. | p. |
| parameter-$a$ | .000 | .000 | .000 | .303 | .015 | .068 |
| parameter-$b$ | .000 | .000 | .000 | .453 | .792 | .348 |
| $R^2$ | .019 | .003 | .000 | .327 | .000 | .000 |

Notes: 1 for elementary level; 2 for intermediate level; 3 for advanced level; 4 for target language. '1 vs. 2' indicates the use of one parameter to distinguish between elementary and intermediate level.

Table 11. The correlation between 8 indices and learners' level as well as V in Corpus 1—4

| Correlation Test | | Level | V | Correlation Test | | Level | V |
|---|---|---|---|---|---|---|---|
| indicator $a$ | r | .633 | .707 | indicator $b$ | r | .802 | .896 |
| | p. | .000 | .000 | | p. | .000 | .000 |
| A | r | −.734 | −.695 | $R_2$ | r | −.774 | −.828 |
| | p. | .000 | .000 | | p. | .000 | .000 |

continued

| Correlation Test | | Level | V | Correlation Test | | Level | V |
|---|---|---|---|---|---|---|---|
| B | r | −.366 | −.351 | $RR_s$ | r | .680 | .740 |
| | p. | .001 | .001 | | p. | .000 | .000 |
| $RR_r$ | r | −.765 | −.859 | $RR_{srel}$ | r | −.699 | −.759 |
| | p. | .000 | .000 | | p. | .000 | .000 |

Table 12. The one-way ANOVA analysis for 8 indices in corpus 1—4

| | | Level | | | | | |
|---|---|---|---|---|---|---|---|
| | | 1vs.2 | 1vs.3 | 1vs.4 | 2vs.3 | 2vs.4 | 3vs.4 |
| | | p. | p. | p. | p. | p. | p. |
| 1 | indicator $a$ | .004 | .029 | .000 | .550 | .000 | .000 |
| 2 | A | .000 | .000 | .000 | .158 | .000 | .000 |
| 3 | indicator $b$ | .000 | .000 | .000 | .616 | .000 | .000 |
| 4 | $R_2$ | .000 | .000 | .000 | .196 | .000 | .000 |
| 5 | $RR_r$ | .004 | .000 | .000 | .147 | .000 | .000 |
| 6 | $RR_s$ | .000 | .021 | .000 | .003 | .000 | .000 |
| 7 | $RR_{s, rel}$ | .000 | .006 | .000 | .002 | .000 | .000 |
| 8 | B | .002 | .007 | .001 | .703 | .714 | .002 |

Notes: 1 for elementary level; 2 for intermediate level; 3 for advanced level; 4 for target language. '1 vs. 2' indicates the use of one parameter to distinguish between elementary and intermediate level.

## Figure

(a) Corpus 1  $y=398.507\,8\,x^{-0.7903}$

(b) Corpus 2  $y=530.019\,8\,x^{-0.8536}$

(c) Corpus 3  $y=556.954\,7\,x^{-0.8420}$

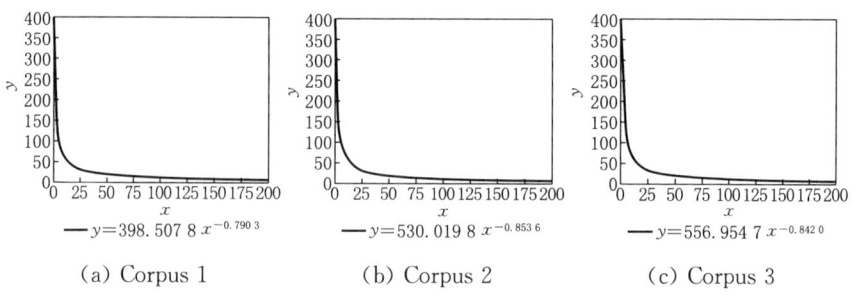

Figure 1. The power law relationship of the word frequency order in Corpus 1—3

Notes: Corpus 1 conformed to $y=398.507\,8x^{-0.7903}$ ($R^2=0.9796$); Corpus 2 conformed to $y=530.019\,8x^{-0.8536}$ ($R^2=0.9891$); Corpus 3 conformed to $y=556.954\,7x^{-0.8420}$ ($R^2=0.9751$).

$$y = 641.965\,8\, x^{-0.910\,1}$$

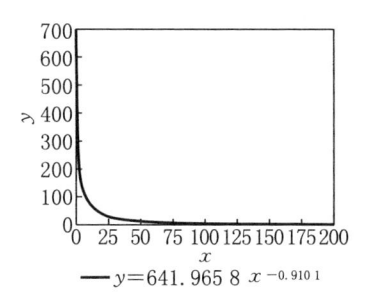

**Figure 2.** The power law relationship of the word frequency order in Corpus 4

(a) Parameter-$a$-S

(b) Parameter-$a$-B

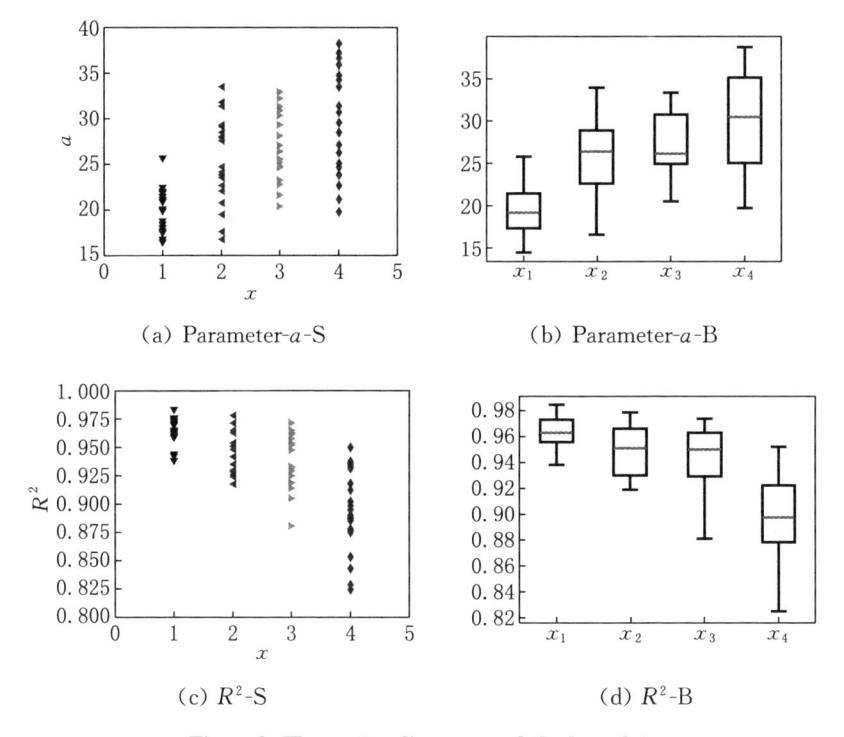

(c) $R^2$-S

(d) $R^2$-B

**Figure 3.** The scatter diagrams and the box plots of parameter-$a$ and $R^2$ at different learners' level

Notes: The $x$-axis represents the corpus as well as learners' level, with "$x=1$" indicating corpus 1, i.e. elementary level; "$x=2$" indicating corpus 2, i.e. intermediate level; "$x=3$" indicating corpus 3, i.e. advanced level; and "$x=4$" indicating corpus 4, i.e. the target level. The $y$-axis indicates the value of parameters. The $x$-axis is the independent variable, indicating the corpus as well as learners' level, and the $y$-axis is the dependent variable, indicating the value of parameters. "S" denotes the scatter diagram and "B" denotes the box plot. The followings are annotated identically and not repeated.

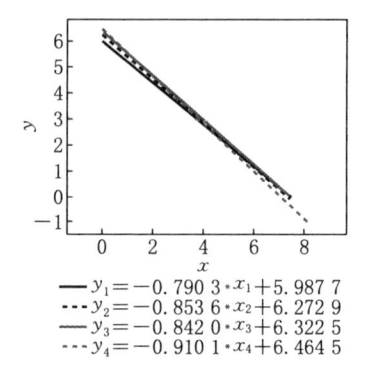

$y_1 = -0.7903 \cdot x_1 + 5.9877$
$y_2 = -0.8536 \cdot x_2 + 6.2729$
$y_3 = -0.8420 \cdot x_3 + 6.3225$
$y_4 = -0.9101 \cdot x_4 + 6.4645$

**Figure 4. The transformed linear functions in corpus 1—4**

Notes: A fundamental role of each corpus is indicated by the letter $y$: $y_1$ for corpus 1, $y_2$ for corpus 2, $y_3$ for corpus 3, and $y_4$ for corpus 4.

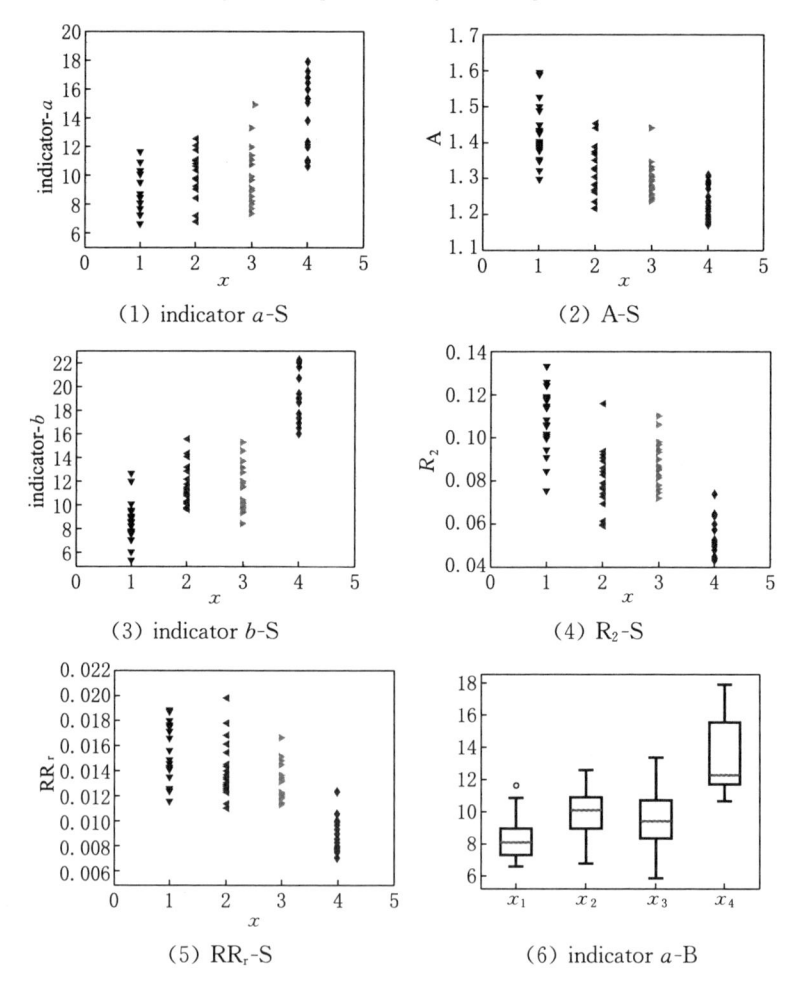

(1) indicator $a$-S

(2) A-S

(3) indicator $b$-S

(4) $R_2$-S

(5) $RR_r$-S

(6) indicator $a$-B

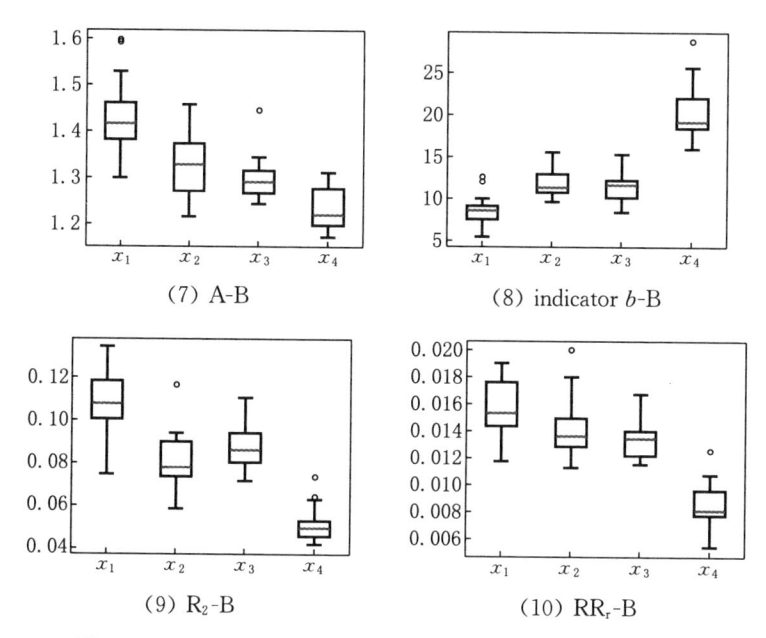

Figure 5. The scatter diagrams and the box plots of indicator $a$, A, indicator $b$, $R_2$ and $RR_r$ at different learners' level

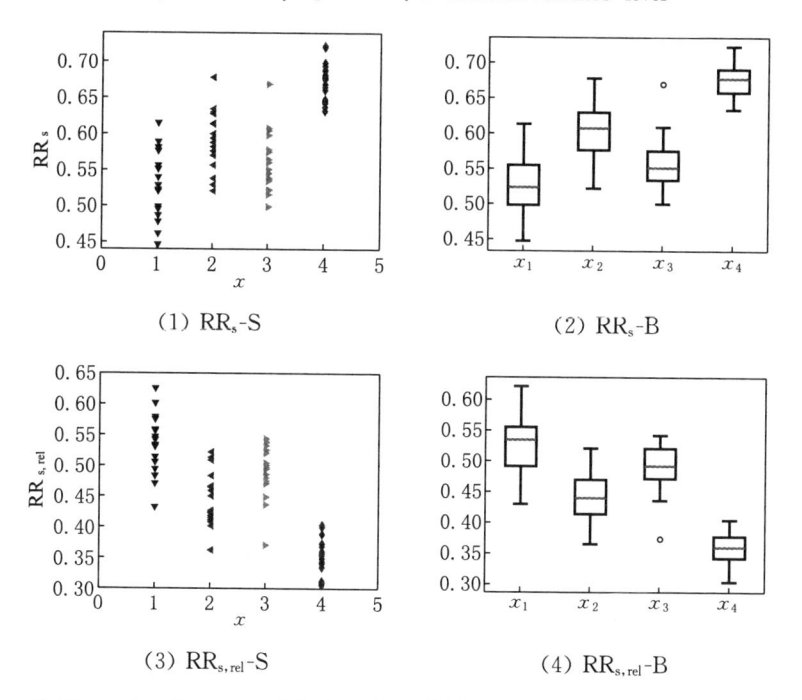

Figure 6. The scatter diagrams and the box plots of $RR_s$ and $RR_{s,rel}$ at different learners' level

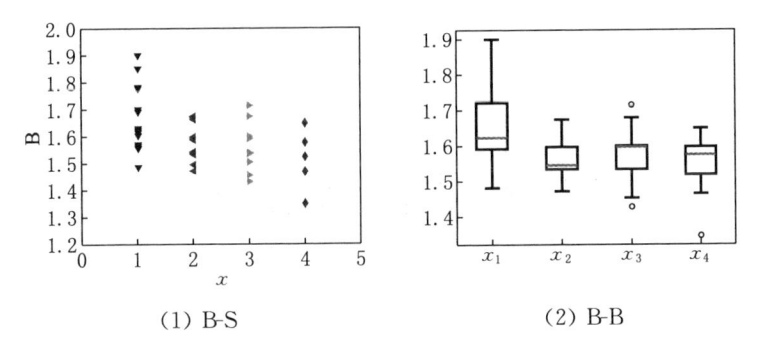

**Figure 7.** The scatter diagrams and the box plots of B at different learners' level

# 中文学习者书面产出语块与文本质量关联研究
## ——基于学习者语料库的探索

陈 肯

北京大学

**摘 要**：现实语言生活中,语块使用频率较高,已有研究证明语块可以促进口头语言顺畅交流。对于书面产出文本而言,语块是否也存在着影响作用？研究选取中文学习者书面产出文本作为分析语料,从中选取出写作者使用的语块,通过相关分析对语块与文本质量间的关系进行了探讨。研究发现：书面产出语块与文本的流畅度、习语度和连贯度之间,具有显著的正相关性；语块的比率和覆盖率可以有效衡量学习者书面产出文本的质量。

**关键词**：二语学习者；语块；写作产出；文本质量；相关分析

## 一 引 言

语块,在现实的语言交流、语言学习、语言加工与产出等语言生活各方面,都存在着广泛的运用。现成的（ready-made）或预制性（preferred）的语块,在语言习得与产出中扮演了十分重要的角色（Wood, 2010）。对于语块的重要性和不可替代性,作为一项极为明显的语言特征,研究者在一语者（L1 speakers or L1 learners）的各项语言理解、运用与加工中都做了较多的实证研究和讨论（e.g. Nattinger & DeCarrico, 1992; Schmitt & Carter, 2004; Sinclair, 1991; Wray, 2002）。语块具有心理现实性（psychological reality）,可以降低语言使用者的储存与提取耗时,减少人们在语言获得、生成与理解过程中的记忆负担,提高话语的产出速度与流利度,对语言交际与习得产生了重要作用（Pawley & Syder, 1983; Ellis,

2012；Wray，2002；Conklin & Schmitt，2012）。语块在人们口头交际中存在正向的作用，这已为多数研究者所验证。那么，其在书面写作中，是否也同样存有相似的作用？这是本研究所要检验的地方。

掌握一门外语，最直观的检测方式便是观察学习者输出目的语的情况。按照语言载体的情况，输出可以划分为口头输出（oral output）和书面输出（written output）这两种基本形式。口头输出，较易流逝，需要借助相关的录音设备，才能较好地记录并分析学习者目的语的口头输出情况。书面输出，直接分析学习者书面写作的材料即可，这种输出方式的目的语产物易保存、不易破损，且较为方便、快捷，无需像口头输出那样还要转写话语材料。此外，书面输出一般都是经过学习者一段时间思考后，写下来的语言文字材料。这样的输出更能反映学习者对语言理解、认知与深度加工的情况。鉴于此，本研究便以中文学习者的书面产出语料为分析材料，对其中的语块使用进行探讨，着力研究语块与文本质量之间的相关性。

## 二 文献综述

当第二语言学习者想要表达某些复杂想法时，他们有可能"畏惧"自身还未发展起来的二语能力，这种情况突出表现在二语写作上（e.g. Bacha，2002；Cook & Bassetti，2005；Silva，1993）。目前已有的语块书面写作产出研究中，研究者较为关注学习者专门领域内的写作产出情况，尤其是学术语言的书面产出情况。这是因为专门用途领域内的语块使用范围显著大于一般用途下的语块使用范围，其使用频率也显著高于一般用途下的语块使用频率。写作这项技能远远超出了处理词汇和句法的基本需要，它要求学习者具备更高水平的能力，这种能力须将语块纳入语篇的写作中来。

在很大程度上，写作被视为需要掌握各种词汇形式的技能。作为写作中出现比例最大的一类词汇形式，语块对学习者顺利完成写作至关重要。语块整体储存和提取的特征，可以为文本中抽象的摘要提供高效表达的形式，同时也可以为复杂的写作内容提供可被理解的语言基础。因此，选取语块来作为写作评价的指标，是一个较好的切入口。

成功的二语学习者，在二语写作中不仅需要具有特定领域内的知识，而且还需要掌握复杂多变的语言结构和语块的功能作用。这对他们构建连贯的、类似母语者式的写作文本至关重要。二语学习者应该熟练掌握并使用语块，如果在二语交际或写作中故意不使用或避免使用语块的话，这样往往会被贴上"局外人"的标签（Handl，2008）。另外一方面，语块的使用也是有限度的，过度使用有限范围内的语块，极有可能导致二语学习者书写能力变差。为了避免语法上的错误，二语学习者常常依赖于有限数量的语块，这就导致他们目的语写作中的词语种类较少，重复出现的词语较多（Hyland，2006）。在英语二语写作中，二语者产出的"非母语者式"和"非惯常式"的文本，往往可以归结于过度使用有限数量的词语搭配和语块，而没有充分使用一整套类似母语者的词语单位（Paqout，2008）。

二语写作，不仅仅是在不同水平层次上，使用了何种不同的语言结构，而且它更像是一种书面的交际活动，可以在许多不同的层面上进行评价，比如词汇使用、句法情况、意义传达及谋篇布局等层面。目前，较为常用的衡量学习者作文质量的整体评价方法，是评价者通过对作文的复杂度、准确度和流畅度（complexity，accuracy and fluency，CAF）这三个指标来衡量作文的质量。CAF 评价方法始于 20 世纪 70 年代早期，当时一些二语习得研究者（e.g. Brown，1973；Hunt，1965）试图从一语习得研究中，获取可用于测量学习者第二语言发展的语法复杂度和准确度等指标，借此研制出一种客观、定量且可验证的方法，从而能够可靠且便捷地测量出学习者的二语水平（Hakuta，1975；Larsen-Freeman，1978 & 2009；Nihalani，1981）。进入 20 世纪 90 年代中期后，复杂度、准确度和流畅度这三个测量维度，才首次融合在一起，形成了 CAF 整体能力测量模型（Skehan，1996 & 1998）。这三个测量维度具有各自相应的操作性定义（cf. Ellis，2003 & 2008；Ellis & Barkhuizen，2005；Housen，Kuiken & Vedder，2012；Lennon，1990；Skehan，1998），这些定义至今仍被广泛使用。复杂度，通常用于分析学习者二语产出中，所出现的各种复杂结构和词汇的情况。准确度，则用作分析学习者所产出的二语材料中，类似母语者语言产出的近似度，以及无错误语言的数量。流畅度，则用于衡量二语者是否可以像母语者那样，快速、顺畅、无误地产出语言。

上述三个指标,构成了写作者的作文表现,可以反映出他们的语言能力(Skehan,2009)。一份质量较好的二语作文,通常会表现出写作者使用了较多的高级语言,从而使得整篇作文较为复杂;同时需要避免可能产生的错误,以此提高作文的准确性;在提高准确性的前提之下,写作者还要具备不间断生成文本的能力,以使作文具有较高的流畅度。这种基于复杂度、准确度与流畅度的整体能力评价方法,已在多个语言评价领域里得到了实际应用,例如从整体评分到对诸如频率(frequencies)、比率(ratios)及程式用语(formulas)等可量化指标的测量。通过对相应指标的测量,教学者可客观、精确地描述出,某一水平阶段学习者二语产出的一般或特定的语言特征(e.g. Ellis & Barkhuizen, 2005; Housen & Kuiken, 2009; Iwashita et al., 2008; Polio, 2003; Wolfe-Quintero, Inagaki & Kim, 1998)。复杂度、准确度和流畅度的整体能力评价方法,可用于测量并评价学习者的口语产出和书面产出情况,并揭示隐藏在学习者语言表现之下的、真实的语言水平能力(Housen, Kuiken & Vedder, 2012)。此外,这一评价方法还可以测量学习者的语言发展情况,也可用于评价处于不同学习条件下各类型学习者的语言差异情况(Housen & Kuiken, 2009)。在使用此整体评价方法的二语习得研究中,随着二语学习者的目的语水平和熟练程度的提高,复杂度、准确度及流畅度等指标也随之提升(Hou, Verspoor & Loerts, 2016)。

第二语言学习者产出的目的语,或许可以达到相当高的复杂度与准确度,但是也有可能始终无法达到类似母语者的语言产出质量,且听上去或看上去都可能难以理解(Pawley & Syder, 1983; Smiskova-Gustafsson, 2013)。这种基于复杂度、准确度和流畅度的整体能力评价系统,可能并没有真实反映出,蕴藏在学习者整体能力之中的其他重要方面,例如高级水平阶段学习者书面产出语言的习语度和连贯度。

"习语度"(idiomaticity)与词汇学中所使用的专业术语"习语"(idioms)有所不同,它们是分属两个意义完全相异的领域。通常来讲,习语是一种具有比喻意义和习俗化的词的组合。各类语言中,都存在着众多的习语,且它们具有十分高频的使用次数。习语度,包含了习语的使用,同时也包括一些没有习语凝聚度高的短语的使用。因此,二语习得中的习语度可以解释为,一种类似母语者选择的语言表达方式(Pawley & Syder,1983),以及超越词法规则的词语使用(Fillmore, Kay & O'Connor,1988)。习语度的特征,会在短语到语篇的各层面上表现出来。习语度的一个重要特征便是,它促使语言使用者清楚明白,在何种情况和现象之下,选择何种语言表达方式(Warren,2005)。习语度还被证明,可以作为学习者语言熟练程度的判断者,尤其是他们语块使用的情况(Verspoor, Schmid & Xu,2012)。因此,第二语言产出中的习语度,可以定义为,二语者使用了类似母语者语言表达的语块、程式序列和惯有的表达方式,同时可以视其为一个独立的结构。

"连贯度"(coherence),可以看作是流畅度的子部分,因为一篇流畅的作文,其连贯性也是很高的。但对于二语者的语言产出来讲,连贯度可以发现流畅度指标所无法看见的语言细节,对客观、准确且全面地评价二语者的语言产出,具有更加直接的作用。因此,本研究将连贯度独立出来,列为整体能力评价系统中的一项单独指标。连贯度,通常被视为学习者语言产出的一项高水平技能,作文中往往是指学习者所表现出来的逻辑连接性。一些研究者(e.g. Anderson,1995; De Beaugrande & Dressler,1981)认为,连贯度通过明确不同概念之间的关联(relevance)与关系(relations),来提供语言产出上的意义连续性,且它通常与话语的解释效果有关。值得说明的是,此处的"连贯"与语篇语言学中的"衔接"(cohesion)是有明显不同的。简单来讲,衔接可以理解为,将一篇文章连接在一起的特定词汇或语法之间的关联。连贯是指,文本在写作者心中所建立起来的表征关系;衔接是指,文本中帮助写作者建立起连贯表达的线索(Foltz,2007)。在书面写作中,如果一个段落与之前后的段落做到了较好的连贯性,那么每一个段落的主要思想,就都会在逻辑上顺畅地联系起来并有意义,这便会使得阅读者感到写作流畅(Weigand,2009)。因此,第二语言产出中的连贯度,可以解释为,文本中的一个句子能够顺畅地滑向与之相邻的下一个句子,文本中的一个段落也能够顺畅地过渡到与之相邻的下一个段落,以此帮助阅读者可以比较容易地理解作者所要表达的观点与思想。

传统研究认为,第二语言产出的整体能力评价,只涉及复杂度、准确度和流畅度这三个指标,但越来越多的研究表明,学习者不仅在上述三个指标上存在差别,而且在他们表达观点与想法的方式上,同样存在着差异。为了能够较为客观、准确且全面地测量二语者的语言产出质量,本研究在传统评价标准的基础上,决定增加"习语度"和"连贯度"这两项指标,采用复杂度、准确度、流畅度、习语度和连贯度一体的CAFIC整体能力评价系统。这一评价系统,已在一些英语二语者写作能力及其书面产出质量研究中得以应用,并且部分研究者还做了关于CAFIC整体能力评价系统的信度与效度检验(e.g. Hou, Loerts & Verspoor, 2018; Hou, Verspoor & Loerts, 2016)。

本研究主要以中文学习者所产出的作文语料为材料,对文本中语块的各项属性和CAFIC之间的关系进行探讨,以此来检验学习者书面写作的质量是否与其所使用的语块存在一定的相关性。具体来讲,有以下两个研究问题:

1) 语块与CAFIC评价系统间是否存在相关关系?
2) 语块是否会对文本质量产生影响?

## 三 研究设计

中文学习者的书面语块产出研究,使用学习者的作文语料库来开展这一研究,研究者将对评价系统所涉因素、书面产出语块的各项属性以及文本特征等观测变量进行相关分析,从而探寻学习者书面语料产出结果中,语块与相关写作因素之间存在的关系。

### 3.1 语块分类标准

中文语块分类研究中,较为准确、客观的方式是,基于语料库的语块划分研究方法(贾光茂,杜英,2008;钱旭菁,2008;王凤兰,于屏方,许琨,2017;薛小芳,施春宏,2013)。这一划分方法,主要从语言使用的概率性特征出发,对语块的使用频率和相互搭配强度做计量分析,从而对其进行识别与分类编码。从二语教学视角下来看,中文语块的分类可以依据语义、语法和语用这三个标准来进行。语义标准,主要是指语块意义的整体性、凝固性、规约性及不可类推性等属性。语法标准与结构紧密相关,且这一维度重在共现频率与搭配强度上的计算。语用标准关注语块实现的功能,这一标准包括话语信息组织、连贯的文本构建、元话语功能实现、人际意义表达等。

依据现有的语块分类成果,并从本研究所采用的语料情况出发,研究者将中文二语者书面产出的语块分为"语法语块"和"词汇语块"两大类(表1)。语法语块往下只分为一种类型,即固定结构;词汇语块继续往下,划分为复合成分、固定短语和话语标记这三种类型。

表1 汉语二语者书面产出语块类型划分

| 语块类型 | 定义 | 示例 |
|---|---|---|
| **语法(图式)语块:** | | |
| 固定结构 | 具有固定框式结构的语块 | 不仅……而且……、因为……所以…… |
| **词汇(固定)语块:** | | |
| 复合成分 | 多词的固定组合 | 大学生、办签证、不好意思、绿色消费 |
| 固定短语 | 成语、惯用语、歇后语及俗语等 | 衣食住行、远走高飞、古今中外、学而不厌 |
| 话语标记 | 具有话语功能的语块 | 总的来说、也就是说、只不过、一般而言 |

### 3.2 语料来源

书面语块产出研究的语料,均来自"HSK 动态作文语料库 2.0"(https://hsk.blcu.edu.cn)。该语料库属于共时层面的语料库,收录的作文材料,基本上都为高级水平阶段中文学习者的书面产出语料。研究者综合考虑学习者母语背景、作文语料数量、写作时间及语料选题等因素,选取了题为"我对男女分班的看法"二语者作文语料 75 篇。

研究者对纳入分析的语料,未做任何语言表达上的修改,只进行了标记删除的操作。这些标记,大都是语料库设计者/开发者对原始语料存在的字词错误、语法错误等所做的修改注释。经过标记删除的语料,其中一些可能仍存在语言错误,这些错误不作任何修改,将纳入整体能力评价系统之中进行相应的指标评测。

### 3.3 研究方法

鉴于本项书面产出研究的目的,研究设计重在分析语块的各项属性与整体能力评价系统及其各子要素之间的相关关系。需要进行观测的变量,有以下几个:复杂度、准确度、流畅度、习语度、连贯度、语块整体比率、各类型语块比率、语块整体长度及平均长度、语块覆盖率等。

整体能力评价系统的测量,研究者采用"李克特量表"(Likert Scale)方式进行主观评价。整体能力评价系统 CAFIC 共有 5 个子要素,每个要素均进行 1—5 的主观赋值评价;所有要素的分值加总,即为 CAFIC 的主观评价分值。本文主要使用描述性的测评指标,来对所有纳入分析范围内的书面产出语料进行主观赋分。由于目前中文文本的各项客观评价方式,还处于技术发展之中,有关技术平台还未完全建立起来,所以本文采取这一主观评价方式来对各项文本产出指标进行赋分。

语块比率,是本项研究中一个较为重要的观测变量,其作用在于根据文本长度计算出语块在语料中的占比大小。语块比率的计算方式,总共有两种,一种是普通的类符-形符比率(plain type token ratio, TTR)计算方式,另外一种是根式的类符-形符比率(root type token ratio, R-TTR)计算方式。现有的语块比率比较检测证实,根式的比率计算方式与其他测量值更具强相关性,而普通的比率计算方式却未显示出较强的相关性(Hou, Loerts & Verspoor, 2018)。除此之外,根式的计算方式,还可以在分布曲线中间显示出更加细微的差异(Wachal & Spreen, 1973)。因此,本项研究将采用根式的比率计算方式,来进行语块整体比率和各类型语块比率的计算。语块比率的计算公式为,文本中出现的所有语块的数量除以文本总词数的平方根。

除上述观测变量外,本项研究还有语块长度和语块覆盖率这两个变量。语块长度,主要用于测量学习者所使用语块字符串的字数。这一观测变量,旨在寻求所研究材料的写作者普遍倾向的语块单位长度。语块覆盖率,意在分析语块在书面产出材料中所占有的比例大小,其计算方式为语块数量除以所在文本的总词数。

表 2　书面语块产出研究各项观测变量统计

| 变量名称 | 计算方式 |
| --- | --- |
| 文本长度 | 文本总词数 |
| 语块数量 | 语块绝对值数量 |
| 语法语块数量 | 语法语块绝对值数量 |
| 词汇语块数量 | 词汇语块绝对值数量 |
| 各类型语块数量 | 各类型语块绝对值数量 |
| 语块长度 | 语块字符串字数 |
| 平均语块长度 | 语块字符串平均字数 |
| 语法语块长度 | 语法语块字符串字数 |
| 词汇语块长度 | 词汇语块字符串字数 |
| 各类别语块长度 | 各类别语块字符串字数 |
| 语块比率 | 语块数量/文本总词数平方根 |
| 语法语块比率 | 语法语块数量/文本总词数平方根 |
| 词汇语块比率 | 词汇语块数量/文本总词数平方根 |
| 各类别语块比率 | 各类比语块数量/文本总词数平方根 |
| 语块覆盖率 | 语块数量/文本总词数 |
| 复杂度 | 评分者主观赋值 |
| 准确度 | 评分者主观赋值 |
| 流畅度 | 评分者主观赋值 |
| 习语度 | 评分者主观赋值 |
| 连贯度 | 评分者主观赋值 |
| CAFIC 整体能力评价系统 | 评分者主观赋值加总 |

### 3.4　操作程序

本项研究采用相关分析统计模型进行运算,数据来源主要为整体能力评价系统 CAFIC 与其子要素的评分,以及学习者作文语料中所有的语块计量数据。

学习者作文语料的 CAFIC 及其子要素的评分,由 15 位高级水平阶段(HSK 6)的汉语二语者完成。选取高级水平阶段的学习者作为评分员,这是考虑到他们的中文学习经历、目的语水平和二语学习者的语言思维等因素,可以较好做到尽量充分、到位的评价。较之于母语者而言,这类评分员持有一种较为合理的目的语评价标准,既不会太高,也不会太低,能够从自身的中文水平能力出发,避免过高的语言要求,达到一种较为平衡的态势。本项研究共有 75 篇语料,总共分为三组,每组 25 篇语料。这15位评分者,同样分为三组,每组5人。每一组评分者,将会分配到相同的25篇语料,并按照"CAFIC整体能力评价系统标准分区描述"(附录一)对语料进行复杂度、准确度、流畅度、习语度和连贯度的评分。5位评分者的数值平均数,则为每一维度的最终得分;5个维度的得分加总后,即为整体能力评价得分。

学习者作文语料中语块的筛选,按照表1中的分类标准,由另外的25位高级水平阶段的汉语学习者分别完成。除CAFIC整体能力评价系统及其子要素的各项评分外,其余观测变量的数值计算,均由研究者按照相应的计算方式获得其值。

## 四 数据结果

研究者使用皮尔逊 $r$ 相关系数(Pearson correlation coefficient)统计模型对上述各项观测变量进行运算,即可得到如下的相关矩阵(correlation matrix)结果。

统计结果如下所示:

(1) 语块比率与习语度,具有显著的正相关性($r_{语块比率-习语度} = 0.414$, $p<.05$);

(2) 语块比率与连贯度,具有显著的正相关性($r_{语块比率-连贯度} = 0.400$, $p<.05$);

(3) 语法语块比率与流畅度,具有显著的正相关性($r_{语法语块比率-流畅度} = 0.418$, $p<.05$);

(4) 语法语块比率与习语度,具有显著的正相关性($r_{语法语块比率-习语度} = 0.468$, $p<.05$);

(5) 语法语块比率与CAFIC整体能力评价系统,具有显著的正相关性($r_{语法语块比率-CAFIC} = 0.442$, $p<.05$);

(6) 词汇语块比率与连贯度,具有显著的正相关性($r_{词汇语块比率-连贯度} = 0.399$, $p<.05$);

(7) 平均语块长度与流畅度,具有显著的负相关性($r_{平均语块长度-流畅度} = -0.412$, $p<.05$)。

表 3 学习者产出语料语块与各项观测变量相关矩阵

| | 整体能力测量 | | | | | | 语块比率测量 | | | | | |
|---|---|---|---|---|---|---|---|---|---|---|---|---|
| | 复杂度 | 准确度 | 流畅度 | 习语度 | 连贯度 | CAFIC | 语块比率 | 语法语块比率 | 词汇语块比率 | 文本长度 | 平均语块长度 | 语块覆盖率 |
| 复杂度 | — | | | | | | | | | | | |
| 准确度 | −0.070 | — | | | | | | | | | | |
| 流畅度 | −0.134 | −0.091 | — | | | | | | | | | |
| 习语度 | 0.488* | −0.033 | 0.130 | — | | | | | | | | |
| 连贯度 | 0.395 | −0.130 | 0.247 | 0.184 | — | | | | | | | |
| CAFIC | 0.627*** | 0.261 | 0.199 | 0.787*** | 0.277 | — | | | | | | |
| 语块比率 | 0.172 | 0.045 | 0.366 | 0.414* | 0.400* | 0.299 | — | | | | | |
| 语法语块比率 | 0.070 | 0.022 | 0.418* | 0.468* | 0.181 | 0.442* | 0.619*** | — | | | | |
| 词汇语块比率 | 0.167 | 0.051 | 0.243 | 0.267 | 0.399* | 0.138 | 0.921*** | 0.266 | — | | | |
| 文本长度 | 0.697*** | −0.152 | 0.119 | 0.683*** | 0.539*** | 0.665*** | 0.406* | 0.280 | 0.351 | — | | |
| 平均语块长度 | 0.131 | 0.318 | −0.412* | −0.233 | −0.090 | −0.113 | −0.331 | −0.451* | −0.179 | 0.015 | — | |
| 语块覆盖率 | −0.008 | 0.041 | 0.284 | 0.093 | 0.388 | −0.007 | 0.898*** | 0.475* | 0.873*** | 0.170 | −0.281 | — |

\* $p<.05$, \*\* $p<.01$, \*\*\* $p<.001$

## 五 研究讨论

从数据结果来看,可以发现语块比率是一个较为重要的影响因素,其不仅同 CAFIC 评价系统具有关联,而且还与语块的其他属性具有内在的关联。

该组书面产出语料中,语块比率与习语度和连贯度存在显著的正相关性。也就是说,语块比率越大,学习者书面产出语料也就越加接近于母语者的书面表达,文本也就更加容易理解,并且句子之间也就越加流畅,段落之间的关联性也就越强。由此看来,语块的使用,可以促使第二语言学习者产出更多的类似母语者语言表达的话语,并使他们不断接近于母语者的语言使用习惯。除此之外,语块的使用,还可以帮助学习者在书面表达上更为顺畅,篇章之间的逻辑关联性更加明显。对目的语越是熟练的二语学习者,在其二语写作中也就会使用更多的语块;换句话说,更多语块的使用是与更高水平阶段学习者紧密相关的(Hou, Loerts & Verspoor, 2018)。除了语块的整体比率与某些维度的评价要素呈现出了显著相关性,语法语块比率和词汇语块比率也同一些维度的评价要素具有显著相关性。

语法语块比率不仅与习语度呈现出显著正相关关系,而且同流畅度也具有显著的正相关性。语法语块多为框式结构,且在句法结构上多表现为复句形式。复句结构内部的关联词,具有极强的逻辑性,其在意义表达上,也具有十分重要的作用。语法语块不仅使得书面产出语料在前后文的逻辑、语言表达上通顺、直观,而且还能够有效帮助阅读者快速理解文章意义。语法语块的使用,同样也促使学习者书面产出语料不断接近于母语者的书面语料表达。

词汇语块比率与连贯度具有显著的正相关性。在本研究中,词汇语块划分为复合成分、固定短语及话语标记这三种类型。词汇语块字符串内部高度凝合,没有空槽,意义凝练且单一,可直接视为词语来独立使用。词汇语块比率越大,则使用的词汇语块数量就越多,那么产出的书面语料就越容易理解,阅读起来也就越加顺畅连贯。

高级水平阶段学习者,在书面语料产出的复杂度与准确度上,都能达到较高的程度。这可以说是,明显区别于初、中级水平阶段学习者书面产出语料的特征所在。对于书面产出语料中的语块使用而言,本项研究更加关注流畅度、习语度及连贯度这三个评价维度上的结果。除流畅度这一评价维度还存不确定之处外,习语度与连贯度都在书面产出上同语块比率具有显著的正相关性。

习语度侧重于观察书面语料中,是否使用了较多的语块,且这些语块是否使用恰当。习语度与语块比率的正相关性越加显著的话,那么学习者的书面产出语料也就越接近于母语者的书面语料表达。连贯度重在探讨二语者书面产出语料的前后文逻辑关联性。对于学习者的书面产出语料,如果其中的语块比率越大,那么语料的篇章逻辑就越加明确、连贯,所要表达的意思也就能够更加容易、快速地为阅读者所理解。连贯度是对任何种类书面产出语料的基本要求,只有达到了字词使用正确、选词造句得体、意义表达准确的要求后,才能较好做到书面产出语料的连贯度要求。对于第二语言学习者而言,如果可以写出连贯度较高的书面语料的话,那么这些语料将会更为趋近母语者的书面语言表达。想要做到这一点,语块的使用则是必不可少的,而且还必须使得语块占有较大的比率。

书面产出语料中的语块比率和语块覆盖率,这两个观测变量密切相关,不仅在数量上表明了语块在文本中的占比大小,而且还会直接影响到文本的可读性。对于历时研究而言,这两项变量是值得高度关注的。通过前后比较,就可以直观发现学习者对语块的心理认知情况,以及语块产出与使用情况。越是熟练的二语者,他们越会使用较多类型的语块,并且语块的比率和覆盖率也会随之增加,从而使得他们产出的书面文本,越加接近于母语者的书面产出文本。这种类似于母语者的语言表达,将会促使第二语言学习者不断趋近于母语者的语言认知水平和语言运用能力。

## 六　结　语

学习者的书面产出语料研究表明,文本中所使用语块的某些属性同 CAFIC 整体能力评价系统,存在着较为紧密的相关性。这一相关性具体表现为,语块比率及各类型语块比率,均与评价系统及其部分子要素之间存在显著的正相关性。流畅度、习语度和连贯度这三个评价维度,是测评第二语言学习者书面语块产出情况最重要的三个维度。这也说明了,书面文本中,语块的使用会直接影响产出语料的语言表达通顺、意义表述明确及前后文的逻辑性等。除此之外,习语度尤其关注语块的书面产出质量情况。如果单独考虑书面文本语块使用情况的话,习语度是一个较为合适的测量指标。

本文在对中文二语书面产出语块与文本质量相关性的讨论中,较多采用了主观化的评价方式。今后的研究中,可考虑以客观数据为主、主客观结合的方式,来进行数据的采集与分析。综合运用描述性指标和量化数据开展讨论,这样所获结论更具全面性和科学性,同时结论的有效度与推广度也会更强。此外,限于所使用语料库的原因,本文只对高级阶段中文二语者的书面产出语料作了分析,而缺少对初、中级阶段学习者书面产出语料的分析。中文二语语块的使用与教学,也是当前较为关注的一个领域(江新,李璧聪,2017;靳洪刚,2016;孔令跃,2018;亓文香,2008;张博,2020)。从历时研究的角度来看,如果可以将各阶段学习者的书面产出语料进行对比分析的话,这样就可能清晰描绘出中文学习者的书面产出语块动态发展情况,由此提出具有针对性的学习建议和教学策略等。

**参考文献**

贾光茂、杜 英(2008),汉语"语块"的结构与功能研究,《暨南大学华文学院学报》第2期。

江 新、李璧聪(2017),不同语言水平和母语背景的汉语二语者语块使用研究,《解放军外国语学院学报》第6期。

靳洪刚(2016),从语言组块研究谈语言定式教学法,《国际汉语教育(中英文)》第1期。

孔令跃(2018),对外汉语教学语块研究述评,《华文教学与研究》第1期。

亓文香(2008),语块理论在对外汉语教学中的应用,《语言教学与研究》第4期。

钱旭菁(2008),汉语语块研究初探,《北京大学学报(哲学社会科学版)》第5期。

王凤兰、于屏方、许 琨(2017),基于语料库的汉语语块分类研究,

《语言与翻译》第 3 期。

薛小芳、施春宏(2013),语块的性质及汉语语块系统的层级关系,《当代修辞学》第 3 期。

张 博(2020),"语素法""语块法"的要义及应用,《语言教学与研究》第 4 期。

Anderson, A. H. (1995). Negotiating coherence in dialogue. In M. A. Gernsbacher & T. Givon(Eds.), *The negotiation of coherence* (pp.41—58). Amsterdam / Philadelphia: John Benjamins Publishing Company.

Bacha, N. N.(2002). Developing learners' academic writing skills in higher education: A study for educational reform. *Language and Education*, 16(3), 161—177.

Brown, R.(1973). *A first language*. Boston, USA: Harvard University Press.

Conklin, K., & Schmitt, N.(2012). The processing of formulaic language. *Annual Review of Applied Linguistics*, 32, 45—61.

Cook, V. J., & Bassetti, B.(2005). An introduction to researching second language writing systems. In V. J. Cook & B. Bassetti(Eds.), *Second language writing systems*(pp.1—67). Clevedon, UK: Multilingual Matters.

De Beaugrande, R.A., & Dressler, W.U. (1981). *Introduction to text linguistics*, Vol. 2. London, UK: Longman.

Ellis, N. C.(2012). Frequency-based accounts of second language acquisition. In S. M. Gass & A. Mackey (Eds.), *The Routledge handbook of second language acquisition*(pp.193—210). London, UK: Routledge.

Ellis, R. (2003). *Task-based language learning and teaching*. Oxford, UK: Oxford University Press.

Ellis, R.(2008). *The study of second language acquisition* (2nd ed.). Oxford, UK: Oxford University Press.

Ellis, R., & Barkhuizen, G.(2005). *Analysing learner language*. Oxford, UK: Oxford University Press.

Fillmore, C., Kay, P., & O'Connor, M.C.(1988). Regularity and idiomaticity in grammatical constructions: The case of let alone. *Language*, *64*(3), 501—538.

Foltz, P. W. (2007). Discourse coherence and LSA. In T. Landauser, D. McNamara, D. Simon, & W. Kintsch(Eds.), *Handbook of latent semantic analysis* (pp.167—184). Mahwah, USA: Lawrence Erlbaum Associates.

Hakuta, K.(1976). A Case study of a Japanese child learning English as a second language. *Language Learning*, *26*(2), 321—351.

Handl, S.(2008). Essential collocations for learners of English: The role of collocational direction and weight. In F. Meunier & S. Granger (Eds.), *Phraseology in foreign language learning and teaching* (pp.43—66). Amsterdam / Philadelphia: John Benjamins Publishing Company.

Housen, A., & Kuiken, F.(2009). Complexity, accuracy, and fluency in second language acquisition. *Applied Linguistics*, *30*(4), 461—473.

Housen, A., Kuiken, F., & Vedder, I.(2012). *Dimensions of L2 performance and proficiency: Complexity, accuracy and fluency in SLA*. Amsterdam / Philadelphia: John Benjamins Publishing Company.

Hou, J., Loerts, H., & Verspoor, M. H.(2018). Chunk use and development in advanced Chinese L2 learners of English. *Language Teaching Research*, *22*(2), 146—168.

Hou, J., Verspoor, M. H., & Loerts, H.(2016). An exploratory study into the dynamics of Chinese L2 writing development. *Dutch Journal of Applied Linguistics*, *5*(1), 65—96.

Hunt, K.W.(1965). *Grammatical structures written at three grade levels*. NCTE Research Report No. 3. Champaign, IL: National Council of Teachers of English.

Hyland, K.(2006). *English for academic purposes: An advanced resource book*. Oxford, UK: Taylor and Francis Group.

Iwashita, N., Brown, A., McNamara, T., & O'Hagan, S. (2008). What features of language distinguish levels of learner proficiency? In-depth analysis of task performance in the context of the speaking scale development. *Applied Linguistics*, 29(1), 29—49.

Larsen-Freeman, D. (1978). An ESL index of development. *TESOL Quarterly*, 12(4), 439—448.

Larsen-Freeman, D. (2009). Adjusting expectations: The study of complexity, accuracy, and fluency in second language acquisition. *Applied Linguistics*, 30(4), 579—589.

Lennon, P. (1990). Investigating fluency in EFL: A quantitative approach. *Language Learning*, 40(3), 387—417.

Nattinger, J. R., & DeCarrico, J. S. (1992). *Lexical phrases and language teaching*. Oxford, UK: Oxford University Press.

Nihalani, N. K. (1981). The quest for the L2 index of development. *RELC Journal*, 12(2), 50—56.

Paqout, M. (2008). Exemplification in learning writing: A cross-linguistic perspective. In F. Meunier & S. Granger (Eds.), *Phraseology in foreign language learning and teaching* (pp. 101—119). Amsterdam/Philadelphia: John Benjamins Publishing Company.

Pawley, A., & Syder, F. H. (1983). Two puzzles for linguistic theory: Native-like selection and native-like fluency. In J. C. Richards, & R. W. Schmidt (Eds.), *Language and communication* (pp. 191—226). New York, USA: Longman.

Polio, C. (2003). Research on second language writing: An overview of what we investigate and how. In B. Kroll (Ed.), *Exploring the dynamics of second language writing* (pp. 35—65). Cambridge, UK: Cambridge University Press.

Schmitt, N., & Carter, R. (2004). Formulaic sequences in action: An introduction. In N. Schmitt (Ed.), *Formulaic sequences: Acquisition, processing and use* (pp. 1—22). Amsterdam/Philadelphia: John Benjamins Publishing Company.

Silva, T. (1993). Toward an understanding of the distinct nature of L2 writing: The ESL research and its implications. *TESOL Quarterly*, 27(4), 657—677.

Sinclair, J. (1991). *Corpus, concordance, collocation*. Oxford, UK: Oxford University Press.

Smiskova-Gustafsson, H. (2013). *Chunks in L2 development: A usage-based perspective*. (Doctoral dissertation). University of Groningen.

Skehan, P. (1996). Second language acquisition and task-based instruction. In J. Willis, & D. Willis(Eds.). *Challenge and change in language teaching* (pp.17—30). Oxford, UK: Heinemann.

Skehan, P. (1998). *A cognitive approach to language learning*. Oxford, UK: Oxford University Press.

Verspoor, M., Schmid, M. S., & Xu, X. Y. (2012). A dynamic usage based perspective on L2 writing. *Journal of Second Language Writing*, 21(3), 239—263.

Wachal, R. S., & Spreen, O. (1973). Some measures of lexical diversity in aphasic and normal language performance. *Language and Speech*, 16, 169—181.

Warren, B. (2005). A model of idiomaticity. *Nordic Journal of English Studies*, 4(1), 35—54.

Weigand, E. (2009). *Language as dialogue: From rules to principles of probability*. Amsterdam / Philadelphia: John Benjamins Publishing Company.

Wolfe-Quintero, K., Inagaki, S., & Kim, H. (1998). *Second language development in writing: Measures of fluency, accuracy & complexity*. Honolulu, USA: University of Hawaii Press.

Wood, D. (2010). *Perspectives on formulaic language: Acquisition and communication*. London, UK: Continuum International Publishing Group.

Wray, A. (2002). *Formulaic language and the lexicon*. Cambridge, UK: Cambridge University Press.

## 附录一　CAFIC 整体能力评价系统标准分区描述

| 标准 | 分　区　描　述 |
|---|---|
| 复杂度 1—5 | 按照以下三个子领域的复杂情况，对文本材料的复杂度进行整体评分。忽略文本材料中的任何错误，除非这些错误影响到正确理解文本意思（文本错误，将会在"准确度"标准中进行评分）。<br>a. 句子结构：1—非常简单　2—简单　3——般　4—复杂　5—非常复杂<br>b. 虚词种类：1—非常少　2—较少　3——般　4—较多　5—非常多<br>c. 词汇使用：1—非常简单且常见　2—比较简单且常见　3——般（能够理解意思）　4—比较困难且不常见　5—非常困难且不常见 |
| 准确度 1—5 | 文本材料错误，可能出现在以下地方：<br>a. 语法：句法成分搭配不当，句法成分缺失或多余，语序不正确，句式混杂，虚词使用错误。<br>b. 词语使用：词语使用不合适，词语意义表达错误。<br>c. 拼写与标点符号：汉字书写错误，标点符号使用错误。<br>文本材料错误总数与错误率，评分描述如下：<br>1—错误很多　2—错误较多　3—有错误，但可以理解文本意思　4—错误较少　5—无错误 |
| 流畅度 1—5 | 文本材料语言通顺程度，评分描述如下：<br>1—很不通顺　2—较不通顺　3—较为通顺　4—通顺　5—非常通顺 |
| 习语度 1—5 | 文本材料中，是否出现了一些常用的词语组合？出现的语块种类与次数多吗？文本材料习语度评分描述如下：<br>1—文本语言很难理解，而且没有使用类似母语者表述的语块材料。<br>2—文本语言较难理解，使用的语块材料种类与数量都较少。<br>3—文本语言能够理解，使用了一些语块，但是部分语块使用不当。<br>4—文本语言能够理解，使用了较多的语块，且语块的种类也较多。<br>5—文本语言容易理解，而且使用的语块材料种类与数量都较多，这些语块类似于母语者的表达。 |
| 连贯度 1—5 | 阅读文本材料，句子是否自然流畅？每一个段落是否有一个焦点，且段落中的所有句子都与之相关？段落之间是否存在关联？文本材料的流畅度评分描述如下：<br>1—阅读过程中，句子重读次数较多；段落焦点不止一个，段落之间的关联不足。<br>2—阅读过程中，有重读的句子；段落焦点较为明确，但是缺乏段落之间的关联。<br>3—阅读过程中，重读的句子较少；段落焦点较为明确，段落之间的关联不高。<br>4—阅读过程中，基本上没有重读的句子；段落焦点较为明确，段落之间的关联较高。<br>5—阅读过程中，没有重读的句子；段落焦点明确，而且段落之间的关联很强。 |

附录二　中文学习者书面产出语料有关指标描述统计

| 观测变量 | 平均数 | 标准差 |
| --- | --- | --- |
| 复杂度 | 4.64 | 0.216 |
| 准确度 | 4.70 | 0.154 |
| 流畅度 | 4.74 | 0.138 |
| 习语度 | 3.63 | 0.304 |
| 连贯度 | 4.63 | 0.160 |
| CAFIC | 22.34 | 0.574 |
| 语块比率 | 0.432 | 0.177 |
| 语法语块比率 | 0.087 | 0.070 |
| 词汇语块比率 | 0.344 | 0.145 |
| 文本长度 | 326 | 55.4 |
| 平均语块长度 | 3.70 | 0.397 |
| 语块覆盖率 | 0.024 | 0.010 |

# 基于语料库的聋生"是……的"句(二)偏误分析

陈甜天　王玉玲

北京启喑实验学校　北京市西城区教育学院

**摘　要**：汉语能力对于聋生融入主流社会极为关键,而聋生汉语句子的掌握情况并不理想,其中"是……的"句一直以来就是其学习难点之一。研究基于目前国内仅有的义务教育阶段聋生汉语中介语语料库,对北京市义务教育阶段聋生自然产出的汉语语料进行收集、标注、统计与分析,分析义务教育阶段聋生"是……的"句(二)的偏误类型、分布及原因。结果发现：(1)北京地区义务教育阶段聋生"是……的"句(二)偏误分为三类,偏误比例从高到低依次为：可用而用时出错(83.12%)、其他偏误(11.69%)、不该用而用(5.19%)。(2)在年级分布上,3—6年级输出率均低于1.09‰,7—9年级输出率逐级增加,但偏误率较高。(3)对不同语言类型学生的偏误类型进行分析发现,在输出率与偏误率方面,手语优势聋生(输出率0.82‰,偏误率60.20%)均高于口语优势聋生(输出率0.34‰,偏误率42.86%),手口均差学生输出率最低(0‰)。手语优势聋生偏误最高的是"是……的"中"是"字缺失的类型；口语优势则是"的"字缺失类型；"不该用而用""是的位置错误"这几类口语优势聋生是零偏误,而手语优势则都有偏误。偏误原因主要包括由于听力障碍导致的自然语言习得环境的缺失、聋校汉语课程教学不力、句式本身的复杂度。与以往研究结论不同的是,手语并不直接决定聋生书面汉语的水平,但会影响聋生书面汉语偏误的类型。建议加强基于语料库的聋生汉语习得研究,重视研发聋生汉语教学课程,注重传授学生手语和汉语之间的差异。

**关键词**：语料库；聋生；"是……的"句(二)；偏误分析

## 一、前　言

汉语能力对于聋生融入主流社会极为关键，而聋生汉语句子的掌握情况并不理想。刘卿（2010）通过高职聋生语文试卷分析发现，该试卷难易程度相当于普通小学五六年级，而聋生考试平均分较低。任媛媛（2011）研究发现聋人学生汉语书面语水平一直严重落后于同龄健全学生，这种落后也体现在书面语语法上。

偏误分析是对第二语言学习者的语言系统进行研究常用的一种方法。已有研究认为聋人的汉语书面语也具有中介语的特点，是汉语学习过程中母语手语和目标语汉语之间的一种过渡语言（吕会华，2010）。偏误分析有助于我们了解聋人学生学习汉语书面语的过程（任媛媛，2011）。研究聋校听觉障碍学生的书面语语法偏误能够为聋校语文教学提供帮助（郭学慧等，2020）。

已有研究比较全面地揭示了听障学生书面语存在的语法偏误问题，并对偏误的成因进行分析。王梓雯等（2018）采用文本分析考察了中年级听障学生句法偏误的特征。张帆等（2017）通过实验研究发现重度聋生"是……的"句的句法意识较弱。

近年来，出现了以语言事实建立的相关语料库，进行聋生语法偏误分析的研究成果，但数量较少，在知网中以"语料库""特殊句式""语法偏误""听障学生""聋生"为关键词进行搜索，仅得到相关文献10余篇。吕会华等（2010）提出了聋人汉语书面语语料库建设的构想。已有基于语料库的研究，有的是词类使用偏误研究方面，有的是句法偏误研究。比如，吕会华等（2018）对聋人汉语书面语语料库词语偏误分类及产生原因进行了探究。张帆（2015）利用自建的书面语料库，借鉴对外汉语语料库标注标准，对聋生程度副词"很"的使用偏误情况进行分析。何洪义（2023）从自建的高职聋生语料库出发，探讨了高职聋生常见的语言色彩义偏误类型，包括语体色彩义、感情色彩义和其他色彩义。王玉玲等（2018）基于自建的高中听障学生汉语中介语语料库，指出听障学生书面语句法上存在语序偏误、句子成分残缺或赘余的情况。卢雪飞（2018）等基于自建的听障生汉语中介语语料库，将高中聋生"是"字句偏误分为三类，即该用而未用、不该用而用以及"是"字句内部偏误。在知网上,尚查不到基于语料库的聋生"是……的"句习得或偏误研究相关成果。

"是……的"句在汉语中使用频率高,表意功能丰富,且高度依赖语境。"是……的"句一直以来也是聋生学习难点之一。若不能掌握例句的发话背景和意图等,这就会影响偏误类型的具体判断(张轶欧,2020)。已有相关研究成果多来自对外汉语教学领域。比如,刘新以北京语言大学HSK动态作文语料库为语料来源,将"是……的"句的偏误分为遗漏偏误、误用偏误、杂糅偏误、位置偏误(刘新,2016)。先后有学者吕必松(1982)、吕叔湘(1999)、刘月华等(2001)、张宝林(2006)等对"是……的"句结构分类进行研究。"是……的"句贯穿于二语学习者初中高级各个阶段,语义、语用功能也复杂多样,这些问题都加大了学习者掌握该句式的难度(阳慧萍,2016)。

"是……的"句(二)中"是"和"的"作为一种语用框架,一种标记,可以整体出现或整体消失,消失后句子仍然完整。刘月华等(2019)认为,用"是……的"时,语气肯定,口气委婉缓和,有说理的意味,目的是要人相信,不用"是……的"时,语气较强,有时显得简洁、直爽。刘月华等(2001)认为使用"是……的"(二)句时,说话人是要对主语进行评价、叙述,这时,"是"和"的"都表示语气。张宝林(2006)认为,"是……的"句有时难判断它到底是哪一类,容易和"是"+"的"字短语、作谓语"是"字句混淆,"是……的"(一)和(二)也容易混淆;解决歧义的理论依据是语境,把每个句子放在语境中去考虑,这样就不会产生歧义。

本研究基于自建的义务教育阶段聋生汉语中介语语料库,对北京市义务教育阶段聋生自然产出的汉语语料进行收集、标注、统计与分析,分析义务教育阶段聋生"是……的"句(二)的偏误类型、分布及原因。目的是为今后聋校语言教学的教材编写、课堂教学提供依据和参考,改善该句式的教学效果。

## 二、材料与方法

### (一)研究对象

以北京市2019—2020学年度北京市义务教育阶段聋校学生为研究

对象,排除智力水平落后学生以及第一语言为汉语学生(听力使用、口语使用、书面汉语与同龄学生无异),共计 77 人,其中男生 48 人,女生 29 人。

(二) 研究工具

本文的偏误语料,来源于自建的义务教育阶段听障学生汉语语法中介语语料库。篇数 1 319 篇、12 388 句、264 826 字。

另外,"是……的"句(二)中的"是"和"的",作为一种语用框架下的标记符号,很多情况下可以省略"是",例如"学生的潜力很大的",关键要看语境。标注中,面对不确定的情况,研究者会找来学生当面询问,避免主观臆断。为保证语料的真实性,本文尽可能保持语料的本来面貌,只改了错别字,其他偏误不予处理。

(三) 研究方法

通过语料库的"错句检索"功能,共搜索出"是……的"句 231 例,剔除"是……的"句(一)、剔除重复的句子、标注错误的句子,最终得到"是……的"句(二)77 例。

另外,关于"是……的"句(二)的鉴别,本文主要依靠以下方法进行判定:如果是已经发生的事件,表现为去掉"的"以后句子具有未然形或不能成立,则"的"为动态助词,该句为"是……的"句(一),例如,"他是骑车上学的。"如果表示强调,"是"和"的"同时去掉或者单独省略"是"句子仍然成立,则"的"为语气助词,该句为"是……的"句(二);例如,"中国人民是不可战胜的。"如果既不表示"已然义",也不表示强调语气,而是用"的"字短语表示某类人或某类物,那"的"就是结构助词,该句式为"是"字句,且宾语是"的"字短语,例如,"他是教书的。"对于偏误语料的判断,主要参考依据是刘月华等(1983)对"是……的"句使用规律的总结与归纳,以及上下文语境,在语境中判断该句式的真正意图。

## 三、偏误类型分析

(一) 从总体偏误类型上,结果发现:北京地区义务教育阶段聋生

"是……的"句(二)偏误分为三类,偏误比例从高到低依次为:可用而用时出错(83.12%)、其他偏误(11.69%)、不该用而用(5.19%)。本研究未发现"该用而未用"的类型。83.12%这个数据说明了一个很重要的问题,即学生在绝大多数情况下是知道什么时候应该使用"是……的"句的,只是使用中存在错误。5.19%这个数据从反面说明了上面的问题:学生在绝大多数情况下是知道什么时候应该使用"是……的"句的。

表1 聋生"是……的"句(二)偏误类型分析

| | 不该用而用 4(5.19%) | | 可用而用时出错 64(83.12%) | | | | 其他 9(11.69%) | | 总计 |
|---|---|---|---|---|---|---|---|---|---|
| | 该用是字句 1 | 该用一般形谓或动谓句 3 | 缺的 23 | 缺是 26 | 错序 4 | 缺词缺成分 11 | 词误用 8 | 双重否定缺否定词 1 | |
| 数量 | 4 | | 23 | 26 | 4 | 11 | 9 | | 77 |
| 比例 | 5.19% | | 29.87% | 33.77% | 5.19% | 14.29% | 11.69% | | 100.00% |

下面逐一介绍各个类型。

1. 不该用而用(4)

"不该用而用"指的是不该用"是……的"句(二)而使用了该句式。如表1所示,数量较少,其下位类型有两类:第一类,该用"是"字句而误用为"是……的"句(二),如例(1)。第二类,该用一般动词谓语句的而误用为"是……的"句(二),如例(2)。

(1) 古代的衣服<u>是多么麻烦的</u>,长长的大裙子,复杂的穿几件呀。

(2) 老师给我讲特别详细,我写<u>都是马虎的</u>。

(1)句应为"古代的衣服多么麻烦","是……的"字需要删除。(2)句中,学生想描述过去发生的一个事实,即"通过老师详细的讲解,我明白了一件事:我写得太马虎了。"这里不该用"是……的"句,而用一般动词谓语句即可。

2. 可用而用时出错(64)

"可用而用时出错"指的是在可以使用"是……的"句(二)的情况下使用了该句式,但句中存在种种不当之处。此类偏误数量最多,共64句。如表1所示,分为4个下位类型,分别是第一缺"的"字,第二缺"是"字,第三"是"和"的"位置错误;第四缺词缺成分。这和王芳(2011)关于外国学生"是……的"句(二)偏误分析的研究结果不同:外国学生偏误率最高的是缺"的"字的类型,而聋生不一样,聋生偏误最高的是缺"是"字的类型。下面逐一分析4个下位类型。

2.1 "主语+是……+(的)"偏误(23)

缺"的"字的偏误数量共23句,又分为四种亚类型,详见下表。

表2 "主语+是+……+(的)"偏误亚类型分析

| 一级偏误 | 二级偏误 | 三级偏误 | 数量 | 比例 | 示 例 |
|---|---|---|---|---|---|
| 主语+<br>是+……+<br>(的)23 | 1. 只缺"的"10 | —— | 10 | 12.99% | (3) 外号真是会影响我和同学之间的关系( )。<br>(4) 边拿着边下山,够累( )呀。 |
| | 2. "了"和"的"混淆4 | —— | 4 | 5.19% | (5) 这件事是会造成大事了( )。 |
| | 3. 副词作状语不当3 | 副词多余2 | 2 | 2.60% | (6) (我)内心都是很难受( )。 |
| | | 副词的位置1 | 1 | 1.30% | (7) 我爸马上知道之后一定会找我这儿教育一下而已( )。 |
| | 4. 其他词语不当<br>(词多、词缺)6 | —— | 6 | 7.79% | (8) 我也会撕___那个破纸( )。 |

上述各例中,有两种改法,可以去掉"是"字,则为正确的形容词谓语句或动词谓语句;也可以加上"的"字,则为正确的"是……的"句(二)。"是……的"句在有"是"的情况下,不能单独省略"的",因此,将上述偏误认为是缺"的"的偏误。有的句子中不仅缺少"的"字,还可能存在词多、词缺等问题,如例(7)(8)。

"是……的"句(二)表达一种主观判断。例(5)中,作者原意是想强调这件事情可能带来严重后果,而"了"表示一种变化,从"不会发生"到"会发生",但这不符合作者的原意,所以句尾首先要去掉"了",然后加上"的"。

在口语中,"会+动词结构"进入"是……的"时,"是"倾向于省略。这是属于"是……的"句的特殊情况(易平平,2009)。如果语境中有主观强调之意,构成"是……的"结构,"的"不能省略,如例(8)应为"我也会撕了那个破纸的"。

### 2.2 "主语+(是)……+的"偏误(26)

省略"是"的情况并不都是偏误,某些情况倾向于保留"是"而例句缺了"是"。缺"是"的偏误数量共26句,分为3个下位类型,详见下表。

表3 "主语+(是)……+的"偏误亚类型分析

| 一级偏误 | 二级偏误 | 三级偏误 | 数量 | 比例 | 示例 |
| --- | --- | --- | --- | --- | --- |
| 主语+(是)……+的 26 | 1. 只缺"是" 15 | —— | 15 | 19.48% | (9) 不添麻烦(　　)最好的,我真想得疯了。<br>(10) 虽然背《长恨歌》是一个很无聊,但对将来(　　)有用处的。 |
|  | 2. 缺"是"的同时词语不当11 | 副词不当5 | 5 | 6.49% | (11) 身体还(　　)(　　)壮的,说明您是一名特好的体育老师。<br>(12) 校长几乎(　　)很开心的。 |
|  |  | 其他词语不当6 | 6 | 7.79% | (13) 说实话,(　　)和陈XX(　　)经历(　　)一样的。<br>(14) 我身上(　　)有错的——破坏小小的公物。 |

上述偏误句的实质是"是……的"句(二)中"是"的省略问题。易平平(2009)认为:当"最+形容词/动词结构"进入"是……的"时,"是"绝对不可以单独省略,如例(9),正确句为"不添麻烦是最好的";而当单个词进入时,"是"倾向于保留,如例(11)(13),正确句分别为"身体还是很壮的""我和陈XX的经历是一样的","壮""一样"是单个形容词,属于单个形容词进入"是……的";在口语中,在"挺、够、怪、蛮+形容词/心理动词"或"会+动词结构"进入"是……的"时,"是"倾向于省略,但例(14)并不符合这样的省略条件,正确句为"我是有错的"。

苏文娟(2010)认为,当"是"前有副词修饰或状语和动词加长时,"是"均不可省略。如例(10)(12)有状语"对将来""几乎(应为'似乎')",因此"是"都不可以省略。

### 2.3 语序偏误(4)

"语序偏误"指的是句子中有"是……的"结构,但是句中有的词语的顺序有误。本类偏误共4句,见例(15)—(18)。

表 4 "语序偏误"亚类型分析

| 一级偏误 | 二级偏误 | 数量 | 比例 | 示例 |
| --- | --- | --- | --- | --- |
| 语序偏误 4 | 1."是"的位置有误,为否定句,同时缺副词"会" | 1 | 1.30% | (15) 坚持和努力<u>不是</u>白费的。 |
| | 2."是"的位置有误,为否定句,同时作补语的趋向动词位置有误(买不来) | 1 | 1.30% | (16) 爱<u>不是</u>金钱<u>来</u>买的。 |
| 语序偏误 4 | 3."是"的位置有误,同时主语成分中的一个词语多余 | 1 | 1.30% | (17) <u>是</u>( )从英国进口毒品<u>发生</u>的事我知道。 |
| | 4."的"的位置有误 | 1 | 1.30% | (18) 爱是需要<u>的</u>勇气。 |

以上各例虽然有多个理解和改法,但根据上下文语境,上面各句都属于"是……的"句(二)。其中(15)(16)都是"是……的"句(二)的否定句,在"是……的"句(二)中,否定词放在"是"之后(刘月华等,2001)。这一点与"是……的"句(一)不同。(15)句应该改为"坚持和努力是不白费的"。(16)句应改为"爱是金钱买不来的(即爱是无价的)",和下一句的"爱是无私的"并列,表达了对爱的"无价""无私"两个特点的看法,前后两句句式相仿,语意连贯。除了"是"和"的"的位置需要调换,有的句子中还存在其他错误,如(17)句,应改为"从英国进口毒品的事我是知道的"。(18)句应为"爱是需要勇气的"。

2.4 成分残缺(11)

"成分残缺"偏误指的是句子中有"是……的"结构,虽然"是……的"结构本身没有问题,但句子中存在成分残缺的偏误,该偏误具体分为 2 类,详见下表。

(19)句应为"老师放心吧,我可以控制自己的。"(20)句最大的问题是中间缺少了程度副词"很"做状语,此外,副词"也"的位置也不当,应改为"有时工作也是很闲的。"刘月华等(2001)认为:"是……的"中间如果是形容词谓语,往往形容词是短语,比如,"很聪明"。这里的"闲"应该是"很闲",虽然只是缺了一个程度副词,但是缺了这个词,就是缺了状语,而且容易和另一种单个的性质形容词做谓语的情况混淆,单个的性质形容词做谓语往往带有比较、对照义,所以,这个程度副词很重要。(21)句应为"这样的计划对将来是有用处的。"

表5 "词语残缺或多余偏误"亚类型分析

| 一级偏误 | 二级偏误 | 三级偏误 | 数量 | 比例 | 示　例 |
|---|---|---|---|---|---|
| 词语残缺或多余偏误11 | 词语残缺7 | 词缺致使主语残缺3 | 3 | 3.90% | (19) 老师放心吧,＿＿可以控制自己的。 |
| | | 程度副词做状语残缺1 | 1 | 1.30% | (20) 因为这一年这么短的,也有时工作是(　)闲的。 |
| | | 能愿动词"会"做状语残缺2 | 2 | 2.60% | (21) 这样＿＿计划就对将到来(　)有用处的。<br>(22) 早晚会留下＿＿,下一年一定(　)再发病的。 |
| | | 词缺造成补语残缺1 | 1 | 1.30% | (23) 如果家里没人,或者去玩几天,锁一定会固定(　)的。 |
| | 词语多余4 | 词多造成主语残缺2 | 2 | 2.60% | (24) 年纪小,骑自行车时还是不行的。 |
| | | "的"后词语多余2 | 2 | 2.60% | (25) 画画是需要耐心的人。 |

(22)句应为"早晚会留下的,下一年一定会再发病的。"(23)句应该为"锁一定会锁好的。"属于此类,"会+动词结构"进入"是……的"时,"是"倾向于省略(易平平,2009)。(24)句应改为"年纪小时骑自行车还是不行的。"(25)句应改为"画画是需要耐心的。"

3. 其他偏误(9)

"其他偏误"指的是句子的"是……的"结构正确,句子虽然有主语谓语,但读起来仍是一个偏误句,究其原因,是句子中个别词语使用有误的情况。这类属词语错误,非语法错误。此类偏误较少,共9句。此类偏误分为2类:第一,词语不当,共8句。比如例(26)—(30)。第二,双重否定句有误,共1句。如例(32)。

(26)句,学生写"珍惜是珍贵的。"这里的"珍贵"应该改为"可贵"。(27)句应为"我感觉有点凉,晚上还会更凉的。""也"改为"还",原文"还"改成"更"。对于像这样的纯粹词语误用,本研究将其归为其他偏误。教学时,重点辨析"可贵"和"珍贵"、"还"和"更"两组词语。(28)应为"我也知道的"。(29)应为"防狼喷雾以后也许会有的"。(30)应为"与我们有时也会开的。"(31)应为"但是交通(方面/上)不一定不会出事的"。

表6 "其他偏误"亚类型分析

| 一级偏误 | 二级偏误 | 三级偏误 | 数量 | 比例 | 示例 |
|---|---|---|---|---|---|
| 其他偏误9 | 词语不当8 | 形容词不当2 | 2 | 2.60% | (26) 珍惜是珍贵的。 |
| | | 副词不当4 | 4 | 5.19% | (27) 我感觉有点凉，晚上也会还凉的。<br>(28) 还有发生第一次鸦片大战、第二次鸦片大战，我又知道的。<br>(29) 说不定，防狼喷雾以后一定会有的。 |
| | | 动词不当2 | 2 | 2.60% | (30) 她会开玩笑的，与我们有时会有的。 |
| | 双重否定句1 | —— | 1 | 1.30% | (31) 所以，我在北京虽安全，但是交通不一定（ ）会出事的。 |

（二）在年级分布上，结果发现：3—6年级输出率均低于1.09‰，7—9年级输出率与偏误率均逐级增加。9年级输出率最高，偏误率也是三个年级中最高的。偏误是反映语言习得的重要指标，输出率理想情况应该是聋生与健听生的比较。但目前还没有比较条件，因此与汉语二语学习者进行比较（见表8）。聋生偏误率远高于汉语二语学习者。

表7 各年级聋生"是……的"句(二)偏误率和输出率

| | 错误句<br>是的句2 | 正确句<br>是的句2 | 总计<br>正确+错误句 | 偏误率<br>错误句/总计 | 语料字数 | 输出率<br>总计/字数 |
|---|---|---|---|---|---|---|
| 3年级 | 1 | 0 | 1 | 100.00% | 1 240 | 0.81‰ |
| 4年级 | 1 | 1 | 2 | 50.00% | 11 192 | 0.18‰ |
| 5年级 | 1 | 0 | 1 | 100.00% | 12 901 | 0.08‰ |
| 6年级 | 3 | 4 | 7 | 42.86% | 23 484 | 0.3‰ |
| 7年级 | 10 | 13 | 23 | 43.48% | 65 064 | 0.35‰ |
| 8年级 | 11 | 17 | 28 | 39.29% | 51 393 | 0.54‰ |
| 9年级 | 50 | 32 | 82 | 60.98% | 75 176 | 1.09‰ |
| 总计 | 77 | 67 | 144 | 53.47% | 240 450 | 0.6‰ |

表8　9年级聋生和二语"是……的"句(二)偏误率统计

| 句式 | 9年级聋生输出数 | 9年级聋生偏误率 | 汉语二语学习者偏误率 | 偏误比例差 |
|---|---|---|---|---|
| "是……的"句 | 82 | 60.98% | 28.11% | +32.87% |

说明:汉语二语者生语料数据取自全球汉语中介语语料库,2021年5月26日,已标注语料总字数为125 881 018。

(三) 对不同语言类型学生的偏误类型进行分析,结果发现:在输出率与偏误率方面,手语优势聋生(输出率0.82‰,偏误率60.20%)均高于口语优势聋生(输出率0.34‰,偏误率42.86%),手口均差学生输出率最低(0‰)。如表9所示,即使是手口一般的学生"是……的"句(二)也有输出率,虽然正确率相对较低(25%),然而手口均差学生的正确句、错误句均为0。口语优势聋生偏误率低于手语优势聋生,即其正确率高于手语优势聋生,这符合一般人的认知,但为何其输出率低于手语优势聋生,一个可能的原因是口语优势聋生并未熟练掌握"是……的"句的用法,而更愿意用简单句表达。

表9　各语言类型聋生"是……的"句(二)偏误分析

|  | 错误句77 | 正确句67 | 总计 | 偏误率 | 语料字数 | 输出率‰ |
|---|---|---|---|---|---|---|
| 手语优势 | 59 | 39 | 98 | 60.20% | 118 808 | 0.82 |
| 口语优势 | 12 | 16 | 28 | 42.86% | 82 125 | 0.34 |
| 手口均优 | 4 | 6 | 10 | 40.00% | 24 501 | 0.41 |
| 手口均差 | 0 | 0 | 0 | —— | 16 514 | —— |
| 手口一般 | 2 | 6 | 8 | 25.00% | 21 222 | 0.38 |
| 总计 | 77 | 67 | 144 | 53.47% | 263 170 | 0.55 |

进一步分析,发现:手语优势聋生偏误最高的是"是……的"中"是"字缺失的类型;口语优势聋生的则是"的"字缺失类型;"不该用而用""'是'的位置错误"这几类口语优势聋生是零偏误,而手语优势则都有偏误。

表 10　手语优势和口语优势学生偏误对比分析

| 类型 | 不该用而用 | 可用而用时出错 缺的 | 可用而用时出错 缺是 | 可用而用时出错 缺成分 | 可用而用时出错 词错 | 其他 | 总计 |
|---|---|---|---|---|---|---|---|
| 手语优势 | 4 | 14 | 20 | 4 | 9 | 7 | 58 |
|  | 6.90% | 24.14% | 34.48% | 6.90% | 15.52% | 12.07% | 100.00% |
| 口语优势 | 0 | 6 | 3 | 0 | 2 | 1 | 12 |
|  | 0.00% | 50.00% | 25.00% | 0.00% | 16.67% | 8.33% | 100.00% |

## 四、讨　论

1. 教师应重视聋生"是……的"句偏误原因分析,培养其手语汉语转化能力。

对于"是……的"句而言,本研究认为:聋生"是……的"句(二)的偏误原因主要包括:由于听力障碍导致的自然语言习得环境的缺失、聋校汉语课程教学不力、句式本身的复杂度。

前面提到,聋生偏误最高的是缺"是"字的类型。原因值得探讨。从表3中能看到副词出错率较高,因此单独列为一类。如例(11),学生写"身体还壮的",意思是"身体还是挺/很壮的。"因此,这里的"壮"前面要加上程度副词,比如挺、很等。为什么会出错呢?一个很可能的原因是手语中程度副词不用打出来,汉语中的程度副词在手语中有时以表情传达(王玉玲等,2018)。因此,写书面汉语句子的时候,聋生也很可能会残缺副词。手语由手形、方向、运动、位置四要素及表情、身体姿态等"非手控特征"构成。若受手语思维影响,容易只记录手形,而忽略方向、动作和位置(陈亚秋,2006)。简言之,与手语非手控特征有关系。因此,本研究建议教会聋生手语汉语相互转化的意识与能力(王玉玲等,2017)。梁丹丹(2007)提出,要提高聋校教师语言学素养和系统地对自然手语和汉语进行比较研究。

2. 学校和教师应重视研发不同年级聋生"是……的"句教学课程。

如表7所示,7—9年级输出率与偏误率均逐级增加。9年级输出率最高,偏误率也是三个年级中最高的。究其原因,可能和不同年级语料数量不同有关系,也可能是随着年龄增长,学生想要表达的内容越来越丰富,句子越来越长,但是语法知识并没有达到能够满足其表达需要的程度。

部分聋人具有将汉语作为第二语言习得的特点。留学生"是……的"句教学相关策略可以为聋校教学提供借鉴。刘菁雯(2015)认为可以将单句教学与语篇教学相结合。高立军(2019)运用"构式—语块"教学法对"是……的"句(二)进行教学设计,减轻学习者的识记负担。吕玉仙(2023)提出"是……的"句(二)适用于评价场景,参照互动语言学理论,使用"情景化"教学,在课堂教学时设计推荐评价环节,拿出一本书,展示给学生,同时说"我是愿意把这本书推荐给你们的"。"是"和"的"的省略问题是"是……的"句教学难点,教师要在教学的开始阶段就要强调"是"和"的"的省略问题,教学中安排相关练习(杨宵,2020)。

综上所述,本研究建议:今后加强基于语料库的聋生汉语习得研究,重视研发聋生汉语教学课程,注重传授学生手语和汉语之间的差异。同时,加强语用方面的教学,将真正的交际场景与语法点、语用功能相结合,简化教学内容,减轻学生记忆负担。

3. 学校和教师应针对不同语言类型聋生开展"是……的"句教学。

如表8所示,在输出率与偏误率方面,"是……的"句(二)手语优势聋生(输出率0.82‰,偏误率60.20%)均高于口语优势聋生(输出率0.34‰,偏误率42.86%),手口均差学生输出率最低(0‰)。这说明:无论手语、口语哪个体系,至少一种体系,学生有了一般以上的水平,才可能会输出"是……的"句(二);当口语、手语均低于一般水平时,"是……的"句(二)距离他们很远。日常生活中,手口均差的学生表达更简单,句子更简短,而且"是……的"句(二)作为语用特征,可以整体出现或消失,他们也缺乏这方面的知识。和既懂手语又懂口语的中轻度聋生相比,手口均差的重度聋生对"是……的"句的句法意识较弱(张帆 李德高,2017)。

已有研究认为,二语习得的偏误主要分为:母语的负迁移、目的语知识的负迁移、文化因素负迁移、学习策略和交际策略的影响、学习环境的影响等五个主要方面(齐沪扬,2005)。在课堂教学的环境下,学习者、教师、目标语法通过教学安排而发生联系,语法结构的难度受到语法结构本身、教师教学及学习者自身的个体差异等因素的影响(徐萍等,2019)。与以往研究结论不同的是,手语并不直接决定聋生书面汉语的水平,但会影响聋生书面汉语偏误的类型。

未来的研究还应加强对"是……的"句(二)的语用功能进行更为深入的研究,比如"是"的隐现问题尚未得到解决(张宝林,2014)。

**参考文献**

陈亚秋.北京地区自然手势语序特点的调查研究[J].中国特殊教育,2006(04):26—30.

高立军.基于"构式-语块"理论的对外汉语"是……的"句教学研究[D].河北师范大学,2020.

郭学慧,王志强.聋校听觉障碍学生书面语语法偏误研究综述[J].绥化学院学报,2020,40(01):35—38.

何洪义.基于语料库的高职聋生词语色彩义的习得研究[J].产业与科技论坛,2023,22(04):138—140.

李海燕."是……的"句的语用分析,《汉语教学学刊》第2辑,北京大学出版社,2006.

李航宇.日本学生"是……的"句的习得偏误分析与教学设计[D].上海师范大学,2021.

李志巧.浅析二语习得的影响因素及其教学启示[J].齐齐哈尔师范高等专科学校学报,2013(5):137—138.

梁丹丹,王玉珍.聋生习得汉语形容词程度范畴的偏误分析——兼论汉语作为聋生第二语言的教学[J].中国特殊教育,2007(02):23—27.

林燕."是……的"句的本体和二语习得研究[D].南京师范大学,2021.

刘菁雯.对外汉语教材中"是……的"句的研究[D].福建师范大学,2015.

刘卿.九年制聋校毕业生书面语言能力发展研究——以南京特教学院2007—2009年聋生语文升学试卷分析为例.中国特殊教育.2010.(6):29—34.

刘新.强调义"是……的"结构研究及偏误分析[D].河北师范大学,2016.

刘月华等.实用现代汉语语法[M].北京:商务印书馆,2001.

卢雪飞,王玉玲.高中听力障碍学生"是"字句偏误分析——基于语料库的研究[J].现代语文,2018(01):164—168.

吕会华.第二语言习得理论与聋人汉语教学[J].毕节学院学报,2014,32(03):49—53.

吕会华.聋人汉语书面语语料库词语偏误分类及产生原因探究[J].北京联合大学学报,2018,32(01):76—84.

吕会华等.聋人汉语书面语语料库建设研究[J].中国特殊教育,2010,3.

吕玉仙.基于语料库的"是……的"句偏误分析及教学策略[J].汉字文化,2023(05):155—159.

齐沪扬.对外汉语教学语法[M].上海:复旦大学出版社,2005.

任媛媛.聋人学生汉语书面语语法研究综述[J].中国特殊教育,2011(03):16—19.

苏文娟.基于HSK动态作文语料库的"是……的"句(一)偏误研究,北京语言大学硕士学位论文,2010.

王芳.基于"HSK动态作文语料库"的外国学生"是……的"句(二)习得情况分析,北京语言大学硕士学位论文,2011.

王玉玲,李智玲.高中聋生书面汉语理解能力相关因素分析[J].现代特殊教育,2017(16):5.

王玉玲,张宝林,陈甜天,卢雪飞.高中听障学生汉语语法偏误分析——基于语料库的研究[J].中国听力语言康复科学杂志,2018,16(03):218—222.

王梓雯,连福鑫,林云强.中年级听障学生日记句型和句法偏误的研究[J].中国特殊教育,2018(06):35—41.

徐萍,鹿士义,高玲燕.外国留学生"是……的"句习得的实证研究[J].国际汉语教学研究,2019(02):90—96.

徐勤帅.初中听障学生汉语书面语语法偏误及教学策略研究[D].济南大学,2020.

阳慧萍."是……的"句式本体研究及偏误分析[D].湖南大学,2016.

杨霄.留学生"是……的"句偏误分析及教学建议[D].郑州大学,2020.

易平平."是……的"结构中"是""的"隐现考察,北京语言大学硕士学位论文,2009.

张宝林.汉语教学参考语法[M].北京:北京大学出版社,2006.

张宝林等.基于语料库的外国人汉语句式习得研究[M].北京:中国书籍出版社,2014.

张帆,李德高.聋生"是……的"句的句法意识[J].心理学报,2017,49(11):1383—1391.

张帆.聋生程度副词"很"使用偏误的句法分析[J].现代特殊教育,2015(16):30—33.

张轶欧."是……的"句习得偏误调查与教学策略——以日语为母语的中高级学习者为中心[J].海外华文教育,2020(04):43—50.

# 词汇心理表征视角下泰国学习者易混淆词研究
## ——以"家""家庭""家人"为例[1]

陈秀玉[2]

北京语言大学

**摘　要**：本文以词汇心理表征为理论基础，结合易混淆词的研究，考察泰国学习者易混淆词分布与特征。筛选易混淆词过程中发现泰国学习者对"家庭""家人""家"这组词混淆比较严重，因此本文试图讲述"家""家庭""家人"的混淆分布特征，围绕着词语表征理论依据找出混淆成因，从母语负迁移的角度详细指出语义迁移的内涵。并且在课堂教学环节中提出了针对"家""家庭""家人"解决混淆点的教学策略。

**关键词**：语料库、心理表征、易混淆词

## 一、引　言

　　传统语言学将语音、词汇、语法称作"语言三要素"，词汇被视为语言的建筑材料；语法是语言的间架；语音是语言的物质外壳。由于现代汉语词汇量太多，词义相近且复杂，学习者的词汇错误相比语音和语法错误要高。因此一直以来汉语近义词是汉语教学中的重点与难点。杨寄洲(2004)曾经提过学习者一旦学完了汉语的基本语法并掌握了1 500个左右的常用词语以后，就会遇到同义词、近义词用法方面的问题。有时候未必是近义词，仅仅含有同一个语素的词都会受母语翻译

---

[1]　此文已经在泰国的期刊发表，详细信息如下：陈秀玉(2023)词汇心理表征视角下泰国学习者易混淆词研究——以"家""家庭""家人"为例，泰国孔敬大学孔子学院的《汉学与国际中文教育》第一期，第45—54页。

[2]　作者简介：陈秀玉，女，泰国人，北京语言大学汉语国际教育研究院博士研究生。

的影响。在1 500个词里都有了基本词汇,学完基本词汇也差不多有了一定的水平,往后的词汇会有意义相近的词汇重复出现,如"会-能""终于-到底""忽然-突然""心理-心里""实际-实现""终于-最终"等等。这说明在初级或准中级水平的学习者都会遇到词语混用这一问题。不仅如此,在课堂教学、日常交谈或作业批改中都会遇到诸多词汇误用情况,大部分泰国本土学习者经常以母语思维逻辑来学习汉语,当他们想要表达某一个意思时,首先想到泰语的词义概念然后再翻译成汉语,因此会出现如下句子①:

(1) 我觉得好成功就是每天我跟**家庭**在一起,做菜给他们吃。(家庭→家人)

(2) 我爸爸妈妈向来喜欢**给**孩子当老师或者公务员。(给→让)

(3) 其实我不是**故意**来学习汉语,因为当开始的时候,我一点汉语都不会,所以就遇到了很多困难。(故意→有意)

泰国本土学校,在教授汉语时,大多是泰国本土教师使用泰语进行讲解,词汇教学都是以翻译法为主,在初期可能会让学生迅速理解汉语词义,像李春琳(2016)认为二语学习者可以始于母语词汇对译,这可以快速通达二语词汇的语义和句法信息,但是倘若学习者过度依赖泰语词义去理解汉语词的话,就会造成双语词义混用情况,如以上(1)—(3)例句。这些语料都来自泰国学习者实例,学习者将泰语的语义概念直接用在汉语语句的输出中。需要注意的是,汉语词汇的语义不能完全对应泰语翻译词的语义,以上例句(1)汉语"家庭"与泰语对应的是"ครอบครัว"[khɔːp41 khruːa33],在泰语词义都包含"家庭"和"家人",所以泰国学习者以泰语词的用法直接用到汉语句子。还有例句(2)"给"与"让"两词可以对应一个泰语词"ให้"[hai41]。再如例句(3)都对应泰语一个词语"ตั้งใจ"[taŋ41 tɕai33],但是学生使用中会有"故意"和"有意"一起混用的现象。张博(2011)称这种现象为"母语词义误推"。

以上的偏误引起笔者的深思,泰国学习者习惯从泰语词义直译后用在语句中,不管是母语词义误推还是学习者在学习过程中发生误解类推,

---

① 本文中介语语料分别取自艺术大学学生写作语料,误用词加下划线,语例后的括号中一律为误用词改为当用词。

都是目前泰国学习者面临的重大问题,从学生学习方面或者教师教学方面都值得深入挖掘。

本文基于前人的研究,通过真实语料筛选出泰国学习者易混淆词,将易混淆词组"家""家庭""家人"进一步与泰语进行对比,归纳出该组词的混淆点;通过词汇心理表征理论验证母语的影响,再以教学策略展开汉泰语义区分,为了能全部解决泰国学习者的混淆点。

## 二、理论依据

本文从实际语料考察泰国学习者易混淆词情况,是为了研究产生混淆的原因。前人的研究成果都表明是因为受到泰语直译的影响,从心理词典的角度来看学习者使用的汉泰词语概念确实存在混用。学习者习得词汇的过程中,都会有逐渐发展路径。蒋楠(2000,转自王瑞 2009)认为第二语言习得的心理语言学研究包括三个相互关联的方面:表征研究、习得研究和加工研究。任何第二语言习得理论如果缺少表征部分都不完整,这就像 Levelt(1989)所指出的,表征和加工是无法各自独立进行研究的。然而,与习得研究和加工研究相比,第二语言习得研究者较少关注表征研究。因此为了更加详细地研究词汇习得就应该关注词汇表征以及加工研究。蒋楠还认为与学习第一语言(以下简称 L1)相比,第二语言(以下简称 L2)学习者不可避免地要面临两个挑战:一是语言输入上的质和量的不足;二是在学习 L2 时,学习者头脑中已经存在一套 L1 的概念和语义系统。这套概念语义系统是随着 L1 母语习得建立起来的,必然要影响到 L2 的学习。根据以上的假设,蒋楠(2000)提出了 L2 词汇发展的三个阶段。该模型是基于 Levelt 的词汇假设和话语加工模型发展而来的。如下图1:

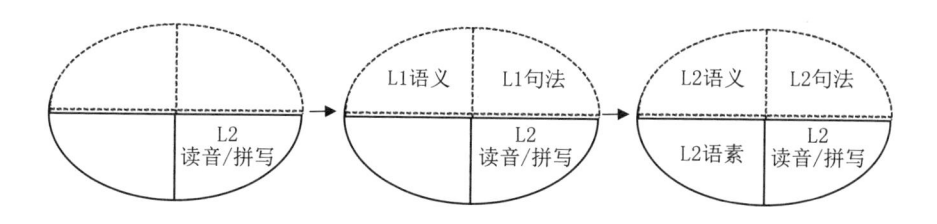

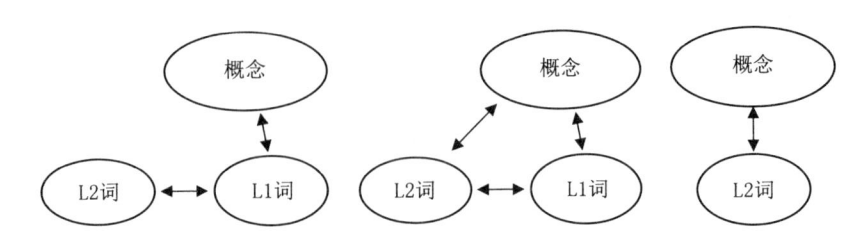

**图 1　L2 词汇发展从形式阶段到词条整合阶段与词汇加工过程**

虽然 L2 词汇学习有这三个阶段的发展,但是实际上学习者却很难达到母语者的水平,也就是说由于 L1 词目信息的中介作用,大部分的词汇发展会停留在第二阶段,导致僵化现象或称石化现象。研究者们发现学习者的二语学习到了一定的程度就很难再有进步,有些语言错误非常顽固,即便是有了很多的语言材料的输入也很难根除这些错误,这就造成了大多数学习者的词汇能力停滞不前,无法达到第三个阶段。所以从第二个阶段到第三个阶段,可能要花很长的时间。对于多数词来说,这一步可能永远也不能完成。这是 L2 的词汇僵化现象,参见图 2。

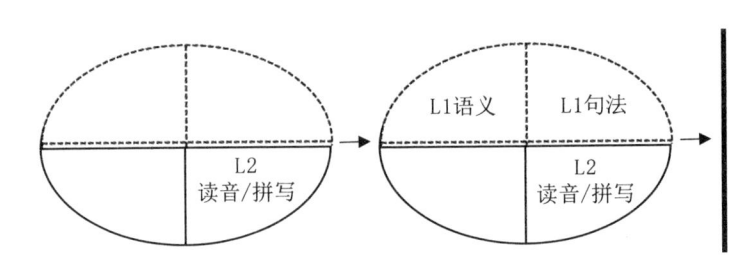

**图 2　L2 词汇发展僵化**

学习者 L2 词库中的词汇处于不同的发展阶段。只有观察 L2 学习者心理词库中的词主要位于三个阶段中的哪个阶段,我们才能够确定学习者的发展阶段。蒋楠的理论模式是具体阐释学习者的词汇习得发展过程,而目前我们要研究的是如何在第二个阶段中帮助与纠正学习者的双语词汇混淆情况。汉泰译词语义不对等也是造成词汇易混淆的主要原因之一,因此,挖掘及分析这一语言现象也是为了研究词汇习得的运行机制,弄清楚母语和目的语的词汇语义规律从而帮助学习者完整 L2 词汇表征体系,并且有助于汉语教师更加了解泰国学习者使用词情况。

## 三、易混淆词组的选取

本文观察了泰国学习者的写作语料,从写作作业及试卷记载误用词的句子。从不同的学校收集,艺术大学文学院共 334 份;艺术大学教育学院共 257 份;玉溪师范学院共 33 份,字数约 40 万字。关于选取语料对象的语言水平背景方面,所有语料都来自在泰国学习的学习者,他们具备着基础汉语水平,是大学一年级到四年级的学生,并且学习者上大学之前曾经在高中学过三年汉语。写作语料中大三和大四的学习者占数据来源的一半。所以每一份语料来源的学习者都具有一定的汉语水平。写作内容包括自我介绍、日记、故事翻译、看图写作、人物外貌描写等。由于没有特制定词汇范围,所以观察到的词汇误用可能没那么全面。

根据张博(2007)指出的易混淆具有的特点,即词语误用的频率较高与具有广泛的分布。另外按照张博(2013)提出的兼顾绝对频次和相对频度①的综合标准找出混淆序列,为了从中筛选出较为典型的目标词作为研究对象。在写作语料收集的词汇误用总共 651 组词。将有重复误例超过三次的词组,在全球汉语中介语语料库(以下简称 QQK)考察更多的误例情况。我们会对存在较高误例数以及较高的混淆频率进行考察。从写作语料与 QQK 语料库统计后得出混淆语例最高前十组,如下表 1:

表 1 QQK 语料库前 10 组最高混淆频率

| 词1 | 词2 | 当用词1→误用词2 词1数据 ||| 当用词2→误用词1 词2数据 ||| 混淆率位值 |
|---|---|---|---|---|---|---|---|---|
| | | 语例数 | 误例数 | 混淆频率(%) | 语例数 | 误例数 | 混淆频率(%) | |
| 和 | 并且 | 3 777 | 0 | 0 | 85 | 28 | 32.94 | 10 |
| 快 | 赶紧 | 806 | 0 | 0 | 17 | 5 | 29.41 | 9 |

---

① 绝对频次指在同一语料库中相关词语因彼此不当替代而误用的次数,本文均称为误例数。相对频度指在同一语料库中词语混用的次数占该词组及词总频次的比重,本文均称为混淆率。

续　表

| 词1 | 词2 | 当用词1→误用词2 词1数据 ||| 当用词2→误用词1 词2数据 ||| 混淆率位值 |
|---|---|---|---|---|---|---|---|---|
| | | 语例数 | 误例数 | 混淆频率(%) | 语例数 | 误例数 | 混淆频率(%) | |
| 家庭 | 家人 | 310 | 0 | 0 | 184 | 24 | 13.04 | 8 |
| 经验 | 经历 | 85 | 0 | 0 | 107 | 11 | 10.28 | 7 |
| 和 | 而且 | 3777 | 0 | 0 | 466 | 42 | 9.01 | 6 |
| 明天 | 第二天 | 152 | 0 | 0 | 45 | 3 | 6.66 | 5 |
| 通过 | 经过 | 101 | 0 | 0 | 72 | 3 | 4.16 | 4 |
| 容易 | 简单 | 169 | 0 | 0 | 89 | 3 | 3.37 | 3 |
| 家 | 房子 | 2752 | 1 | 0.03 | 93 | 3 | 3.22 | 2 |
| 以后 | 然后 | 744 | 1 | 0.13 | 1198 | 33 | 2.75 | 1 |

注:混淆频率=误例数*100/语例数

### 表2　泰国学习者前10组易混淆词最高误例数

| QQK 语料库 || 学生写作语料 || 误例数总量 | 误例数位值 |
|---|---|---|---|---|---|
| 混淆词 | 误例数 | 混淆词 | 误例数 | | |
| 以后↔①然后 | 34 | 以后↔然后 | 10 | 44 | 10 |
| 家庭→家人 | 24 | 家庭→家人 | 18 | 42 | 9 |
| 给↔让 | 36 | 给→让 | 6 | 42 | 8 |
| 会↔能 | 36 | 会↔能 | 4 | 40 | 7 |
| 时间↔时候 | 16 | 时间↔时候 | 9 | 25 | 6 |
| 以为↔认为 | 7 | 以为↔认为 | 10 | 17 | 5 |
| 在↔再 | 13 | 在↔再 | 3 | 16 | 4 |
| 经验→经历 | 11 | 经验→经历 | 3 | 14 | 3 |
| 多↔很 | 6 | 多→很 | 5 | 11 | 2 |
| 和↔并 | 7 | 和→并 | 4 | 11 | 1 |

① 表格中"→"表示单向混淆词(误用词→当用词),"↔"表示双向混淆词。

从表1与表2所示QQK语料库与写作语料的误例数相加后,将混淆频率和误例数按照由高到低的排列顺序,然后再将词对在两个序列中的位值相加,就可以得出其综合位值。如,"家庭→家人"的混淆频率位值为9,误例数位值为8,两个序列加起来为17,因此"家庭→家人"的综合位值为17。按照综合位值重新排序,可以得出较为客观的混淆序列为:家庭→家人(17)＞以后↔然后(11)＞经验→经历(10)＝和→并且(10)＞快→赶紧(9)＞给→让(8)＞会↔能(7)＞时间↔时候(6)＝和→而且(6)＞以为↔认为(5)＝明天→第二天(5)＞在↔再(4)＝通过→经过(4)＞容易→简单(3)＞多→很(2)＝家→房子(2)＞和→并(1)。

最终从以上的筛选发现,"家庭→家人"是泰国学习者混淆最多的。从两本近义词工具书①观察后,发现只记载了"家庭"与"家"的对比例释。但是在实际情况下,泰国学习者却对"家庭"与"家人"混淆最多。

## 四、"家""家庭""家人"的混淆分布特征

在学生写作语料与QQK语料库收集的误例当中,泰国学习者将"家人"误用为"家庭"一共42例,还有将"家"误用为"家庭"一共8例。这三个词都是单向混淆,即家庭(家人)和家庭(家)没有把"家庭"误用成"家人"和"家"。

学习者的写作语料的主题,通常围绕着生活方面的事情,比如写日记、写故事等。写作内容也离不开提到家里的情况,包括家人的故事。因此在考察泰国学习者易混淆词的实例,错误率占比例最高的是"家庭""家人""家"这三个词汇,其中QQK语料库上的"家庭-家人"的混淆频率为13.04%。这些词的误用关系如图8所示(箭头指由误用词指向当用词)。

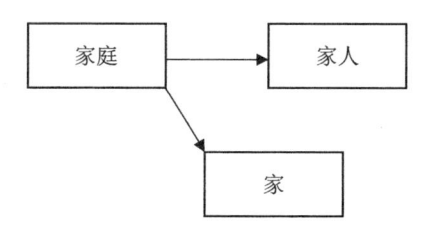

图3 "家庭""家人""家"的误用关系(误用方向与词际关系)

---

① 王还,《汉语近义词词典:汉英双解》,北京:北京语言大学出版社,2015:253。
杨寄洲、贾永芬,《1700对近义词语用法对比》,北京:北京语言大学出版社,2007:634。

从图3可见泰国学习者对这组词的混用情况没有那么复杂,词际关系是一对多混淆,误用方向凸显了单向误用。汉语中"家庭"与泰语对应的词语是"ครอบครัว"[khɔːp⁴¹ khruːa³³]。在泰语里"ครอบครัว"[khɔːp⁴¹ khruːa³³]有汉语三个义位包含在内,包括"家庭""家人""家",所以泰国学习者出现以下句子:

一、以"家庭"代替"家人"

(1) 她当空中小姐了。她给(**家庭**)很多钱,她说到做到。(家庭→家人)

(2) 他也是常为(**家庭**)担心的人。(家庭→家人)

(3) 今天的生日觉得很幸福,有(**家庭**)与很多朋友在我身旁。(家庭→家人)

(4) 我觉得好成功就是每天我跟(**家庭**)在一起,做菜给他们吃(家庭→家人)

(5) 我的小时候跟我【**家庭**】去过海边旅游。(家庭→家人)

(6) 每年在生日往往跟(**家庭**)一起过,今年也想过这样。(家庭→家人)

(7) 当他回家来,买给我和(**人家**)很多东西,是因为对他来说我的(**家庭**)和爷爷奶奶全都是他的(**家庭**)。其实哥哥可能只是想得到从(**家庭**)的爱关心。(人家、家庭→家人)

(8) 因为最后,最爱我们的人是(**家庭**)。(家庭→家人)

(9) 我觉得不是只吃火锅,而是跟(**家庭**)花时间。(家庭→家人)

(10) 今天我不但受到了很多好看的照片,而且能跟(**家庭**)去旅行,太好了!(家庭→家人)

(11) 今年我跟男朋友和他的(**家庭**)一起放水灯。(家庭→家人)

(12) 他试一试找钥匙,但是也找不到,突然孩子和他的(**家庭**)就来了。(家庭→家人)

(13) 事故是意外的,没有人愿意发生在跟我自己或我的(**家庭**)。(家庭→家人)

(14) 这个是第一次我自己做给我的【**家庭**】吃。(家庭→家人)

二、以"家庭"代替"家"

(15) 在一个(**家庭**)里有光头爸爸和小儿子,叫小平。(家庭→家)

（16）在那学汉语有点难、在我的班有全世界许多国家比如；越南、英国、日本、韩国等等但我舍不得离开【家庭】很长时间、很想家然后我决定回家乡学习。（家庭→家）

## 五、易混淆词的成因

泰国学习者对"家""家庭""家人"产生混淆的主要原因可分为两大部分，即：一、学习者词汇心理表征没有完善掌握好该词；二、词典与工具书导致混淆。

（一）学习者词汇心理表征没有完整掌握 L2 词语。

根据张博（2011）在《二语学习中母语词义误推的类型与特点》归纳出三种母语词义误推类型，即义位误推、义域误推和语义特征误推。语义误推是指，当母语多义词在一个义位上与目的语某词有同义关系时，学习者将母语多义词词义系统中的其他义位错误地推移到目的语的这个对应词上，如图3，我们借此观点来看泰国学习者"家""家庭"与"家人"易混淆情况。

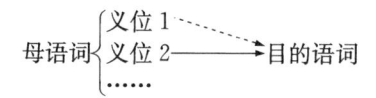

```
           ⎧ 义位1 ┄┄┄┄┐
   母语词 ⎨ 义位2 ─────→ 目的语词
           ⎩ ……
```

**图 4　义位误推示意图（转自唐淑宏，朴睿智，2020）**

根据以上的观点，从泰语义位误推原则上可以以图式代表的是以下图5：

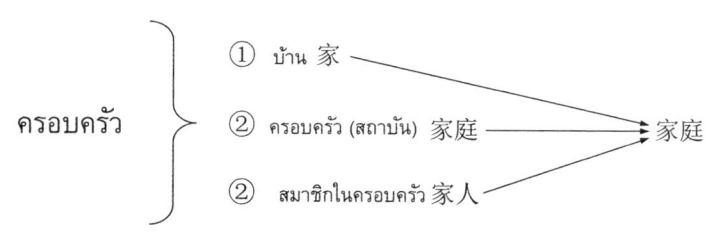

```
              ① บ้าน 家 ─────┐
   ครอบครัว ⎨ ② ครอบครัว (สถาบัน) 家庭 ──→ 家庭
              ② สมาชิกในครอบครัว 家人 ─┘
```

**图 5　"家庭-ครอบครัว"义位误推示意图**

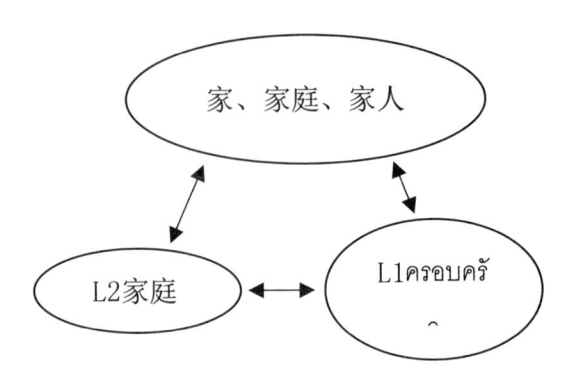

**图 6　泰国学习者混淆"家""家庭""家人"的加工过程**

通过以上的泰国学习者误例,我们从泰语词义的基础上展开,得知学习者的习得过程中,还在围绕着母语思维误推到汉语句子当中,在二语词汇发展的第二阶段使得学习者对语义不确切,将"家""家庭""家人"混淆,如图5—6所示。母语依然是二语词汇加工和提取的有力工具,那么应该在这个混淆阶段开始教授、预防、治疗与辨析。

根据形式与语义将正确例子的语法结构进行分析,如以下表格:

**表 3　正确例子语法结构分布**

| 家人 | 家 | 家庭 |
| --- | --- | --- |
| 给……很多钱 | 在一个……里 | 对自己的……和事业非常负责 |
| 为……担心 | 舍不得离开……很长时间 | 对他来说……是第一位的 |
| 有……在我身边 | 我们……是小康家庭 | 你在一个好好的……出生 |
| 跟……在一起 | 我的……去巴吞他尼府参加婚礼 | 受到了不好的……教育 |
| 跟我……去过海边 | 今天我的……打算去旅游 | 他做的事情是为了他的……,为了他的妻子,为了他的孩子,为了他的朋友们 |
| 发生在跟我自己或我…… | 我的……在清迈过新年。 | ……情况变得比较差 |

从表3所示,句子当中使用不同的词语有不同的功能与语义。"家人"一般是和介词"跟、给、为"一起使用或者是句子中的宾语,既有施事又

有受事的句法功能。"家人"表示人物,以"人"为重点,因此想跟"某人"做什么事情,就要用"家人"。而"家"一般来说会用在句子中的主语,表示家的概括性,包含着人与地方。"家庭"表示一个社会单位,句子语义当中是和社会有关的。

(二) 词典与工具书导致混淆

从常用度级差的角度来看,"家"常用度最高,但学习者的误例却常把"家庭"替代了"家人"与"家"。为什么泰国学生会把"家人"与"家庭"混用最多,我们来看三本词典上的解释,首先汉汉词典①查出三个词汇意思如下:

家庭:(名)以婚姻和血统关系为基础的社会单位,包括父母、子女和其他共同生活的亲属在内。

家人:(名)一家的人

家:①(名)家庭;人家:他家有五口人。

②(名)家庭的住所:回家/这就是我的家。

从泰-汉-英词典②把泰语"ครอบครัว"[khɔ:p⁴¹khru:a³³]翻译成中文是 ครอบครัว หน่วยสังคมที่ถือเอาการแต่งงานหรือสายเลือดเป็นพื้นฐานซึ่งมีพ่อแม่และลูกหลาน(以婚姻和血统关系为基础的社会单位,包括父母、子女和其他共同生活的亲属在内。)

英语是 family; one's family; family dependents(/member)。

汉语是家庭;家眷;家属:ครอบครัวทหาร 军人家眷 /เลี้ยงครอบครัว 养家。

而在泰国学习者使用最广泛的泰汉词典大象 APP 给泰语词 ครอบครัว [khɔ:p⁴¹khru:a³³]翻译成十个中文意思,里面包括常用词与非常用词。并且还有很多泰汉例句表示泰语词 ครอบครัว [khɔ:p⁴¹khru:a³³]。

我们可以看出词典上的解释也会容易让留学生产生混淆,把"家庭"解释成"家","家庭"还包括了父母、子女,在这里会让学习者自然认为"家庭"包含 ครอบครัว [khɔ:p⁴¹khru:a³³]应对哪一个汉语词,详细情况如下表格:

---

① 《现代汉语词典》第七版,商务印书馆。
② เธียรชัย เอี่ยมวรเมธ《六万词泰汉英三语词典》。

表 4　大象 APP 上的泰汉翻译

| 泰语词 | 汉语意思 | 汉泰例句 |
|---|---|---|
| ครอบครัว [khɔːp⁴¹ khruːa³³] | 名词 | |
| | 1. 亲情 | |
| | 2. 人家 | |
| | 3. 室 | **家庭**活动。กิจกรรม**ครอบครัว** |
| | 4. 家园 | 圆满的**家庭**。**ครอบครัว**พรั่งพร้อมสมบูรณ์ |
| | 5. 家子 | 我的**家庭**真可爱。**ครอบครัว**ของฉันเป็นครอบครัวที่น่ารัก |
| | 6. 家室 | 我有一个幸福的**家**。ฉันมี**ครอบครัว**ที่มีความสุข |
| | 7. 家庭 | 我**家**在此地居住多年。**ครอบครัว**ของฉันอาศัยอยู่ที่นี่มาหลายปี |
| | 8. 户 | 这一天是我**家**的庆典。หนึ่งวันเฉลิมฉลองของ**ครอบครัว** |
| | 9. 房 | 她**家**雇用了一个保姆照顾小孩。**ครอบครัว**ของเขาจ้างคนดูแลเด็กๆ |
| | 10. 眷属 | 这**家人**目前没有很多收入。**ครอบครัว**นี้มีรายได้ไม่มากนัก |
| | 量词 | |
| | 1. 家 | 这**家子**闹到不可收拾的地步了。**ครอบครัว**นี้อยู่ในสถานะที่ควบคุมไม่ได้<br>你幸福的**家园**迎来百花盛开。ให้**ครอบครัว**สุขสันต์ความสุขความสำเร็จกำลังจะมาถึง |

在表 4 可以看出很多问题，首先泰汉对应的意思不是完全正确的，有一些词语并不是泰语词的意思如名词的第 1、4、9 条。其次例句当中没把 11 个义项来做例句，而且有的例句也没有存在汉语意思框里，如家人。最后，当泰国学习者查泰语词ครอบครัว[khɔːp⁴¹ khruːa³³]的时候，自然而然会选出"家庭"代替了"家人"，因为词典上的例句都包含了"家""家庭"与"家人"。我们可以看出词典上的解释也会容易让留学生产生混淆，把"家庭"解释成"家"，"家庭"还包括了父母、子女，在这里会让学习者自然认为"家庭"包含"家人"在内了。

## 六、课堂教学的应用

张博（2017）提出课堂教学中易混淆词的辨析原则，主要是把"对准误点"作为基本原则。课堂上教学时间有限，不需要像同义词辨析那样一一讲解。为了遵循"对准误点"的原则，我们不必解释每一项语义，我们只是针对学习者特有的误点来进行讲解。既然学习者有依赖母语的惯性,那么我们是否可以以毒攻毒,就泰语词开始解释分配义项,提出常误用的词语义项,再以语素教学法把"家庭"的"庭"与"家人"的"人"意义区分开,这一阶段巩固学习者的记忆。

张博(2011)指出纠正源于母语义位误推的词语误用时,应明确告诉学习者,该词有 A 义,但没有 B 义,在这一点上与母语对应词不同,以便帮助学习者消除 L2 词和 L1 对应词词义对等的误解。以上的"家""家庭""家人"混淆词组也可以利用这一教学策略。当学习者学到"家庭"时,之前的课堂教学通常会直接翻译成泰语,在这个时候学生就会把泰语词义直接套用,从这一点需要注意的是从泰语词义出发,教师可以提出泰语的ครอบครัว[khɔːp⁴¹khruːa³³]只有①和②的义项。然后再次提醒汉语的"家庭"不包含"家人"语义在内,所以若学生要说到家里的人,要用"家人"而非"家庭"。

实验研究证明在第二语言教学中使用对比分析输入语言(contrastive analysis input)在减少偏误率方面比不使用对比分析输入语言更为有效(Sheen,1996 转自 Luu Hon Vu,2017:531)。另外,从词语搭配的角度来看,泰国学习者的误例大部分会把"家庭"误解为"人物"。之所以我们要把这组易混淆词拿来对比,是为了简略总结"家""家庭""家人"的使用情况,如表 5:

表 5 "家""家庭""家人"使用总结

| 泰语词 | 形式 | 功　能 | 例　句 |
| --- | --- | --- | --- |
| ครอบครัว | 家 | 表示地点,和家的概括性 | 我家有五口人 |
| | 家庭 | 一般是有固定搭配,以社会单位为重点 | 幸福家庭、家庭作业、中国家庭 |
| | 家人 | 当要跟家里的人做某件事 | 和、给、跟家人一起 VP |

借鉴心理词汇表征的模型,学习者的词汇表征发展还在第二阶段,对"家""家庭""家人"的概念与母语共享概念,那么在课堂上如何防止母语负迁移,我们要把汉泰区分词汇意义,也就是说帮助学习者把第一语言的心理词汇库与二语词汇库一针见血地区分开来。本文试图应用翻译法和学习者提问题引导学习者自主说出自己脑中的原有知识,到他们自己发

现混用的地方，以便应用接受式教学法给学习者纠正误点。教学方法的实录如下：

　　教师：同学们，汉语的"家庭"翻译成泰语是什么？

　　学生：（泰语）"ครอบครัว[khɔːp⁴¹ khruːa³³]（家庭）"

　　教师：那么如果我想说（泰语）"สุดสัปดาห์นี้ฉันอยากไปเที่ยวกับครอบครัว（这周末我想和家人去海边玩。）"汉语应该怎么说呢？

　　学生："周末我想跟家庭去海边玩。"【引出他们的误点】

　　教师：你们知道"家人"这个词吗？

　　学生：知道。

　　教师：若知道刚才的句子怎么没用上呢？【追问他们的混淆点】

　　学生：（可能回答）因为上面的家庭是"ครอบครัว（家庭）"的意思，然后老师提问的也是"ครอบครัว（家庭）"的意思，所以没用家人。

　　教师：【在学生混淆时开始辨析】好，因为汉语的"家庭"不完全像泰语的"ครอบครัว（家庭）"，如果你想表达要和家里的人去做某件事，不管是去吃饭，去海边玩，我们都要和"人"一起去的，所以我们要说"这周末我想和家人去海边玩。"另外汉语的"家庭"代表的是社会里面的一个单位，我们会说出一些固定搭配词语，像"家庭妇女""家庭暴力""家庭教师（家教）"等，在句子当中我们要以社会单位来讲，比如

　　1. 这是一个<u>温暖的家庭</u>。

　　2. 从小我就必须<u>帮助家庭</u>干活。

　　3. 父亲说："<u>人家家庭富有</u>，有钱才可读书。"

　　4. 我从那天起逐渐地了解<u>我们家庭的经济状况</u>。

　　从以上的例句，你们有没有感觉"家庭"一般用在比较抽象的语义上，而且这"家庭"里包括全家的方方面面，想记住的话可以从"庭"开始记。"庭"这个字意思是厅堂，就是很大的地方里面可以有人、有家具、有生活情况包含在里面。

　　学生：【可能怀疑】那"家庭"和"家"有什么区别呢？

　　教师："家"的词汇功能最大，我们可以说"我家有三口人"表示"家庭"，"回家"表示一个地点，"家"的语用范围更广，还可以当量词，可以重叠，如"中国家家都过春节""一家公司"。最后再给学习者做练习巩固今天学到的知识点。

课堂练习或课后习题

今年我在——过年。（家：表示地方）

今年我跟——在——过生日。（家人、家，表示人物和地点）

他的——条件不是很好。（家庭：固定词语搭配）

## 七、结　语

本文基于语料库及泰国学生的实际语料，根据张博（2007，2011，2013，2017）易混淆词界定及易混淆词统计方法，对泰国学习者的易混淆词进行统计整理后得出"家、家庭、家人"为泰国学习者最易混淆词。而后依据词汇心理表征对混淆原因进行了简单的分析，并提出了针对泰国学习者的教学策略。但是对教学策略的研究仅处于理论阶段，策略的有效性仍需进一步的考察。

**参考文献**

李春琳(2016)探究汉语二语易混淆词的心理表征及发展，《南昌教育学院学报》，第1期。

唐淑宏、朴睿智(2020)韩语背景学习者"～心"类同素易混淆词研究，《通化师范学院学报》，第9期。

王还(2015)《汉语近义词词典：汉英双解》，北京：北京语言大学出版社。

王瑞(2009)母语为英语的汉语学习者词汇心理表征发展过程与造词偏误的心理机制研究，北京语言大学博士学位论文。

杨寄洲(2004)课堂教学中怎么进行近义词语用法对比，《世界汉语教学》第3期。

杨寄洲、贾永芬(2007)《1700对近义词语用法对比》，北京：北京语言大学出版社。

张博(2007)同义词、近义词、易混淆词从汉语到中介语的视角转移，《世界汉语教学》，第3期。

张博(2011)二语学习中母语词义误推的类型与特点，《语言教学与研究》第3期。

张博(2013)针对性易混淆词辨析词典的研编要则,《世界汉语教学》第2期。

张博(2017)汉语二语教学中词语混淆的预防与辨析策略,《华文教学与研究》第1期。

中国社会科学院语言研究所词典编辑室编(2016)《现代汉语词典》(第七版),北京:商务印书馆。

Levelt, W. J. M. (1989) Speaking: From intention to articulation. The MIT Press.

Loo Hon Vu(2017)母语环境下越南初级汉语学习者因事关联词的混淆分布与成因分析,《海外华文教育》第4期。

Jiang Nan (2000) Lexical representation and development in a second language, Applied Linguistics.

เธียรชัย เอี่ยมวรเมธ, พจนานุกรมไทย-จีน-อังกฤษ 3 ภาษา ฉบับ 60,000 คำ, กรุงเทพฯ: สำนักพิมพ์รวมสาส์น, 2015.

# 汉语二语不同文体中句法复杂度
# 与写作成绩的关系研究

崔雪涵　郭曙纶

上海交通大学

**摘　要**：文章采用量化研究的方法，考察了汉语作为第二语言记叙文和议论文写作中句法复杂度与写作成绩的关系。文章以 HSK 动态作文语料库 2.0 的记叙文《记对我影响最大的一个人》、议论文《吸烟对个人健康和公众利益的影响》为研究对象，选取 T 单位数量、T 单位长度、T 单位分句数、话题链数量、话题链长度、话题链分句长度、话题链分句数、零形成分数 9 个句法复杂度测量指标测量句法复杂度。研究发现，话题链数量、话题链长度、话题链分句数量和零形成分数量可以作为汉语二语记叙文写作复杂度发展的有效测量指标；T 单位分句数、话题链数量、话题链分句数量和零形成分数量则是议论文方面的有效测量指标。两种文体的句法复杂度有效测量指标均能显著预测写作成绩，零形成分数量在两种文体中均为预测能力最强的测量指标。总体来看，记叙文句法复杂度对写作成绩的预测能力高于议论文。

**关键词**：句法复杂度；文体；记叙文；议论文；写作成绩

## 一　引　言

句法复杂度(Syntactic Complexity)指语言产出中句法结构的多样性及复杂性(Ortega 2003)，是语言质量研究的重要内容，也是衡量二语水平的重要维度(张欢、王衍军 2022)。句法复杂度指标是代表句子层面复杂性的指标，用于句法复杂度的量化测量。目前，汉语作为第二语言习得研究中常见的句法复杂度指标包括 T 单位的分句数量(安福勇 2015)、话题链数量、话题链分句数、零形成分数量(吴继峰 2017)、AS 单位的词语个数(陈默 2015)等。

　　国内关于汉语作为第二语言写作的句法复杂度研究主要分为三类,除了前面已经提及的探究二语写作句法复杂度的组成维度和有效指标外,还有探究句法复杂度与语言水平、写作成绩(多数论文中称为写作质量,我们认为使用"写作成绩"更为准确)的关系,以及学习者因素、写作任务、教学协作环境等相关因素对句法复杂度的影响。前者如吴继峰(2018)对韩语母语者的汉语书面句法复杂性指标进行实证研究,发现话题链数量、话题链分句总数、零形成分数量、T 单位长度四个指标能够有效区分韩语母语者的汉语水平并能有效预测其汉语写作成绩;胡韧奋(2021)提出基于搭配多样性与复杂性的汉语短语层面句法复杂度指标,并发现基于搭配的短语层面句法复杂度指标能够有效地预测写作成绩;张欢、王衍军(2022)通过实证研究发现 T 单位数量、话题链数量、话题链长度、零形成分数量能有效区分柬语母语者汉语句法复杂度差异,其中话题链长度、T 单位数量对写作成绩的预测能力稍强,而话题链数量、零形成分数量预测能力稍弱。后者研究包括产出方式(吴继峰等,2022)、任务复杂度(吴继峰、胡韧奋 2021)、文体差异(吴继峰 2019)等对句法复杂度及作文产出的影响。

　　在二语写作中,记叙文和议论文是两种常见的文体形式,也是二语学习的重要内容(Kormos 2011)。不同文体具有不同的社交功能和价值(Swales 1990)。记叙文通过真实地记人、叙事、写景、状物,来反映社会生活、表现作者的思想感情,主要诉诸读者的情感。议论文运用概念、判断和推理,来表明作者的观点和主张,诉诸作者的理智(金振邦 1986)。基于不同的社交功能,不同文体对学生的语言要求不同(Beers & Nagy 2011),学生在句法选择和复杂性上也会有所侧重。相应地,句法复杂度对于写作成绩及其重要性和影响程度也可能会存在差异。亓海峰、廖建玲(2019)采用 CAF 框架标准考察了高级汉语学习者记叙文和议论文语言准确度、词汇复杂度和句法复杂度的发展情况,发现两种文体在不同语言维度呈现不同的发展轨迹;吴继峰(2019)考察了中级水平韩国汉语学习者在两种文体的语言复杂性、正确性和流利性三个维度的差异。但是目前的研究侧重于两种文体包括句法复杂度在内的具体指标上的差异分析,还未对两种文体中句法复杂度的有效区分指标和对写作成绩的预测能力两个层面做具体分析。本文将对这两个层面进行考察。

## 二 研究设计

### 2.1 研究问题

1) 不同文体中,哪些句法复杂度指标可以作为汉语书面语句法复杂度测量的有效指标?

2) 不同文体内,句法复杂度对二语汉语写作成绩的预测能力如何?各句法复杂度指标的预测能力孰强孰弱?

3) 不同文体间,句法复杂度及其各指标对写作成绩的预测能力是否存在差异?

### 2.2 研究对象

本文研究的作文均来自HSK动态作文语料库(2.0版)。记叙文选取题目为《记对我影响最大的一个人》的作文,共59篇;议论文选取题目为《吸烟对个人健康和公众利益的影响》的作文,共64篇。其中,50分—95分的每个分数段(50,55,60,65,70,75,80,85,90,95)随机抽取至少5篇作文。写作成绩评估已由HSK考试作文评分完成。

为了分别确定记叙文和议论文句法复杂度测量的有效指标,在HSK动态作文语料库中随机选取未获得证书(L1)、C级证书(L2)和B级证书(L3)的作文,每个文体每个级别各10篇。为了控制文本长度对各测量指标的影响,结合作文篇幅考虑,本文选取每篇作文的前200字作为分析语料(实际操作时,最后一个句子是取其完整的句子,即不是在刚好200字时结束,而是一直取完最后一个完整的句子)。

### 2.3 测量维度及指标

#### 2.3.1 T单位

Hunt(1966)提出,T单位是"在不留下任何句法不完整片段的前提下分割出的最小片段,一般包含一个独立小句及其嵌套成分。(the shortest units into which a piece of discourse can be cut without leaving any sentence fragments as residue. Thus a T-unit always contains just one independent clause plus however many subordinate clauses there are attached to the independent clause.)"Jiang(2013)在此基础上进一步明确了汉语中的 T 单位是"一个包含独立谓语和其他附属或嵌套小句的独立主句",有以下几种基本形式:

1) 简单句。例如:

(1) 我的汉语进步很大。(1 个 T 单位)

2) 至少有一个分句包含独立谓语的复合句。例如:

(2) 大学毕业以后,我就满怀着希望进入了社会。(1 个 T 单位)

3) 包含嵌入成分的独立主句。例如:

(3) 他就是对我影响最大的一个人。(1 个 T 单位)

还有一些其他的情况,根据王亚琼、冯丽萍(2017)提出的第二语言习得中汉语语料的切分方法,也划为 1 个 T 单位,如:

1) 紧缩句。例如:

(4) 吸烟不是对吸烟的人有害就是对接近的人有害。(1 个 T 单位)

(5) 他一边学习一边挣钱养家。(1 个 T 单位)

2) 带有关联词的复句。例如:

(6) 起初,我以为我虽然是女性,但是能干跟男职员一样的工作。(1 个 T 单位)

(7) 我从来没抽过烟,所以我没有体验过吸烟对身体的影响。(1 个 T 单位)

3) 包含非独立句段(分句)的复句。

胡明扬、劲松(1989)将分句分为独立句段和非独立句段两类。独立句段指语义、结构都完整,在没有上下文和语境支持的情况下也可独立成句的句段(分句)。王亚琼、冯丽萍(2017)认为,非独立句段不能保证 T 单位的划分标准:能够独立成句,也保证剩余部分可以独立成句的最小片段,所以将包含非独立句段的复句也划为 1 个 T 单位。例如:

(8) 1 你千万别抽烟,2 没有任何好处,3 只是花钱损害自己的健康。(1 个 T 单位)

(9) 1 我的性格,2 从小一直不太好,3 爱发火,4 不爱交朋友。(1 个 T 单位)

例(8)、例(9)中除了 1 以外的分句在独立出现时,句法和语义都不完整,因此只能将整个复句划分为一个 T 单位。

本文的具体测量指标包括 T 单位数量(每篇作文中 T 单位的个数)、T 单位长度(每篇作文中不同 T 单位长度的平均数)、T 单位分句数(不同 T 单位所包含分句数量的平均数)。

2.3.2 话题链和零形成分

"话题链"术语由 Tsao(1979)最先提出。Jin(2007)首先将"话题链"和"零形成分"用于汉语句法复杂度测量中,并将话题链定义为"一种由两个分句以上组成的序列,其特征是几个分句共有一个主题,其主题只出现在第一个分句中,其余均以零代词或零形名词出现",例如:

(10) 1**长期吸入尼古丁**,2∅ 会使人得肺炎、肺癌,3∅ 甚至叫人死亡。

(11) 1**她**个子矮小,2∅ 样子娟秀,3∅ 刚从师范毕业出来,4∅ 就踏进了我们中二班的课堂。

零形成分指零形主题或零主语,以每个话题链中零形成分的数量为测量单位。

本文的具体测量指标包括:话题链数量(每篇作文中话题链的个数)、话题链长度(每篇作文中不同话题链长度的平均数)、话题链分句长度(每篇作文中不同话题链分句长度的平均数)、话题链分句数(每篇作文中不同话题链所包含分句数量的平均数)、零形成分数量。

2.4 分析步骤

2.4.1 确定句法复杂度有效测量指标

首先,在 HSK 动态作文语料库 2.0 版中下载随机选取的每个级别每个文体各 10 篇作文,选取作文前 200 字,由笔者逐一标注 T 单位、话题链,统计和计算 9 项句法复杂度测量指标。其次,将测量结果导入 SPSS25.0,以语言水平为自变量,9 项句法复杂度测量指标为因变量,进行单因素方差分析,各水平间均有显著差异的指标为有效的句法复杂度测量指标。

2.4.2 计算句法复杂度与写作成绩的关系

下载两个文体 50—95 分数段(每个分数段 6 篇)的作文,剔除其中不足 200 字的,得到记叙文 59 篇,议论文 64 篇。统计和计算上一步中得到的有效测量指标,将测量结果导入 SPSS25.0,分别与写作成绩进行多元线性回归分析。

## 三 结果与讨论

经过两次统计分析,得出不同文体汉语句法复杂度测量的有效指标和句法复杂度与写作成绩的关系,在本章加以展示和讨论。

### 3.1 不同文体汉语句法复杂度测量的有效指标

#### 3.1.1 记叙文汉语句法复杂度测量的有效指标

表1和表2分别为记叙文9项句法复杂度的统计结果和单因素方差分析后得出的显著性结果。

**表1 记叙文9项句法复杂度测量指标统计(均值和标准差)**

注:括号内为标准差(SD)。

| 汉语水平 | T单位数量 | T单位长度 | T单位分句数 | 话题链数量 | 话题链长度 | 话题链分句长度 | 话题链分句数量 | 话题链分句平均数 | 零形成分数量 |
|---|---|---|---|---|---|---|---|---|---|
| L1 | 11.00 | 17.41 | 1.77 | 0.60 | 14.50 | 3.87 | 2.30 | 1.55 | 0.90 |
|  | (2.00) | (3.52) | (0.15) | (0.84) | (20.23) | (5.24) | (3.23) | (2.06) | (1.20) |
| L2 | 10.17 | 19.98 | 1.84 | 1.42 | 35.51 | 8.05 | 6.42 | 3.78 | 3.67 |
|  | (2.12) | (3.73) | (0.20) | (0.90) | (22.57) | (4.07) | (5.33) | (2.60) | (3.92) |
| L3 | 9.09 | 21.86 | 2.07 | 2.91 | 37.86 | 10.50 | 10.27 | 3.57 | 7.36 |
|  | (1.81) | (4.72) | (0.39) | (0.70) | (7.68) | (1.98) | (3.00) | (0.69) | (2.62) |

**表2 记叙文9项句法复杂度指标的各水平差异显著性结果**

|  | T单位数量 | T单位长度 | T单位分句数 | 话题链数量 | 话题链长度 | 话题链分句长度 | 话题链分句数量 | 话题链分句平均数 | 零形成分数量 |
|---|---|---|---|---|---|---|---|---|---|
| 主效应 | .104 | .054 | .035 | **.000** | .011 | **.001** | **.000** | .027 | **.000** |
| L1&L2 | .358 | .114 | .357 | **.041** | .034 | **.048** | **.046** | .040 | **.044** |
| L1&L3 | .052 | .037 | .046 | **.000** | .004 | **.001** | **.000** | .010 | **.000** |
| L2&L3 | .208 | .299 | .082 | **.000** | .747 | **.045** | **.047** | .798 | **.015** |

由表2可知,除T单位数量和T单位长度外,其他7项句法复杂度指标主效应均显著(<0.05)。但其中只有话题链数量、话题链分句长度、话题链分句数和零形成分总数在各水平之间均有显著性差异。由此可见,话题链数量、话题链长度、话题链分句数量和零形成分数量4项测量指标能够有效区分不同水平的组别,是有效的测量指标,而T单位数量、T单位长度、T单位分句数、话题链分句长度和话题链分句平均数不是有效的测量指标。

#### 3.1.2 议论文汉语句法复杂度测量的有效指标

表3和表4分别为议论文9项句法复杂度的统计结果和单因素方差分析后得出的显著性结果。

**表3 议论文9项句法复杂度测量指标统计(均值和标准差)**

| 水平 | T单位数量 | T单位长度 | T单位分句数 | 话题链数量 | 话题链长度 | 话题链分句长度 | 话题链分句数量 | 话题链分句平均数 | 零形成分总数 |
|---|---|---|---|---|---|---|---|---|---|
| L1 | 10.40 (2.12) | 19.59 (4.44) | 1.44 (0.19) | 0.30 (0.48) | 12.80 (20.78) | 3.58 (5.85) | 1.10 (1.79) | 1.10 (1.79) | 0.80 (1.32) |
| L2 | 9.73 (1.10) | 20.18 (2.53) | 1.80 (0.21) | 1.00 (0.63) | 31.64 (21.71) | 8.04 (4.84) | 3.82 (2.27) | 3.23 (1.84) | 2.18 (1.25) |
| L3 | 9.00 (1.85) | 22.88 (5.08) | 2.06 (0.37) | 2.00 (0.76) | 43.25 (11.67) | 11.24 (2.61) | 8.38 (4.81) | 3.94 (1.05) | 4.75 (2.49) |

**表4 议论文9项句法复杂度指标的各水平差异显著性结果**

| | T单位数量 | T单位长度 | T单位分句数 | 话题链数量 | 话题链长度 | 话题链分句长度 | 话题链分句数量 | 话题链分句平均数 | 零形成分数量 |
|---|---|---|---|---|---|---|---|---|---|
| 主效应 | .246 | .212 | **.000** | **.000** | .008 | .008 | **.000** | .003 | **.000** |
| L1&L2 | .366 | .709 | **.001** | **.011** | .057 | .071 | **.007** | .015 | **.023** |
| L1&L3 | .033 | .025 | **.033** | **.000** | .002 | .001 | **.000** | .006 | **.000** |
| L2&L3 | .187 | .092 | **.046** | **.011** | .150 | .085 | **.016** | .334 | **.011** |

由表3可知,除T单位数量和T单位长度外,其他7项句法复杂度指标主效应均显著(<0.05)。但这7项中只有T单位分句数、话题链数量、话题链分句数量和零形成分数量这4项在各水平之间均有显著性差异。由此可见,T单位分句数、话题链数量、话题链分句数量和零形成分数量4项测量指标能够有效区分议论文不同水平的组别,是有效的测量

指标,而 T 单位数量、T 单位长度、话题链长度、话题链分句长度和话题链分句平均数不是有效的测量指标。

### 3.1.3 讨论

经过以上分析,我们可以回答前面提出的第一个研究问题:话题链数量、话题链长度、话题链分句数量和零形成分数量是记叙文句法复杂度的有效测量指标,T 单位分句数、话题链数量、话题链分句数量和零形成分数量是议论文句法复杂度的有效测量指标。

话题链的部分测量指标和零形成分数量在记叙文和议论文中都能更有效地区分不同语言水平。汉语是注重话题的语言。随着学生汉语水平的提高,学生对汉语的认知加深,学会使用省略主语等方式衔接句子,围绕话题展开写作的能力也相应提高。

(12)她虽然中学毕业,可是她的知识不如大学毕业的。因为她不断地学习。她的爱好是学习。她每个星期两次去学英语,她从开始到现在没有缺课。(L1,记叙文)

(13)此外,她还得打理父亲的店铺,Ø 做买卖维持生计,不久,Ø 又生下了我们四兄妹,Ø 生活更是忙碌不堪,Ø 一直如此苦干至年老。(L3,记叙文)

例(12)中初级学生在每一次描述话题"她(母亲)"时,都带有主语,独立成句,因此造成了话题链的中断和 T 单位数量的增多。例(13)则采用了较多零形主语,构成较长的话题链。

相比之下,T 单位相关指标在两种文体中虽然都符合语言水平发展趋势,但 T 单位数量和长度区分语言水平的能力并不显著。这一点在议论文中表现更为明显。因为议论文需要对观点进行有力论述,即使语法和词汇正确率不高,但初级水平学生就有写长句的意识。而写记叙文时,相较于议论文,初级阶段学生写出的描写性和记叙性的句子比较零碎。因此在相同数量的文本内,议论文 T 单位的数量和长度的变化小于记叙文。此外,在议论文中 T 单位分句数也可以显著区分不同语言水平,这一点与前人考察结果不同(Jin 2007;吴继峰 2018;张欢、王衍军 2022)。由于议论文论证时逻辑性较强,经常使用"因为……所以……""如果……就……"等关联词,水平越高,越倾向于用更多有逻辑关系的分句表达。按照本文对于 T 单位的划分标准,这类用关联词语连接的复句算作一个 T 单

位,因此T单位分句数能够显著区分议论文中的不同语言水平。例如:

(14) 吸烟不是对吸烟的人有害就是对接近的人有害。一个人的不良习惯可能导致几个人的疾病。(L1,议论文)

(15) 香烟是由很多对身体有害的物体制成的,因此抽烟给我们的身体带来好多坏处和副作用。(L2,议论文)

(16) 如果你经常抽烟,那么你吸收的尼古丁的量很多,这样你就会得很多病,甚至导致死亡。(L3,议论文)

例(14)由两个T单位组成,每个T单位都是由独立短句组成,例(15)的一个T单位中的两个分句用"因此"连接,例(16)用"如果……那么""这样""甚至"几个关联词扩充了T单位中的分句数量,延长了T单位的长度,从而减少了T单位的数量。

### 3.2 不同文体句法复杂度与写作成绩的关系

为了考察记叙文和议论文相应的句法复杂度测量指标(记叙文:话题链数量、话题链分句长度、话题链分句数量和零形成分数量;议论文:T单位分句数、话题链数量、话题链分句数量和零形成分数量)与写作成绩的关系,本文进行多元线性回归分析。以各项指标为自变量,写作成绩为因变量。

#### 3.2.1 记叙文句法复杂度与写作成绩的关系

经过多元线性回归分析,记叙文各句法复杂度变量与自变量(写作成绩)的相关性结果如下。

表5 各变量间的相关性矩阵(n=59)

| | 变量 | 话题链数量 | 话题链分句长度 | 话题链分句数量 | 零成分 |
|---|---|---|---|---|---|
| 自变量 | 写作成绩 | 0.64*** | 0.527*** | 0.579*** | 0.633*** |
| 因变量 | 话题链数量 | | 0.524*** | 0.831*** | 0.787*** |
| | 话题链分句长度 | | | 0.339** | 0.291* |
| | 话题链分句数量 | | | | 0.936*** |
| | 零成分 | | | | |

注:* p<0.05, ** p<0.01, *** p<0.001,下同。

由表5可知,话题链数量、话题链分句长度、话题链分句数量、零成分均与因变量写作成绩显著相关。其中话题链数量、话题链分句数量和零成分之间的相关系数 R 都大于 0.7,属于强相关关系,易出现多重共线性。多重共线性是指线性回归模型中的解释变量之间由于存在高度相关关系而使模型估计失真或难以估计准确的现象(Field 2009)。因此对这三个指标分别与话题链分句长度组成变量组,再次进行回归分析,结果见表 6 至表 8。

表 6　多元线性回归结果摘要表-1(n=59)

| | 变　量 | R | $R^2$ | 调整后 $R^2$ | F | Beta | t |
|---|---|---|---|---|---|---|---|
| 自变量 | 写作成绩 | 0.679 | 0.460 | **0.441** | 23.894*** | | |
| 因变量 | 话题链分句长度 | | | | | 0.264 | 2.292* |
| | 话题链数量 | | | | | 0.502 | 4.356*** |

表 7　多元线性回归结果摘要表-2(n=59)

| | 变　量 | R | $R^2$ | 调整后 $R^2$ | F | Beta | t |
|---|---|---|---|---|---|---|---|
| 自变量 | 写作成绩 | 0.677 | 0.459 | **0.440** | 23.755*** | | |
| 因变量 | 话题链分句长度 | | | | | 0.373 | 3.574** |
| | 话题链分句数量 | | | | | 0.453 | 4.332*** |

表 8　多元线性回归结果摘要表-3(n=59)

| | 变　量 | R | $R^2$ | 调整后 $R^2$ | F | Beta | t |
|---|---|---|---|---|---|---|---|
| 自变量 | 写作成绩 | 0.728 | 0.529 | **0.513** | 31.494*** | | |
| 因变量 | 话题链分句长度 | | | | | 0.374 | 3.909*** |
| | 零形成分数量 | | | | | 0.524 | 5.473*** |

表 6 显示:R=0.679,$R^2$=0.460,F=23.894,p<0.000 1,说明回归方程有意义,话题链长度和话题链数量构成的组合能解释记叙文写作成绩 44.1%的变异。表 7 的多元线性回归分析-2 显示:R=0.677,$R^2$=0.459,F=23.755,p<0.000 1,说明回归方程有意义,话题链长度和话题链分句数量构成的组合能解释记叙文写作成绩 44%的变异。表 8 的多元线性回归分析-3 显示:R=0.728,$R^2$=0.529,F=31.494,p<0.000 1,

说明回归方程有意义,话题链长度和零形成分数量构成的组合能解释记叙文写作成绩 51.3% 的变异。

### 3.2.2 议论文句法复杂度与写作成绩的关系

经过多元线性回归分析,议论文各句法复杂度变量与自变量(写作成绩)的相关性结果如下。

表 9  各变量间的相关性矩阵(n=64)

| 变量 | 相关矩阵 ||||
|---|---|---|---|---|
|  | T 单位分句数 | 话题链数量 | 话题链分句总数 | 零成分 |
| 分数 | −0.339** | 0.48*** | 0.48*** | 0.507*** |
| T 单位分句数 |  | −0.076 | −0.064 | −0.083 |
| 话题链数量 |  |  | 0.932*** | 0.893*** |
| 话题链分句总数 |  |  |  | 0.934*** |
| 零成分 |  |  |  | / |

由表 9 可知,话题链数量、话题链分句数量、零成分均与因变量写作成绩显著相关。但其中话题链数量、话题链分句数量和零成分之间的相关系数 R 都大于 0.7。这属于强相关关系,易出现多重共线性。故分别与 T 单位分句数组合做进一步线性回归分析,结果如表 10—表 12。

表 10  多元线性回归结果摘要表-4(n=64)

|  | 变量 | R | R² | 调整后 R² | F | Beta | t |
|---|---|---|---|---|---|---|---|
| 自变量 | 写作成绩 | 0.568 | 0.323 | **0.301** | 14.532*** |  |  |
| 因变量 | T 单位分句数 |  |  |  |  | −0.304 | −2.881* |
|  | 话题链数量 |  |  |  |  | 0.457 | 4.326*** |

表 11  多元线性回归结果摘要表-5(n=64)

|  | 变量 | R | R² | 调整后 R² | F | Beta | t |
|---|---|---|---|---|---|---|---|
| 自变量 | 写作成绩 | 0.576 | 0.332 | **0.310** | 15.149*** |  |  |
| 因变量 | T 单位分句数 |  |  |  |  | −0.309 | −2.950* |
|  | 话题链分句数量 |  |  |  |  | 0.467 | 4.450** |

表 12　多元线性回归结果摘要表-6(n=64)

| | 变量 | R | R² | 调整后 R² | F | Beta | t |
|---|---|---|---|---|---|---|---|
| 自变量 | 写作成绩 | 0.588 | 0.346 | **0.324** | 16.121*** | | |
| 因变量 | T 单位分句数 | | | | | −0.299 | −2.879* |
| | 零形成分数量 | | | | | 0.482 | 4.639*** |

表 10 的多元线性回归分析-4 显示：R=0.568，R2=0.323，F=14.532，p<0.0001，说明回归方程有意义，话题链长度和话题链数量构成的组合能解释写作成绩 30.1% 的变异。表 11 的多元线性回归分析-5 显示：R=0.576，R2=0.332，F=15.149，p<0.0001，说明回归方程有意义，话题链长度和话题链分句数量构成的组合能解释写作成绩 31% 的变异。表 12 的多元线性回归分析-6 显示：R=0.588，R2=0.346，F=16.121，p<0.0001，说明回归方程有意义，话题链长度和零形成分数量构成的组合能解释写作成绩 32.4% 的变异。

3.2.3　记叙文与议论文句法复杂度对写作成绩预测能力的差异分析

为了考察记叙文与议论文的句法复杂度指标对写作成绩的预测能力是否存在差异，本文对上一节多元线性回归(1—6)得出的、代表句法复杂度与写作成绩关系的 R、R² 和调整后 R² 进行独立样本 t 检验，结果如表 13 所示。

表 13　记叙文与议论文句法复杂度对写作成绩预测能力差异性分析

| | | 莱文方差等同性检验 | | 平均值等同性 t 检验 | | |
|---|---|---|---|---|---|---|
| | | F | 显著性 | t | 自由度 | Sig.(双尾) |
| R | 假定等方差 | 5.753 | 0.074 | 6.644 | 4 | 0.003 |
| | 不假定等方差 | | | 6.644 | 2.479 | 0.012 |
| R² | 假定等方差 | 7.268 | 0.054 | 6.179 | 4 | 0.003 |
| | 不假定等方差 | | | 6.179 | 2.331 | 0.017 |
| 调整后 R² | 假定等方差 | 7.584 | 0.051 | 6.101 | 4 | 0.004 |
| | 不假定等方差 | | | 6.101 | 2.305 | 0.018 |

根据表 13 的数据，假定两组 R、R2 和调整后 R2 等方差，显著性(双尾)分别为 0.003、0.003 和 0.004，远小于 0.05，记叙文与议论文句法复杂度指标对写作成绩的预测能力存在显著性差异。

### 3.3 讨论

以上对记叙文和议论文句法复杂度指标对写作成绩的关系考察和比较回答了我们提出的第二和第三两个研究问题：

1) 两种文体的句法复杂度指标均对写作成绩有一定预测作用，但作用有限。

其中，话题链数量、话题链分句总数和零形成分数量在记叙文和议论文中都能够区分不同水平的汉语学习者，话题链长度和 T 单位数量分别在记叙文和议论文中起到区分汉语水平的作用。各测量指标均与写作成绩呈显著线性相关。话题链长度分别与话题链数量、话题链分句总数和零形成分数量组成的变量组对记叙文写作成绩的解释和预测程度在 45%—50% 左右；T 单位数量分别与话题链数量、话题链分句总数和零形成分数量对议论文写作成绩的解释和预测程度在 31% 左右。

这表明句法复杂度指标并不能充分解释写作成绩的高低。首先，在评估写作成绩时要考虑的不仅是句法的复杂性，还有词汇、语法、汉字使用的正确性，词汇多样性和篇章连贯性等多种因素；其次，句法复杂度是一个多维度概念，并且每个维度都需要多种指标进行全面测量（陆小飞、许琪 2016），文中选取的几个测量指标虽然能够区分汉语水平，但仍然不够全面，无法从多个维度全面测量句法复杂组，造成预测能力的偏差。

2) 两种文体的句法复杂度指标对写作成绩的总体预测能力存在差异，记叙文中句法复杂度与写作成绩的关系比议论文更密切。

代表对自变量（写作成绩）变异解释能力的调整后 $R^2$，记叙文的三个数据均大于议论文，经过独立样本 t 检验证实两组数据存在显著性差异。

也就是说，记叙文的句法复杂度指标（话题链分句长度、话题链数量、话题链分句总数和零形成分数量）比议论文的句法复杂度指标（T 单位数量、话题链数量、话题链分句总数和零形成分数量）能更大程度地预测写作成绩，记叙文的句法复杂度与写作成绩关系更密切。

这一结论说明，句法在记叙文写作成绩评估中所占地位比议论文更重，对写作成绩更有区分度。因此可以看出，还存在影响写作成绩评估的其他因素，如词汇多样性、词汇难度、语言正确性、流利性等。议论文在这些层面的考量相较记叙文更多。

例如，从词汇难度来看，中级汉语学习者在记叙文使用甲级词更多，议论文甲级词数量较少,低频词使用较多(吴继峰 2019)。议论文的词汇难度相对更高,不同水平的词汇区分度也相应提高,从而减弱了句法复杂度对成绩的影响。例如:

(17)吸烟者认为吸烟可以帮他们寻找精神上的解脱,有利而无弊。/(议论文,90分)

(18)吸烟者常常说/:"我也知道,但吸烟也有好处。/如果我遇到紧张的事情,吸烟以后心里平安,所以我不会戒烟的。/"(议论文,75分)

例(17)和例(18)阐述的意思大致相同,都是吸烟者的"吸烟有益"说,从句法复杂度角度来看,例(18)的 T 单位长度更长,并使用了关联词连接句子,与使用了嵌套结构和零成分主语的例(17)的句法复杂度相差无几。但是在词汇上,例(17)使用了"精神""解脱""有 X 无 X"这类难度较大的语汇,表达也更为精练和地道,因此能够得到更高的分数。在这一例中,句法复杂度在作文质量评估时就不及词汇难度所起作用重要。

(19)她的爱好是学习。/现在她虽然年纪不小,可是还学习英语、学习汉字,/她每个星期两次去学英语,/她从开始到现在没有缺课。/她在家里的时候,她随时向我们问她不理解的地方。/(记叙文,60分)

(20)记得有一次,我高中三年级时,妈妈突然生病了,/晚上动也不动的情况下,我认为第二天,我得早点起床/,自己做饭吃然后上课/,万万没料,第二天早上,妈妈已经准备好饭,等待我起床。/(记叙文,80分)

例(19)和(20)都是记叙与母亲相关的事件。两篇作文使用的绝大部分词汇都在甲级词范围内,但是例(19)大量使用单句,在相同文本长度内 T 单位数量更多,分句更少,也缺少零形成分的使用,因此句法复杂度不及例(20),造成了汉语表达生硬、不自然。因为记叙文的词汇难度稍低于议论文,所以在评分时句法复杂度所导致的表达流畅性和准确性所占比重更大。

3)两种文体的句法复杂度各指标对写作成绩的贡献存在一定差异,零形成分数量对两种文体写作成绩的预测能力最强。

从标准化回归系数 Beta 来看,记叙文中,话题链数量、话题链分句总数和零成分数量均高于话题链长度,说明三者对写作成绩的贡献大于话题链分句长度;议论文中,话题链相关指标的 Beta 值大于 T 单位数量的绝对值,说明三者对写作成绩的贡献较大。从调整后 $R^2$ 值来看,记叙文中,话题链长度与话题链数量、话题链分句数量构成的变量组的调整后$R^2$值基本一致(0.441,0.440),低于与零形成分数量构成的变量组(0.513),说明零形成分数量在三者之间对记叙文写作成绩的预测能力更强;议论文中,三组变量组的调整后 $R^2$ 差异较小(0.301,0.310,0.324),零形成分数量稍高,在议论文中也同样是对写作成绩解释力最强的句法复杂度指标。

## 四 结 语

本文通过量化研究对记叙文和议论文两种文体中句法复杂度对写作成绩预测能力进行了考察。考察发现,话题链数量、话题链分句数量和零形成分数量三个测量指标能够同时有效区分两种文体的汉语句法复杂度差异,另外,话题链分句长度和 T 单位数量分别可以有效区分记叙文和议论文的汉语句法复杂度差异。两种文体的句法复杂度的有效测量指标均能对写作成绩做出有效预测。其中,话题链相关的测量指标对写作成绩的贡献较大,零形成分数量在两种文体中都是对写作成绩预测能力最强的测量指标。最后,记叙文句法复杂度对写作成绩的预测能力强于议论文。

本文还存在一些不足之处。如对句法复杂度指标的测量由笔者完成,可能存在一定的误差和主观性;没有对两种文体句法复杂度各测量指标进行具体的对比分析;对于结果的讨论和分析还不够透彻等。文体对于第二语言写作成绩的影响还存在很多可供挖掘的方面,希望未来能有机会进行更深入更广泛的研究。

**参考文献**

安福勇(2015)不同水平 CSL 学习者作文流畅性、句法复杂度和准确性分析:一项基于 T 单位测量法的研究,《语言教学与研究》第 3 期。

陈默(2015)汉语作为第二语言自然口语产出的复杂度、准确度和流利度研究,《语言教学与研究》第 3 期。

胡明扬、劲松(1989)流水句初探.《语言教学与研究》第 4 期。

胡韧奋(2021)基于搭配的句法复杂度指标及其与汉语二语写作成绩

关系研究,《语言文字应用》第1期。

金振邦(1986)《文章体裁辞典》,长春:东北师范大学出版社。

陆小飞、许琪(2016)二语句法复杂度分析器及其在二语写作研究中的应用,《外语教学与研究》第3期。

亓海峰、廖建玲(2019)基于记叙文和议论文的汉语二语写作发展研究,《世界汉语教学》第4期。

王亚琼、冯丽萍(2017)第二语言习得研究中语料的基本单位及其在汉语中的切分方法——以T单位为例,《云南师范大学学报(对外汉语教学与研究版)》第5期。

吴继峰(2017)英语母语者汉语书面语动态发展个案研究,《现代外语》第2期。

吴继峰(2018)韩语母语者汉语书面语句法复杂性测量指标及与写作成绩关系研究,《语言科学》第5期。

吴继峰(2019)韩国学生不同文体写作中的语言特征对比研究,《语言教学与研究》第5期。

吴继峰、胡韧奋(2021)任务复杂度对汉语二语者议论文写作产出的影响,《汉语学习》第2期。

吴继峰、胡韧奋、陆小飞(2022)产出方式对中级水平汉语二语者句法复杂度的影响,《世界汉语教学》第3期。

张欢、王衍军(2022)柬语母语者汉语书面语句法复杂度研究,《华文教学与研究》第1期。

Beers, Scott F., William E, Nagy(2011) Writing development in four genres from grades three to seven: syntactic complexity and genre differentiation, *Read Writ* 24(2):183—202.

Field, Andy P. (2013) *Discovering Statistics Using IBM SPSS Statistics: And Sex and Drugs and Rock 'n' Roll* (4th edn). Los Angeles: Sage.

Hunt, Kellogg W.(1966) Recent Measures in Syntactic Development, *Elementary English* 43(7):732—739.

Jiang, Wenying (2012) Measurements of Development in L2 Written Production: The Case of L2 Chinese, *Applied Linguistics*

34(1):1—24.

Jin, Hong Gang(2007) Syntactic maturity in second language writings: A case of Chinese as a foreign language(CFL), *Journal-Chinese Language Teachers Association* 42(1):27.

Kormos, Judit (2011) Task Complexity and Linguistic and Discourse Features of Narrative Writing Performance, *Journal of Second Language Writing* 20(2): 148—161.

Ortega, Lourdes(2003) Syntactic complexity measures and their relationship to L2 proficiency: A research synthesis of college-level L2 writing, *Applied Linguistics* 24(4): 492—518.

Swales, John M.(1990) *Genre analysis: English in academic and research setting*. Cambridge: Cambridge University Press.

Tsao, Feng-Fu(1981) A functional study of topic in Chinese: The first step toward discourse analysis, *Journal of Chinese Linguistics* 9(1):148—149.

# 基于中介语语料库的交互三价动词习得表现及内在机制*

贺 琳

陕西师范大学

**摘 要**：本文探索汉语作为第二语言的学习者习得交互三价动词的内在机制及习得表现。在中介语语料库中对定义框架内的"交互三价动词"进行穷尽式检索，描写解释其多种偏误类型及表现，统计对比输出率、正确率以及使用频率权重。在探究三价交互典型句法的范畴及次范畴分类的基础上，分析交互三价动词习得中的论元语义角色、框架层级建构及习得的内在机制。研究发现，交互三价动词"自主＋生命"度的多重配位复杂度制约学习者框式层级意识的建构，其特殊配价成分的隐含与移位对交互三价动词习得同样具有强势影响。在此基础上，结合语言学"动态"理论及框架配位提出交互三价动词的二语教学策略。

**关键词**：交互三价动词；框架意识；"自主＋生命"度；隐含移位；习得研究

# 一 引 言

随着偏误理论（Corder，1971）引入我国对外汉语教学理论中，学界在该领域展开了高密度的研究。配价语法理论引入汉语语法学，对汉语句法及偏误研究提供了更多可能性。从配价语法角度来看，传统研究趋向于从属关系语法与依存语法。配价是建立在句法基础上的语法范畴，句子结构的核心要素是层层递进的从属关系，占据其顶端的是支配句子结构的"中心结"，也就是说，动词是句子的中心，支配其他成分

---

\* 本研究是陕西省"十四五"教育科学规划2022年度课题（SGH22Y0735）阶段性成果，并得到国家社会科学重大基金项目（19ZDA309）资助。

(L.Tesniere,1959)。从计算机编程角度看"交互"概念,是由一组对象在特定的上下文中为达到特定的目的进行的一系列消息交换的动作。因此,交互类动词的语义特点具备双向性、相互性与持续性。

由于交互动词自身的特殊性,已经展开的研究主要涉及其配价分类、能力和句法语义特点。描述了"对称性动词"(Symmetric Re-lation),揭示了此类词的交互特性(朱德熙1982),定义了句法上动词论元的名词性复数实体成分之间的相互关系(陶红印1987)。从动作双方的对称性关系出发,对单向动词做出分类(吴为章1988),凡是在语义上要由两个方面的人或物同时参与才能实现或实施的动词,称之为交互动词(张谊生1997)。交互三价动词(Interaction trivalent verbs)所构成的事件一般需要至少三个论元角色同时参与,即"N1""N2""N3",而这三个论元之间具有相互关系,主体之间也具有主从或对等的动作关系。相对于一般动词来看,交互三价动词是汉语动词语义网络中关键节点,在语义与句法方面表现为高级动词的语义构模(徐峰2004),其表达式可表示为 $V^3$(N1、N2、N3),N1为动作发出者(施事)、N2为动作协同者(与事)、N3为动作承受者(受事)。用属性图表示这种交互关系为:

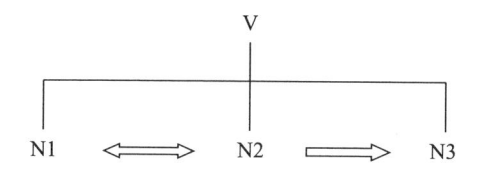

```
            V
      ┌─────┼─────┐
      N1 ⇔ N2 ⇒ N3
```

以往研究主要围绕交互三价动词的本体研究,关于三价动词语法结构及次结构的习得顺序及特点考察不够系统。基于此,本文通过结合新的语言学观念和语言习得理论,拟从交互三价动词的配位方式、语法范畴及其语义—句法、论元—框架关系系统考察汉语学习者偏误分析及二语习得情况[1]。除了关注学习者语言的输出率(Output rate)、偏误率(Error rate),还注重考察学习者内在习得机制。习得机制包括:一是学习者习得输出情况分析其框式意识层级与建构形态;二是交互三价动词"自主+生命"度对多重配位方式的制约;三是特殊配价成分的隐含与移

---

[1] 汉语作为第二语言学习者,为行文简便,下文径称"(汉语)学习者"。

位对交互三价动词习得的影响。

## 二　中介语语料库中交互三价动词习得的正误分布

### 2.1　交互三价动词典型句法表现
#### 2.1.1　交互三价动词准入框架

交互三价动词是指在语义结构中能够携带三个强制性论元成分①，事件主体需要两个论元角色即主体成分和从体成分同时参与，合作方之间的关系必须以第三方为纽结。比如，"跟"在句子"司令跟参谋长商讨作战计划"，其中"军长"是施事动元，"参谋长"为与事(协助)动元，"作战计划"为受事动元。如果任意一个论元不出现②，整句的句法配置和语义表达就不完整。下文为了方便论述，将采用 NP1 表示施事动元"军长"，NP2 表示与事动元"参谋长"，NP3 表示受事动元"作战计划"，V 表示动核"商讨"，P 表示配价身份介词"跟"。

交互三价动词的语义性质决定了动词预先设定了逻辑上的对称关系，也就是对象 N1 与 N2 之间存在某种关系，而 N2 与 N1 也有同样的关系，两项的关系为 R，即有 $N_1RN_2$，就一定有 $N_2RN_1$。因此，交互三价动词的逻辑框架为：S1：NP1＋和(跟、同、与)NP2＋V＋NP3；S2：NPC＋V＋NP3；S3：NP1(NP2)＋V＋NP{当且仅当 NP1(NP2)＝单数名词语义成分}③。S1 和 S2 是积极语法框架，凡交互三价动词均能进入这两个框架。但由于语言实例中语用添加的作用，一些非交互动词同样可以进入 S1，因此需增加一个消极语法框架，凡交互三价动词不能进入 S3，由此得出汉语中常用交互三价动词共计 108 个④。

#### 2.1.2　总体习得情况

习得的考察既要注重交互三价动词的输出率，还要注重准确率。和单向三价动词相比，交互三价动词在构词方式上呈现明显特殊性，其构词

---

① 袁著的命名是基于其将动词的配价层级分为联、项、位、元四个层次这个思路来考虑。
② 下文习得机制部分会详细论述隐含、省略导致的论元不完全映现的特殊情况。
③ 用符号标示时，V 表示动核，NP 表示动元与名词性成分，P 表示动词的配位框架介词，NPC 复数及联合词组，NP1、NP2、NP3，分别为主体、与体和客体，当主客体之间存在致使关系，也可称施事、与事和受事。
④ 根据徐峰(2004)中所列出的常用双向三价动词表。

成分中含有表示互相义语素，比如"相""互""交""会""合""争""对""商""分"。从语义属性上将交互三价动词大致分为三大类型言语商谈类，如"交流、商量、谈判"；动作体态类，如"拥抱、争夺、交换"，人际交往类，如"同行、共享、轮流"①。参照教育部中外语言交流合作中心出版的《国际中文教育中文水平等级标准（2021版）》（以下简称《标准》）的词汇表，依据以上逻辑构架将相关三价动词提取。提取过程中，发现《标准》收录的语词少于实际交互三价动词的数量。进入《标准》的共计54个，占常用交互三价动词的50%。大都列入中高级词汇，七到九级词汇表收录最多。词语习得的一般倾向是由表达基本层次范畴的词语向表达非基本层次范畴的词语扩展，《标准》中的三价交互动词由表达基本层次范畴的"打"逐渐上升为非基本层次范畴的"磋商"。进一步在HSK动态作文语料库2.0中检索，并以全球汉语中介语语料库V1.0作为参照和补充。从检索结果来看，语料库中3个交互三价动词（如"订立、对弈、会诊"等）未出现，"订""搞""搭""扯""抬""破"等用例与研究目标不符，除去以上本研究的交互三价动词共计43个，无偏误用例15个（如"聊、搭、合唱"等），出现误例词项38个（如"分担、兑换、商量"等），学习者偏误数量明显多于正确使用数量。其涉及语料558条，误用52例，偏误率为9.32%，偏误表现复杂。

　　为区分准价动词配位结构的内在层次，本文将交互三价动词的配位结构中出现介词与动词配价论元共现归为"连贯式"，即配位序列S1到S3。"连贯式"句法结构表现为三种：S1框架结构与特定介词"和、跟、同、与"结合实现完整句法表现，如"我跟小李比赛乒乓球"；S2框架结构同样出现介词配位，如"我跟小李比赛"；S3框架结构与"把"字句结合，用"把"提前引出受事，位于句子的主语后，充当句子的状语，构成了汉语中的"把"字句。交互三价部分动词采用这种句式结构，语义表达较充分。将基本表达结构中出现分隔，根据上下文对象论元不言而喻归为"话题式"，即序列S4到S5。"话题式"的句法表现为两种S6与S7，构成了TSVO格式，先出现客体或与体，S4是受事充当话题，S5是共事充当话题，语法表现为倒装。将格式中隐去介词配位及部分论元的格式归为

---

① 本文着眼于交互三价动词，故语料统计中，未作述语动词（如"理论著作"中的"理论"）以及未作直接述语动词（如"我想比赛"中的"比赛"）的三价动词用例不计在内。

"隐含式"①。"隐含式"具体表现为三种：当与体成分和客体成分同时隐含结构式成为"完全隐含式"(S6)，如"最近我又比赛了"；将与体成分隐含形成"不完全隐含式"(S7)，如"我比赛了乒乓球"；动词的主体成分和与体成分融合，产生主体变体的"融合隐含式"(S8)，通常主体表现为"我们"，例"我们比赛乒乓球"。

表1 中介语语料库中交互三价动词的正误分布情况

| 框架类别 | 序列 | 配位结构 | 输出句数 | 正确输出 | 偏误输出 | 偏误率 |
| --- | --- | --- | --- | --- | --- | --- |
| 连贯式 | S1 | NP1＋PNP2＋V＋NP3 | 162 | 148 | 14 | 8.64% |
|  | S2 | NP1＋PNP2＋V | 137 | 127 | 10 | 7.30% |
|  | S3 | NP1＋把＋NP3＋PNP2＋V | 19 | 14 | 5 | 26.31% |
| 话题式 | S4 | NP2…，NP1＋VP＋NP3 | 33 | 28 | 5 | 15.15% |
|  | S5 | NP3…，NP1＋PNP2＋VP | 39 | 35 | 4 | 10.25% |
| 隐含式 | S6 | NP1＋V | 47 | 42 | 5 | 10.63% |
|  | S7 | NP1＋V＋NP3 | 41 | 37 | 4 | 9.76% |
|  | S8 | NPC＋V＋NP3 | 76 | 71 | 5 | 6.57% |

语言框架是语言知识和概念知识之间的语法界面(Lakoff, G., & Johnson, M. 1980)，框架配位则是通过一系列的语法和语义规则实现的认知机制(Fillmore, C. J. 1985)。交互三价动词非常规形义关系在语义上不符合传统语法规则的关系，需要多个论元同时共现。具有框架配位特征的句法结构在习得过程中，往往被视为固定或半固定的结构体而整体习得。交互三价动词习得表现同样呈现出语言框架结构特点，基于此，我们对中介语语料库中交互三价动词所见用例的正误分布进行了统计说明，见表1。

可以看出，各个配位方式，从连贯式到话题式皆出现在语料库中，语料库中还出现了以"和、跟、同、与"为主要介词引起的 S1、S2、S4、S5。就不同框架序列来看，框架式 S1 和 S2 绝对数量较多，但偏误率较低，分

---

① 根据双向动词三个强制成分在表层句法结构中的隐含程度，分为完全映现、融合映现、不完全隐含、完全隐含四类。

别为8.64%和7.30%。S3这一类句型出现频率最低,绝对输出率最少,框架合并"把"字句,偏误最多且表现复杂,偏误率超过部分框架式的3倍,这与"把"字句本身是汉语独有的特殊句式有关,学习者需要在掌握一定汉语的基础上才能较好习得。话题式S4与S5绝对输出数量较少,二者平均输出率占所有框架输出率的5%,偏误率较高,分别为15.15%和10.25%,说明话题式框架配位学生习得较慢,输出较少。隐含式前两者S6与S7输出量少,偏误率为10.63%与9.76%,输出情况近似。S8输出量较多,占隐含式输出量的46.34%,居所有配价格式输出量的第三位,但偏误最少仅有6.57%,总体习得情况良好,说明学生较好掌握"我们"为主语的联合施事配位。总体来看,框架配位的输出率高于非框架配位,连贯式输出高于话题式。厘清交互三价动词正用与误用的整体情况,分析偏误的总体分布和类型差异十分必要。以上研究可以看出,框架配位结构的内部复杂度造成了学习者习得的不同表现,交互三价动词习得研究还应进一步关注学习者框架语言知识结构的内部习得差异及偏误具体范畴。

## 三 交互三价动词习得的输出情况及偏误表现

### 3.1 交互三价动词正确输出情况分析

徐峰(2004)指出双向自主或非自主动词都有三个强制语义成分,三个动元中两个动元之间存在对等联合关系,对等关系两方共同支配第三方。这种关系决定了配位框架的必然存在。本文将学习者在交互三价动词框式配位的语言习得时,展现了对框架结构的感知称作二语习得的框架意识。语料库中共出现交互三价动词的正确用例502,占总用例的90.61%。交互三价动词正确输出情况如下[①]:

(1) 我和其他同学比赛广告设计,取得了第一名的好成绩。(新加坡)

(2) 我们比赛羽毛球,输的人要罚。(韩国)

(3) 他比赛了。(印度尼西亚)

---

① 下划线部分是正确用例标注的交互三价动词(动核),在偏误用例中标注的是偏误成分。

以上三例均为交互三价动词"比赛"的用例,但例(1)使用的是框架配位形式 S1,所有论元结构完全映现。虽然该类词较一般的交互动词复杂,但学习者较准确地掌握了该类词与配价介词的组合。动核"比赛"支配主体(我)、与体(其他同学)和客体(广告设计),对于学习者来说三个强制语义共同出现,语义表述清晰且完整。例(2)使用了框架配位 S8,句式为融合隐含式。将打赌双方融合成为"我们",后句补充说明了赌输的人要受到惩罚,整句表达通畅。例(3)框架配位格式为完全隐含式"NP1+V","比赛"作为动核,句中省略了与事与受事,以上不同的语义选择不同映现与隐含配位方式。同时,交互三价动词介词配价形成与事话题配位(S4)和受事话题配位(S5)。例如:

(4) 罢工的了和尚,你跟他商量事情是没有用的。(俄罗斯)

(5) 一大堆的问题,我已经和父母商量了。(日本)

二者均属于完全映现式,例(4)为与事话题框架配位,其中动核"商量"的三个强制动元"和尚""你""事情"均出现。例(5)是受事话题配位,"商量"的三个"我""父母""问题"同样映现。两句不同的配位方式表明部分交互三价动词在组合方式上具有灵活性和选择性,两种表达式符合话语逻辑,可进行话题配价方式互转。此外,还有一些较为特殊的配价格式输出,例如:

(6) 我愿意跟和自己说得来的朋友商量一下。(韩国)

(7) 那个大楼当时和我相隔几十米。

例(6)交互三价动词配价格式的变异形式,使用了"跟……""和……"双层嵌套,结构完整。例(7)"相隔"是交互三价动词里特有的非自主静态动词,该句论元主体成分有静态事物名词"大楼"[1]。

### 3.2 交互三价动词习得的偏误类型及表现

交互三价动词非常规形义关系在配位方式上表现为框式配位,因此,只有从框式配位着眼考察其偏误情况,才能更好地掌握其习得规律。交互三价动词的偏误输出分为两类:框架式偏误(frame bias)和非框架偏误(unframed bias)[2]。其中框架配位占 86.64%;非框架配位 13.36%。由

---

[1] 关于论元的自由度与生命度在第四节详细阐释。
[2] 与论元配价有关的偏误成为框式偏误,无关的归为非框架偏误。

此我们进一步认识到,交互三价动词的特殊的论元结构和配位方式之间的互动匹配关系造成了词项和框架互动过程中的特定表现,也致使动词习得中偏误来源多、习得难度大、习得周期长。如表2所示,习得过程中,与介词相关的偏误类型较多,主要表现在框式结构残缺及框式成分误用,二者比例占总偏误的69.23%。

表2 交互三价动词框架配位偏误类型分布情况

| 类型 | 数量 | 比重 | 次类 | 数量 | 比重 | 小类 | 数量 |
| --- | --- | --- | --- | --- | --- | --- | --- |
| 框架偏误 | 44 | 84.61% | 配位方式偏误 | 8 | 18.18% | 配位方式选择 | 6 |
| | | | | | | 框式成分错序 | 2 |
| | | | 框式结构残缺 | 10 | 22.73% | 介词配位缺失 | 2 |
| | | | | | | 强制论元缺失 | 2 |
| | | | | | | 介宾结构缺失 | 6 |
| | | | 框式成分误用 | 26 | 59.10% | 配价介词误用 | 11 |
| | | | | | | 交互动词误用 | 5 |
| | | | | | | 三价动词误用 | 4 |
| | | | | | | 配价语义误用 | 6 |
| 非框架偏误 | 8 | 15.38% | 非框式成分错序 | 8 | | 数量补语错序 | 2 |
| | | | | | | 否定成分错序 | 6 |

### 3.2.1 交互三价动词的框架偏误表现

二语学习者框式意识支配三价动词框式结构的输出表现,根据学习者交互动词语言输出所反映出的不同程度的框式意识,将框式偏误分为三类:配位方式偏误(包括配位方式选择偏误和框式成分错序)、框式结构残缺(包括介词缺失、对象论元缺失和介宾结构缺失)和框式成分误代(包括介词误代和动词误代),互动三价动词框式配位方式偏误具体如下分析①:

(8) *如果我在的话,我可能<u>协商挖井</u>。(韩国)〈跟他们一起协商挖井〉

---

① 从例8一直到文末诸例均为偏误用例(用"*"标示),相应的正确表达方式在例句后用〈〉标出。当然,这里的正用形式只是根据基本表达结构而拟出的一种可能选择。

(9)＊明天下午,欢迎你来探讨一下这个问题跟我。(泰国)〈欢迎你来跟我探讨一下这个问题〉

此二例均为配位方式偏误,例(8)将"协商"当作非交互三价动词,错选配位方式,此类动词不能进入 NP1＋V＋NP3 结构,必须使用含有介词配位方式的格式。出现此类偏误的交互三价动词还有讨论、辩论、合唱、交谈、接洽、论争、同居、同行、对骂、对调等。例(9)错置介宾结构"跟我"和动补短语"探讨一下",属于框式成分错序。出现框式成分错序的还有动核商量、商议、商定、相隔等。

(10)＊最近我很忙,没有时间去锻炼身体和朋友聊天。(俄罗斯)〈和跟朋友聊天〉

(11)＊那小混混总是欺负同学,他不甘示弱,和打起来。(挪威)〈和那小混混打起来〉

(12)＊家长也应达成共识,才不会产生矛盾影响关系。(新加坡)〈家长也应同子女达成共识〉

以上三例均为框式结构残缺。例(10)中"锻炼""聊天"两个短语需要并列连词连接,而"聊天"作为动核需要介词配位。汉语学习者将连介兼类词"和"的双重功能混淆使用,使得 NP1＋PNP2＋V 框架中本该出现的介词配价缺失。例(11)遗漏了回指前文已经出现的与事论元"那小混混",造成介词配位空缺。例(12)由于该学习者缺乏框式意识,误用语篇省略策略,句中施事主语"家长"后缺失介宾结构 PNP2(跟子女),造成语句表达模糊。

(13)＊我们给对方谈判,最终赢得了胜利。(韩国)〈跟……谈判〉

(14)＊我跟同学道歉错误,他最终原谅了我。(日本)〈跟同学道歉〉

(15)＊他要把自己快乐与别人表达。〈把自己快乐与别人分享〉

(16)＊农家的小狗与小鸭子同居在一个窝里。(澳大利亚)〈住在……〉

此二例为框架成分误用。例(13)将介词"跟"误用为"给",配价介词"给"一般用于单向动词中,表示空间位置的转移。句中"谈判"是交互三价动词,配价介词应使用"跟"。例(14)"道歉"为交互二价动词,它所携带的两个强制性语义成分只能出现在动词之前,动词之后不存在语义句法空位。二价动词不具有三价动词的强制三元配价框架,"错误"不构成"道歉"的第三个论元①。例(15)用"把"提前引出受事,位于句子的主语后,充当句子的状语,构成了"把"字句与动词配价嵌套格式。但"表达"一词是三价动词的告使类,是信息的"支使",不存在交互模式,从句义来看应使用交互三价动词"分享"。同类的还有"交流"误用为"交代"。例(16)中"同居"是交互三价动词,自主性度较高,主体和与体一般用于指人的名词性成分②。

### 3.2.2 交互三价动词的非框架偏误表现

此类偏误,多表现为错序。

(17) *他们一首对唱了《十五的月亮》。(韩语)〈对唱了一首〉

(18) *我和父亲争论从不,毫无意义,反而还会引发了家庭矛盾。(美国)〈我和父亲从不争论〉

(19) *他和班长,小王正在谈论。(日本)〈他和班长,正在谈论小王〉

(20) *他很早的时候就结婚了和他的妻子。(俄罗斯)〈和他的妻子就结婚了〉

例(17)是数量短语错置,韩语的数量补语可在动词前或后,学习者受到母语的负迁移将"一首"放置于交互动词"对唱"之前。(18)否定成分误置,应该位于动核"争论"之前,否定动词。(19)当施事、受事都是有生命的名词时,一般采用配价框架 S2 或变体框架 S5(小王,他和班长正在谈论)。(20)论元成分都具备,但语序错误,亦可直接删除"和他的妻子"。

## 四 交互三价动词习得内在机制

二语学习者(Second Language Learners)是通过获得语言能力的内部机制从而习得语言。以上是交互三价动词总体习得情况及偏误表现的分析,本节将进一步探讨习得的内部机制。交互三价动词习得的内在机制涉及诸多角度,如与交互动词内部其他价类动词的关系,交互与单向的配位区别,论元结构与配位方式之间的关系,强制性语义成分的代词占位

---

① 在语料库中还发现了和"道歉"一样的偏误词:建交、相同、和好、分手。
② 有关交互三价动词的生命度与自主度对动元成分的选择于后文详细分析。

回指,三个动元成分的语义角色及选择等问题。基于交互三价动词的框架配位特征,本文将围绕学习者框架意识层级及构建,探讨该类词的内在机制与规律。

### 4.1 习得过程中的框架意识层级与建构

框架意识层级是学习者对所学汉语语言知识的不同抽象层次的理解和掌握程度,在此基础上,学习者将已有的知识和新知识结合,形成深层理解和认知建构。汉语交互三价动词配价习得框架(Chinese Interpersonal Tri-Valent Verb Valency Acquisition Framework)意识层级自下而上分为以下五层,如图1。层级构建了学习者在不同阶段习得汉语交互三价动词的框架意识及习得表现,整体呈现三阶五层逐渐上升的趋势。

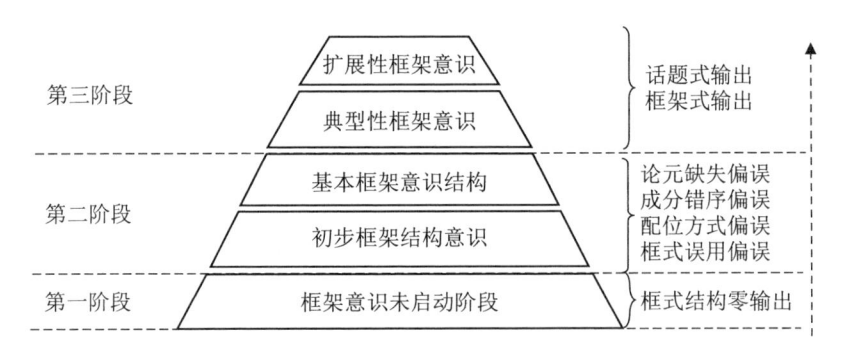

| 第三阶段 | 扩展性框架意识 | 话题式输出 |
| --- | --- | --- |
| | 典型性框架意识 | 框架式输出 |
| 第二阶段 | 基本框架意识结构 | 论元缺失偏误 |
| | | 成分错序偏误 |
| | 初步框架结构意识 | 配位方式偏误 |
| | | 框式误用偏误 |
| 第一阶段 | 框架意识未启动阶段 | 框式结构零输出 |

**图 1　交互三价动词框架意识层级**

"框架意识未启动"属于第一阶段,此时学习者框式结构表现为零输出,初学者无法理解配价动词的框架结构,语言交际中不能输出框式结构。交互三价动词三个强制性语义成分(动元)且主事与事之间存在逻辑上[＋交互]的对称关系,学习者需要通过大量的语言输入和输出实践,才能逐渐建立对于交互三价动词的框架意识。

"初步框架结构意识"是在学习准价动词的过程中逐渐形成的基础层次的框式意识。在这个阶段,学习者已经能够意识到交互三价动词需要搭配特定的论元,但还不够准确和完整,即没有完整的框架结构输出,论元呈现零散表达。如出现配位方式选择偏误,对交互三价动词的下位句法次范畴掌握不准确①,如"协商"(例8)交互三价动词,不能进入 NP1＋V＋NP3 框架结构。另外,学习者框式结构输出中,虽然各个结构成分都已具备但表达不准确,一方面是序列错位(如例9),错置介宾结构和动补结构;另一种是框架成分选择错误,表现为介词的误用和动核的误用。动核误用具体来说,是学习者常将不具有三元强制配价框架的交互二价动词错误地当作三价动词使用(如例14),或者将受事论元不参与行为的单向三价动词与双向三价动词混淆(如例15);介词误用原因在于对动词[±交互]特征理解不够,"向、给、往"常用于动作方向为单向的动核配价句中(例13)。

"基本框架意识"是学习者已经具有了相对完整的论元配位的框式意识,但是在输出使用时出现非框架误用,也就是说动核配位方式正确,但其他成分出现偏误。这种情况主要表现在:某一论元和其他成分错序,导致框架表现混乱(例17);或是配价整体与其他成分错序(例18)。第二种错序,未完全破坏框架结构的完整性。语用方面,由于误用了零形回指导致学习者实际输出的框式结构中的与事论元缺失,学习者虽具有正确的框式意识,无完整输出。(例11),以上框架构建意识从模糊到清晰,从框式成分不完整到逐步完整。这三个层次为框架意识层级第一阶段。

"典型性框架意识"要求学习者在认识掌握汉语交互三价动词的语义角色基础上,理解其配价语法结构,包括施事、与事和受事三者之间的关系,以及不同动核适应的不同范畴与配价位置。学习者根据汉语中使用交互三价动词的语言环境,灵活对互动三价动词的语义进行转移,即一个交互三价动词在不同语境下的意义和用法的扩展,比如"签订"可以跟受事论元"合同、条约、协议","比赛"跟受事论元"设计、羽毛球"(如例1、2、3)。"扩展性框架意识"学习者已经构建了较为成熟的动词配价框架意识,并能够输出较为复杂的框架结构。如交互三价动词介词配价形成与事话题配位(例4)和受事话题配位(例5),以及双层嵌套格式(例6)。

需要强调的是,框架意识的建构需要学习者从自觉层面到描述性层面再到模型层面不断演进。学习者能够自觉进行将汉语三价动词与母语进行框架"语言比较",找出共性和差异,能够将所学的汉语三价动词在不

---

① 此类词还有辩论、争论、讨论、畅谈、对唱、对骂、对调、对弈、商量、商榷、谈判、同居、同行等。

同的语言环境和交际场合中进行迁移应用,最终建立交互三价配位语言模型,解释并推理语言配价现象。

### 4.2 交互三价动词"自主＋生命"度对多重配位方式的制约

词汇的语义是由语义特征构成的,这些特征描述了词汇所代表的概念的不同方面(George A. Miller 1956)。生命度、自主度作为交互动词的重要语义特征,关照了交互三价动词的习得的复杂性(Acquisition Complexity)。大脑中存储的许多词汇都是以搭配的形式存在的,一个词的语义特征决定了与另一个词的结合是否符合常规,也就是说[±自主][±生命]制约交互三价动词的配位方式。自主度强调动核与施事之间的关系,表现动核与施事者之间的语义支配关系,这种关系在语法结构上得到了体现;生命度是一个词语所代表的事物或概念的本质属性,跟句中语义角色无关。将二者结合,能更细致地分析交互三价动词"自主＋生命"度的多重配位制约方式。按照[±自主]语义特征,动词语义特征可记作[＋有意识]、[＋可控],自主动词的施事大都为有生体词,非自主动词则为非有生体。按照[±生命]特征作为标准,交互动词可以划分为有生交互动词[＋生物]、[＋活动]①。

就交互三价动词而言,主要涉及自主有生类和非自主有生兼无生类,其语义特征制约着主体及与体成分的选择。自主有生交互动词具有[＋有意识]、[＋可控]、[＋生物]、[＋活动]的语义特征②,动核是行为发出者有意识发出的、可自由支配的动作,选择主体、与体成分必须是指人的名词性成分且充当施事语义角色,该类词有同居、谈论等。如例(15)"小狗与小鸭子同居",其中主体成分不符合自主度要求,是典型的偏误句。有些交互动词的论元主体不是述人名词,而是国家、机关、机构、团体等,从概念上来看其具有[－生物]特征,但其实动作的发出者还是具体操作的人,因而这与交互三价动词要求动作的发出者具有[＋自主]这一制约特征并不矛盾。另一类交互三价动词是非自主有生兼无生类,这一类情况在交互三价动词中比重较少。此类动词以空间位置静态动词为典型,

---

① [＋活动]语义要素指称生物的各种动状,它可细化为[＋动作]、[＋行为]、[＋变化]、[＋状态]、[＋属性],并以此构成动态和静态等语义特征及其功能的对立。

② 本文根据交互三价动词的特征,对自主度与生命度做了分类筛选。

比如相距、相隔、相离等,对主体和与体成分选择可以是有生的也可以是无生的,如"那个大楼当时和我相隔几十米"(例7),主体成分就是无生兼有生事物名词。

自主有生类动词占交互三价动词的绝大多数,其论元的生命度对句子配位语序产生制约作用,增加了汉语学习者习得难度。当交互三价动词的施事是有生名词,受事是非有生名词时,受事可以出现在主语和动词构成配价框架中的任何位置,语序不受制约,例如"他跟小李分享了这件事",亦可做"这件事,他跟小李分享了""他和小李,这件事分享了";当施事、受事都是有生性名词时,受事要前移至句首,起到焦点或话题的作用,例如"他和班长正在谈论小王",亦可做"小王,他和班长正在谈论",但不能是"*他和班长,小王正在谈论"(例19)。学习者经常将以上有生和无生的情况混淆,造成语言表达的语用偏误。另要说明的是,自主有生类交互三价动词的主体、与体通常为有生性名词,不存在施事为无生性名词,受事为有生性名词的情况。交互三价动词的自主度和生命度制约着动词的多重配位方式,由此说明,对于二语学习者来说,三价动词的学习仅仅掌握词形及其语义是远远不够的。

### 4.3 论元成分的隐含与移位对界面配位方式的影响

交互三价动词的句法格式中主体和与体成分之间存在着或联合或互相的关系,此种关系映射在句法及平面同样具备交互特点,句法配价模式相对固定。码化形式表示为:(N1+N2)→N3 或(N3↔N2)→N3。但由于语用因素的影响,往往出现成分隐含与移位情况,语句序列发生异置。汉语学习者无法准确掌握配价句法中成分的语用隐含和移位,造成表达偏误。

从上文可以看出,由于交互三价动词的特殊性,几种配价格式之间存在不同的差异,S1、S3、S4、S5 是典型的完全映现式。S2、S6、S8 为不完全隐含式,S7 为完全隐含式。按照动词对框架不同适应性,可以分为不同类别:施事、与事、受事均不隐含;施事、与事不隐含,受事可隐含;施事、受事不隐含,可隐含与事;施事不能含,与事、受事可隐含。在隐含式中,尽管有些语义成分不在表层中出现,但未出现的论元是话语双方达成共识的。比如"*他很早的时候就结婚了和他的妻子"(例20),动核"结婚"一词的相关论元在句中不需要完全映现,隐含"和她的妻子"句子结构同样合法,语义上事件的参与者一定是他的妻子。对于汉语学习者来说,根据交际场景和语境理解交互三价动词的隐含语用,就难以习得交互三价动词的地道表达。

三价句式所支配的论元较多,导致汉语学习者在学习的过程中很难接受习得语句非常规逻辑顺序。在语用方面,语句经过话题化形成了与事话题配位和受事话题配位。交互三价动词的与事成分在语义性质上有他的自身特性,既是施事成分的行为协同对象,又是受事成分的行为施加身份,一般位于动词之后。"与事移位"从形式上可以整体从原句法位置移置句首,也可以在原句法位置移出后,在原来位置留下代词占位回指,形成话题式句法格式 S4:NP2…,NP1+VP+NP3(例 4)。交互三价动词的受事成分是动核的宾语,是句子的焦点成分。"受事移位"是说正常语序下位于句末的受事移至整句句首位置形成话题句 S5:NP3…,NP1+PNP2+VP(例 5),受事成分用"把"字句提前位于句子主语之后,充当句子状语(NP1+把+NP3+PNP2+V)视为 S5 的变体。从上述中介语语料库中交互三价动词的正误分布情况来看,配价格式绝对输出率相对较低,偏误率较高。至此可知,交互三价动词的隐含与移位特征强势影响习得,造成交互三价动词偏误来源多、习得难度大、习得周期长等特点。

## 五 余 论

学界关于汉语词类的研究多以词性语义作为分类研究范式,从动词的强制论元的配价理论出发研究汉语作为第二语言的教学较少。本研究注重交互三价动词的本体研究的系统性和整体性,对交互三价动词语义进行再界定。在此基础上,从二语习得角度划定了典型框架配位句式,对交互类三价动词的偏误范畴、次范畴进行详细梳理、统计和分析。研究发现其在框式结构偏误表现多于非框式结构,说明了交互三价动词的框式配位方式是汉语习得的难点与重点。

交互三价动词习得内在机制的探讨是本文的一个重点。本文着眼于该类词的偏误特征,注重从框架意识层级的理解与建构考察交互三价动词的习得情况,在句法复杂度与习得难度之间建立联系。构建交互三价动词框架意识层级,从框架结构零输出作为框架意识的未启动阶段,到初步和基本框架意识形成,再到典型与扩展框架意识的建立。三个阶段充分表现了学习者交互三价动词语义表达从零散到灵活,论元选择从不准确到准确,框式结构从误用输出到话题式输出。基于此,交互三价动词的教学应将准价动词置入框架配位结构中,让学习者从句法整体感知该词形式结构,再将形式与功能、语境融合,形成全新三价动词的整体习得教学模式。交互三价动词具有自主度和生命度语义特征以及隐含移位句法特点,以及其对不同框架适应性同样导致句法表达复杂度增加,可预测性不强。"自主+生命"度对交互三价动词的语义具有一定的解释效力,同时也对主体、与体以及客体的选择产生制约作用,增加汉语习得难度。论元成分的隐含与移位对界面配位方式产生复杂影响,学界与教师均应将本体与习得结合,关注配价动词不同框架的成分隐含与移位问题,突破教学难点。

语言框架是语言知识和概念知识之间的语法界面,框架配位结构是句法分析的理论模型,在特定的语境下被激活和使用。框架配位从语言的"动态"认识层面,以论元形式探求语言习得内核,更准确地描述了交互三价动词的语义,增强了对汉语句子语法结构的深层理解,提高了二语教学的针对性。语言习得研究应关注动核引发的深层句法位,探讨这一层面的内部结构以及支持该结构运作的语法约束及习得机制。

**参考文献**

蔡淑美、施春宏(2014)基于汉语中介语语料库的二价名词习得研究,《语言文字应用》第 2 期。

戴耀晶(1998)现代汉语动作类二价动词探索,《中国语文》第 1 期。

教育部中外语言交流合作中心编(2021)国际中文教育中文水平等级标准,北京:北京语言大学出版社。

孙海燕、齐建晓(2020)学习者英语动词配价结构使用特征探究,《外语与外语教学》第 3 期。

施春宏(2011)面向第二语言教学汉语构式研究的基本状况和研究取向,《语言教学与研究》第 6 期。

陶红印(2003)Toward an Emergent View of Lexical Semantics,《语

言暨语言学》第 4 期。

武和平(2003)二语习得中"逻辑问题"的逻辑与普遍语法可及性假说,《外语学刊》第 3 期。

吴为章(1998)句群研究兴起的原因,《汉语学习》第 3 期。

徐　峰(2004)汉语配价分析与实践:现代汉语三价动词探索,上海:学林出版社。

徐锦芬、雷鹏飞(2017)基于动态系统理论的课堂二语习得研究:理论框架与研究方法,《外语教学理论与实践》第 1 期。

杨圳、施春宏(2013)汉语准价动词的二语习得表现及其内在机制,《世界汉语教学》第 4 期。

袁毓林(1998)汉语动词的配价研究,南昌:江西教育出版社。

陈昌来(2007)"给予"类三价动词构成的句式及其论元缺省的认知解释,《汉语学习》第 3 期。

周文华、肖奚强(2011)现代汉语介词习得研究,《语言文字应用》第 2 期。

张谊生(1997)交互动词的配价研究,《语言研究》第 1 期。

朱德熙(1959)语法修辞讲义,上海:新闻红专学院。

Tesnière L. (1959) Elements of structural syntax, *translated by Timothy Osborne and Sylvain Kahane*. Amsterdam: Benjamins.

Corder S P.. (1971) Idiosyncratic dialects and error analysis. IRAL-*International Review of Applied Linguistics in Language Teaching*.

Lakoff, G., & Johnson, M. (1990). Metaphors we live by. University of Chicago Press. Philosophy in the flesh: *The embodied mind and its challenge to western thought*.

Fillmore, C. J. (1985, June). Syntactic intrusions and the notion of grammatical construction. *In Annual Meeting of the Berkeley Linguistics Society* (Vol.11, pp.73—86).

Lakoff, G., & Johnson, M. (1980). The metaphorical structure of the human conceptual system. *Cognitive science*, 4(2), 195—208.

# 基于中介语语料库南亚留学生
# 汉语介词习得的类型学研究*

霍兴宇　祁　峰

华东师范大学

**摘　要**：本文基于中介语语料库，采用"假设-验证"的研究思路，从语言类型学的视角对南亚留学生汉语介词习得进行研究。研究发现，学习者母语语言类型与汉语介词遗漏和错序具有显著关系；其中，母语为OV型语言的南亚留学生对汉语前置介词的习得易发生遗漏，对后置介词的习得不易发生遗漏，对介词短语与动词的语序习得偏误较少且主要表现为VPP，符合语言类型学对南亚留学生汉语介词习得情况的预测。同时发现，南亚留学生对汉语前置介词的习得易发生冗余，对后置介词的习得不易发生冗余，原因在于框式介词使用不完整或介词动词替代出现。研究结论表明，运用语言类型学理论对不同母语类型留学生习得情况进行的预测有一定可信度，有利于根据学生的母语类型更好地安排教学重难点。

**关键词**：介词习得；南亚留学生；语言类型学；假设-验证

## 一、引　言

对二语习得偏误的研究主要有两个方面：不分国别的研究和分国别的研究。前者认为学习者的习得偏误具有普遍共性，而后者则认为不同母语背景对学习者的习得偏误产生个性化影响。

从语言类型学的角度来看，语言迁移在二语习得方面的影响可能存在类型共性。高顺全(2017)指出二语学习者的偏误表现既有母语个性，也有类型共性。因此，基于语言类型学理论，考察语言迁移在习得偏误上

---

*［基金项目］本文系教育部中外语言交流合作中心2020年度国际中文教育重点项目"'一带一路'沿线国家留学生中介语语料库建设与应用"阶段性成果。

的共性与个性,将有利于为二语习得提供一个新的研究视角,一方面,通过跨语言比较概括出的语言共性可以为二语习得顺序研究提供依据;另一方面,语言类型的标记性也可以帮助我们更为准确地预测学习者的难点,为二语教学提供参考。

不分国别的研究主要利用中介语语料库、跟踪调查、偏误分析等方法,综合考察外国学生汉语介词系统的习得状况及偏误表现,指出留学生介词习得的难度等级和习得顺序,并据此提出教学建议(赵葵欣,2000;李金静,2005;黄理秋,施春宏,2010;周文华,肖奚强,2011;何芳,2014;张成进,潘月,2020)。分国别的研究主要通过中介语语料库检索、调查某国留学生介词的使用情况,或是观察不同水平学习者的习得过程,围绕介词使用频率、偏误率、偏误类型等问题进行讨论,将学习者的母语与汉语进行对比,分析偏误原因、重点难点、习得顺序,并提出相关的教学对策(丁安琪,沈兰,2001;林柱,2008;华相,2009;林齐倩,2011;周文华,2013)。目前分国别的研究主要集中于日本、韩国等少数几个国家,研究不够充分,很多国家的对比研究暂未涉及。

从语言类型学视角出发,侧重对汉语介词本身演化模式和类型特点的揭示,这方面的研究已有一定的积累(刘丹青,2002;吴福祥,2003;王磊,2013;贾君芳,何洪峰,2020)。但是,将语言类型学与汉语介词习得相结合的研究仍较少,只有少量研究作出了尝试,例如,周文华(2014)以汉语介词语序偏误为例讨论了母语语序类型对目的语习得的影响,利用大规模语料库调取母语为 SVO 型、SOV 型语言的学习者习得汉语介词的语序偏误数据,讨论学习者语序偏误及语序策略调整快慢与语言距离之间的关系。高顺全(2017)借助中介语语料库调出母语为 OV(后置词型)语言和 VO(前置词型)语言的学习者语料(包括英语、法语、西班牙语、意大利语、日语和韩语),通过对学习者的实际偏误进行分析,讨论了语言类型与偏误倾向之间的关系并做出解释。

目前研究存在几点不足,一是关于汉语介词习得的类型学特征与偏误倾向之间的关系有待深入分析,语言类型学理论在二语教学重难点的预测上有多大的可信度,如何与二语教学有效结合,这些方面仍有较大探索空间;二是跨语言的对比不够充分,现有分国别、跨语言的研究主要集中在日韩、英法等国,还有很多国家尚未涉及,特别是"一带一路"国家。为此,本文以南亚留学生的汉语介词习得情况为研究对象，采用"假设-验证"的研究方法，在语言类型学框架下，对母语为 OV 型语言的南亚留学生的汉语介词习得情况进行预测，并基于华东师范大学留学生汉语中介语语料库，对假设进行验证，在此基础上，探讨语言类型学与汉语二语教学结合的有效路径。

## 二、语序类型学与汉语介词习得偏误假设

### 2.1 语序类型与汉语介词

因为介词是附加在名词短语上的，在逻辑上，介词的位置应该有两个：一个是在名词前，一个是在名词后。在名词短语之前的，英语称之为 preposition，可以翻译为前置介词，或者前置词；在名词短语之后的，英语称之为 postposition，可以翻译为后置介词，或者后置词。

介词的作用主要是连接名词短语和动词的，名词短语附加上介词标记之后一般被称为介词短语（prepositional phrase，简称 PP），介词与名词短语组成介词短语之后，就要与动词之间建立起句法形式和句法语义的关系，一般有两种情况，一是介词短语在动词前，即 PPV；二是介词短语在动词后，即 VPP。

德赖尔（1992）曾对 OV 和 VO 两种语言类型中 postp 和 prep 的使用情况进行调查和统计，结果如下：

**表 1　OV 和 VO 两种语言类型中 postp 和 prep 的使用情况**

| OV：postp （PPV） | 107 |
|---|---|
| OV：prep （PPV） | 7 |
| VO：postp （VPP） | 12 |
| VO：prep （VPP） | 70 |

可以看到，VO 型语言倾向于采用前置介词以及 VPP 语序，OV 型语言倾向于采用后置介词以及 PPV 语序，这种条件关系可以用两个倾向性双条件蕴含命题表达，即 VO⟷前置词(VPP)，OV⟷后置词(PPV)。正如金立鑫（2019）所说"一种语言的结构基因必然地反映在这种语言所有的结构中，在各个结构体中保持它的一致性"。因此，一种语言中介词的位置与动词的位置总是互相对应的。

总而言之，语言类型学的研究成果表明，VO 型语言倾向于采用前置介词，也称为前置词型语言，其介词短语和动词的语序为 VPP；OV 型语言倾向于采用后置介词，也称为后置词型语言，其介词短语和动词的语序为 PPV。

在汉语中，一般认为汉语是 VO 型语言，倾向于采用前置介词，介词短语与动词之间的语序为 VPP。但是汉语中有一类特殊的词，即名词后附的方位词，刘丹青（2002）提出将这类词看作后置词，也就是说，把"在……上"一类的语言形式看作框式介词。这样一来，可以认为汉语兼有前置词、后置词以及框式介词，同时介词短语和动词的语序既有 PPV 语序，也有 VPP 语序。但总体上，汉语仍以前置介词为主，且介词短语和动词的语序中 PPV 更占优势。

### 2.2 南亚留学生母语类型

南亚是位于亚洲南部的喜马拉雅山脉中、西段以南及印度洋之间的广大地区，共 7 个国家，尼泊尔、不丹为内陆国，印度、孟加拉国、巴基斯坦为临海国，马尔代夫、斯里兰卡为岛国。根据马克斯普朗克进化人类学研究所提供的世界语言结构地图[①]，可以看到，南亚国家的语言类型为 OV 型，为后置词型语言（postposition），其介词短语和动词的语序一般为 PPV。

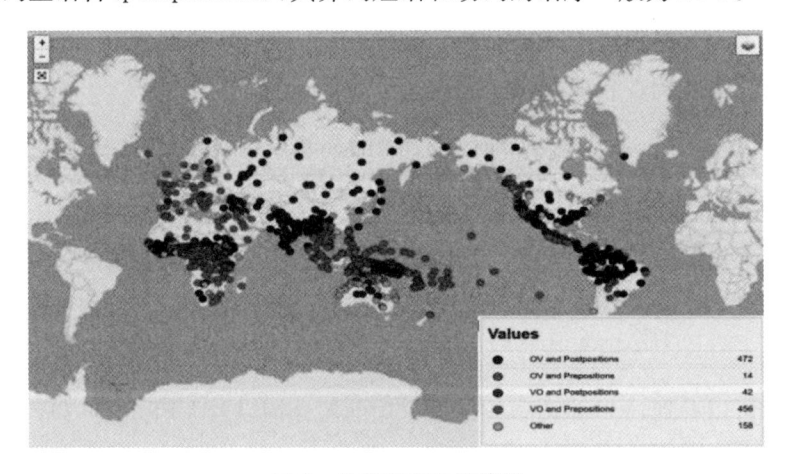

**图 1　世界语言结构地图**

---

① Matthew S. Dryer. 2013. Relationship between the Order of Object and Verb and the Order of Adposition and Noun Phrase. In: Dryer, Matthew S. & Haspelmath, Martin (eds.) The World Atlas of Language Structures Online. Leipzig: Max Planck Institute for Evolutionary Anthropology. (Available online at http://wals.info/chapter/95, Accessed on 2022-02-01.)

## 2.3 语言类型学框架下汉语介词习得类型共性的假设

"假设-验证"这一研究思路是指基于某一语言或认知理论对学习者习得过程中的共性规律进行假设,再通过语料事实对该假设进行验证和解释。

本研究主要运用"假设-验证"的研究方法,基于语言类型学理论,对南亚留学生汉语介词习得的表现和过程作出一些类型共性上的预测,通过中介语语料库对语料事实进行客观考察和统计描写,进而对假设进行确认或修正。

孟加拉国、巴基斯坦、尼泊尔等国为OV型语言国家,属于后置词型,因此南亚留学生更习惯于将介词后置(postposition),且倾向于PPV的语序选择。而汉语兼有OV和VO两种类型的语言特点,兼有前置介词、后置介词以及框式介词(以前置介词为主),既有PPV语序也有VPP语序(PPV更占优势)。据此,我们作出三点假设:

假设一:南亚留学生可能更容易发生前置介词的遗漏,不会或很少发生后置介词的遗漏。

假设二:南亚留学生可能更容易出现后置介词的冗余,不会或很少发生前置介词的冗余。

假设三:南亚留学生介词短语与动词的语序习得偏误倾向不明显且主要表现为VPP。

## 三、南亚留学生语料库中介词习得的偏误情况

### 3.1 语料库说明

本文使用的语料库为华东师范大学留学生汉语中介语语料库,其中,南亚留学生熟语料共计281 419字符。本文根据研究需要,对巴基斯坦、孟加拉国、尼泊尔等南亚留学生介词中介语语料进行描写统计及按类分析,采用电子检索和人工识别相结合的方法,即首先检索出熟语料中介词的全部输出用例,然后通过人工识别,对其进行逐一分类和整理。在进行穷尽式检索和分类之后,共发现231条介词中介语语料,涉及遗漏、冗余、错序、错用四种类型。详见下表:

表 2　南亚留学生介词中介语语料类型及占比

|  | 遗漏 | 冗余 | 错序 | 错用 | 总计 |
| --- | --- | --- | --- | --- | --- |
| 数量 | 131 | 54 | 19 | 27 | 231 |
| 占比 | 56.71% | 23.38% | 8.23% | 11.69% | 100% |

## 3.2　南亚留学生介词习得中介语语料类型

遗漏是指该用介词的位置没有用介词；冗余是指不该出现介词的位置使用了介词；错序是指介词与动词、介词与名词、介词与介词位置的偏误；错用是指使用某个介词时学习者误代了其他介词。例如：

(1) *从小到大,我见过的老师里他是最好的老师。(前置介词"在"遗漏)

(2) *我的生活里你并不重要。(前置介词"在"遗漏)

(3) *两个家庭里的关系要和谐,就不要让一个人做家务。(介词"里"冗余)

(4) *除了这个事情,我们科学技术里也有很大的影响。(介词"里"冗余)

(5) *如果我要打电话在老家,我可以用网络打电话。(介词短语"在老家"和动词"打电话"语序偏误)

(6) *妈妈就是我生命中最重要的人,也许我的世界开始从她。(介词短语"从她"和动词"开始"语序偏误)

(7) *男人向婚姻生活有自己的想法。(错用,介词"向"应为"对")

(8) *他对于艾滋病了解多少?(错用,介词"对于"应为"对")

根据统计,南亚留学生汉语介词中介语输出用例中,遗漏共计 131 例,占比 64.22%;冗余共计 54 例,占比 26.47%;错序共计 19 例,占比 9.31%。其中遗漏和冗余占比较大,错序则占比较低。①

---

① 一般认为,学习者母语类型与习得倾向之间的关系主要表现为遗漏、冗余和错序这三类,而错用则主要是学习者对介词使用规则掌握不够熟练、不够扎实导致的,与学习者的母语背景类型关系不大,因此这里不作讨论。

基于中介语语料库南亚留学生汉语介词习得的类型学研究　　283

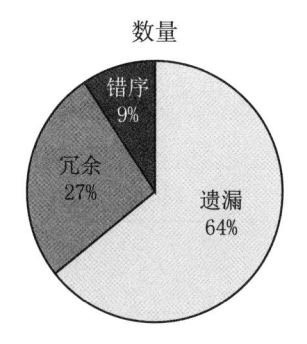

数量

错序 9%
冗余 27%
遗漏 64%

**图 2　南亚留学生中介语介词遗漏、冗余和错序三类偏误数量及占比**

下面主要对遗漏、冗余、错序这三种情况进行描写和分析。

3.2.1　遗漏

南亚留学生在介词习得中的遗漏主要分三种情况,即前置介词遗漏、后置介词遗漏和框式介词遗漏,例如:

(9) *你宴席上你想不想喝酒的话怎办?(前置介词"在"遗漏,应为"在宴席上")

(10) *工作或者生活方面来说他是一个老实的人。(前置介词"从"遗漏,应为"从工作或者生活方面来说")

(11) *因此,对一个国家的发展网络是主要的一个发展方式。(后置介词"来说"遗漏,应为"对一个国家的发展来说")

(12) *如果我们做在网络我们花了很长时间,这个是坏处。(后置介词"上"遗漏,应为"如果我们在网络上花了很长时间")

(13) *所以这样的情况我们不打他的话,这些事情会影响他们的生活(框式介词遗漏,应为"在这样的情况下")

(14) *家庭暴力一般丈夫和妻子之中,有的时候爸爸和孩子。(框式介词遗漏,应为"家庭暴力一般发生在丈夫和妻子之间,有的时候在爸爸和孩子之间")

其中,前置介词遗漏共计 104 例,占比 79.39%;后置介词遗漏共计 18 例,占比 13.74%;框式介词遗漏共计 9 例,占比 6.87%。详见下表:

**表 3　南亚留学生中介语前置介词、后置介词及框式介词遗漏数量及占比**

|  | 前置介词遗漏 | 后置介词遗漏 | 框式介词遗漏 | 总计 |
| --- | --- | --- | --- | --- |
| 数量 | 104 | 18 | 9 | 131 |
| 占比 | 79.39% | 13.74% | 6.87% | 100% |

### 3.2.2　冗余

南亚留学生在介词习得中的冗余偏误主要分两种情况,即前置介词冗余、后置介词冗余,例如:

(15) *我对自己的信念,我对自己的自信,就是我成功的秘诀。(前置介词"对"冗余)

(16) *世界上的八个山位于在尼泊尔的北方。(前置介词"在"冗余)

(17) *总的来说在我眼里中婚姻是一个很严肃的事情。(后置介词"中"冗余)

(18) *每个人的生活中习惯和性格不一样。(后置介词"中"冗余)

其中,前置介词冗余共计 43 例,占比 79.63%;后置介词冗余共计 9 例,占比 16.67%;框式介词冗余①共计 2 例,占比 3.70%。前置介词冗余占比较高,后置介词冗余及框式介词冗余占比较低。详见下表:

**表 4　南亚留学生中介语前置介词、后置介词及框式介词冗余数量及占比**

|  | 前置介词冗余 | 后置介词冗余 | 框式介词冗余 | 总计 |
| --- | --- | --- | --- | --- |
| 数量 | 43 | 9 | 2 | 54 |
| 占比 | 79.63% | 16.67% | 3.70% | 100% |

### 3.2.3　错序

南亚留学生在介词习得中错序主要体现在介词短语与动词之间的语序偏误,主要分两种情况,即 PPV-VPP 和 VPP-PPV②。例如:

---

① 框式介词的冗余占比较少,即在不该使用介词和方位词的地方同时使用,即认为是框式介词的冗余。例如:人们觉得婚姻是生活中很重要的一部分,所以我觉得如果在【YF,介词"在"冗余】我们的社会中【YF,方位词"中"冗余】不接受离婚,那么我们就会这样做。

② PPV-VPP 表示"应为 PPV 语序,但使用了 VPP 语序";VPP-PPV 表示"应为 VPP,但使用了 PPV"。

(19)＊小时候她照顾我们三个兄弟像爸爸妈妈一样。(语序表现为VPP,正确语序为PPV,即"她像爸爸妈妈一样照顾我们三个兄弟")

(20)＊因为如果他们看到你做运动在以错误的方式,他们肯定会教你。(语序表现为VPP,正确语序为PPV,即"因为如果他们看到你在以错误的方式做运动")

(21)＊这次我留下了很多难忘的记忆,我跟大家想分享这次旅行的感受。(语序表现为PPV,正确语序为VPP,即"我想跟大家分享这次旅行的感受")

介词短语和动词语序之间的语序有两种,即PPV和VPP,其中应为PPV但输出为VPP的用例占比92.86%,具有明显倾向;应为VPP但输出为PPV的用例占比7.14%。可以看出,南亚留学生在介词习得过程中,介词短语和动词的错序以VPP为主要表现,PPV的输出用例则比较偶然。详见下表:

表5　南亚留学生中介语介词短语和动词、介词及名词语序错序数量及占比

|  | 介词短语和动词语序 ||  总计 |
|  | 偏误表现为VPP | 偏误表现为PPV |  |
| 数量 | 13 | 1 | 14 |
| 占比 | 92.86% | 7.14% | 100% |

## 四、南亚留学生介词习得的类型共性及个性

### 4.1　南亚留学生汉语介词习得的特点

通过以上对南亚留学生介词中介语输出用例的统计和描写,可以看出南亚留学生汉语介词习得具有以下特点:

特点一:南亚留学生在汉语介词的习得过程中,遗漏占比最大,而且以前置介词遗漏为主,后置介词和框式介词的遗漏较少。

特点二:南亚留学生在汉语介词的习得过程中,冗余占比仅次于遗漏,其中以前置介词冗余为主,后置介词冗余占比较低。

特点三:南亚留学生在汉语介词的习得过程中,错序的输出用例相对较少,主要表现为PPV-VPP,同时存在少量VPP-PPV。

将这三个特点与上文三个假设进行对照,可以发现,假设一、假设三基本成立,假设二不成立。这说明南亚留学生在汉语介词的习得过程中,其习得表现呈现出一定的类型共性,但同时也具有一定的语言个性。

假设一是预测母语为 OV 型语言的南亚留学生在汉语介词的习得过程中更倾向于将介词后置,因此更容易发生前置介词的遗漏,不会或很少发生后置介词的遗漏。经统计,南亚留学生介词中介语输出用例中,前置介词遗漏占比 79.39%,后置介词遗漏占比 13.74%,基本符合假设一。

假设三是预测母语为 OV 型语言的南亚留学生在介词短语和动词的语序上不易出现偏误,且主要为 PPV-VPP。经统计,介词短语和动词之间错序用例占比 6.86%,其中 PPV-VPP 占比 92.86%。完全符合假设三。

假设二是预测母语为 OV 型语言的南亚留学生在汉语介词的习得过程中更容易出现后置介词的冗余,不会或很少出现前置介词的冗余。经统计,南亚留学生介词中介语输出用例中,前置介词冗余占比 79.63%,后置介词冗余占比 16.67%。语料事实表明,孟加拉国、巴基斯坦、尼泊尔等母语背景为 OV 型语言的南亚留学生,在汉语介词的习得过程中更容易出现前置介词的冗余,而后置介词的冗余则相对较少出现,这一点与假设二完全相反。

### 4.2 对前置介词冗余倾向的解释

高顺全(2017)在对汉语框式介词"在……上"进行习得研究时,以日韩、英法学习者中介语语料为研究对象,提出前置介词"在"的冗余是普遍现象,认为 VO 型语言或者 OV 型语言的学习者都会出现这种偏误。本研究对汉语介词习得的类型学研究进一步证实了这个观点。我们对孟加拉国、巴基斯坦、尼泊尔等母语为 OV 型语言的南亚留学生中介语语料进行统计,进一步论证了前置介词冗余的倾向性,不仅是"在……上"汉语框式介词中容易出现前置介词"在"的冗余,并且"对""从""关于""跟""和"等其他前置介词也更容易出现冗余的情况。例如:

(22) *我觉得离婚是对自己让别人笑话。(介词"对"冗余)

(23) *我是从丘陵的。(介词"从"冗余)

(24) *妻子常常唠叨让他戒烟,但是对他不可以戒烟。(介词"对"冗余,能愿动词"可以"应改为"可能")

通过统计前置介词冗余的语料,我们发现,"在""对"前置冗余的情况相对较多,其他介词如"从""跟""和""到"等前置冗余的输出偏误较少,归为其他一类。详见下表:

表6 南亚留学生中介语前置介词冗余数量及占比

|  | "在" | "对" | 其他 | 总计 |
| --- | --- | --- | --- | --- |
| 数量 | 12 | 16 | 15 | 43 |
| 占比 | 27.91% | 37.21% | 34.88% | 100% |

高顺全(2017)提出介词"在……上"中前置介词"在"冗余的原因有两点:一是学习者会把框式介词作为一个语块来整体记忆,无法区分"在……上"和"……上"之间的使用区别;二是汉语主语/话题和定语这两个句法位置往往会要求前置词"隐",而学习者并不能很好地掌握其中规律。这两点解释较为全面地阐释了"在……上"中前置词"在"冗余的原因,但是还不能解释"对"和其他前置介词冗余偏误多于后置介词的语料事实。

我们观察了前置介词"对"冗余的语料,发现其偏误主要分为两种情况,一是"对……来说""对……而言"的框式结构没有使用完整导致"对"的冗余,例如:

(25)＊有时候他想戒烟,但是对他不可能戒烟,因为抽烟是他生活的一部分。

例(25)应为"有时候他想戒烟,但是对他来说,不可能戒烟,因为抽烟是他生活的一部分",即框式介词结构"对……来说""对……而言"没有使用完整导致前置介词"对"出现冗余。

二是"对"的冗余往往伴随动词或能愿动词的遗漏,学习者在使用"对"时将其与动词的功能混淆,造成介词与动词的替代出现。例如:

(26)＊有些人觉得婚姻中无论遇到什么困难都不可以离婚,他们对离婚给他们丢脸。

(27)＊我问她,你对该不该打孩子。

(28)＊离婚对于一个家庭具有很大的影响,尤其是对孩子产生叛逆心理。

例(26)应为"有些人觉得婚姻中无论遇到什么困难都不可以离婚,他们认为离婚给他们丢脸",介词"对"冗余,谓语动词"觉得"或"认为"遗漏。例(27)中介词"对"冗余,谓语动词"认为"遗漏,应为"我问她,你认为该不该打孩子"。例(28)中介词"对"冗余,能愿动词"会"及使令动词"使"遗漏,应为"离婚对于一个家庭具有很大的影响,尤其是会使孩子产生叛逆心理。"

总的来看,在汉语介词习得中,前置介词冗余的倾向性不具有语言类型上的共性,语言类型学理论难以对留学生前置介词的冗余作出准确预测和解释,主要原因在于汉语介词具有特殊性,习得难度大。现代汉语里的介词都是从动词演变来的,大部分介词都还保留着动词的功能,也就是说,同一个词同时保留着介词和动词的用法和功能(朱德熙,1982)。例如,"这本书在我那儿"中"在"是动词,可以作谓语;"在黑板上写字"中"在"为介词,只能用在连谓结构中,不能单独作谓语。在习得过程中,留学生易将介词与动词的功能混淆,出现介词与动词替代出现的输出用例,从而造成前置介词的冗余,因此,前置介词的冗余是汉语介词自身的特殊性导致的,与学习者母语类型关系不大。

### 4.3 南亚留学生介词中介语其他共性特征

孟加拉国、尼泊尔、巴基斯坦等南亚国家为 OV 型语言,其介词短语和动词的语序为 PPV;汉语兼具 PPV 和 VPP 两种语序,但 PPV 语序更占优势,因此,南亚留学生在介词短语和动词的语序上应该是不容易出现偏误的,但是,语料事实证明还是有部分偏误存在。

我们发现,介词短语和动词语序的错序往往伴随着介词遗漏同时出现。例如:

(29) ＊有的时候我们可以讲他们道理。
(30) ＊但是现在我们只找网上就可以知道好多东西。
(31) ＊一位老师讲解我们关于孔子的生平。
(32) ＊她觉得被动吸烟比主动吸烟的危害更大,所以如果有人抽烟她身边的话,她自己赶快离开那个地方。

例(29)应为"有的时候我们可以跟他们讲道理",介词"跟"遗漏。例(30)应为"但是现在我们只在网上找就可以知道好多东西",介词"在"遗漏。例(31)应为"一位老师给我们讲解了孔子的生平",介词"给"遗漏。

例(32)应为"所以如果有人在她身边抽烟的话",介词"在"遗漏。

在介词短语和动词的错序中,介词遗漏与 PPV-VPP 错序这两种情况同时出现的情况占比 69.23%,这说明南亚留学生之所以会在介词短语与动词之间出现错序,主要是因为留学生在语言输出时将名词成分处理成了宾语,例如,例(29)中"讲他们道理",例(31)中"讲解我们关于孔子的生平",在语序处理上把"他们""我们"作为宾语放在动词后面。如果使用介词加名词成分构成介词短语,南亚留学生则较少有介词短语和动词之间的语序问题。

## 五、结　语

本文基于华东师范大学留学生汉语中介语语料库,采用"假设-验证"的研究思路,运用语言类型学理论对南亚留学生汉语介词习得情况做出三点假设,并通过统计分析中介语语料事实,对所作假设进行验证和解释,分析南亚留学生汉语介词习得的类型共性及特点。

研究发现,学习者母语类型与介词习得的两种偏误倾向有显著关系,包括遗漏和错序;其中,母语为 OV 型语言的南亚留学生对汉语前置介词的习得易发生遗漏,对后置介词的习得不易发生遗漏,对介词短语与动词的语序习得偏误较少且主要表现为 VPP,符合语言类型学对南亚留学生汉语介词习得情况的预测。同时发现,母语为 OV 型语言的南亚留学生对汉语前置介词的习得易发生冗余,对后置介词的习得不易发生冗余,原因在于框式介词使用不完整或介词与动词替代出现。

以上研究结论表明,运用语言类型学理论对习得情况进行的预测有一定可信度,有利于教师根据学生的母语类型,更为准确地安排教学重点和难点。

针对南亚留学生汉语介词的教学,本研究提出以下几点教学建议:首先,根据语言类型学理论的预测,南亚留学生具有前置介词遗漏的类型倾向,应将其作为教学重点进行讲解并反复练习;其次,南亚留学生易出现前置介词冗余,根据上文分析,主要是因为汉语介词具有特殊性,所以应将重点放在汉语介词和动词的辨别及应用上,通过将二者句法、语义及语用进行全面对比,帮助留学生掌握同一个词作为动词或介词时的不同用法;最后,介词短语与动词的语序问题,其本质不在语序本身,而在于介词短语与宾语的区分上,可以通过对比帮助留学生梳理哪些动词可以接双宾语,哪些动词必须把名词成分提出来,加上介词构成介词短语,再与动词形成 PPV 语序或 VPP 语序,从而帮助留学生激活介词短语与动词语序的类型倾向。

**参考文献**

丁安琪、沈兰(2001)韩国留学生口语中使用介词"在"的调查分析,《语言教学与研究》第 6 期。

高顺全(2017)语序类型学视角下的汉语框式介词习得偏误研究——以"在……上"为例,《海外华文教育》第 12 期。

何芳(2014)对外汉语教学中方式介词教学论略,《首都师范大学学报(社会科学版)》第 S1 期。

华相(2009)韩国留学生习得介词"给"的偏误分析及教学对策,《暨南大学华文学院学报》第 1 期。

黄理秋、施春宏(2010)汉语中介语介词性框式结构的偏误分析,《华文教学与研究》第 3 期。

贾君芳、何洪峰(2020)后置介词结构语序演变的类型学观照,《中南大学学报(社会科学版)》第 2 期。

金立鑫(2019)什么是语言类型学,上海:上海外语教育出版社。

李金静(2005)"在+处所"的偏误分析及对外汉语教学,《语言文字应用》第 S1 期。

林齐倩(2011)韩国学生"在 NL"句式的习得研究,《汉语学习》第 3 期。

林柱(2008)日本留学生使用介词"对"的有关偏误分析,《暨南大学华文学院学报》第 4 期。

刘丹青(2002)《语序类型学与介词理论》,商务印书馆。

王磊(2013)联系项居中原则与汉语介词词组语序的历时演变,《宁夏社会科学》第 4 期。

吴福祥(2003)汉语伴随介词语法化的类型学研究——兼论 SVO 型语言中伴随介词的两种演化模式,《中国语文》第 1 期。

张成进、潘月(2020)多功能介词"对"的二语习得顺序考察,《外语研究》第 3 期。

赵葵欣(2000)留学生学习和使用汉语介词的调查,《世界汉语教学》第 2 期。

周文华(2013)韩国学生不同句法位"在+处所"短语习得考察,《华文教学与研究》第 4 期。

周文华(2014)母语语序类型对目的语习得的影响——以汉语介词语序偏误为例,《语言教学与研究》第 5 期。

周文华、肖奚强(2011)现代汉语介词习得研究,《语言文字应用》第 2 期。

朱德熙(1982)语法讲义,北京:商务印书馆。

Matthew S, Dryer(1992) The Greenbergian Word Order Correlations. *Language*(68).

Matthew S. Dryer(2013) Relationship between the Order of Object and Verb and the Order of Adposition and Noun Phrase. In: Dryer, Matthew S. & Haspelmath, Martin (eds.) The World Atlas of Language Structures Online. Leipzig: Max Planck Institute for Evolutionary Anthropology. (Available online at http://wals.info/chapter/95, Accessed on 2022-02-01.)

# 英语母语者汉语介词性框式结构习得中的概念迁移
## ——以"在 X 上/里/中"为例

李 凰

华东师范大学 同济大学

**摘 要**：本研究基于概念迁移假说,采用自建 HSKK 语料库和测试及面对面访谈相结合的研究方法,考察了英语母语者在汉语介词性框式结构"在 X 上/里/中"习得中的系统性特征与其认知底层概念系统和概念化模式之间的关系。研究发现1)其在汉语介词性结构中的偏误率高达近 50%,且持续居高不下。2)偏误类型包括遗漏方位词、语序偏误、冗余介词、冗余方位词、误用方位词和遗漏介词六类。3)遗漏方位词的偏误比例始终远高于其他类型的偏误。这主要是因为英语中缺乏汉语中的方位词和处所词概念,这种概念系统的差异导致英汉母语者通常分别采用"一步到位"和"两步走"的概念化模式来表达相应的空间概念,母语中空缺的概念难以进入其概念表征系统中。此外,中心名词与方位词的共现频率会在一定程度上影响学习者对该结构的习得,语言水平的影响较为有限。

**关键词**：概念迁移；介词性框式结构；概念空位；一步到位；两步走

## 1 引 言

作为人类最基本、最重要的认知域,空间域在世界各民族的认知系统中普遍存在,但不同的语言则可能依赖不同的手段来表达相同的空间方位关系,其中使用最多的就是空间介词,如在汉语中,"空间方位关系的表达主要依靠介词、处所名词和方位词来实现"[①],在英语中,空间方位关系

---

① 崔希亮.空间方位场景的认知图式与句法表现[J],中国语言学报,2001(10).

的表达则主要依靠介词来完成。

语言类型学研究发现,汉英两种语言中虽都存在介词(preposition)这一语法概念,但两种语言在使用介词的时候却存在一个明显的不同:英语中的 at、on、in、from、with 等介词通常可以与相关名词直接组合,而汉语中的"在""从""跟""对""除了"等等介词则常需与"上""中""里""下"等方位词及部分连词、助词等一起搭配,构成汉语中相对独有而又大量存在的"介词性框式结构"①,将所介引对象置于框式结构内部才可顺利表达相关内容,如"在桌子上""在书中""从电视里""跟朋友一起""对中国人来说""除了他以外"等等。②这类介词性框式结构多是临时组合而成,其前部的介词和后部的方位词等都有一定的相对独立性,在一定条件下可隐可现,在一定条件下非用不可,而在另一些条件下又不可使用。③

谢信一(1991)明确指出,汉英两种语言在表达空间方位关系时采用的认知方式完全不同:英语一般通过 at、on、in 等介词的使用,采用"一步到位"的方式来完成事物间相关空间关系及事物具体位置所在的表述;而汉语则通常采用"两步走"的方式:首先通过介词"在"来指明事物间的关系性质,即所涉事物间的关系为空间关系,然后再通过方位词的使用来进一步指明事物的具体位置所在。④

赵元任(1979)即指出,汉语中方位词的主要功能就是用来表示事物的具体位置所在,在翻译中常常与英语等外语中的介词相对应。沈家煊(1984)在对比分析英汉介词后认为,英语中诸如 at、on、in 等表示空间处所的介词本身就包含方位概念。储泽祥(2010),陈昌来(2014)等研究

---

① 关于这类介词结构学界命名不一,较有代表性和影响力的分别是刘丹青的"框式介词"、陈昌来的"介词框架",邵敬敏的"框式结构",黄理秋 施春宏的"介词性框式结构";鉴于"介词性框式结构"既具体明确地反映了这类结构的特点,又不易引起误解,因此本研究采用的是这一提法。
② 陈昌来.汉语"介词框架"研究[M],北京:商务印书馆,2014:1.
王鸿宾.面向二语教学的现代汉语介词研究[M],北京:中国广播影视出版社,2017:11—12.
③ 刘丹青.汉语中的框式介词[J],当代语言学,2002(4):241—253.
陈昌来.汉语"介词框架"研究[M],北京:商务印书馆,2014:7.
吴继峰.面向对英汉语教学的介词性框式结构"在 X 上/下"研究,北京:中国社会科学出版社,2019:8—12.
④ 谢信一.汉语中的时间和意象(上)[J],叶蜚声译,《国外语言学》,1991(4):27—32.

也指出,英语中没有与汉语"上""下""里""中"等相对应的方位词,这类方位词已完全被相关介词所吞并。①

同时储泽祥(2010)还明确指出,从语言类型学的角度看,汉语当中还存在自秦汉时期就从普通名词中分化出来并与之相对的表示地点或场所的处所词,其与普通名词的显著不同是前者可直接用来充当空间介词的宾语,而无需借助"里""上"等单音节方位词进行语义上的转化,专有地名等典型的命名性处所词甚至不可再后加此类方位词,而英语中没有将处所词与普通名词分立,因此英语中并无处所词这一概念。②

方位词和处所词这两个概念的有无给汉英两种语言对于相应空间关系的表述带来了深远的影响:

首先,汉英两种语言虽都可运用自己的语言顺利表达清楚现实世界中事物之间相同的空间关系,但两种语言所使用的概念化模式或思维方式完全不同:英语通常运用本身即蕴含方位概念的空间介词与相关名词的直接组合"一步到位"地交代焦点事物相对于背景事物的具体位置;而汉语则通常采用的是"两步走"的方式,通过介词性框式结构的运用,首先用介词"在"来表明所涉事物间的关系性质为空间关系,而后再通过方位词进一步交代焦点事物在背景事物所能提供的空间范围中的具体位置所在。

其次,从语言形式所涉及的语法概念来看,汉语介词性框式结构中常常涉及的"上、下、里、中"等方位词概念在英语中并不存在,在汉语方位词隐现机制中涉及的处所词概念在英语中也是不存在的,换句话说汉语中的"上、下、里、中"等方位词概念及汉语的处所词概念在英语中都是空缺的。

语言迁移研究领域最新的理论假说——概念迁移假说(Conceptual Transfer Hypothesis, CTH)指出:每种语言在其发展过程中都会形成不同于其他语言的概念体系和概念化模式,二语习得者在学习目的语的过程中可能会将其在习得母语过程中自然获得的相关概念系统及概念化模

---

① 陈昌来.汉语"介词框架"研究[M],北京:商务印书馆,2014:34—35.
　储泽祥.汉语空间短语研究[M],北京:北京大学出版社,2010:1.
② 储泽祥.汉语空间短语研究[M],北京:北京大学出版社,2010:1—23、29—32.

式等迁移到其对二语的理解和表达中去,从而使得母语从认知底层影响其对二语的习得,发生概念的迁移或/和概念化迁移。[①]

那么汉英两种语言在空间关系概念化模式及概念结构系统上的这种巨大差异是否会影响英语母语者汉语介词性框式结构的习得？如是,这种影响又具体表现在哪些方面？其影响因素又是如何发挥其作用的？本研究拟回答这一问题。

鉴于汉语的介词性框式结构系统本身极为复杂,其成员数量众多,因此本研究采用个案研究法,选取了汉语中使用频率极高、而英语母语者汉语习得中问题表现又较为突出的介词性框式结构"在 X 上/里/中"为研究对象,拟通过英语母语者汉语介词性框式结构"在 X 上/里/中"习得中呈现出的系统性特征,从两种语言在空间方位关系表达方式中反映出来的汉英母语者在底层概念化模式及概念结构系统的差异入手来探究其习得问题出现背后的深层原因,并结合英语母语者的针对性访谈来进行验证,以帮助英语母语汉语学习者及汉语教师不但知其然更知其所以然,最终促进学习者更为深入顺利地进行汉语介词性框式结构的习得。

具体研究问题为:

(1) 英语母语者在汉语介词性框式结构"在 X 上/里/中"的习得上呈现出怎样的系统性特征？

(2) 这些系统性特征是如何受到汉、英母语者在概念化模式及概念范畴系统差异上的影响而产生的？

## 2 研究设计

### 2.1 语料来源

本研究中英语母语汉语学习者语料来源于笔者根据 393 名英语母语者在新汉语水平口语考试中的录音材料自行转写建立的共计约 25.4 万

---

[①] Jarvis S. Conceptual transfer: Crosslinguistic effects in categorization and construal[J]. Bilingualism: Language and Cognition, 2011, 14(1):3.

字的汉语口语语料库(以下简称 HSKK 语料库)[①]。学习者对照语料来源于南京大学汉语中介语口语语料库(1.0 beta3 版)[②]。汉语母语者对照语料来源于 BCC 语料库。[③]

### 2.2 研究步骤

(1) 语料标注及纳入标准。对 HSKK 语料库中出现的所有与"在 X 上/里/中"相关的语料进行正误及偏误类型标注,纳入标准为:同时关注"在 X 上/里/中"的前部、中部、后部三个组成部分——在检索出所有使用"在 X 上/里/中"完整结构的基础上,再以中部成分"X"为切入点,考察了 HSKK 语料库中所有与介词性框式结构"在 X 上/里/中"用例中出现过的"X"完全相同或同类而仅使用了"X 上/中/里"或"在 X"的用例,以期全面考查该介词性框式结构的习得情况。

(2) 数据统计。利用 AntConc 软件对标注后的语料进行数据统计,分析统计结果。

(3) 测试及访谈。根据 HSKK 语料库中"在 X 上/里/中"统计数据所反映出来的典型用例设计针对该介词性框式结构习得问题的测试卷,征询英语母语者被试意愿、确定被试并进行施测,收集并分析测试结果;根据测试结果的分析选取 8 名被试进行面对面半结构化访谈。

## 3 英语母语者汉语介词性框式结构的习得情况

我们将 HSKK 语料库中出现的所有与"在 X 上/里/中"相关的用例分别进行了相应统计,下表 1—表 3 具体展示了统计结果。[④]

---

① 感谢汉考国际提供的语料支持。
② 该语料库网址如下:http://yuliaoku.hanyu123.cn/nju
③ 该语料库网址如下:http://bcc.blcu.edu.cn/
④ 此处需要说明的是,汉语"在 X 上/里/中"在实际运用中,根据具体语境的不同,常出现选用"上"、"里"或"中"都可以的情况,此时我们依据 BCC 语料库中具体中心名词与方位词的共现频次高低进行归类,优先将具体语料用例归入共现频次最高的框式结构中,然后再根据该语料出现的具体语境决定是否进行相应的调整。

表 1　英语母语者汉语介词性框式结构"在 X 上"的用例统计①

| 用例总计 | 总正误率及各级别正误率 | 偏误类型及偏误占比 | 级别 | 正误数量 | 正误占比 |
|---|---|---|---|---|---|
| 408 | 偏误用-194 (47.55%) | 初级-31 (83.78%) | | | |
| | | 遗漏方位-132 (68.04%) | 初级 | 25 | 80.65% |
| | | | 中级 | 87 | 70.16% |
| | | | 高级 | 20 | 51.28% |
| | | 冗余"在"-17 (8.76%) | 初级 | 0 | / |
| | | | 中级 | 7 | 5.65% |
| | | | 高级 | 10 | 25.64% |
| | | 中级-124 (53.22%) | | | |
| | | 误用方位词-3 (1.55%) | 初级 | 0 | / |
| | | | 中级 | 1 | 0.81% |
| | | | 高级 | 2 | 5.13% |
| | | 遗漏"在"-0 (/) | 初级 | 0 | / |
| | | | 中级 | 0 | / |
| | | | 高级 | 0 | / |
| | | 高级-39 (28.26%) | | | |
| | | 冗余方位词-6 (3.09%) | 初级 | 0 | / |
| | | | 中级 | 4 | 3.23% |
| | | | 高级 | 2 | 5.13% |
| | | 错序-36 (18.56%) | 初级 | 6 | 19.35% |
| | | | 中级 | 25 | 20.16% |
| | | | 高级 | 5 | 12.82% |
| | 正确用-214 (52.45%) | | 初级 | 6 | 16.22% |
| | | | 中级 | 109 | 46.78% |
| | | | 高级 | 99 | 71.74% |

纵观表 1 发现,HSKK 语料库中与"在 X 上"相关的用例共计出现 408 例,其中在中级汉语水平者的语言输出中共计出现了 233 次之多,远高于初级汉语水平者的 37 次及高级汉语水平者的 138 次。从偏误比例来看,偏误用例共计出现 194 次,占比近半,为 47.55%,在初级汉语水平学习者的口语

---

① 部分语料中,"在 X 上"会同时表现出 2 类偏误,如遗漏方位词"上"和错序同时出现,此时则记为 2 例偏误用例,下同。

输出中更是高达83.78%,中级偏误率也仍在50%以上,直到高级阶段仍近30%,可以说其在初、中、高级学习者的口语输出中一直都相对较高。

从偏误类型来看,"在X上"的偏误首先表现为遗漏方位词;其次是整个结构在句中的语序出现误用,主要表现为状语后置;位列第三且数量远高于剩余偏误类型的则是冗余介词"在",共计出现17例;6例冗余方位词均表现为"在X方面上"中"方面"与"上"的同义叠加;误用方位词仅出现3例,未出现遗漏介词"在"的用例。

从各类型偏误的偏误率来看,在所有偏误用例中,遗漏方位词的偏误比例一直远远高于其他类型的偏误,在初、中、高三个级别中皆是如此,即使学习者的汉语达到了高级水平,这类偏误仍占其"在X上"使用偏误中的一半以上;初级汉语水平者则仅表现为遗漏方位词与错序两类偏误,且以遗漏偏误占绝对多数;中高级汉语水平者除皆未出现遗漏介词"在"外,其余五种偏误类型都有涉及,但中级汉语水平者的偏误仍主要集中于遗漏方位词"上"和错序,而高级汉语水平者则呈现出遗漏方位词占据绝对优势的同时,除错序外,其他三类偏误在偏误率上均相对于汉语中级水平者反而有不同程度的增长,特别是在冗余"在"的偏误表现上。

表2 英语母语者汉语介词性框式结构"在X里"的用例统计

| 用例总计 | 总正误率及各级别正误率 | 偏误类型及偏误占比 | 级别 | 正误数量 | 正误占比 |
|---|---|---|---|---|---|
| 171 | 偏误用例-76<br>(44.44%)<br><br>初级-2<br>(50%)<br><br>中级-59<br>(44.36%) | 遗漏方位词-31<br>(40.79%) | 初级 | 0 | / |
| | | | 中级 | 23 | 38.98% |
| | | | 高级 | 8 | 53.33% |
| | | 冗余"在"-19<br>(25%) | 初级 | 0 | / |
| | | | 中级 | 17 | 28.81% |
| | | | 高级 | 2 | 13.33% |
| | | 误用方位词-7<br>(9.21%) | 初级 | 0 | / |
| | | | 中级 | 4 | 6.78% |
| | | | 高级 | 3 | 20% |
| | | 遗漏"在"-1<br>(1.32%) | 初级 | 0 | / |
| | | | 中级 | 1 | 1.69% |
| | | | 高级 | 0 | / |

续 表

| 用例总计 | 总正误率及各级别正误率 | | 偏误类型及偏误占比 | 级别 | 正误数量 | 正误占比 |
|---|---|---|---|---|---|---|
| 171 | 偏误用例-76 (44.44%) | 高级-15 (44.12%) | 冗余方位词-0 (/) | 初级 | 0 | / |
| | | | | 中级 | 0 | / |
| | | | | 高级 | 0 | / |
| | | | 错序-18 (23.68%) | 初级 | 2 | 100% |
| | | | | 中级 | 14 | 23.73% |
| | | | | 高级 | 2 | 13.33% |
| | 正确用例-95 (55.56%) | | | 初级 | 2 | 50% |
| | | | | 中级 | 74 | 55.64% |
| | | | | 高级 | 19 | 55.88% |

纵观表2,首先可以发现在使用数量上,"在X里"仅出现了171例,不到"在X上"的一半,其中偏误用例76例,正确用例95例,正确率为55.56%,相对于"在X上"有稍许提升,但提升幅度很小。其中初级汉语水平者输出语料中仅出现了4例,仅约为"在X上"用例的10.81%,其中正误各2例,且偏误仅表现为错序;中级汉语水平者"在X里"的用例在数量上的优势相较于"在X上"更为显著,约占初、中、高三个级别中所有用例的77.78%,高级汉语水平者"在X里"的输出用例在数量和所占比例上都出现大幅下降,可以说"在X里"的用例主要集中于汉语中级水平者的语言输出中;在正确率表现上,中高级汉语水平者几乎完全持平。

从偏误类型和偏误率上来看,"在X里"中遗漏方位词"里"虽同样占据相对优势,但从偏误率上来看,则显著低于"在X上"中遗漏方位词的表现,仅占40.79%,同时值得注意的是这一类型的偏误在汉语高级水平者的语言中不但没有相应下降,反而出现了一定程度的上升;与"在X上"相比,"在X里"中冗余介词"在"的偏误率则出现了大幅上升,同时错序表现也较为明显,这三类偏误合计约占"在X里"所有偏误的90%;另外,误用方位词在"在X里"中也有相对明显的上升,而遗漏介词"在"仍仅表现为1例个例,没有出现冗余方位词的情况。

表3 英语母语者汉语介词性框式结构"在X中"的用例统计

| 用例总计 | 总正误率及各级别正误率 | 偏误类型及偏误占比 | 级别 | 正误数量 | 正误占比 |
|---|---|---|---|---|---|
| 139 | 偏误用例-59 (42.45%) | 初级-10 (100%) | | | |
| | | 遗漏方位词-45 (76.27%) | 初级 | 6 | 60% |
| | | | 中级 | 15 | 65.22% |
| | | | 高级 | 24 | 92.31% |
| | | 冗余"在"-6 (10.17%) | 初级 | 0 | / |
| | | | 中级 | 6 | 26.09% |
| | | | 高级 | 0 | / |
| | | 中级-23 (48.94%) | | | |
| | | 误用方位词-0 (/) | 初级 | 0 | / |
| | | | 中级 | 0 | / |
| | | | 高级 | 0 | / |
| | | 遗漏"在"-1 (1.69%) | 初级 | 0 | / |
| | | | 中级 | 1 | 4.35% |
| | | | 高级 | 0 | / |
| | | 高级-26 (31.71%) | | | |
| | | 冗余方位词-0 (/) | 初级 | 0 | / |
| | | | 中级 | 0 | / |
| | | | 高级 | 0 | / |
| | | 错序-7 (11.86%) | 初级 | 4 | 40% |
| | | | 中级 | 1 | 4.35% |
| | | | 高级 | 2 | 7.69% |
| | 正确用例-80 (57.55%) | | 初级 | 0 | / |
| | | | 中级 | 24 | 51.06% |
| | | | 高级 | 56 | 68.29% |

纵观表3首先可以发现,在使用数量上"在X中"相对于"在X里"继续下降,仅出现了139例,只约为出现频率最高的"在X上"的三分之一左右,其中偏误用例59例,正确用例80例,正确率为57.55%,相对于"在X上"和"在X里"都有小幅提升,但仍不到60%。其中初级汉语水平者输出语料中仅出现了10例,且全部为偏误用例;中级汉语水平者"在X中"的用例不再占据绝对优势,高级汉语水平者"在X中"的输出比例相对显

著上升,约占所有用例的一半以上,但中高级汉语水平学习者"在 X 中"相对于"在 X 上"和"在 X 里"在正确率上却呈现出恰好相反的趋势:比较"在 X 中"与"在 X 上"会发现中级水平者略有上升,高级水平者却略有下降;比较"在 X 中"与"在 X 里"则可发现中级水平者略有下降,而高级水平者则上升较为明显。结合上述分析可以发现,在"在 X 上/里/中"习得中,学习者的汉语水平与其习得结果并未呈现正相关。

从偏误类型和偏误率上来看,与"在 X 上"相同的是,遗漏方位词"中"同样占据了"在 X 中"所有偏误类型中绝对压倒性优势,比"在 X 上"中遗漏方位词"上"的比例还要高出近 10 个百分点,其中更为引人注目的是汉语高级水平者遗漏方位词占比更是大幅上涨到 92.31%,中级水平者却相对于"在 X 上"略有下降,相对"在 X 里"又有大幅提升。错序和冗余介词"在"的表现则几乎不相上下,没有出现误用方位词和冗余方位词的情况,遗漏介词"在"仅出现 1 例,偏误类型相对较为集中。同时,冗余介词"在"和仅有的 1 例遗漏介词"在"的情况都只在中级水平者的汉语输出中有所体现,汉语初级和高级水平者的偏误则完全集中在遗漏方位词"中"和整个结构的语序偏误两种类型中,其中初级者遗漏方位词的情况几与其错序表现大致相当,而不像汉语水平高级学习者那样绝对倾向于遗漏方位词"中"。同时,这一介词性框式结构中,除遗漏方位词在各级别表现中都呈现出较为明显的系统性特征和冗余"在"在汉语水平中级学习者的语言输出中较为集中外,遗漏介词"在"和错序表现在中高级别中都仅有个例表现,因此难以视为其习得中的系统性特征。

综上可以发现,英语母语者在上述三个汉语介词性框式结构使用中遗漏方位词现象相对于其他类型偏误均极为突出,同时,冗余介词"在"和整个结构的错序表现也呈现出一定程度上的系统性特征;误用方位词主要集中在"里"与"上"之间,主要表现为该用"上"而误用为"里",且这类偏误常与框式中"X"的语义相关;冗余方位词则仅表现在"在 X 上"中"上"与"方面"的同类误加;遗漏介词"在"则表现为个例,未呈现出系统性特征。

为了考察上述方位词遗漏等系统性特征是否为英语母语者所特有,我们同时对照分析了南京大学汉语中介语口语语料库中日语母语者使用上述三个介词性框式结构的相关语料,结果发现在该语料库中日语母语者仅出现 2 例遗漏方位词的情况。高顺全(2019)的研究也指出,日语母语汉语学习者后置词"上、里、中"的遗漏比例要远低于英语母语者,而误用方位词现象则远较英语母语者严重且多样,英语母语者则多表现为该用"上/中"而误用为"里";在介词性框式结构"在X上"的使用中英语母语者基本没有出现遗漏前置介词"在"的偏误,冗余介词"在"和整个结构的语序偏误则相较于日语母语者都更为明显。①

综上可以看出,相较于日语母语者,英语母语者在三个介词性框式结构使用中呈现出来的上述系统性特征均为其所特有,那么这种相对特有的系统性特征背后的深层原因是什么,下文我们将从汉英母语者异同并存的概念化模式及概念系统入手进行深入探究。

在上述统计的基础上,我们又进一步根据"在X上/里/中"所表示的语义类型考察了英语母语者对这三个介词性框式结构的习得,根据吴继峰(2019)、陈昌来(2014)等研究及HSKK语料库中出现的实际用例,我们将其分为具体空间义、抽象范围义、媒介工具义、方面义及隐喻时空的活动过程义等五大类,未发现用这类介词性框式结构表示时间的用例。

各语义类型的习得表现汇总如下表:

表4 英语母语者"在X上/里/中"不同语义类型的习得表现

| 框式结构 | | 具体空间 | 抽象范围 | 媒介工具 | 方面 | 活动 |
|---|---|---|---|---|---|---|
| 在X上 | 正 | 44/40%② | 85/83.3% | 47/39.83% | 36/75% | 1/3.33% |
| | 误 | 66/60% | 17/16.7% | 71/60.17% | 12/25% | 29/96.7% |
| | 合计 | 110/100% | 102/100% | 118/100% | 48/100% | 30/100% |
| 在X里 | 正 | 24/38.1% | 29/74.36% | 42/61.76% | 0 | 0 |
| | 误 | 39/61.9% | 10/25.64% | 26/38.24% | 0 | 1/100% |
| | 合计 | 63/100% | 39/100% | 68/100% | 0 | 1/100% |
| 在X中 | 正 | 0 | 49/51.04% | 7/70% | 0 | 24/72.73% |
| | 误 | 0 | 47/48.96% | 3/30% | 0 | 9/27.27% |
| | 合计 | 0 | 96/100% | 10/100% | 0 | 33/100% |
| 总计 | 汇总 | 173 | 237 | 196 | 48 | 64 |

---

① 高顺全.基于语序类型学的汉语介词和介词框架习得研究[M].学林出版社,2019:106—146.
② "/"前面数字表示该类用例出现数量,后面表示用例正误占比。

纵观表 4，我们可以发现，就语义类型来说，HSKK 语料库中英语母语者运用"在 X 上"来表示的语义最为丰富，包括上述所有五种类型，"方面义"全部出现在"在 X 上"中，"在 X 中"所表示的语义类型最为有限，仅表现为范围、媒介和活动三类，在表示具体空间范围内时，英语母语者全部倾向于使用"在 X 里"。

从用例数量和偏误率来看，"在 X 上"中，表示具体空间、范围义和媒介义的用例数量相差不大，而表示方面义和活动义的用例数量则明显减少，其中以"在……课/会上"等为代表的表活动义的用例数量最少，且偏误率最高，仅 1 例使用正确，其余 29 例偏误用例中有 24 例皆表现为遗漏方位词，3 例表现为错序，另有 1 例表现为遗漏中心名词，1 例表现为应用"上"而误用为"上面"。表示具体空间和媒介的用例和偏误率几乎不相上下，差不多都在 60%，相对来说，表示"方面义"的用例偏误率较低一些，但也在 25%，偏误率最低的是表示抽象范围的用例，其中又以"世界/社会上"等常以语块形式出现的用例为代表。

"在 X 里"中表具体空间义和媒介义的用例数量大致相当，但以"在房子/手里"为代表的表示具体空间的用例偏误率明显高于以"在图片/手机里"为代表的表媒介的用例，以"在社会/生活里"为代表的表抽象范围的用例偏误率相对较低，而表活动的用例仅出现"这张照片是在一个舞蹈课里拍的"1 例，未呈现出系统性特征，或者也可以说英语母语者使用"在 X 里"时仅倾向于用来表达具体空间、抽象范围和媒介三类语义。

对照"在 X 里"与"在 X 中"可以发现，当表达某物体位于另一物体所能提供的具体空间背景范围之内时，英语母语者绝对倾向于使用"在 X 里"，且此时偏误率较高；而在表达事物处于以"社会/生活"等为代表的某一抽象空间背景范围之内时，英语母语者则相对倾向于使用"在 X 中"，且此时偏误率也相对同一用法的"在 X 里"明显较高，同时可以发现"在 X 中"多用来表示上述这类抽象范围义，表活动及媒介义的用例明显相对较少，且在"在……过程中"等常用语块的作用下，偏误率相对较低，但因表抽象范围义的用例及偏误率都明显相对较高，"在 X 中"的整体偏误率仍保持在 42.45% 的较高水平。

那么为何英语母语者在上述三个介词性框式结构习得中的偏误率如此之高，且偏误明显集中于遗漏方位词及错序和冗余介词之上，而在表述不同语义类型时其在偏误率上又呈现出较为明显的差异呢？下文将从汉英母语者认知深层异同并存的概念系统及概念化模式等方面入手深入分析上述现象产生背后的深层原因所在。

## 4 概念化模式及概念系统差异对英语母语者介词性框式结构习得的影响

### 4.1 遗漏方位词

我们首先结合英语母语者汉语口语输出中的实际用例来深入探究其在上述三个介词性框式结构使用中最具有代表性的遗漏方位词的偏误究竟是如何产生的,HSKK 语料库中实际用例略举如下：

**第一类例句：**

(1) 太阳很晒,天气这么那么热,我,很,<u>在公共汽车</u>很无聊。

(2) 这个问题有以下几个原因,一个原因是因为大家都每天同样的时间会<u>在同样的高速公路</u>开车到工作。

(3) 他们上个星期结婚了,他们现在非常愉快开始他们的新生活。一起<u>住在一个房子</u>可能很麻烦,但是因为他们的爱很厉害,所以对他们没问题。

(4) 我把我一年想用的东西放在<u>一个很,一个行李箱</u>。

(5) 在汕头的时候住在一个很不错的地方,然后搬到澄海区,然后住<u>在一个很烂,一个烂楼</u>,然后我发现我住的条件并没有为我的生活带来什么影响。

(6) 她也有一个手机<u>在她右边的手</u>,我想这个的女生会去美国。

上述偏误用例主要表现为"X"的中心成分全都为普通事物名词,如"车""路""房子""楼""手"等,且整个结构表示的是具体可见的空间；这类用例共计出现 173 例,进一步观察语料发现,其中有 55 例遗漏了后部的方位词,占比达 31.79%。按照汉语母语者"两步走"的概念化模式,在表述焦点事物相对于普通名词所代表的背景事物"X"的具体位置所在时,首先需要使用介词"在"表明二者间为空间关系,之后还需要通过具体方位词的使用才能进一步明确焦点事物在背景事物"X"所能提供的功能可据点中的确切位置所在。而英语母语者在其"一步到位"的概念化模式及方位词概念空位的影响下,汉语表达中也经常只使用前置介词"在",而忽略了后部方位词的必要性,或者说方位词很难进入其概念表征系统中,成为其在运用汉语表达时自然会考虑到的因素,在汉语二语形式上即表现为上述诸例中的方位词遗漏现象。

在访谈中,多位英语母语者被试一致表示:虽然知道汉语里有"在+N+上/中/里/下……"的语法规则,这个规则很容易理解,也很容易记住,但是在说的时候想自然运用却是很难的,甚至不止一位被试表示这是对自己来说最难的语法,因为在使用汉语进行此类表达时,他们常常觉得只要用"在"就够了,"在"就是母语里的 on、in 或 at,不明白为什么汉语里还要再用"上/中/里/下……",因此常常忘了后面还要使用方位词。我们认为这里英语母语者除了将"在"与母语中的相关介词之间建立起了误映射,更是因为受到了母语"一步到位"概念化模式的深远影响,因此才会认为只需要介词"在"就已足够表述清楚要表达的意思。对于母语中并不存在的"上/中/里"等方位词概念,英语母语者表示通常也是将它们和"在"一样与母语中的介词 on、in 或 at 等对应起来,而英语中一般并不存在两个介词一起搭配使用的情况,汉语中则既有只用介词"在"的情况,也有只有方位词的情况,还常见到两者一起搭配使用的情况,英语母语者常弄不清楚究竟何时该只用"在",何时该只用方位词,何时该将两者搭配使用,在母语中"介+名"这一"一步到位"的概念化模式占据认知系统中强势支配地位及方位词概念空位的双重影响下,英语母语者在汉语中进行相关表述时通常也自然地只采用"在+N"的表达方式,而难以自然考虑到方位词因素,遗漏方位词的现象因而大量产生也就不足为奇了。

**第二类例句:**

(7) 所以我们可以说我们需要大学,我们也需要在世界,在日常生活得到的经历。

(8) 我一看到第 12 题的图片,我就想,想到了我前几天在工作发生的一个纷争。

(9) 我觉得上大学的时候你可以学很多东西,你在社会的时候也可以学很多。

(10) 怎么说呢? 在人生必须是有目标的,但是如果你的目标就太低,不行。如果目标太高也不行。

(11) 而且我们在郊区不会受到交通的，不会，我们会<u>在一个比较安静的环境</u>生活。

(12) 在旅行你可以认识人类在别的国家，<u>在别的文化</u>。

上述偏误用例主要表现为"X"的中心成分是比较抽象的普通名词，如"世界""生活""社会""人生""环境""文化"等，整个介词性框式结构常通过隐喻用来表示比较抽象的空间范围。值得注意的是，这类用例共计出现了 237 例，进一步观察语料发现，其中遗漏后部方位词的情况仅出现了 49 例，占比仅 20.68%。那么深受认知系统中"一步到位"的概念化模式及方位词概念空位影响的英语母语者为何在运用这一结构表示更为抽象的空间范围时遗漏方位词的情况相较于用来表示更为直观可感的具体空间时反而出现了较为明显的下降呢？

访谈中英语母语者被试表示，虽然根据母语中"一步到位"的思维模式，感觉在表述焦点事物相对于背景事物的具体位置时只要"在＋名"就够了，因此在使用汉语时常会忘了后部的方位词；但他们同时常会将接触频率较高的"X"的中心名词成分和经常与之共现的方位词视为共现语块来使用，如多位被试表示，常常听到、看到"书上""报纸上""世界上""社会上""生活中"的说法，很多次以后常觉得它们是一起用的，是一个整体，因此会在表述中提及这类名词时自然说出后部方位词，如我们发现在 HSKK 语料库中，中心成分为"世界"的"在 X 上/里/中"共计出现 66 例，其中遗漏后部方位词的情况仅出现了 7 例；中心成分为"社会"的用例共计出现 47 例，其中遗漏后部方位词的情况仅出现了 10 例；中心成分为"生活"的用例共计出现 40 例，其中遗漏后部方位词的情况仅出现了 13 例。综上可见，以这三个词为代表的用例占了所有表示抽象空间范围用例的近 65%，而其中遗漏后部方位词的情况则仅出现了不到 20%，远低于前述用来表示具体空间用例中遗漏方位词的偏误率。同时被试还表示，在汉语中更常听到、看到"在"，因此在使用这类常用名词来表示焦点事物在其中所处的位置时会自然使用"在＋N＋上/里/中"的形式，至于使用哪个方位词，则取决于更常听到该名词与哪个方位词一起出现。因此我们认为，虽然英语母语者认知系统中占据支配地位的"一步到位"的概念化模式和方位词概念的空位会极大地影响其对上述介词性框式结构的正确使用，但具体名词和方位词的共现频率也会在一定程度上影响其对这类结构的正确使用。

**第三类例句：**

（13）<u>在第一张照片</u>，你会看，一位女人在办公室里。

（14）<u>在这个照片</u>我们可以看到有两个人，但是我们先需要说这两个人有什么关系。

（15）如果是工作环境不适合自己的话，那工作的会非常辛苦，而<u>在图片</u>看起来她非常的不享受，或者是不喜欢她的工作。

（16）如果我有一点无聊，我可以<u>在手机</u>打游戏，也可以看电视，看电影。

（17）我们在阿姆斯特丹的时候，我们去我们的旅馆，但是他们说他们没有我们的名字<u>在他们的电脑</u>，所以我们应该等很多时间。

（18）你就可以用那个网络，可以<u>在网站</u>卖你的衣服，然后还有<u>在网络</u>做那个广告，所以我觉得这样会有更多人认识你的牌子。

上述偏误用例主要表现为"X"的中心成分都是用来表示图文、信息、数据等事物存储介质的普通名词，如"图片""照片""手机""电脑""网"等等，整个结构也都是通过隐喻后用来表示焦点事物存储于某种媒介事物之中。这类用例共计出现了 196 例，在"在 X 上/里/中"所表示的语义类型中位居第二，其中有 69 例是遗漏了后部的方位词，占比 35.20%，比前述两类都高。

进一步深入分析语料后发现，这类表达媒介义的总用例及遗漏方位词现象的用例都主要集中在 X 中心成分为"图片""照片""手机"和"网（络）"这四个词中，其中"图片"例共计出现 60 次（这与 HSKK 考试中有一类题型是看图说话密切相关），遗漏 21 次，超三分之一；"照片"例共计出现 19 次，遗漏 9 次，占比近半；"手机"例共计出现 25 次，遗漏 13 次，占比过半；而"网（络）"例共计出现 38 例，遗漏仅 8 次，占比 21.05%。四者用例合计共出现 142 次，占这类用例的 72.45%，其中 X 中心成分为"网（络）"一词的用例中，遗漏方位词的情况显著低于其余三词。参与访谈的多名被试表示：经常听、说"在网上买东西/看电影"等等，所以在用到这个词时会比较自然地使用"在网上干什么"；但是较少听到、看到"图片""照片"等与方位词一起使用，加上母语中表述这类意义时通常只需要使用"介+名"这种形式就够了，因此在使用这类没有常常听到或看到与"上/

里/中"等一起使用的名词时常会不自觉地忘记加上后部的方位词,这也再次证明基于母语所形成的概念化模式和目的语独有概念在母语中的空位及目的语中具体名词和方位词的共现频率会共同影响英语母语者对这类结构的正确使用。

**第四类例句:**

(19) 我也去商店买衣,我买衣服我可以穿在玛丽的派对。

(20) 在一个音乐会很多人如痴如醉,因为有一个人在演奏。

(21) 我觉得最重要的语言是数学课,因为在数学课你需要记得很多很多的东西,和是很难。

(22) 因为我觉得在这样的活动你可能有一个很特殊的机会,就是跟陌生,陌生人或者不太了解的人有交流的机会。

(23) 一个男人很高兴因为他跑步很快,在这个跑步表演很多人跑步了,但是这个男人真的快。

上述偏误用例主要表现为"X"的中心成分是表示某种活动过程的普通名词,如"派对""音乐会""课""活动""表演"等,整个介词性框式结构也是通过隐喻用来表示更为抽象的在一定空间和时间范围内发生的活动。这类用例出现的数量不多,仅共计出现了 66 例,远低于前述三种语义类型的用例,但这类用例中,遗漏方位词的用例共计出现了 30 次,占比 45.45%,远高于前述所有语义类型中遗漏方位词的情况。

语料分析发现,这类用例中"X"的中心成分主要集中在"课"和"过程"两个词中,但以这两个词作为"X"中心成分的"在 X 上/里/中"这一介词性框式结构在使用表现上却呈现出巨大差异:"课"例共计出现 23 次,遗漏方位词 18 次,偏误率高达 78.26%;"过程"例共计出现 18 次,遗漏方位词 0 例,所有用例皆正确搭配使用了方位词"中"。参与访谈的多名英语母语者被试表示,相对于前述用来表示具体空间、抽象范围甚至媒介工具中与"下/外"等相对的方位词"上/里/中",在"在……课"后面的方位词"上"很难理解,而且也很少听到或看到"在……课上",再加上母语中通常只需使用"介+名"这一语言形式就可以了,因此常常觉得"在……课"就可以了,而且也确实经常想不起来在"课"的后面再加上方位词"上";但几乎每次接触到"在……过程"时,后面总是有一个"中",因此觉得"过程中"是一起的,因此在表述"在……过程"时会不自觉地带出"中"。同时我们还发现,HSKK 语料库中使用"在……过程中"的 18 例语料中有 17 例是出现在汉语高级水平者输出的语料中,仅 1 例是出现在中级汉语水平者输出的语料中。与之形成鲜明对比的是"在……课"的表述则绝大部分出现在初中级汉语水平者输出的语料中,仅 1 例出现在汉语高级水平者输出的语料中,不过前述几类相关语料中并未发现中高级学习者之间存在明显差别,这或可表明学习者的语言水平虽可能在一定程度上影响其对这一介词性框式结构的正确使用,但影响的力度及范围可能都较为有限。

综上,英语母语者对于汉语"在 X 上/里/中"这一介词性框式结构中方位词的遗漏问题受到诸多因素的影响:首先是母语中"一步到位"的概念化模式和方位词概念的空位会发挥极大的影响作用,导致方位词难以进入其概念表征系统,因而其常常遗忘汉语相关表达中的这一必要成分;同时,这一框式结构中"X"的中心名词与方位词的共现频率也会在一定程度上发挥其影响作用;而汉语水平对这一介词性框式结构中方位词的遗漏问题虽也有所影响,但作用的力度则并不大。

### 4.2 错序

前述统计数据显示,在 HSKK 语料库中,英语母语者在运用汉语介词性框式结构"在 X 上/里/中"时,语序错误位列第二,且基本表现为状语后置。

这类语料例证如下:

(24) 现在堵车堵得很厉害,我觉得很多人迟到了,他们都等在他们,在自己的汽车,我不知道什么时候他们可以去,我也不知道他们去哪儿。

(25) 在中国我们去上海,北京,香港和西安,在北京我们看长城和我们走在长城。

(26) 他们做蒙古族的唱歌和,让,请我们一起吃饭在那个蒙古包,这是最好玩的,最传统的活动。

(27) 因为他们说,他们说中文在他们的家。

(28) 我们会把这些应用做很多事情。比方说我们会看影片在 YouTube。

在 HSKK 语料库中,我们共计发现 61 例"在 X 上/里/中"的位置分布错误,可见其已呈现出系统性特征,而非个例,这促使我们深入挖掘其背后的深层动因。

张璐(2002)、刘宁生(1995)、赵世开(1999)、李锡江(2020)等基于汉英语序对比的研究发现,汉英母语者在采用焦点-背景(Figure-to-Ground)原则认知事物间的空间关系时所采用的概念化模式存在明显不同:英语母语者相对倾向于采用先焦点后背景的概念化模式,而汉语母语者则绝对倾向于采用先背景后焦点的概念化模式,这使得汉英母语者在借助空间隐喻表述焦点事件和与之相应的时空等背景信息之间的关系时通常会采用相反的语序。因此语序上的不同实质上体现的是汉、英母语者概念化模式的差异,这种认知深层概念化模式或思维方式的差异在英语母语者的汉语习得中同样发挥了深远的影响作用,因此英语母语者在汉语表述中常出现状语后置的现象,如前(24)—(28)例所示。

在面对面访谈中,不止一位被试表示,根据其母语交际习惯,在语言交际中应先明确给出最重要或交际双方最为关注的信息,即事件焦点信息:谁?干了什么?至于其他诸如"在哪儿干的、什么时候干的、怎么干的"等背景信息可以慢慢再说、再补充,因此搞不懂汉语为什么会采用这么奇怪的表达方式。

同时,多名被试表示,在汉语学习的初级阶段常会不自觉借用母语当中习惯的表达顺序运用汉语进行对应的表达,因此经常会出现"L1 thinking for L2 speaking"[①]的现象,也就是"二语说话一语思维"。可以说,英语母语学习者的上述感受和常出现的"二语说话一语思维"的现象恰是学习者没有掌握目标语形式与其意义之间的理据关系所致;更具体地说,是因为学习者没有认识到汉、英母语者在认知"焦点"和"背景"时采用不同的概念化模式所致,因此才会仍利用基于母语基础上已经习惯的先焦点后背景的思维方式,在运用汉语进行表达时仍会习惯先通过主谓宾语来交代事件,然后再利用介词性框式结构交代事件发生的场所空间等背景信息。前述数据显示,这种现象尤其是在汉语初中级阶段更容易发生,因为这一时期新的概念化模式还没有建立,旧的概念化模式仍占绝对主导地位。因此,我们认为,英语母语者汉语介词性框式结构习得中表

---

① Han, Z. H., & Lew, M. Acquisitional complexity: What defies complete acquisition in SecondLanguage Acquisition [A]. In B. Kortman & B. Szmrecsanyi. (Eds.), Linguistic Complexity[C]. Berlin: De Gruyter, 2012: 192—218.

现出来的这种一定程度上的状语后置倾向其深层根源应是学习者将基于母语所形成的先焦点后背景的概念化模式迁移到了二语学习中所致。

### 4.3 冗余介词"在"

在介词性框式结构"在 X 上/里/中"的使用中,我们还在 HSKK 语料库中发现了数十例冗余介词"在"的用例。

略举几例如下:

(29) 在社交网络上有越来越,越来越多的的信息,像不同的微信和微博这些。

(30) 在中国,春节的时候,很挤满,在路上,在马路上有很多的车,车子,我觉得虽然有车比较方便,你可能得等堵车。

(31) 在图片有一个车,车是黄色,有很多的小朋友在车的旁边。

(32) 在手机里有很多 APP,例如脸书那个 APP,还有我们可以发短信,可以打电话,可以上网,有很多东西可以做的。

(33) 所以你看她在开开心心的学跳舞,但是她在心里面非常郁闷,非常累。

这类语料绝大多数表现为整个介词性框式结构充当存现句的主语,个别用例表现为充当形容词谓语句的主语,且在三个介词性框式结构中均有出现,共计 42 例,在绝对数量和分布范围上都明显高于冗余方位词的情况。

崔希亮(2005)的研究调查也曾指出,英语母语者汉语习得中介词冗余使用现象是其介词习得中的一个突出问题,这一点在出现频率最高的"在"的使用上表现尤为明显,崔文认为这与其母语中介词数量众多、使用频率相对较高密切相关。我们认为,除此以外,"在 X 上/里/中"中介词"在"的冗余还应从汉英两种语言不同的语法概念系统入手进行更进一步的探究。

储泽祥(2010)指出,"汉语的存在句句首处所成分以不用介词为常,而英语由 there 引导的存在句句末介词短语里的介词必须出现。"[①]这是因为汉语方位短语做主语时其所表示的空间是被作为一种特殊的事物看

---

① 储泽祥.汉语空间短语研究[M],北京:北京大学出版社,2010:94.

待的,此时其空间属性被弱化;而空间介词"在"则具有强调、突出空间属性的作用。①因此,汉语中在名词后加方位词构成方位短语充当存现句和形容词谓语句的主语时其前通常不再出现空间介词"在"。或者说,汉语中通过"名+方"即可表达出相应的空间概念,因此在仅需表达空间概念而非事物间相对的空间关系或事物所处位置时就不需要再使用空间介词"在"了;而如前所述,英语中因不存在方位词,方位概念完全被空间介词所吞并,因此不管是单纯空间概念的表述还是事物间相对空间关系或事物所在位置的描述都必须借由介词完成,这使得英语中由前置空间介词"at、on、in"与其后的名词性成分一起构成的介词短语不管用来充当句子的何种成分,其中的空间介词都是必不可少的句法成分,或者说不管是表达相应的空间概念还是事物间相对的空间关系或动作行为发生的处所英语中都从不需要考虑空间介词的隐现问题,换句话说空间介词是英语母语者在进行空间概念或事物间相对空间关系表达时都必然会考虑也自然会考虑的因素,而汉语中则视情况需要而定:若仅表达空间概念本身则不需要借助介词"在"。因此我们认为汉英两种语言在空间概念表征上的这种差异才是导致英语母语者在使用汉语介词性框式结构"在 X 上/里/中"时呈现出较为系统性的介词冗余现象的深层原因。

### 4.4 方位词误用

在 HSKK 语料库中,我们还发现英语母语者在共计 718 例汉语介词性框式结构"在 X 上/里/中"的使用中出现了少量的方位词误用现象,例证如下:

(34) 在这个竞争非常激烈的世界里,一个学生如果没有多,没有特殊的才能和精力,就没有多少选择就业的的机会。

(35) 我们只要在这个世界里,我们就能学到东西,比如说你去旅游,你可以碰到一些新的文化。

(36) 比如说郊区有一个院子,至少在这里,在澳大利亚,有院子,孩子们可以一起在院子上玩儿,打篮球,踢足球什么什么的。

(37) 这是一位年轻女人,现在她写在她的本子里。

---

① 储泽祥.汉语空间短语研究[M].北京:北京大学出版社,2010:132.

(38) 这张照片是在一个舞蹈课里拍的,这些小孩子的家长都认为这些课外班非常重要。

在面对面访谈中有部分被试表示在遇到不常接触到的名词时,有时会将不常用的名词与常用的名词进行同类比较,若认为二者属于同一类事物,则会在表达中采用与熟知名词用法相同的用法,如经常听到"书上""报纸上""地图上"的说法,因此虽在初级阶段常会因受母语影响而误用为"书里"等,但随着接触频率的提高,慢慢会自然说出"书上"等表达,在遇到"杂志"这类词时会想其与"书"等应属于同一类,因此也会说出"杂志上",此时不常发生方位词误用的情况;如果不是经常遇到,又一时想不起可类比的同类对象时则会求助于母语中的相关表达,直接进行翻译,方位词的误用经常是在此时发生,如上例(36)、(38)。

这部分方位词之间的误用虽数量不多,但仍呈现出较为明显的特点,共计仅出现 10 例的用例中有 6 例是该用"上"而误用为"里",仅 1 例是相反用法:该用"里"而误用为"上";另还有 2 例是该用"上"而误用为"上面",1 例是该用"下"而误用为"里",方位词"里"的泛化使用非常明显,尤其集中体现于与"上"的误用之间。

### 4.5 冗余方位词

如前所述,我们在 HSKK 语料库中观察到,英语母语者在运用汉语介词性框式结构"在 X 上/里/中"时,最常出现的就是遗漏方位词的问题,但同时偶尔也会出现冗余方位词的问题。

这类语料例证如下:

(39) 小偷如果他不知道你的密码的话,他就没法使用你的支付宝或者你的微信支付服务什么的,所以我觉得在这个方面上手机付款比信用卡或者取现卡好一点。

(40) 我们现在的社会,在很多方面上好,跟一所大学差不多一样的。

(41) 不过我很少会用这个相机,所以对我说在这方面上没有手机也无所谓。

(42) 几年后就会变得很大的知识库,可以让我在我的事业我的家庭关系我跟朋友的关系在任何方面上更加成功。

(43) 我觉得考试到一定的程度,能衡量一个人的,可是在更大的方面上,不能衡量一个人的能力。

在 HSKK 语料库中,我们共计仅发现上述 5 例方位词冗余现象,且全部集中于表达"方面义"的"在 X 上"中,5 例均表现为"方面"一词与表达"方面义"的方位词"上"的同义叠加现象,这类表"方面义"的语料共计出现 48 例,且所有表达"方面义"的语料全部出现在"在 X 上"中。这表明,英语母语者或了解汉语方位词中只有"上"可以用来表达事物的某一范围或方面义,但同时,"方面"一词本身即用来表达"方面义",且更容易与其母语中的"aspect"等相关名词对应起来,因此,在 HSKK 语料库中,仅有的表达"方面义"的 48 例语料中,有 35 例是直接正确使用了普通名词"方面"构成"在 X 方面"来表达此类意义,仅 4 例是正确使用了"在 X 上"来表达这一意义,同时出现了 4 例遗漏方位词及上述 5 例叠加现象。对于方位词"上"与"方面"的同义叠加现象,表面上看是受汉语中出现频率极高的介词性框式结构"在 X 上"的泛化所致,深层来看,则是因为学习者未能掌握汉语方位词"上"在表达这类意义时的隐喻意义所致。

## 5 小 结

本研究基于概念迁移假说,采用自建 HSKK 语料库及测试和面对面访谈相结合的研究方法,从"在 X 上/里/中"入手考察了英语母语者汉语介词性框式结构习得中呈现出的系统性特征与其在习得母语过程中形成的与汉语母语者异同共存的认知底层概念系统和概念化模式之间的关系。

研究发现:(1)英语母语者在汉语介词性框式结构"在 X 上/里/中"习得中偏误率高达近 50%,且一直居高不下;(2)偏误类型包括以下 6 类:遗漏方位词、整个结构在句中的语序偏误、冗余介词"在"、冗余方位词、误用方位词、遗漏介词"在";(3)遗漏方位词的偏误比例则一直远远高于其他类型的偏误,在初、中、高三个级别中皆是如此。

在深入探究两种语言相应空间概念表达的异同并进行了有针对性的测试和面对面访谈后,本研究发现英语母语者汉语习得中出现上述现象是因为汉英两种语言的概念系统存在一定的差异,因而采用不同的概念化模式来表达相应的空间概念所致:汉英两种语言中虽都存在"介词"这一语法概念,但英语中不存在与汉语"方位词"和"处所词"相对应的语法概念,这种概念的空位使得在使用空间介词的时候两种语言存在一个明显的不同:英语中一般采用"介词+名词"的"一步到位"的概念化模式来进行相应空间概念的表达;而汉语中则需要根据介词宾语是否为"处所词"来分别采用"介词+X"的"一步到位"的概念化模式或者"介词+X+方位词"的"两步走"的概念化模式。母语中"处所词"概念的空位使得英语母语者对于汉语介词宾语的分类未能给以足够的关注,"方位词"概念也难以进入英语母语者的概念表征系统中,成为其在运用汉语进行相关空间概念表达时自然会考虑的因素,从而导致英语母语者在运用汉语时出现超高频的遗漏方位词现象。

同时,在认知事物间的空间关系时英语母语者相对倾向于采用先焦点后背景的概念化模式,而汉语母语者则绝对倾向于采用先背景后焦点的概念化模式,这种认知深层概念化模式的差异使得英语母语者在"在 X 上/里/中"表述中常会出现将其后置于谓语中心的语序偏误。

此外,本研究还发现:在这一框式结构中"X"的中心名词与方位词的共现频率会在一定程度上影响学习者对这一结构的习得;学习者的语言水平虽可能在一定程度上影响其对这一介词性框式结构的正确使用,但影响的力度及范围都较为有限。

**参考文献**

(1) 蔡金亭,吴一安(2006)中国大学生英语冠词使用研究[J],《外语教学与研究》第 4 期。

(2) 陈昌来(2014)汉语"介词框架"研究[M],北京:商务印书馆。

(3) 储泽祥(2010)汉语空间短语研究[M],北京:北京大学出版社。

(4) 崔希亮(2001)空间方位场景的认知图式与句法表现[J],《中国语言学报》第 10 期。

(5) 崔希亮(2005)欧美学生汉语介词习得的特点及偏误分析[J],《世界汉语教学》第 3 期。

(6) 高顺全(2019)基于语序类型学的汉语介词和介词框架习得研究[M],学林出版社,2019。

(7) 葛婷(2004)"X 上"和"X 里"的认知分析[J],《暨南大学华文学院学报》第1期。

（8）李锡江(2017)空间概念迁移：来自中国学习者英语状语和介词习得的证据[D]，东北师范大学博士学位论文，2017。

（9）李锡江，刘永兵(2020)中国学生英语时空状语语序分布与母语概念迁移[J]，《外语教学与研究》第1期。

（10）刘丹青(2002)汉语中的框式介词[J]，《当代语言学》第4期。

（11）刘宁生(1995)汉语偏正结构的认知基础及其在语序类型学上的意义[J]，《中国语文》第2期。

（12）沈家煊(1984)英汉介词对比[J]，《外语教学与研究》第2期。

（13）王鸿宾(2017)面向二语教学的现代汉语介词研究[M]，北京：中国广播影视出版社。

（14）吴继峰(2019)面向对英汉语教学的介词性框式结构"在X上/下"研究，北京：中国社会科学出版社。

（15）谢信一(1991)汉语中的时间和意象（上）[J]，叶蜚声译，《国外语言学》第4期。

（16）张　璐(2002)从东西南北谈英汉语语序所反映的认知过程[J]，《语言研究》第4期。

（17）张会平，刘永兵(2013)英语介词学习与概念迁移——以常用介词搭配与类联接为例[J]，《外语教学与研究》第4期。

（18）张会平(2013)基于语料库的中国学习者英语概念迁移研究[D]，东北师范大学博士学位论文。

（19）赵世开(1999)存在句与认知：英汉对比[J]，《华文教学与研究》第3期。

（20）赵元任(1979)汉语口语语法[M]，吕叔湘译，北京：商务印书馆。

（21）Jarvis S.(2011) Conceptual transfer: Crosslinguistic effects in categorization and construal[J]. Bilingualism: Language and Cognition, 14(1).

# 日本大学生汉日同题议论文中立场标记的对比研究

李 佳

大阪大学

**摘 要**：本研究旨在对比日本汉语专业大学生在汉日语议论文中建立和标记立场的方式。通过分析四个立场标记类别（知识性、义务性、态度性和文本性），采用两组具有高度可比性的汉日语同题作文语料进行研究。研究选取了汉日语作文中内容信息和段落层次高度对应的 41 对作文。通过统计和对比汉日语语料中各类标记的使用频率，揭示了日本大学生在建立自己的论述立场时存在的异同程度。研究结果显示，汉日语议论文中立场标记的使用总体上有较高正相关性，日本大学生在表达知识性、义务性和态度性时，与其在日语议论文中的立场标记使用有明显的相关性。文章结构的组织也与立场标记的使用密切相关。基于统计结果，本研究发现大学生在汉语作文中使用了过多的主观评价，并存在较多的字面翻译。这表明日本学习者的母语对其汉语学习产生了影响。最后，建议教师应根据不同语言习惯来进行立场标记策略的教学，帮助日本学习者学会特定语言的、不同于母语的词汇和用法，以避免过多、不足或不恰当的词汇使用。

**关键词**：立场标记；议论文作文；日本汉语专业大学生；相关性；AntConc

## 一、研究背景

日常话语交流除了传达信息之外，话语中的很大一部分涉及对事物的判断、评价或传达个人情感。这种语言表达不仅仅是简单的陈述事实，更多地反映了说话人对于所谈及对象的态度和立场。在相关的文献中，有多个近义词或概念用于描述这种情态或立场的表达。例如，"情态性"（modality）（Palmer, 2001）、"评价"（appraisal）（Martin & White, 2005）或"评估"（evaluation)(Hunston & Thompson, 2000),"主观性"(subjectivity)和"交互主观性"(intersubjectivity)(Stein & Wright, 1995),以及"元话语"(metadiscourse)(Hyland, 2005a, 2005b)等等。这些概念和相关研究的共同之处在于它们都试图反映实际话语中人际交流和互动的主观性过程。

## 二、研究综述及理论框架

### 2.1 以往研究简述

在语言教学环境下,有关立场表达的研究指出了语体和学科领域之间的差异。根据Biber(2006)的研究,口语体中的立场标记比书面语更加明显,尤其是在知识性标记方面。此外,Hyland(2005a)的研究表明,在学术写作中,理工科学术论文比人文社会科学论文更倾向于使用明确的立场表达,包含更多个人观点。因此,不同语体和学科领域的话语使用不同的语言形式来表达立场。

除了英语方面的立场表达研究,二语研究领域也对学习者作文中的主观性互动形式进行了调查。例如,Petch-Tyson(1998)的研究发现,在来自荷兰、芬兰、法国和瑞典四种不同语言背景的英语非本族语学习者与美国本族语者(大学生)的作文中,非本族语学习者表现出更强的"互动能见度",即他们更多地使用表明作者和读者身份的人称代词等,使读者感觉作者将他们也纳入文本内部,仿佛双方在文本间进行对话。此外,非本族语学习者还过多地使用语篇指称词和模糊限定语,通过他们自己的语言方式表达立场。另外,徐勤(2021)在有关"言据性"和立场标记的中介语对比研究中也得出了类似的结论,徐认为在身份表达方面,泰国学生在记叙文写作中,过度使用"我"/"我们"来表示行为发起者、范围界定者和观点持有者的作者身份。这是因为他们过于强调自己作为行为/动作/施事主体、范围关系主体的角色,因此在表达时经常提及"我"/"我们",并不擅长省略不必要的第一人称代词。

上述对比研究表明,当汉语作为二语的学习者利用汉语进行写作时,在表达自身立场方面相对于汉语母语者存在一定不足。本研究的主要出发点是通过对比日本大学生汉日同题议论文中的立场标记的使用情况,揭示日本学习者在用汉语表达自身立场方面的不足,以及导致这种不足的可能原因。

### 2.2 本研究分析框架

为确保对比研究的有效性，我们在整合 Biber 等人(1999)关于立场标记分类的研究以及语言学领域中关于情态性分类的研究（如 Palmer,2001；Saeed,2003）的基础上，通过详细的先导研究，进一步增加了文本立场标记，形成了本研究的基本分析框架。

Biber 等人的立场标记分类包括以下几个方面：

1. 知识性立场标记(Epistemic Markers)：这类标记反映了作者对某个观点或陈述的确定或怀疑态度。它们通常与事实相符，具有一定的依据和根据。

2. 态度性立场标记(Attitudinal Markers)：这类标记揭示了作者的态度和评价，涉及个人感受和情感反应。它们主要体现了作者对所述内容的主观态度和对其评价的言谈风格。

然而，这种分类框架存在一些问题。具体语料分析时，某一立场表达往往难以明确归类，存在模糊性。为了解决态度性立场标记和言谈风格界限不清、分析操作性不强的问题，许家金(2003)借助了语义学中的认知情态(epistemic modality)和义务情态(deontic modality)两个较为定性的概念。认知情态表示说话人对某一特定事件的认知水平、确定或可能性的程度，而义务情态涉及该事件所要求的必要性和义务性的行为(Palmer,2001)。许将义务性立场标记也作为立场分类框架的类别之一，将总体分类框架定为知识性、义务性、态度性。另外，在我们的先导研究中，我们注意到存在相当数量的显性话语连接标记。这些标记明确指明了话语之间的承接或次第关系，并对立场表达产生影响。因此，我们也将文本层面上的标记语作为本研究的分析对象之一，将总体分类框架定为以下四个方面：

1. 知识性立场标记(Epistemic)：这些标记用于标记作者对命题的确定程度、言据性以及与事实的相关性等方面的态度。

2. 义务性立场标记(Deontic)：这些标记涉及作者对某事的必要性、义务性，以及能否允许或可能性和能力等方面的观点，还包括因果关系等内容。

3. 态度性立场标记(Attitudinal)：这些标记用于表达作者的评价、个人感受和情感等方面的立场。

3. 文本性立场标记(Textual)：这些标记涉及作者在组织篇章结构、保持话语连贯性和促进观点阐释方面所采取的论述策略。

## 三、研究设计

本文的研究对象是作者所在单位——日本大阪大学汉语专业三年级和四年级学生，与以往的研究有所不同之处在于，我们对比分析的是同一组日本汉语学习者针对同一题目的议论文在不同语言（日语和汉语）中使用的立场标记，目的是探究可能存在的跨语言影响。

### 3.1 研究问题

本研究的目的是比较日本汉语专业大学生在汉日语同题议论文中的立场表达方式。我们将对收集到的日本大学生的汉日语同题议论文中的立场标记词进行统计和分析，并试图回答以下问题：

1. 在总体上，日本大学生的汉语议论文中的立场标记词与其日语同题议论文中的标记词是否具有相关性？我们将比较两种语言中使用的立场标记词的相似性和相关性。

2. 在不同的分类中，日本大学生的汉语议论文中的立场标记词与其日语同题议论文中的标记词是否具有相关性？如果存在相关性，我们将进一步研究相关性的程度和方式。

### 3.2 数据采集

#### 3.2.1 语料收集

本研究使用两组具有高度可比性的汉日语同题作文语料进行分析。每个学生先使用汉语完成题目为《大学生是否应该打工?》的议论文，然后使用日语完成题目为「大学生にとっては、アルバイトが必要ですか」的同题作文。研究收集了87名学生的作文；在整理语料时，发现6名学生只写了汉语作文而没有写日语作文。在同时完成汉日语作文的81名学生中，如果日汉语同题作文在篇幅和内容上差异过大、承载的基本信息和附加的立场态度缺乏一致性的话,则将其删除。通过逐个比对汉日语作文的内容,最终筛选出41名学生的汉日语作文。这些作文在段落层次上相对应,即汉日语作文传达的内容信息相似,有助于考察内容中的立场表达。本研究基于这41对高度对应的汉日语作文展开分析。

3.2.2 立场标记的识别

在识别立场标记时,我们坚持以下原则:所确定的立场标记必须有助于作者论述主题。具体的标注方案如表1所示:

表1 标注方案及示例

| 大类 | 子类 | 汉日语例词 |
| --- | --- | --- |
| 知识性 | 确定性 | 众所周知、绝对、确实、当然、不可否认、完全、有目共睹、毫无疑问、的确、一定、绝对、必然、肯定 |
| | 言据性 | 据调查、根据(媒体)报道、有人说、人们常说、据说、事实上、调查显示、基于、据统计、数据显示、据……称、一般说来(来说) |
| | 可能性 | 我(个人)认为、我想、我觉得、了解、几乎、发现、差不多、有可能、往往、大约、大概、好像、应该是、在我看来 |
| 义务性 | 必要 | 需要、应该、必须、要、不得不、有义务、有责任、有必要、应当、得 |
| | 能愿 | 可以、会、能、可能、也许、恐怕、敢、才得以 |
| | 因果 | 节省、提供、帮助、影响、导致、以至于、带来、归于、达到、造成、变成、受到……的影响 |
| 态度性 | 情感 | 享受、担心、尽情、烦恼、合意、辛苦、浪费、遗憾、喜欢、希望、开心、担心、充实 |
| | 评价 | 方便、欢喜、好处、有利、负面影响、弊端、麻烦、有意义、重要、轻松 |
| 文本性 | | 但是、首先、所以、因为、其次、这样、以上这些 |

在实际标注中,一些典型的立场标记在观点论述中起着核心作用。它们明确了作者的观点、判断和评价,并直接对论述起到贡献作用。另外,一些边缘标记并不直接影响论述,读者需要通过推测才能理解作者想要表达的立场。以下是三个例子:

(1) 労働は大変だということ、労働をして対価を得ること、自分の能力と合わない仕事を知ることなどなど。

(2) 大学生が就職活動をするにあたって、アルバイトの経験がなければ、恐らく会社選びをする判断材料もないだろう。

（3）アルバイトを辞めなかったことで、忍耐力を身につけることができた。周りはいい人ばかりではないので、時には傷つくこともあったが、彼らを反面教師として、現在は冷たい態度を取らないように気を付けるだけではなく、礼儀正しい人になることを心掛けている。

在例子(1)中，作者明确表达了对打工的积极态度，这可以直接帮助读者理解作者的立场。在例子(2)中，虽然作者讨论的不是打工本身，而是不打工的负面影响，但读者可以通过推断来理解作者的立场，认为作者支持大学生打工。我们认为这种情况也与主题相关，并可间接推测出作者的观点。在例子(3)中，作者提到了打工时可能遇到的问题，但强调了从困难中吸取经验的重要性和打工的意义。因此，在我们的分析中，我们将这三种类型的表达都视为立场标记。

研究语料的核心内容是"打工对大学生产生哪些影响？"因此，涉及"打工""大学生"和"影响"这三个方面。换句话说，我们在识别立场标记时要以"打工对大学生产生哪些影响？"这样的问题为指导，将涉及这三个方面的相关语言形式识别为立场标记。这样的方法可以帮助我们准确地理解、分析作者的立场表达。

### 3.2.3 标注流程

在将某个词识别为立场标记后，使用了机助定性标注工具，并按照表1的标注方案对41对（82篇）文本进行了标注。为确保较高的编码效度(inter-annotator reliability)，进行了三位中国国籍教师之间的交互核对。最终，完成了82篇学生语料的手工标注工作。

## 四、数据分析

### 4.1 立场标记的总体分布

我们对汉日语作文中的立场标记分别按照知识性、义务性、态度性和文本性这四个类别进行了频次统计，并得到了每个类别的分项频数和总频数。随后，我们使用SPSS软件对汉日语作文中立场标记的总体频数和分项频数之间的相关性进行了分析。根据表2的结果显示，在汉日语议论文中，立场标记的使用总体上呈现较高的相关性（$r=0.60$，$p<$

0.01），这意味着日本大学生在汉语议论文和日语议论文中使用立场标记的一致性较高。

表2 汉日语议论文立场标记总体相关性

| | 相关性系数 | P值 |
|---|---|---|
| 41篇汉语作文/议论文 | 0.58 | 0.000** |
| 41篇日语作文/议论文 | | |

### 4.2 立场标记分项统计

根据表3的结果可以观察到，在汉语语料中，知识性立场标记的使用与日语语料中的使用相关，但相关性系数的值并不高（r＝0.32，p＜0.05）。然而，在汉日语语料中，确定性立场标记的使用与其他立场标记的使用密切相关（r＝0.54，p＜0.01），而言据性和可能性立场标记的相关性并不显著（分别为r＝0.19，p＞0.05；r＝0.17，p＞0.05）。这意味着中国学习者在汉日语议论文中更倾向于以类似的方式表达对命题的确定性立场，但在表达证据和可能性立场时则相对独立。

在义务性立场方面，基本类别即表达必要的立场标记没有表现出显著的相关性。然而，在表达能愿和因果的立场标记方面呈现出显著的相关性。

相比之下，态度性立场标记的相关性明显较高（r＝0.57，p＜0.01），而与情感立场标记的使用没有相关性（r＝0.08，p＞0.05）。此外，评价立场标记的使用具有显著相关（r＝0.58，p＜0.01）。同样，文本性立场标记的使用也呈现相关性（r＝0.45，p＜0.01）。换言之，学习者们在组织汉日语议论文结构和行文方面，在很大程度上表现出一致性。

表3 汉日语语料中各类立场标记相关性分项数据

| 汉日语立场标记类别 | | 相关性系数 | p值 |
|---|---|---|---|
| 知识性 | | 0.32 | 0.016* |
| | 确定性 | 0.54 | 0.000** |
| | 言据性 | 0.19 | 0.125 |
| | 可能性 | 0.17 | 0.216* |

续　表

| 汉日语立场标记类别 | | 相关性系数 | p 值 |
|---|---|---|---|
| 义务性 | | 0.24 | 0.069 |
| | 必要 | 0.20 | 0.106* |
| | 能愿 | 0.30 | 0.019* |
| | 因果 | 0.36 | 0.004** |
| 态度性 | | 0.57 | 0.000** |
| | 情感 | 0.08 | 0.586 |
| | 评价 | 0.58 | 0.000** |
| 文本性 | | 0.45 | 0.000** |

# 五、讨　论

## 5.1　相关性分析

根据上述相关性分析,我们发现,总体上,日本大学生在写作汉日议论文时,有较高程度类同的立场表现。从立场表达的四个大类来看最高的是态度性立场标记,它的汉日语相关性最高。这从某种程度上印证了日本大学生汉语作文中的主观性特征和口语化特征是与汉语有一定关联的。这一结论不同于 Petch-Tyson(1998)"二语学习者都有主观化特征"的观点。也可以说是通过母语语料补充了她们的观点。除了主观性高的立场标记外,文本性也呈现出较高的相关性,这说明在议论文文体方面,汉日语都遵循"总—分—总"和"首先—其次—再次"的论证结构。这一点或许是汉日语作文写作教学共同作用的结果。

## 5.2　基于词条和索引行的语境分析

通过利用 AntConc 等工具,可以获取各个立场标记在所有语料中的使用列表,类似于词表。通过分析以立场标记为节点词的索引行,我们可以了解该标记在语境中的具体使用情况。通过这样的分析,我们可以得出本研究所使用的语料中立场标记的类别在语义层面上趋于相同,在词汇和短语层面上也显示出汉日语高度对应的特点。以知识性立场标记为例,表4展示了在汉日语作文中使用频率较高的标记。知识性立场标记的作用是通过唤醒共有知识的方式,例如使用「皆さんご存知のように」(众所周知)、「一般的に」(一般来说)等短语,将读者引入一种同意作者观点的状态,建立一种默契关系。

**表4 汉日语议论文中确定性立场标记使用频次表**

| 日　　语 | | 汉　　语 | |
|---|---|---|---|
| 立场标记 | 频次 | 立场标记 | 频次 |
| 絶対・絶対的に・必ず | 16 | 绝对、一定、肯定、必然 | 18 |
| 当然のことながら・当然・もちろん | 16 | 当然 | 21 |
| 確かに・確実に | 13 | 确实、的确 | 15 |
| 完全に | 11 | 完全 | 9 |
| 実際に | 10 | 实际上 | 10 |
| それぞれが知っているように、皆さんご存知の通り | 9 | 我们都知道 | 11 |
| 本当に | 9 | 真的、真的是 | 8 |
| 本当は・実際は | 12 | 其实 | 13 |
| 自然に | 8 | 自然 | 8 |
| 総じて言えば・まとめとして | 8 | 一般来说、总的来说 | 7 |
| 一ということは否定できない | 6 | 不可否认 | 4 |
| 周知の通り | 5 | 众所周知 | 4 |
| 疑いの余地なく | 3 | 毫无疑问 | 2 |
| 誰の目にも明らかである | 3 | 有目共睹 | 1 |
| 誰の目にも明らかである | 3 | 显而易见 | 2 |

根据表4的数据,我们可以看出在本研究的语料中,汉语议论文中使用频率最高的词语是"当然""一定""其实""实际上"等。这些词语大多是副词。而在日语议论文中,对应使用频率最高的词语是「きっと」、「もちろん」、「本当は」、「実際には」等。同样,频次较高的还有可置于句首的「皆さんご存知の通り」,还有位置灵活的「本当に」等。

可以看出，无论是在语义类别上还是在具体的语言形式上，日本大学生在汉日语议论文中表达立场时呈现出较高的相似性。

## 六、结　语

本研究的目的是比较日本汉语专业大学生在汉日语议论文中如何建立和标记立场。我们对四个立场标记类别（知识性、义务性、态度性和文本性）进行了分析。通过统计和比较汉日语语料中各类别的使用频率，揭示了日本大学生在汉日语议论文中建立论述立场时的异同程度。总体而言，日语议论文中立场标记的使用与汉语议论文呈现较高的正相关性（$r=0.58$，$p<0.01$）。具体而言，在知识性中的确定性、义务性中的因果和能愿以及态度性中的评价方面，日本大学生在汉语议论文中的立场标记使用与其在日语议论文中的使用存在明显相关性。此外，汉日语议论文中立场标记的使用也与文章结构的组织密切相关。

根据这些发现，我们推测日本大学生在作文中可能过多地使用主观评价，通过对比分析后发现汉日语作文中存在较多的字面翻译现象。这些再次表明了母语确实对汉语学习有一定影响。Hyland(2005b)指出，作者应适度控制文章中的自我表达，以使论述更具说服力。因此，在教授立场标记策略时应考虑不同语言习惯，学生应学会特定语言的用词和用法，包括常用和不常用于该学科的词汇，以避免过度或不足的词汇使用。

最后需要指出，在本研究使用的同一主题作文语料中，虽然很少出现学生整句翻译的现象，但不可否认在先后完成的同一主题作文中，会出现将日语立场标记翻译成汉语的情况。因此，本研究的结论仍属于初步尝试性的。在未来的研究中，我们将在语料收集时进行更细致的设计，例如：加长汉日语作文的间隔时间；先进行日语作文，后进行汉语作文等。

**参考文献**

许家金(2003)语料库语言学的理论解析,《外语教学》,24(6)，4.

徐勤(2021)《泰国学生汉语记叙文第一人称代词及其作者身份表达特点初探》《海外华文教育(Overseas Chinese Education)》(2)，pp.34—45.

Biber, D.(1999). *Longman Grammar Spoken & Written English*

*Cased*. Pearson Education India.

Biber, D. (2006). *Stance in spoken and written university registers*. Journal of English for Academic Purposes, 5(2), 97—116.

Hyland, K., & Tse, P. (2005a). *Hooking the reader: A corpus study of evaluative that in abstracts*. English for specific purposes, 24(2), 123—139.

Hyland, K. (2005b). *Stance and engagement: A model of interaction in academic discourse*. Discourse studies, 7(2), 173—192.

Martin, J. R., & White, P. R. (2003). *The language of evaluation* (Vol. 2). Basingstoke: Palgrave Macmillan.

McCrostie, James. (2008). *"Writer visibility in EFL learner academic writing: A corpus-based study."* ICAME Journal, 32(32), 97—114.

Palmer, P. (2001). *Language and conquest in early modern Ireland: English Renaissance literature and Elizabethan imperial expansion*. Cambridge University Press.

Petch-Tyson, Stephanie, and S. GRANGER. (1998). *Learner English on computer*, 107—118.

Saeed, John I. (2003). *"Semantics."* Language, 75(1), 67—115.

Stein, D., & Wright, S. (Eds.). (1995). *Subjectivity and subjectivisation: Linguistic perspectives*. Cambridge University Press.

# 基于DCFW语料库的《国际中文教育中文水平等级标准》汉字量化指标研究

李 琳

上海对外经贸大学

**摘 要**：本研究基于"外国人汉语习得动态作文语料库"(DCFW)，以某大学人文学院汉语言进修生及汉语言专业留学生为研究对象，通过语料库工具统计其不同学习阶段作文的字种、字频以及汉字等级信息，全面考察分析汉语二语学习者汉字的习得状态，对照《国际中文教育中文水平等级标准》从多维度评估汉字量化指标的科学性、合理性，并提出了相应的改进建议。

**关键词**：《国际中文教育中文水平等级标准》；中介语语料库；汉字；量化指标

## 一、引 言

《国际中文教育中文水平等级标准》(GF0025—2021)(下称《等级标准》)是2021年7月1日起正式实施，面向新时代的国家级汉语水平标准，为中文学习、教学、测试、评估提供指导，具有权威性和广泛实用性。《等级标准》遵循汉字认读、书写分流的理念提出了初等、中等、高等水平汉字及词汇量化指标。

吴勇毅(2021：18—20)指出《等级标准》的制定是时代的召唤，符合目前全球范围内的国际中文教育发展现状与未来趋势，即学历生逐渐增加并成为国际中文教育的主体，部分国家将中文纳入国民教育体系，因此需要母语国的汉语标准作为参照。① 李行健(2021：10—11)"《等级标准》进

---

① 吴勇毅.汉语母语国的担当和责任——《国际中文教育中文水平等级标准》制定的意义[J].国际汉语教学研究,2021(01):18—20.

一步重视和强化了汉字的学习、使用。汉字是记录汉语的书写符号体系，作为音节语素文字，汉字记录的是汉语的语素或单音节的词。这和汉语的特点基本适应，这是汉字富有生命力的主要原因。""另外一个应用问题，就是充分发挥《等级标准》中所选汉字的作用，充分发挥汉字帮助学习者更好地理解汉语复合词的整体词义的作用，尽快地扩大学习者应掌握的词汇量。"[1]

"外国人汉语习得动态作文语料库"，英译为 The Dynamic Corpus of Foreigners' writings in CSL，缩写为 DCFW 语料库。语料库所收集的语料为国内某大学汉语二语习得者不同习得水平阶段的纵向语料，既包括不同习得者不同水平阶段的语料，也包括同一习得者不同学习阶段的语料。语料主要为母语为非汉语的"外国人"作文考试的答卷，共收集了 2004—2018 年的该校长期进修生从初级、中级到高级 10 个层次的期中、期末考试作文答卷和部分本科二年级、本科三年级的期中、期末作文答卷，共计 6 749 篇，215.8 余万字。语料加工方式为人工预处理后基础标注（分词和词性标注）以及人工对字、词、句、篇、标点各类语言单位的偏误。该语料库除了支持对原始语料、标注语料及偏误语料等各类语料查询外，还具有统计功能，所统计的字词报表中含有《国际中文教育中文水平等级标准》对应字词等级信息。[2]

本研究的目的是对照《等级标准》，基于 DCFW 语料库，考察汉语二语学习者汉字实际输出情况，探究《等级标准》汉字量化指标的设置科学性与合理性，为《等级标准》的完善及教学的改进提供参考。

具体研究的问题有三：

1) DCFW 语料库总体用字情况：总字数、字种、字频。

2) 与《等级标准》比较，DCFW 语料库总体汉字与各等级用字占比及初级水平样本用字情况。

3) 对照《等级标准》从多维度评估汉字量化指标的科学性、合理性，以及汉字等级分类依据、归类及相关改进方向。

---

[1] 李行健.一部全新的立足汉语特点的国家等级标准——谈《国际中文教育中文水平等级标准》的研制与应用[J].国际汉语教学研究,2021(01):10—11.

[2] 本课题为教育部人文社会科学研究项目"外国人汉语习得动态作文语料库建设及研究"（编号:11YJA740076）,上海市哲学社会科学规划课题（编号:2010BYY006）。

## 二、DCFW 语料库总体及各等级用字情况

### 2.1 DCFW 语料库总体用字情况

DCFW 语料库可以根据不同的等级对习得者语料的总字种、总字数、总词种以及总词数进行分别统计,而且可以对每个字种或词种出现次数和频率进行统计排序,并附上基于《等级标准》的汉字和词汇等级以及词性。由图 2-1 可知,该语料库总字数 2 158 504 字,字种为 4 057 个,总词数为 1 425 979 个,词种为 31 785 个。汉字"的"作为甲级(初等)字出现 109 192 次,字频(频率)为 5.06%,排序第一位。"的"为代助词,甲级(初等)词汇,出现 104 649 次,词频为 7.34%。

图 2-1　外国人汉语习得动态作文原始语料查询系统

### 2.2 DCFW 语料库各等级阶段用字情况

DCFW 语料库语料按照习得者学习类别和学习时间(或水平)共有十个层级,即初一、初二、初三、初四、中一、中二、中三、高一(含本二上)、高二(含本二下、本三上)。以上十个层次,从习得者水平或学习时间大致

基于DCFW语料库的《国际中文教育中文水平等级标准》汉字量化指标研究 331

可归为三个大的等级：初级（包括初一、初二、初三、初四），中级：中级Ⅰ（包括中一、中二）、中级Ⅱ（包括中三）、高级（包括高一、本二上、高二、本二下/本三上）。图2-2是高级阶段语料用字分布的统计结果：总字数为521 853，字种3 123，总词数339 748，词种15 045。其中汉字"的"为甲级（初等）字，出现27 892次，字频（频率）约为5.34%，字频排序第一。

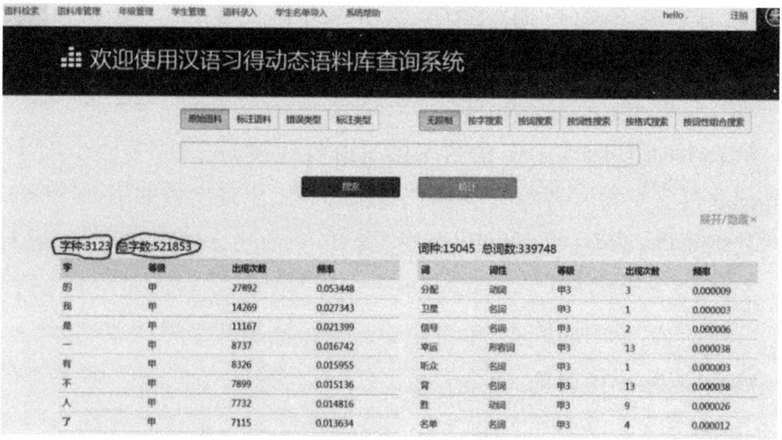

图2-2 DCFW高级阶段的总字种、总字数

由于篇幅所限，这里只以DCFW语料库高级阶段语料统计截图（图2-2）为例。其他等级水平的总字种、字数、词种、词数的统计结果见表1。

表1 DCFW各等级对应学习时间、水平及字种、字数、词种、词数分布表

| 年级 | | 学时(月) | HSK等级 | 字种 | 字数 | 词种 | 词数 |
|---|---|---|---|---|---|---|---|
| 初等 | 一级 | 4 | HSK 2 | 678 | 14 829 | 1 069 | 9 992 |
| | 二级 | 6 | HSK 2~3 | 756 | 17 012 | 1 199 | 11 430 |
| | 三级 | 8 | HSK 3 | 1 216 | 53 918 | 2 389 | 36 443 |
| | 四级 | 10 | HSK 3~4 | 2 259 | 261 017 | 7 312 | 176 364 |
| 中等 | 一级 | 12 | HSK 4 | 3 149 | 608 660 | 14 592 | 403 648 |
| | 二级 | 14 | HSK 4~5 | 2 549 | 231 123 | 8 937 | 154 617 |
| | 三级 | 16 | HSK 5 | 2 891 | 450 092 | 12 931 | 293 737 |

续 表

| 年级 | | 学时(月) | HSK 等级 | 字种 | 字数 | 词种 | 词数 |
|---|---|---|---|---|---|---|---|
| 高等 | 一级 | 20 | HSK 5~6 | 2 911 | 338 757 | 12 093 | 219 888 |
| | 二级 | 24 | HSK 6 | 2 066 | 86 942 | 5 544 | 55 268 |
| | 本二上 | 20 | HSK 5~6 | 1 211 | 39 017 | 2 461 | 26 308 |
| | 本二下/本三上① | 24 | HSK 6 | 1 632 | 57 137 | 3 710 | 38 284 |
| 总计 | | | | 4 057 | **2 158 504** | 31 785 | **1 425 979** |

从表 1 中可知,DCFW 语料库目前语料规模为 2 158 504 个汉字(不含其他非汉字字符),各等级字种、字数及词种、出现次数如下。

初级阶段:学习时间约 10 个月,含初一、初二、初三、初四的语料共 346 776 字。

中级阶段:学习时间 12 个月至 16 个月,语料共 1 289 875 字。

高级阶段:学习时间 20 个月至 24 个月,含高一、本二上、本三下的语料共 386 629 字。

每个等级字数越多,字种也越多。但是如果把每个等级中字种出现的字频只有一次排除掉后,常用字种数则是有限的。

## 三、DCFW 语料库与《等级标准》比较分析

### 3.1 DCFW 语料库各等级阶段用字与《等级标准》比较分析

《等级标准》汉字表共收录了 3 000 汉字,初等 900 字、中等新增 900 字、高等新增 1 200 字。语料库中前 3 000 汉字含有汉语国际教育用的 3 000 字表中的 2 885 个汉字即还有 115 个汉字在语料库中没有出现,这从一个侧面证明《等级标准》的安排是合理的,语料库的用字情况基本反映了外国人用字的基本情况。另外使用出现次数在 50 次以上 13 个所谓超纲字,这些字大部分为人名或地名用字。其中苑 150,菲 134,曼 117,阪 110,妮 108,娜 90,瑜 67,玛 67,樱 65,耶 56,伽 52,俑 51,巳 50。如"阪"

---

① 本三上的语料之所以与本二上语料合并,是由于该校中英双语专业的外国学生在本二阶段出国一年学习,在本三上学期补修《汉语写作(2)》课程。

字,这是日本人姓氏和地名的常用的一个字;再如"菲、曼、妮、娜、瑜、樱"也是女孩子名字常用的字。"苑"字比较特别,因为该大学的留学生公寓的名字叫"桃李苑",所以这个字用得比较多。

从语料库用字看,总体上说《等级标准》中的汉字用字基本反映外国人汉字使用的情况,其中中级汉字只有10%的汉字使用低于15次,即频次低于十万分之六。但高等级汉字中近100汉字使用超过50次,频次达到十万分之二十四。

表2 《等级标准》汉字等级与DCFW语料库字种、字数对应表

| 汉字等级 | 字种 | 字数 | 字频 |
| --- | --- | --- | --- |
| 初等(一—三级) | 900 | 2 031 299 | 0.941 059 |
| 中等(四—六级) | 900 | 96 213 | 0.044 569 |
| 高等(七—九级) | 1 095 | 24 697 | 0.011 361 |
| 超纲词 | 995 | 5 829 | 0.002 257 |
| 繁体字 | 167 | 466 | 0.000 167 |
| 合计 | 4 057 | 2 158 504 | 0.999 413 |

### 3.2 DCFW语料库初级水平样本用字与《等级标准》比较

DCFW语料库初等一级(16 * 20 = 320学时,)字种为678,总字数14 829,其中包括《等级标准》初等(一级)汉字517,中等100字,高等(7级27个,8级3个,9级字6个),超纲字26。由表3可知,在语料库中初级阶段出现的汉字,也并非都是初等一级的汉字。

表3 DCFW语料库初级水平用字情况表

| 字种 | 等级 | 级别 | 出现次数 | 频率 |
| --- | --- | --- | --- | --- |
| 爱 | 初等 | 一级 | 1 033 | 0.069 661 |
| 啊 | 初等 | 二级 | 675 | 0.045 519 |
| 安 | 初等 | 二级 | 464 | 0.031 29 |
| 按 | 初等 | 三级 | 361 | 0.024 344 |

续 表

| 字种 | 等级 | 级别 | 出现次数 | 频率 |
| --- | --- | --- | --- | --- |
| 八 | 初等 | 一级 | 357 | 0.024 074 |
| 把 | 初等 | 三级 | 300 | 0.020 231 |
| 爸 | 初等 | 一级 | 258 | 0.017 398 |
| 吧 | 初等 | 一级 | 237 | 0.015 982 |
| 白 | 初等 | 一级 | 214 | 0.014 431 |
| 百 | 初等 | 一级 | 213 | 0.014 364 |
| 班 | 初等 | 一级 | 191 | 0.012 88 |
| 般 | 初等 | 二级 | 168 | 0.011 329 |
| 搬 | 初等 | 三级 | 166 | 0.011 194 |
| 板 | 初等 | 二级 | 164 | 0.011 059 |
| 办 | 初等 | 二级 | 146 | 0.009 846 |
| 半 | 初等 | 一级 | 145 | 0.009 778 |
| 帮 | 初等 | 一级 | 143 | 0.009 643 |
| 包 | 初等 | 一级 | 139 | 0.009 374 |
| 饱 | 初等 | 二级 | 136 | 0.009 171 |
| 保 | 初等 | 三级 | 131 | 0.008 834 |
| 报 | 初等 | 二级 | 127 | 0.008 564 |
| 杯 | 初等 | 一级 | 125 | 0.008 429 |
| 北 | 初等 | 一级 | 124 | 0.008 362 |

对于 DCFW 语料库,一般来讲,高频用字往往就是《等级标准》中的初等一级汉字。实际情况是语料库中高频用字并不一定属于《等级标准》初等一级汉字,因为《等级标准》的归类标准,并非只是考虑词频这一个因素。《等级标准》根据"国际中文教材编写指南"中字词频统计、高频汉字表等多种类型的资料,结合汉字流通度、构词能力、书写难易度、文化内涵等因素,将初等和中等 1 800 个汉字均分到一——六级,每级 300 字。由

表 4 可知,语料库字频前十五位的汉字,除第十三位的"以"以外,其他汉字都是《等级标准》初等一级汉字,而"以"被划为初等二级汉字,("以"作为介词被划入高等七一九级词汇)。

**表 4  DCFW 语料库字频前十五位的汉字排序表**

| 序号 | 字种 | 等 | 级 | 字频 | 比率 |
| --- | --- | --- | --- | --- | --- |
| 1 | 的 | 初等 | 一级 | 109 192 | 0.050 587 |
| 2 | 我 | 初等 | 一级 | 86 768 | 0.040 198 |
| 3 | 是 | 初等 | 一级 | 42 399 | 0.019 643 |
| 4 | 一 | 初等 | 一级 | 42 245 | 0.019 571 |
| 5 | 了 | 初等 | 一级 | 34 490 | 0.015 979 |
| 6 | 有 | 初等 | 一级 | 32 806 | 0.015 198 |
| 7 | 不 | 初等 | 一级 | 28 786 | 0.013 336 |
| 8 | 在 | 初等 | 一级 | 25 993 | 0.012 042 |
| 9 | 很 | 初等 | 一级 | 25 574 | 0.011 848 |
| 10 | 人 | 初等 | 一级 | 25 407 | 0.011 771 |
| 11 | 个 | 初等 | 一级 | 24 155 | 0.011 191 |
| 12 | 们 | 初等 | 一级 | 23 543 | 0.010 907 |
| **13** | **以** | **初等** | **二级** | **20 182** | **0.009 35** |
| 14 | 国 | 初等 | 一级 | 18 425 | 0.008 536 |
| 15 | 他 | 初等 | 一级 | 17 936 | 0.008 309 |

### 3.4  DCFW 语料库的字频与《等级划分》中汉字变动情况

《等级标准》汉字表共收录了 3 000 汉字,初等 900 字、中等新增 900 字、高等新增 1 200 字分别与《等级划分》普及化等级、中级、高级及高级《附录》三大等级数量对应,但对少数汉字(约 80 个)所在等级进行了调整。

表 5 中加黑的字均为《等级划分》的中等汉字,在《等级标准》中调为初等汉字(共 34 字)。从字频视角看,频数都较低,将其调到初等考虑了其他因素,如口语中是否常用等等。因此可以说,某些汉字调入《等级标准》初等字字频并不高,经笔者统计 DCFW 前 300 字高频字,虽都在

表 5　DCFW 语料库的字频与《等级划分》中汉字变动比较表

| 序号 | 字种 | 等 | 级 | 频数 | 比率 | 序号 | 字种 | 等 | 级 | 频数 | 比率 |
|---|---|---|---|---|---|---|---|---|---|---|---|
| 861 | 判 | 初等 | 三级 | 75 | 0.000 035 | 881 | 猪 | 初等 | 三级 | 59 | 0.000 027 |
| 862 | 斤 | 初等 | 二级 | 75 | 0.000 035 | 882 | 齐 | 初等 | 三级 | 58 | 0.000 027 |
| 863 | 鞋 | 初等 | 二级 | 75 | 0.000 035 | 883 | 媒 | 初等 | 三级 | 54 | 0.000 025 |
| 864 | 输 | 初等 | 三级 | 74 | 0.000 034 | **884** | **晴** | **初等** | **二级** | **52** | **0.000 024** |
| 865 | 补 | 初等 | 三级 | 72 | 0.000 033 | 885 | 碗 | 初等 | 二级 | 49 | 0.000 023 |
| 866 | 配 | 初等 | 三级 | 69 | 0.000 032 | 886 | 吹 | 初等 | 二级 | 46 | 0.000 021 |
| 867 | 凉 | 初等 | 二级 | 69 | 0.000 032 | 887 | 椅 | 初等 | 二级 | 45 | 0.000 021 |
| 868 | 础 | 初等 | 三级 | 67 | 0.000 031 | 888 | 咱 | 初等 | 二级 | 45 | 0.000 021 |
| 869 | 检 | 初等 | 二级 | 67 | 0.000 031 | **889** | **阴** | **初等** | **二级** | **43** | **0.000 02** |
| 870 | 刀 | 初等 | 三级 | 63 | 0.000 029 | 890 | 喂 | 初等 | 二级 | 37 | 0.000 017 |
| 871 | 范 | 初等 | 三级 | 63 | 0.000 029 | 891 | 亿 | 初等 | 二级 | 36 | 0.000 017 |
| **872** | **赢** | **初等** | **三级** | **63** | **0.000 029** | 892 | 宣 | 初等 | 三级 | 35 | 0.000 016 |
| 873 | 防 | 初等 | 三级 | 62 | 0.000 029 | 893 | 页 | 初等 | 一级 | 34 | 0.000 016 |
| **874** | **苹** | **初等** | **三级** | **62** | **0.000 029** | 894 | 饺 | 初等 | 二级 | 32 | 0.000 015 |
| **875** | **饱** | **初等** | **二级** | **62** | **0.000 029** | 895 | 筷 | 初等 | 二级 | 31 | 0.000 014 |
| 876 | 晨 | 初等 | 二级 | 62 | 0.000 029 | **896** | **汁** | **初等** | **三级** | **30** | **0.000 014** |
| **877** | **裤** | **初等** | **三级** | **61** | **0.000 028** | 897 | 衫 | 初等 | 三级 | 24 | 0.000 011 |
| 878 | 握 | 初等 | 三级 | 61 | 0.000 028 | 898 | 裙 | 初等 | 三级 | 23 | 0.000 011 |
| 879 | 喊 | 初等 | 二级 | 61 | 0.000 028 | 899 | 衬 | 初等 | 三级 | 14 | 0.000 006 |
| 880 | 渴 | 初等 | 一级 | 60 | 0.000 028 | 900 | 蕉 | 初等 | 三级 | 9 | 0.000 004 |

《等级标准》初等 900 字范围内,但其中有 86 字,不在初等一级 300 字内,这 86 字是: 以　为　于　当　把; 可　所　但　因　然　如　而　越且　但　或　虽　便; 自　每　之　其　此; 只　已　应　又　特　该才　刚　海　意　法　部　力　信　母　种　物　市　父　题　望　节　韩　世

城 业 界 烟 位 况 成 经 感 发 定 思 旅 理 留 通
始 游 像 变 解 结 受 容 希 惯 带 幸 福 美 长 实
康 安 近 乐 直 全 利。

与调入《等级标准》相反,某些调出初等汉字字频并不低,有98个初等一级字表中的字,并不在DCFW语料库300高频汉字表中,具体字种为:六 八 百 半 杯 场 号 块 楼 毛 条 元;哪 北 备;包 茶 床 蛋 哥 弟 姐 店 房 风 歌 馆 花 火 鸡 京 客 牛 马 门 奶 男 南 脑 您 旁 票 汽 球 肉 商 绍 树 爷 页 鱼 站 昨;病 唱 穿 答 读 饿 放 飞 干 喝 叫 介 来 拿 跑 请 试 睡 送 诉 图 网 息 洗;差 贵 坏 假 净 渴 累 冷 零 慢 热 笑 谢 休 衣 医 远 早 正 准 坐。

这也再次说明,《等级标准》各等级汉字的进出变化不是只决定于字频的数据。

### 3.5 《等级标准》中手写汉字表与DCFW语料库汉字字频比较

李亚男(2021)指出,在汉字学习方面,《等级标准》针对"汉字难"的问题对汉字的认读和书写进行适当的分流。①《等级标准》将手写汉字表单独列出,共收录1 200字,含初等汉字表中900字和从中等汉字表中选举300字。根据常用度、构字能力、构型特点和书写难易度等,将这1 200字,分为初中高,分别为300字、400字、500字。参见表6。

《等级标准》六级语言量化指标对应的言语交际能力是要求学生"能够掌握中等手写汉字表中的汉字400个。能够较为熟练地分析汉字的结构。能够使用较长或较为复杂的句式进行语段表达,在规定时间内,完成常见的叙述性、说明性、议论性等语言材料的写作。字数不低于600字。用词恰当,句式正确、完整,表达通顺、连贯。能够运用常见的修辞方法。能够完成多种应用文体写作,格式正确,表达规范。"②

---

① 李亚男.《国际中文教育中文水平等级标准》解读.国际汉语教学研究.2021(1):24—26.
② 《国际中文教育中文水平等级标准》(GF0025—2021)中华人民共和国教育部、国家语言文字工作委员会发布,20210701,第六页。

表 6 《等级标准》手写汉字与(认读)汉字表对应表

| 认读/手写汉字等级 | 汉字表等级 | 一级 | 二级 | 三级 | 四级 | 五级 | 六级 | 总计 认读/手写 |
|---|---|---|---|---|---|---|---|---|
| 初等 | 新增数量(个) | 273 | 24 | 3 | 0 | 0 | 0 | 900/300 |
| | 占比(%) | 91 | 8 | 1 | 0 | 0 | 0 | 100 |
| 中等 | 新增数量(个) | 27 | 262 | 67 | 26 | 12 | 6 | 900/400 |
| | 占比(%) | 6.75 | 65.5 | 16.75 | 6.5 | 3 | 1.5 | 100 |
| 高等 | 新增数量(个) | 0 | 12 | 221 | 162 | 85 | 20 | 1 200/500 |
| | 占比(%) | 0 | 2.4 | 44.2 | 32.4 | 17 | 4 | 100 |
| 总计 | 累计数量(个) | 300 | 298 | 291 | 188 | 97 | 26 | 3 000/1 200 |

因为 DCFW 语料库所有的语料,均出自汉语二语学习者的手写汉字作文,因此我们可以《等级标准》六级语言量化指标与其对照,对量化指标的合理性、科学性进行分析考察。

梁彦民(2022:20—29)指出,基于以往国际中文教育中汉字认读与手写长期同步、等量进行,总体教学设计上对汉字认读、手写统一要求而导致汉字教学长期滞后的现实问题,综合近年来学界对于汉字"认写分开"的研究成果,以及借鉴我国《义务教育语文课程标准》(2011 年版)将常用字表分为认字表、写字表两个字表的做法,《等级标准》在汉字表中不仅列出了一至九级汉字表,还在其后列出了"手写汉字表",手写汉字表中的汉字均来自一至六级汉字表。[①]

统计发现,初等手写汉字基本上来源于一级汉字表,二级汉字表中,三级汉字表中,只有"把""每""木"被归入初等手写汉字。这说明初等手写汉字表中的汉字较为基础,难度小,同时书写频率、常用度都比较高。

中等手写汉字表中的汉字半数以上来自二级汉字表,同时收入了一至六级汉字表中的汉字,来源比较多样,但还是以基础汉字为主,难度适当。高等手写汉字表中三级、四级汉字表的汉字是主流,较低级别和较高

---

① 梁彦民. 国际中文水平等级标准汉字表的发展. 国际汉语教学研究. 2022(3):20—29.

级别的汉字数量都比较少,突出了高等手写汉字为语言水平较高的学习者服务的特点,但难度不会太大。

总体上来看,初、中、高三等手写汉字的难度呈阶梯式上升,比较符合第二语言学习者的学习规律。但《等级标准》六级语言量化指标要求学生"能够掌握中等手写汉字表中的汉字400个。这一指标明显偏低。因为DCFW语料库中高二阶段的手写汉字总字种2 307个,使用次数大于等于10的字种也有1 052次。从DCFW语料库总体上看,手写汉字字种共有4 057次,字数2 158 504,其中使用数超过3次的汉字共有3 000个。所以《等级标准》笔者认为六级掌握手写汉字700(初等300+中等400)个量化的指标,有些太低,需要调整。

## 四、关于《等级标准》制定及教学的思考与建议

1. 《等级标准》汉字表共收录了3 000汉字,初等900字、中等新增900字、高等新增1 200字,总体上科学、合理,但在具体三等九级,特别初等之三个等级的收字,还应参考二语习得语料库的用字、字频等信息,适当做些调整。

2. 基于DCFW语料库用字实际情况,《等级标准》中等六级规定的掌握700个手写汉字的要求,标准过低,建议综合考虑后适当增加掌握手写汉字的数量。

3. 至于目前中等及高等手写汉字的教学,教师可适当增加字种数量。刘英林(2021:6—8)《等级标准》提出了两个5%概念,即每一等每一级都允许有两个5%的灵活掌握区间,中文教师可以根据教学需要替换、加减5%的教学内容①。建议教师可根据学生的水平、需求等因素,从《等级标准》中等水平汉字表中选取部分汉字,适当增加手写汉字的数量。鉴于键盘输入已成为二语学习者书写汉语首选的现实,教学中教师要有计划在课堂或课后布置手写汉字的作业及相关汉字辨析练习,以提高学生手写汉字的水平。

---

① 刘英林.《国际中文教育中文水平等级标准》的研制与应用. 国际汉语教学研究. 2021 (1):6—8.

**参考文献**

[1] 吴勇毅.汉语母语国的担当和责任——《国际中文教育中文水平等级标准》制定的意义.国际汉语教学研究.2021(1):18—20.

[2] 李行健.一部全新的立足汉语特点的国家等级标准——谈《国际中文教育中文水平等级标准》的研制与应用[J].国际汉语教学研究,2021(01):10—11.

[3] 李亚男.《国际中文教育中文水平等级标准》解读.国际汉语教学研究.2021(1):24—26.

[4] GF 0015—2021,国际中文教育中文水平等级标准[S].北京:北京语言大学出版社,2021.

[5] 梁彦民.国际中文水平等级标准汉字表的发展.国际汉语教学研究.2022(3):20—29.

[6] 刘英林.《国际中文教育中文水平等级标准》的研制与应用.国际汉语教学研究.2021(1):6—8.

# 基于语料库的汉语二语学习者写作话题词语类聚研究

刘荣艳

澳门科技大学

**摘　要**：话题具有群集功能，对内容表达及词语选用起着约束和聚拢作用。本文通过对HSK动态作文语料库中的180篇话题作文语料进行话题词抽取，发现汉语学习者在写作过程中能够将与话题内容高度相关的词语类聚，这些词语构成凸显话题的心理词汇网络及词汇使用图式，学习者能否建构与写作话题密切相关的词语网络，是影响其写作成绩的重要因素。因此本文提出了话题类聚式的词汇教学策略，即教师在词汇教学过程中帮助学生梳理话题词语间的关联，构建以话题为中心的心理词典网络，完善其表达图式。文章还从国际中文教材主题课文中提取了高常用度话题"购物"的话题词表，展示了话题类聚式的词汇教学设计。

**关键词**：话题；类聚；词汇教学

# 一、引　言

词汇是语言系统的重要构成要素之一，是开展二语交际的基础，强调词汇学习的数量及质量是学习第二语言的关键。反观当下的汉语作为第二语言词汇教学，我们发现当下的汉语二语词汇教学缺乏对词语间多维关系的把握，教师的"教"和学生的"学"都呈现出一种零散、无序的局面（尹桂丽，2013；李润生，2017）。这导致处于各学习阶段的汉语学习者的词汇量均未达到词汇大纲要求（张和生，2006；张江丽，2017，2019）。如何让汉语词汇教学变得系统、高效，是当下汉语二语词汇教学亟待解决的问题。

词语在词汇体系中不是独立存在的,其与周围的词总处于纵横交错的关系网络之中(李锡胤,1986;Aichison,1994),如果在词汇教学过程中能够把握词语间的关联,帮助学习者梳理、建立词与词之间的联系,那么词汇学习就会更加高效。前人研究发现,在二语课堂上采用主题(话题)类聚式词汇呈现方法相比传统的词汇教学方法更有利于词汇的记忆与理解(Tinkham,1993;Hoshino,2010;Rahimi,2014;Mahnaz et al.,2014),这是因为我们在进行语言表达时,所使用的词语往往会以具体的话题为中心进行类聚,形成一个与话题表达密切关联的词语群(刘华,2008)。教授与特定话题相关的词语群可以帮助学习者构建相关的话题词汇网络与表达图式,从而提升其词汇学习的效率以及话题表达的流畅性、准确性。

因此本文在前人研究的基础上提出了一种系统的话题类聚式词汇教学策略,这是一种通过组织和呈现与特定话题相关的词汇,帮助学习者在具体话题语境下串联话题词群的词汇教学方法。文章将重点讨论以下问题:

(1) 汉语学习者的话题词语类聚能力对汉语二语表达有什么影响?
(2) 如何在课堂教学中进行话题类聚式的词语呈现、讲解及练习?

## 二、相关研究综述

### 2.1 "话题"与"话题词"定义

现有不少研究对"主题"及"话题"进行了概念讨论,如 Stoller & Grabe(1997)认为主题是安排课程单元的核心,话题是主题下的子单元,比主题更加具体。李福印(2008)将话题看作认知参照点,它引发某个知识域,为句子的命题提供心理通道。刘华(2008)指出话题是文本内容的集中体现,是一系列文本表达对象的集中描述,也是交际交流的总纲。吕荣兰(2011)则将话题定义为交际的出发点、对象及交际的某种范围。通过分析,我们发现前人关于话题及话题词的研究大多将"话题"界定在一个较为宽泛的范围之内,不严格区分其与"主题"的区别(吕荣兰,2011;古肖玲,2019),在必要时还可以互相转换。

由于"主题"通常指的是一个大的概念或者一个广泛的讨论范围,而

"话题"更针对具体的讨论点或问题，在汉语作为第二语言教学中，学习者往往需要从具体的语境出发，就某一明确的内容中心组织语言表达，因此"话题"这一概念在国际中文教育领域的适用度更高。已有的国际中文教学大纲也大都采用"话题"这一概念，如《HSK 考试大纲（1—6 级）》设有六个"话题大纲"，《国际汉语教学通用课程大纲》设有"汉语教学话题及内容建议表"，《国际中文教育中文水平等级标准》则在"等级描述"版块内设置了"话题任务内容"。因此，本文也使用"话题"来指代表达的出发点及中心，用"话题词"表示与话题表达密切相关的词语。值得注意的是，有些学者在研究中将"话题词"细分为"话题通用词"及"话题专类词"（吕荣兰，2011；刘华、李晓源，2022），其中通用词是指在两个或两个以上关联度高的主题中可以共用，且使用频率高，具有一定区别作用的词语；专类词则是区别话题度高，且细微特征明显，领域个性强的词语。由于本文研究的是通用常见的话题词语类聚，如个人信息、日常起居、基本社交、生活方式等，不涉及专业领域的词语，如商务、医学领域等，因此不对话题词作通用性分类。

### 2.2 话题类聚式词汇教学有效性研究

话题类聚式词语教学主张将与话题相关的词汇组织在一起，在具体语境下展示各个词语的含义及其对话题表达的贡献。通过将词语汇聚在共同的话题下，学习者能充分调动相关的百科知识与认知图谱，构建并加强词语之间的联结，有助于心理词典中词汇节点的存储与提取。

现有大量英语二语词汇类聚式研究都证实了话题类聚词语教学的有效性。Hunt & Elliott(1980)提出"独特性假说"(Distinctiveness hypothesis)，认为学习效果随着学习内容的独特性增强而提高，Tinkham(1993，1997)通过实验论证了这一假说在二语词汇教学中的合理性，即话题类聚式(Thematic clustering)词汇呈现的教学效果优于语义类聚式(Semantic clustering)词汇呈现[①]，其既强调了词群在认知上的关联，减

---

[①] Tinkham(1993&1997)所使用的术语为"thematic clustering"，翻译为中文本为"主题类聚"，但本文根据作者对主题类聚词的定义："与共同主题概念密切相关的词语"，以及对文章列举的主题类聚示例词"青蛙、绿色、池塘、跳跃、游泳、呱"进行考察后发现，作者使用的"主题类聚"概念与本文使用的"话题类聚"并无二致，因此为了避免阅读干扰，本文统一采用"话题类聚"，下同。

轻了学习者的记忆负担，又避免了因为语义相似性而造成的学习阻碍。曾建湘(2007)考察话题类聚及语义类聚对刻意学习英语单词的影响，发现以话题聚类方式呈现单词优于语义聚类方式的呈现。Khayef & Khoshnevis(2012)通过后测及延时后测发现话题类聚式词汇教学有助于词汇的记忆与保持。Rahimi(2014)则区分实验后测的词汇能力，进一步验证了话题类聚式词汇教学对二语学习者产出性词汇能力的提升有着显著的促进作用。陈艳艳、张萍(2018)区别于前人的教学效果测量方式，采用词汇联想测试对二语学习者类聚式词汇呈现效果进行了测量，结果显示在新词初学、再学和延时保持阶段，话题聚类都更有利于语义联想和体现搭配共现关系的横组合联想。已有研究还证实了话题类聚式词汇教学既有利于成年人的二语词汇学习(Motallebzadeh & Heirany, 2011)，又能有效促进幼儿的二语词汇习得(Karabulut & Dollar 2016；McDonald & Reynolds 2021)。

已有话题类聚式二语词汇教学的研究成果已有许多，大多集中在英语作为第二语言词汇教学研究领域，大量研究结果均证实了这一方法的有效性与可操作性。介于汉语作为第二语言的话题类聚式词汇教学策略鲜有人研究，本文将通过分析汉语学习者的话题写作语料来论证汉语二语话题类聚式词汇教学的合理性并展示话题类聚式词汇教学的具体步骤，以期引起学界的关注。

### 2.3 汉语二语话题类聚词表研究

话题词表是将能代表该话题内容特征的词语聚集在一起形成的词表(刘华、吕荣兰，2013)，其作为教学内容组织的指导，能够帮助教师合理安排词汇教学的顺序和重点。根据话题词表，教师可按照实际教学情况，选择性地引入相关的词汇，将词表内的词语进行分类、系联，帮助学习者建立与特定话题相关的二语心理词汇网络。相比于传统的按照音序或在课文中出现顺序排列的词表，话题词表能够提供一条更为清晰的词汇学习路径。

面向国际中文教育的汉语话题词表研究成果较多，如刘华(2008)基于汉语时政新闻类语料，构建了大规模的领域词语的知识库。部分研究为了使词表内容更加贴近汉语教学实际，以特定类型的汉语教材为语料库,从中抽取话题词表,如吕荣兰(2011)以汉语口语教材为口语话题库从中提取了口语教材话题词表。古肖玲(2019)则建立了对外汉语写作话题库及写作话题词表。口语和写作话题词表相较于一般的词表更关注语言技能培养的特定语言要素及语境,帮助学习者更有针对性地学习和运用词汇,以达到口语交流或话题写作的目标。

还有研究融合了汉语教材及汉语教学适用的生活题材影视库,将二者有机结合作为话题词表提取的数据来源(刘华、方沁,2014),影视材料展示了完整的故事情节,情境贴近生活,语言生动自然,能够作为教材语料的有效补充。除了上述通用词表研究成果之外,为顺应专业汉语教学的需求,各类"汉语+职业"的二语话题类聚词表也应运而生,如刘华(2018)对商务汉语常用词表进行重构,建立了新的 BTC 词表,刘华、李晓源(2022)则构建了基于语料库的中医汉语主题词表。

通过分析现有的汉语话题词表研究成果,本文发现大多数研究都从语料库语言学的词语类聚算法出发,强调词语抽取的过程及方法,并未对词表应用于实际汉语二语教学展开细致讨论。

## 三、话题词语类聚对汉语二语表达的影响

现有研究未充分关注话题词语类聚与汉语二语表达之间的关系,本文从汉语学习者的话题写作语料出发,试图分析其在进行话题表达时所使用的词语关联特征。如果针对不同话题表达,学习者的词语使用具有明显的类聚性,能够选取与话题密切相关的不同词语群,且词语类聚程度与写作成绩呈正相关,那么我们就认为话题词语类聚影响汉语二语表达,从而肯定话题类聚式词汇学习对汉语二语表达有积极的促进作用。

### 3.1 研究设计

本文以 HSK 动态作文语料库为语料来源,选择《父母是孩子的第一任老师》(下文简称《父母》)和《绿色食品与饥饿》(下文简称《食品》)这两个题目作为考察话题。这两个题目均为议论文文体,有明确的主旨,且系统收录样本数量充足,便于抽样与分析。

按照作文得分,本文将《父母》题和《食品》题的作文分为高、中、低分组,其中高分组为 90—95 分,中分组为 70—75 分,低分组为 50—55 分。文章将从这两个题目、三个等级分别随机抽取的 30 篇,共计 180 篇作文作为汉语二语学习者主题写作语料,建立共计六个区别写作话题与得分水平的二语话题作文语料库。

### 3.2　语料统计与分析

文章利用汉语分词软件和词频统计软件对六个话题作文语料库进行分词处理与词频统计①,并使用 Python 的关键词抽取功能对语料分别进行了话题词抽取。文章将语料的高频词与关键词抽取结果进行对照,加以人工评估与筛选,去掉其中的功能词与通用词,最终确定了《父母》题高分组话题词 212 个、中分组 140 个、低分组 114 个;《食品》题高分组话题词 153 个、中分组 137 个、低分组 119 个。我们还利用"汉语文本阅读难度分级系统"(程勇等,2023)②对各组话题词进行了难度分级统计,各组话题词抽取数量与难度统计结果如下:

表 1　话题词抽取数量与难度统计

| 组　别 | 数　量 | 难度系数 | 难度等级 |
| --- | --- | --- | --- |
| 《父母》高分 | 212 | 1.715 1 | 二级 |
| 《父母》中分 | 140 | 1.519 | 二级 |
| 《父母》低分 | 114 | 1.402 2 | 二级 |
| 《食品》高分 | 153 | 1.834 5 | 三级 |
| 《食品》中分 | 137 | 1.768 5 | 三级 |
| 《食品》低分 | 119 | 1.655 | 二级 |

由于篇幅限制,本文仅展示《父母》题高、中、低分组的前 50 个话题词抽取结果:

---

①　本文使用的分词与词频统计软件来自教育部语言文字应用研究所计算语言学研究室开发的"语料库在线"(www.cncorpus.org)。

②　汉语文本阅读难度分级系统:http://120.27.70.114:8000/analysis_a,该软件按《国际中文教育中文水平等级标准》对文本进行了难度系数及难度等级标注。

表 2　话题词抽取结果示例

| 组别 | 话题词抽取结果(前 50) |
|---|---|
| 《父母》高分 | 父母、孩子、老师、影响、母亲、教育、父亲、知识、行为、成长、社会、方面、爸爸、学校、能力、生活、世界、责任、家庭、时间、妈妈、孩子们、中国、问题、事情、兴趣、小孩子、思想、小孩、角色、一生、儿女、东西、榜样、过程、思想观念、学习、子女、爱好、人生、语言、启蒙、举止、人、礼仪、说法、看法、道理、时期、基础 |
| 《父母》中分 | 父母、孩子、老师、影响、行为、事情、父亲、妈妈、教育、思想观念、社会、问题、说法、举止、时间、家庭、东西、父母亲、思想、母亲、朋友、性格、责任、成长、爸爸、日本、过程、工作、人、情况、兴趣、爱好、言行、语言、重要、好处、知识、原因、小学、大人、大自然、兴趣、孩子们、学校、看法、想法、环境、烙印、生活、小孩 |
| 《父母》低分 | 父母、孩子、老师、影响、父亲、教育、爸爸、想法、家庭、社会、行为、妈妈、爱好、日本、生活、事情、东西、问题、学校、母亲、看法、成长、思想、中国、环境、外国、经验、工作、重要、朋友、思想观念、电影、意思、作用、情况、性格、家、很多人、小孩子、责任、重要性、人、兴趣爱好、态度、兴趣、专家、知识、汉字、样子、好人 |

### 3.3　讨论与启示

通过分析话题词抽取情况,本文发现:

(1) 汉语学习者在写作过程中能够使用与话题内容高度相关的词语,词语按照语义联系形成类聚,构成凸显话题的心理词汇网络及词汇使用图式。以《父母》题高分组写作为例,从中抽取的话题词可以细分为行为者、行为词、描述词与联想词,词语以"父母是孩子的第一任老师"这一话题为中心,汇聚成特定的表达图式。

**话题词(1):行为者**
孩子、我、你、自己、我们、人、父母、老师、母亲、父亲、爸爸、妈妈、爸妈、小孩、儿童、儿女、子女、大人

**话题词(2):行为词**
影响、教育、成长、学习、教、喜欢、像、爱、教导、培养、帮助、做人、成为、理解、学会、接触、重视、传授、发展、吸收、沟通、处世、模仿、指导、言传身教、支持

**话题词(3):描述词**
第一、重要、好、最好、重大、特别、良好、诚实、深刻、严格、正确、高兴、开朗、优秀、难、善良

**话题词(4):联想词**
知识、行为、社会、生活、思想、兴趣、小时候、责任、道理、角色、举止、启蒙、榜样、基础、童年、习惯、望子成龙、家、素质、一言一行、关键、品质、经验、态度、言行、一辈子

中心:父母是孩子的第一任老师

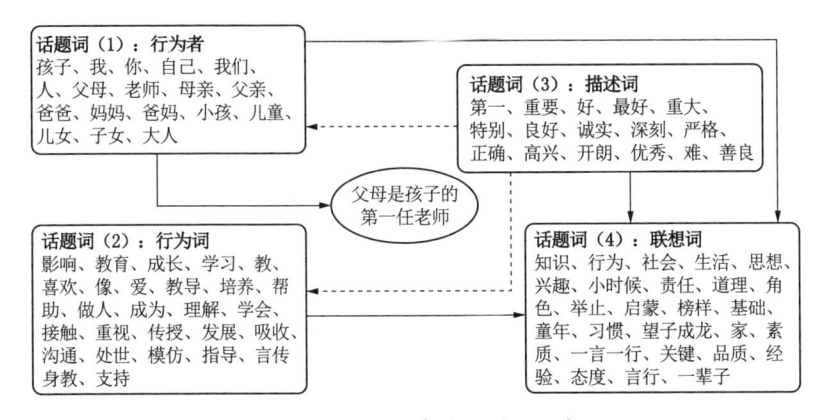

图 1　《父母》题高分组话题图式

（2）高、中、低分组汉语二语学习者的写作词语类聚在话题联系紧密度、词种数等方面区别显著。我们发现以《父母》及《食品》为题的作文话题类聚词的数量都随着学习者分数的降低而减少，且分数越高，学习者使用的话题词难度越高，词语与中心话题的语义关联度也更高。这是因为高分组的汉语学习者往往词汇量更大，能够灵活运用不同领域及话题相关的词汇，其在写作过程中能从心理词典中提取与话题密切相关的词语来表达自己的观点和态度。而低分组的学习者因词汇量限制，其话题表达图式尚未得到完善，在词语选用过程中经常用模糊、通用的词语来代替精确的目标话题词。如《父母》题中，高分组学习者使用了"榜样"这一话题词来准确描述父母在孩子成长过程中扮演的角色，而低分组学习者则使用了"好人、样子"这类较为通俗常用的词语对其进行替代。

（3）学习者能否针对特定话题进行话题词语类聚，能否准确使用话题图式，是影响其写作成绩高低的重要因素。通过对话题进行词语类聚，建构与写作话题密切相关的词语组合与聚合语义网络，学习者能够更准确地选择和运用适合特定话题的词汇，从而提升写作的质量和逻辑性。而话题图式提供了一种组织化、结构化的写作框架，学习者可以通过话题图式合理安排写作的架构，写作分支一旦确定，各个分支下的词语也能随即确定，写作效率便能得到提升。

总之，通过分析汉语学习者的作文语料，我们发现话题词语类聚影响汉语二语表达，话题词语类聚能力越强，学习者的写作分数越高。如果教师在词汇教学过程中使用话题类聚式的词汇教学策略，有意识地帮助学生梳理话题词语间的关联，构建以话题为中心的心理词典网络，完善其表达图式，那么对于提升汉语二语表达质量将产生积极影响。

## 四、话题类聚式词汇教学设计

通过上文的讨论，我们发现以话题为中心进行类聚式词汇教学，能够让学习者更好地掌握包括行为词、描述词、搭配词、联想词等在内的话题相关词语，从而扩展词汇学习的广度、提升词语使用的准确度。本文对照各话题大纲，以高常用度话题"购物"为例，演示将话题类聚词汇研究成果（如话题词表和话题图式）应用于实际汉语二语课堂的教学设计。

## 4.1 "购物"话题词表抽取

文章以《长城汉语》《成功之路》《发展汉语》《汉语精读教程》《新实用汉语课本》等 25 本汉语综合教材及口语教材中的 62 篇以"购物"为话题的课文为语料,从中抽取了"购物"的话题类聚词表,并按照词义将词语细分为"行为、商品、价格、性质、量词、其他"等 6 个子类。下表为前 100 个话题词的抽取结果。

表 3 "购物"话题词表示例

| 子类 | 话题词 |
| --- | --- |
| 行为 | 买、试、要、喜欢、比、找、穿、打折、换、卖、逛、花、介绍、购买、退、照、退货、送 |
| 商品 | 苹果、衣服、旗袍、香蕉、裤子、裙子、衬衫、鞋、茶叶、毛衣、大衣 |
| 价格 | 钱、贵、便宜、毛、价钱、价格、元、零钱、几、百、角 |
| 性质 | 好、多、小、颜色、大、合适、不错、漂亮、红、很多、好看、质量、蓝色、新鲜、样子、长、不好、流行、黑色、款式、绿、紫色、白、尺寸、大小、尺码、时尚 |
| 量词 | 块、件、斤、个、双、条、码、号、瓶、下、支、种 |
| 其他 | 多少、一点儿、有点儿、东西、怎么样、一共、别的、网上、广告、商店、折、牌子、商场、包装、镜子、售货员、先生、小姐、小票、服装店、店 |

从教材的"购物"话题词表我们大致可以归纳出以下话题图式:

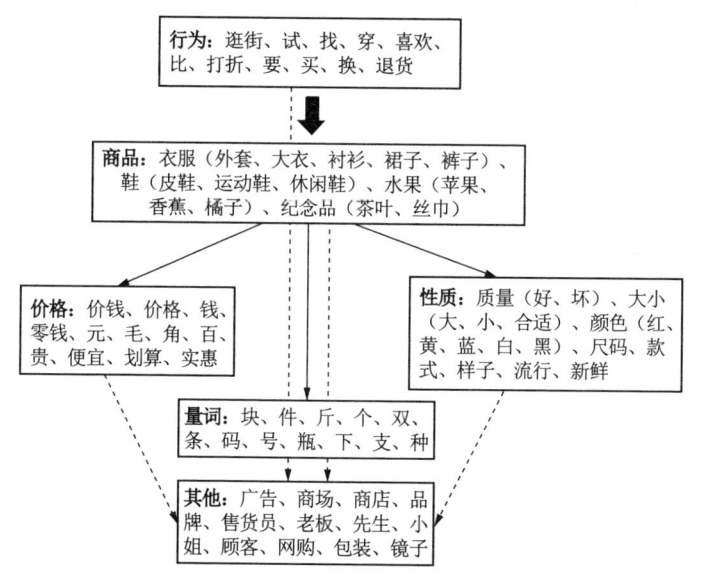

图 2 "购物"的话题图式

该图式包含了"购物"这一话题的重要元素（行为、行为对象及相关描述词等）、逻辑关系和事件序列。在教学过程中，汉语教师可以利用图式向学习者展示表述该话题所需使用的词语，以及各词语间的关联。

### 4.2 "购物"的话题类聚式词汇教学设计

为了更直观地展示话题类聚式词汇教学的实际应用，本文以教材《成功之路 顺利篇1》第二单元中《我想试试这件毛衣》一课为例，展示"购物"的话题类聚式词汇教学设计。该教材课后生词表内的词语按照在课文中出现的先后顺序排列，词表中的词语独立性强、联系少，不利于记忆与学习（卜佳晖，2004）。本文按照"购物"的话题图式，重新对词表进行了关系梳理，将生词按照事件的发展主线（顾客换货与售货员处理）进行了类聚。为了提升话题表达的连贯性与话题词语学习的完整性，本文依照上文提取的"购物"话题类聚词表对生词进行了拓展、补充，其中"（）"内的词语为课文中出现但未被列为生词的词语，"[ ]"内的词语为拓展词语，所有拓展词语在《国际中文教育中文水平等级标准》中的等级均低于或等于被拓展词。

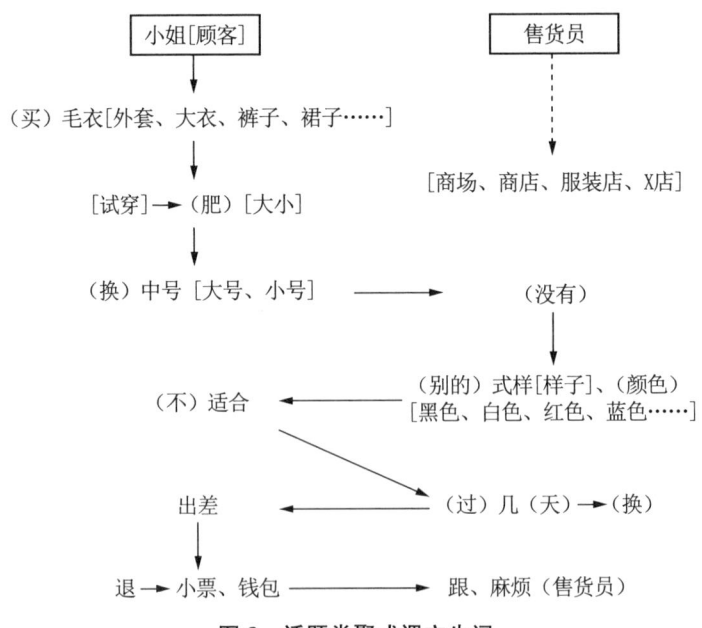

**图3 话题类聚式课文生词**

当下汉语教师在教授词汇时普遍按照教材课文的词表对词语的语法属性、搭配、功能用法等进行讲解,随文识词、随课教学,再随机进行词语拓展,最后对所学词语进行操练、巩固。这一套词汇教学流程缺乏对词语间各种关联的把握,学生也容易"即学即忘"。话题类聚式词汇教学强调对课后生词进行组织、系联,将生词以图式的形式呈现给学习者,使其了解词语在特定话题及语境中的意义和搭配,从而更好地掌握词汇的用法。语境化、图式化的话题词汇教学将原本零散排布的生词联结起来,强调"整体学习、整体记忆、整体提取",例如上图中词语之间存在近义、反义、上/下位、搭配等关系,方便学生把词汇知识串联起来,形成牢固的二语词汇网络。且话题词表范畴内的新词拓展与旧词复现都紧紧围绕话题中心,避免了过度输入带来的学习负荷。

　　除了优化词汇呈现及讲解的方式,话题类聚式词表及词汇图式还可辅助学生进行课后练习。例如《我想试试这件毛衣》一课课后设置了"根据课文内容填空""复述课文"及与购物相关的口语表达题等考察话题词语记忆、理解与应用的题型。课文话题词表及图式可以帮助学习者更好地回忆课文内容、梳理课文情节关联,并使其在口语表达时更直观地看到话题词语之间的关系,理解它们在特定话题下的具体含义和使用场景,从而提升词语使用的准确性与话题表达的流畅性。

## 五、结　语

　　本文通过分析汉语二语学习者的作文语料,发现其能够根据特定话题选取相关的话题词语,并且学习者的话题词语类聚能力是影响其写作成绩的重要因素。心理词典理论认为大脑中的词汇以网络形式表征,词语节点之间按照语义关系的远近进行排布,语义关系越近、共享的熟悉越多,词语间的距离就越近,易于互相激活、共同提取(Collion & Loftus, 1975)。话题统筹下的话题词语在语义上紧密相连,随着学习者二语词汇量的增加,其心理词典的话题类聚趋势也逐渐增强。由于范畴化和图式化是人类认识客观世界的基本方法,在语言学习的过程中,学习者倾向于对所学词汇进行整理、归类记忆,因此本文提出了一种基于词语关联的话题类聚式词汇教学方法,强调在词语呈现及讲解的过程中展现各个词语对话题表达的贡献和词语间的各种语义关系。

本文从常用度角度出发,以国际中文教材汇总的"购物"话题为例,提取了相关的话题词表并展示了该话题的类聚式词汇教学设计。然而经统计,"购物"话题多设置在国际中文教育的初级教学阶段,集中在系列教材的前两册,此时学习者的词汇量较小,因此在进行话题类聚词汇教学设计时拓展的话题词语也比较受限。后续研究若将中、高级阶段的教材话题设定为研究对象,则能扩大话题词表抽取的体量,呈现出更加完善的类聚词汇教学设计。

**参考文献**

[1] 卜佳晖.关于对外汉语教材生词处理的思考[J].云南师范大学学报,2004(01):25—28.

[2] 陈艳艳,张萍.语义和主题聚类呈现对英语词汇联想反应的影响[J].外语界,2018(06):61—69+78.

[3] 谷肖玲.对外汉语写作话题库建设与话题词表构建[D].四川:四川大学,2019.

[4] 李福印.认知语言学概论[M].北京:北京大学出版社,2008.

[5] 李润生.近年来对外汉语词汇教学研究综观[J].华文教学与研究,2017(02):32—45+51.

[6] 刘华.面向对外汉语教学的话题聚类研究[J].外语研究,2008(05):55—60.

[7] 刘华.商务汉语常用词语表的重构与等级划分[J].华文教学与研究,2018(01):35—48.

[8] 刘华,李晓源.基于语料库的中医汉语主题词表构建[J].华文教学与研究,2022(02):77—85.

[9] 李锡胤.词典的广度、深度,词义层次及体系[J].辞书研究,1986(03):1—13.

[10] 吕荣兰. 基于语料库的对外汉语口语话题及话题词表构建[D].广州:暨南大学,2011.

[11] 尹桂丽.汉语作为第二语言教学"词汇主导教学法"的理论基础[D].武汉:武汉大学,2013.

[12] 张和生.外国学生汉语词汇学习状况计量研究[J].世界汉语教学,2006(01):70—76+3.

[13] 张江丽.汉语第二语言学习者接受性词汇量实证研究[J].语言文字应用,2017(03):125—133.

[14] 张江丽.汉语二语学习者与母语学习者产出性词汇量对比研究[J].语言文字应用,2019(02):124—132.

[15] 曾建湘.词汇呈现方式对刻意学习英语单词的影响[J].外语学刊,2007(04):131—135.

[16] Aichison, J. Words in the Mind[M]. Oxford: Blackwell, 1994.

[17] Allahverdizadeh, M., Shomoossi, N., Salahshoor, F., & Seifoori, Z. Vocabulary Acquisition and Lexical Training by Semantic and Thematic Sets in Persian Learners of English[J]. Journal of Applied Linguistics and Language Research, 2014(1), 45—61.

[18] Collins, A. M., & Loftus, E. F. A spreading-activation theory of semantic processing[J]. Psychological Review, 1975(6), 407—428.

[19] Hoshino, Y. The categorical facilitation effects on L2 vocabulary learning in a classroom setting[J]. RELC journal, 2010(3), 301—312.

[20] Karabulut, A., & Kesli Dollar, Y. The effects of presenting different types of vocabulary clusters on very young learners' foreign language learning[J]. Education 3—13, 2016(3), 255—268.

[21] Khayef, E., & Khoshnevis, I. The effect of thematic versus semantic clustering of English vocabulary[J]. Journal of Basic and Applied Scientific Research, 2012(5), 5007—5016.

[22] McDonald, J. A., & Reynolds, B. L. Learning semantic and thematic vocabulary clusters through embedded instruction: effects on very young English learners' vocabulary acquisition and retention[J]. Applied Linguistics Review, 2021.

[23] Motallebzadeh, K., & Heirany, N. Thematic Clustering of

L2 Vocabularies: A Technique for Improving[J]. The Iranian EFL Journal, 2011(8), 8—17.

[24] Rahimi, H. The Effect of Method of Vocabulary Presentation (Code-Mixing, Thematic Clustering, and Contextualization) on L2 Vocabulary Recognition and Production[J]. Procedia-Social and Behavioral Sciences, 2014(98), 1475—1484.

[25] Stroller, F.L. & Grabe, W. A. Six-T's Approach to Content-Based Instruction[M]. New York: Longman, 1997.

[26] Tinkham, T. The effect of semantic clustering on the learning of second language vocabulary[J]. System, 1993(3), 371—380.

[27] Tinkham, T. The effects of semantic and thematic clustering on the learning of second language vocabulary[J]. Second language research, 1997(2), 138—163.

# 泰国学生汉泰词语翻译偏误分析
## ——以大城皇家大学汉语专业的学生为例

刘智善

北京语言大学

**摘　要**：本文旨在对泰国学生汉泰词语翻译的偏误进行考察与分析，以学生的练习题作为语料来源，通过收集和归纳分类后，得出泰国学生汉泰词语翻译的偏误分为四种：一、翻译时选词不当 二、过度使用直接翻译法 三、音译法的偏误 四、翻译的意思有误。为了改善和解决存在相关翻译偏误及教学问题。本文还提出了相应的建议；首先老师需对词汇的教学进行反思并更新教学方法。其次，提高并培养汉语专业翻译课任课教师的教学经验和信心，任课教师无论是以汉语作为母语或以泰语作为母语的教师皆可任教，但必须拥有优秀的汉泰双语能力，同时还需不断进取、学习新的知识。在任课时，恰当选择或使用汉语翻译教材，教学方法应将理论与实践相结合，而且教师也能通过活动或项目的成果对学生所学进行评估和反馈。

**关键词**：偏误分析；词语；汉泰翻译

# 一　引　言

　　众所周知，翻译是语言之间的传达信息及交流的媒介工具。简单地说，翻译是要用语言进行交际的，所以翻译和语言的关系非常密切，不同国籍、不同的语言的人进行交际时，需要翻译来帮助传达所有的信息，才能让对方明白说话人想表达的信息。翻译还与其他学科有关。例如：翻译与语言对比、翻译与外语教学。另外，翻译还能用来评估外语的学习者的水平。因为译文会展现出翻译者的水平和能力，由此，翻译对外语的学习者至关重要。

2015年泰国大城皇家大学开设了汉语专业,科目里按照三大类学习方为主向来设计课程分为:汉语语言技能、中国与文化知识和专业性的汉语课程。翻译课程属于专业性的课程,也是三年级的学生的必修课。该课的教学目标是让学生从基础的词语到复杂的句子进行翻译实践,学生已经有一定的汉语水平。并且翻译最重要的原则就是信息的传达不能出错,否则会造成理解偏误。

虽然从语言类型来看,汉泰两种语言均为孤立语,没有丰富的形态变化。但是在某些语法、语序、虚词等表达语法和语义的方式上有很大的区别,并且学生的水平不相同,这些因素会造成翻译的偏误。笔者作为汉语翻译课的任课教师也经常发现学生的翻译作业里出现的各种偏误,并存在不少问题。因此,本文通过学生的翻译练习题进行考察,而且分析泰国学生汉泰词语翻译出现的偏误,最后提出相应的教学建议。

### 1.1 翻译的定义

现翻译学界对翻译的定义"翻译"英语译为"Translate",是指从某种语言的意思转换成另一种语言。对于"翻译"的定义,一直以来是翻译学界的一个争论话题。国内外翻译学界有许多著名专家给予定义如下:

"Translation is an operation performed on languages: a process of substituting a text in one language for a text in another."

(Catford, 1965:1)

"Translating consists in reproducing in the receptor language the closest natural equivalent of the source-language message, first in terms of meaning and secondly in terms of style."

(Eugene & Charles, 1982:12)

"Translation is the replacement of a representation of a text in one language by a representation of an equivalent text in a second language."

(Roger T. Bell, 1991)

"翻译就是把依照语言的言语产物在保持内容方面(也就是意义)不变的情况下改变为另外一种语言的言语产物的过程。"

(著名翻译理论学家巴尔胡达罗夫,1985)

综上可知,翻译是一种以符号转换为手段,以意义再生为任务的跨文化交际活动,并涉及因素多,涉及范围广的文化实践活动。翻译主体包括作者、译者和读者。如今,翻译作为沟通两国语言和文化的桥梁,对整个人类社会文明的发展具有重要的作用。(金雨杉,2016)

## 1.2 汉泰翻译的研究现状

21世纪以来,随着中国和泰国在各领域、各层次的合作交流不断深入,我国对通晓中泰双语人才的需求越来越多,学界对于中泰翻译研究的兴趣见长。本文在中国知网"CNKI中国学术期刊全文数据库"功能和资源检索发现有关中泰翻译的研究成果越来越多,研究对象、研究方法和研究视角也有所不同。

在短篇小说翻译研究方面,研究成果数量最多,该类研究的作者主要通过对泰国短篇小说进行翻译,并运用相关翻译理论提出具体的翻译方法和策略。例如,李彧(2017)运用功能对等理论来指导泰国短篇小说集《本应如何》的翻译实践,结合译例探讨翻译策略,并补充说明由语言、文化差异造成的不可译现象。陈惠琳(2019)认为,在翻译过程中,译者需要同时对原文与译文负责,对原文信息发送者和目标读者负责,在两者之间做最好的平衡。除了译出意思以外,译者尽量译出原文的韵味。曾艳(2017)认为,在小说翻译中,译者可以个人审美经验和译入语读者的审美思维,采取增词法、减词法、引申法、分译法、注释法等多种方式对原文进行审美再现。

在翻译实践报告分析方面,除了上述的小说翻译外,还有散文、传记类文本翻译。此外,还有部分实践报告的主题涉及法律、军事、政策、历史文献、学术著作等非文学翻译。此类研究报告通常先对文本进行分析,再描述翻译过程,最后运用相关翻译理论来分析具体的案例,并对译者应具备的素质进行总结。

在文化词翻译研究方面,被引频次最高的文献是《文化翻译观视角下〈论语〉文化负载词的泰译》。研究者从《论语》中的文化负载词入手,探讨文化翻译理论指导下的文化负载词的泰译。研究者认为,在翻译文化负载词时,"异化"策略能够更好地传递中国传统文化,符合文化翻译观的主张(覃秀红,2015)。此外,有关文化词翻译的研究多涉及中国经典名著泰译本的研究或对比分析。这些研究多涉及人名与地名、古代官吏称呼语、成语和其他文化词语、道家思想核心概念的翻译风格。也有学者从文化差异的角度探讨中国文化词语翻译为泰语中出现的问题。例如，有研究者指出鲁迅小说泰译本中文化词语翻译中出现的问题，并提出处理方法。该研究者认为，在翻译工作上，译者不该拘泥于所谓文字面上的忠实，而应该更注重从文化的整体视角考察如何准确地将一种语言中的文化现象在另一种语言中加以再现，尤其是忠实地再现一种文化的风姿和全面。译者需尽量考虑用已存在的词语来翻译，不必随便创造词语，否则会降低译文质量（黄盈秀，2019）。

在口译研究领域，相关研究主要探讨"一带一路"下的泰语口译人才培养、高校泰语口译教学模式及现状、泰语口译策略等。在口译人才培养方面，张倩霞以成都大学为例，就"一带一路"建设与泰语口译人才培养的新模式等进行探讨。张倩霞提出泰语口译人才培养要以市场需求为导向，在教学中注重实用性和现实性，并拉长泰语口译的教学时间，拓展学生实习实践平台（张倩霞，2018）。有部分翻译报告涉及口译研究，学者通过对口译（包括同声传译、交替传译、陪同翻译等）过程的描述、翻译方法的运用、口译中出现的问题进行描述，并提出一些口译策略。有学者以释意理论为指导，对口译实践进行案例分析，具体分析了泰汉交替传译中翻译策略，包括在翻译中使用译法、改译法、概译法、替代法、重组法、增译法等语言策略，以及使用体态语和即时询问等非语言策略（陆雅俊，2019）。

从以上的研究现状来看，中泰翻译研究的论文发表数量总体呈上升趋势。中泰翻译研究关注的重点集中在小说翻译、翻译实践报告分析、文化词翻译以及口译相关研究方面。对于泰国学生汉译泰或泰译汉的偏误研究相当少。因此本文对泰国学习者汉泰语词语的翻译偏误进行考察和分析，希望对翻译学界的研究作出贡献，对汉语翻译教学有所帮助。

### 1.3 研究目标与意义

本文以汉译泰的词语为主要研究目标，是为了考察与分析泰国学生汉泰词语翻译成泰语时出现的偏误；并且总结出偏误的原因，最后提出相应的教学建议，以期为汉语翻译的教学提供参考。

## 1.4 研究方法

1.4.1 文献研究法：通过在图书馆查阅资料，利用网络资源，查阅大量电子文献，搜集到了目前有关汉语翻译的相关资料，深化对选题的认知，了解汉译泰和泰译汉的状况及需要解决的翻译问题。

1.4.2 偏误分析法：最早由 Corder(1967)在《学习者偏误的意义》一文中提出"偏误"的概念，并写道"偏误"具有系统性、规律性的，属于语言能力范畴。"偏误分析"重点研究学习过程中出现的"偏误"。我们在进行偏误分析的时候，分析的不仅仅是系统性错误，也包括零星出现的失误，所以我们所说的偏误指所有错误。本文通过语料的分析，找出泰国学生汉泰语词语翻译的偏误与原因。

## 1.5 语料来源

本文以18名学生的练习题作为语料，共有720题，出现错误共346个偏误例。练习题以《汉泰翻译基础》《汉泰翻译技巧》和《泰汉翻译教程》作为参考而设计。本文采用的研究方法如下：

## 二 研究结果与分析

本文通过语料的分析，总结出泰国皇家大学汉语专业三年级的学生汉泰词语翻译的偏误类型，可以分为4种，如下：

表1 学生汉泰翻译词语偏误情况

| 序号 | 偏误类型 | 偏误例 | 百分之百 |
| --- | --- | --- | --- |
| 1 | 翻译时选词不当 | 157 | 45.22 |
| 2 | 过度使用直接翻译法 | 113 | 32.46 |
| 3 | 音译法的偏误 | 46 | 13.04 |
| 4 | 翻译的意思有误 | 30 | 9.28 |
| | 总共 | 346 | 100 |

### 2.1 翻译时选词不当

语料里出现157个错误例，占百分之45.22。此偏误大部分在于汉语中一个词汇,在翻译成泰语时有许多相似的词语,这使得学生感到困惑,不知道要选择哪个词才适当。

例句 1　汉语:泰国菜味道**很重**、而中国北方的菜大多味道**清淡**。
　　　　　　　**重**　　　　　**清淡**
　　　　　学生翻译:หนัก　　อ่อน
　　　　　正确翻译:จัด　　จืด

例句 2　汉语:他在 XXX 期刊**发表**一篇论文。
　　　　　学生翻译:เผยแพร่
　　　　　正确翻译:ตีพิมพ์

例句 3　汉语:他不但会弹钢琴,还会**拉**小提琴。
　　　　　学生翻译:**เล่น**ไวโอลิน
　　　　　正确翻译:**สี**ไวโอลิน

例句 4　汉语:你应该品尝一下泰国的**小吃**。
　　　　　学生翻译:ของกินเล่น/อาหารว่าง/ออเดิร์ฟ
　　　　　正确翻译:ขนม

从例句 1 来看,学生把"很重"和"清淡"翻译错了,因为在汉泰词典里有"หนัก"的意义(形容某食物轻重的意思)。"清淡"也是如此,不过我们从整句的意思来看,此句中的"重"和"清淡"的词语和味道搭配,应该翻译成"จัด"和"เบา"。再如,例句 2—3 中的"发表"和"拉"应该翻译成"ตีพิมพ์"和"สี"才正确。例句 4 中"小吃"的词语,汉泰词典里有很多相应的词语。学生选择用词时感到困惑,不知要选哪个词语。因而翻译的时候,把它翻译成"ของกินเล่น""อาหารว่าง""ออเดิร์ฟ"等这些相应的词语。学生往往忽略了整句和上下文的内容,而造成这种偏误类型。

## 2.2　过度使用直译法

语料里出现 113 个偏误例,占百分之 32.46。出现此偏误的原因是学生在翻译两个单词以上的语句时,习惯性地先将它们分开,然后再一个一个地翻译出来,忽略了整句的意思。

例句 1　汉语:这套西装**大小**很合适。
　　　　　学生翻译:ใหญ่เล็ก
　　　　　正确翻译:ขนาด

例句 2　汉语：**我们家的女儿**爱吃冬阴功汤。
　　　　学生翻译：ลูกสาวบ้านพวกเรา
　　　　正确翻译：ลูกสาวบ้านฉัน

例句 3　汉语：**路远**，我们坐车回去吧！
　　　　学生翻译：ถนนไกล
　　　　正确翻译：ระยะทางไกล

例句 4　汉语：这么油的**菜**，我吃不下去。
　　　　学生翻译：ผัก
　　　　正确翻译：อาหาร

　　从例句 1—3 中汉语的"大小""我们家的女儿""路远"和"我们"。如果在词典里查看会出现泰语的"ใหญ่""เล็ก""ถนน""ยาว"和"พวกเรา"，但是考虑到整句的意义如果按照这样直接翻译，意思会变了。再如，例句 4 汉语中的"菜"一词，泰语里有很多相应的词语就是"ผัก"和"อาหาร"，但此句中"菜"要表达的是饭菜，而不是蔬菜。可得知，学生把汉语的词语直接翻译成泰语，忽略了整句的意思，从而造成这种翻译错误。

## 2.3　音译法的偏误

　　语料里出现 46 个错误例，占百分之 13.04。这种偏误来自学生翻译时，根据汉语的发音直接将其转换成泰语，并未了解泰语中已有的外来词，也不考虑在社会中已经使用的那些专有名词。

例句 1　汉语：**海南岛**是中国第二大岛。
　　　　学生翻译：เกาะไห่หนาน
　　　　正确翻译：เกาะไหหลำ

例句 2　我们在**北京语言大学**学习。
　　　　学生翻译：มหาวิทยาลัยภาษาเป่ยจิง
　　　　正确翻译：มหาวิทยาลัยภาษาและวัฒนธรรมปักกิ่ง

例句 3　汉语：前三天，**方小姐**被她男友骗了。
　　　　学生翻译：เสี่ยวฟางพี่เสี่ยวฟาง
　　　　正确翻译：คุณฟาง

例句 4　汉语：公元前 202 年**汉高祖刘邦**建立汉朝，……
　　　　学生翻译：ฮ่านเกาจู่หลิวปัง

正确翻译：จักรพรรดิชั่นเกาจู่ "หลิวปัง"

例句1—2中的"海南岛"和"北京语言大学"都是专有名词。学生一遇到这类词语，翻译的时候往往按照汉语的发音直接翻译成"เกาะไห่หนาน"和"มหาวิทยาลัยภาษาเปยจิง"并未深入地探究已经有相应的外来词语。再如，例句3汉语的"方小姐"，学生经常翻译成"เสี่ยวฟาง"和"พี่เสี่ยวฟาง"这样翻译是不对的。因为汉语里的"小姐"是对女性的一种称谓，所以该翻译为"คุณฟาง"。这种偏误是学生过度使用音译法，并忽略词语的用法功能造成的。

### 2.4 翻译的意思有误

语料里出现30个错误例，占百分之9.28。原因在于翻译之后，学生一般不会仔细检查，未能更深地了解语句真正的意思。

例句1　汉语：你**把**话说清楚。

学生翻译：คุณพูด**ได้อย่าง**ชัดเจน

正确翻译：คุณพูด**ให้**ชัดเจน

例句2　汉语：我弟弟把**杯子**打破了。

学生翻译：ถ้วย

正确翻译：แก้ว

例句3　汉语：你看这双运动鞋现在<u>打五折</u>。

学生翻译：ลดราคา 5 เปอร์เซ็นต์

正确翻译：ลดราคา 50 เปอร์เซ็นต์

从例句1得知汉语"把"字句是一种特殊语句。泰语里相应的词有是有，不过在不同的语言环境"把"也有不同的意义。此句应该翻译成"คุณพูดให้ชัดเจน"才正确。句子里的"打五折"学生往往翻译成"ลด 5 เปอร์เซ็นต์（打百分之五）"。学生不了解中国购物的文化背景，所以才导致翻译出现偏误。

## 三　汉泰词语翻译的教学建议

根据以上的研究结果得知，泰国学生汉泰词语翻译的偏误情况是由种种原因造成的。作为一名汉语教师，应该尽量找到最好的教学方法，不仅仅能够解决学生汉泰词语翻译的偏误情况,还要提高学生汉语翻译的能力和知识。以笔者对汉泰翻译和泰汉翻译课的教学经验相结合,针对汉泰词语翻译的教学提出几个建议如下:

### 3.1 词汇教学的改善

林文贤(2018)的研究中写道,"词语"是语言表达意义的主要工具,而意义在语言的产生和理解方面,在语言的存储和检索中都起着极其重要的作用。词汇教学虽然是一个细微的教学环节,但它是语言教学中必不可少的环节。如果学生的词汇量高,而且了解每个词的意义和用法,进行翻译时会减少很多错误。学生词语的理解和掌握对翻译的工作条件至关重要。由此,老师应该反思和更新词汇的教学法,首先可以从语言学的角度分析汉语和泰语词语的语义、构词方式、词性及用法等方面。对比后可将其作为教学中的重点,尤其是对词语对应及不对应的现象进行深入分析。另外,教师应加强学生了解对构词意识的作用,包括采用构词法来辨析词语,并且注重培养学生搭配词语能力。

### 3.2 汉语翻译课任课教师应具备的条件

关于翻译课任课教师的问题,很多学者对此问题提出观点,也是一直在争论之中。泰国学者 Kanokporn Numtong 和 Chatuwit Keawsuwan (2021)在相关研究中提出翻译课授课教师往往缺乏信心和相关经验,然而事实上两者之间相互影响,教师认为自己缺乏翻译经验,因此感到缺乏信心。刘智善(2022)对泰国大学生汉语翻译课进行考察分析,从调查结果提出汉语专业翻译课的老师缺乏翻译知识与经验,对翻译教学的目标不明确,使得翻译课内容的选择不当,这对学生来说影响很大。从笔者的观点来看,老师的翻译能力和教学经验来自教学的过程。例如:在教授初级汉语的课程时,学生的基础较弱,或者在教授高级汉语课程时所涉及的内容较难,老师经常采取翻译教学法以便学生能够更快、更准确地理解学习内容。同时,老师也能让学生尝试进行翻译,老师也可通过此方法检测学生对所学内容的理解是否正确。这些教学经验在一定程度上也提升了老师自身的翻译能力,通过一系列的培养活动,老师在担任翻译课程的教学工作时会更得心应手。另外,老师应该系统性地建立本人所负责课程的教学材料库,收集教学过程中学生频繁出现的汉译泰和泰译汉的偏误案例,作为一个教学重点或者注意的事项。

### 3.3 教材及教学方法的选用

吴琼和潘蕾(2022)对泰国高校汉泰-泰汉翻译课程的教材问题提出观点,认为泰国各高校所开设的汉语专业各有其特点,学生的基础也不尽相同,各高校汉语专业自行编撰适合本校学生使用的汉语教材是较为可行的方式,尤其是各领域的专业翻译教材,目前仍存在较大的空白。由于翻译的内容复杂多样,因此学习翻译原则和了解翻译时需要注意的事项就变得尤为重要,教师在教学过程中不应忽略理论的教学。另外,老师也可以自编翻译教材。首先需要观察学生的汉语水平和学习需求,并进行调查,然后将调查结果作为设计教材的参考资料,这样的教材才有针对性。

关于汉泰或泰汉翻译的教学方法,在教学过程中将理论和实践相结合,才能总结得出最为适用的汉泰-泰汉翻译原则,最终通过活动或实践项目,在提供学生实际运用翻译能力场景的同时,教师也能通过活动或项目的成果对学生所学进行评估和反馈。教学方法方面可采用翻转课堂式教学,进行翻译教学时,安排学生利用课外时间进行翻译,而利用课堂时间进行探讨,师生共同探索最为适合的教学方法。教学过程中应侧重于师生的讨论和教师的解答;并不是采用传统的问答模式,传统的问答教学运用在翻译课程上,将导致学生丧失独立思考能力,仅通过死记硬背的方式应付考试。在讨论方面,可以通过小组的形式展开,以便学生之间能够交流心得和经验,当学生对其翻译成果进行汇报时,如果发现学生出现误译的情况,老师需立即予以纠正。

## 四 总 结

本文以18名学生的练习题作为语料,共有720题。练习题以《汉泰翻译基础》《汉泰翻译技巧》和《泰汉翻译教程》作为参考而设计。本文考察和分析了泰国学生汉泰词语翻译出现的偏误,出现错误共346个偏误例。可以归纳为4种偏误类型,分别为:一、翻译时选词不当,有157个错误例,此偏误大部分出现在某一个词汇中,在翻译成泰语时有许多相似的词语,这使得学生感到困惑,不知道要选择哪个词才合适。例如:汉语中的"小吃"在汉-泰词典里相应的词有"ของกินเล่น"和"ขนม"。根据应用情况来看,选择"ขนม"更为合适。可是有些学生选择错误,导致出现这种偏误类型;二、过度使用直接翻译法,有113个错误例,出现此偏误的原因是学生在翻译两个单词以上的语句时,习惯性地先将它们分开,然后再一个一个地翻译出来,忽略了整句的意思,例如:句子中出现了"大小",学生翻译时就把大和小分开翻译成泰语了,这样翻译是不正确的;三、音译法的偏误,有46个错误例。这种偏误来自学生翻译时,根据汉语的发音直接将其转换成泰语,并未了解泰语中已有的外来词,也不考虑在社会中已经使用的那些专有名词。例如:汉语中"北京"和"海南岛",泰语里已经有对应的称呼叫作"ปักกิ่ง"和"เกาะไหหลำ";四、翻译的意思有误,有30个错误例,原因在于翻译之后,学生一般不会仔细检查,未能更深地了解语句真正的意思。例如:句子里的"打五折"学生往往翻译成"ลด 5 เปอร์เซ็นต์(打百分之五)"。学生不了解中国购物的文化背景,所以才导致翻译出现偏误。

最后本文提出了相应的教学建议;首先老师应反思和更新词汇的教学法,首先可以从语言学的角度分析汉语和泰语词语的语义、构词方式、词性及用法等方面。对比后可将其作为教学中的重点,尤其是对词语对应及不对应的现象进行深入分析。同时,也应提高并培养汉语专业翻译课任课教师的教学经验和信心,同时还需不断进取、学习新的知识。在任课时,选择或使用合适的汉语翻译教材,课程内容应同时将理论与实践相结合,并不断地改善教学方法。在教学过程中将理论和实践相结合,才能总结得出最为适用的汉泰或泰汉翻译原则,最终通过活动或实践项目,在提供学生实际运用翻译能力场景的同时,教师也能通过活动或项目的成果对学生所学进行评估和反馈。本文通过研究泰国大学生汉语翻译偏误,以期为汉语翻译的教学提供参考。

**参考文献**

陈惠琳(2019)冯骥才短篇小说集《俗世奇人》(节选)翻译实践及翻译报告,北京外国语大学硕士学位论文。

黄盈秀(2017)中泰文化差异下的词语翻译.鲁迅小说泰译论,《中华文化论坛》第 2 期。

金雨杉(2016)基于翻译定义浅谈英汉翻译认识,《青年硕士论坛》第 1 期。

李彧(2017)泰国短篇小说集《本应如何》(节选)翻译实践及翻译报告,北京外国语大学硕士学位论文。

林文贤(2018)试论泰国高校汉语词汇教学情况与反思,《Chinese Journal of Social Science and Management》第 2 期。

陆雅俊(2019)"2019 年泰国太阳能农场的发展和管理研修班"课堂汉泰交传口译实践报告,广西民族大学硕士学位论文。

刘智善,魏小龙(2022)泰国大学生汉语翻译课情况调查分析——以泰国大城皇家大学中文系三年级的学生为例,《中国语言文化期刊》第 9 期。

覃秀红(2015)文化翻译观视角下《论语》文化负载词的泰译,《广西民族大学学报(哲学社会科学版)》第 3 期。

吴琼,潘蕾(2021)泰国高校汉泰-泰汉翻译教学思路探究,《汉学与国际中文教育》第 1 期。

张倩霞.(2018)"一带一路"建设与泰语口译人才培养的创新与实践,《当代教育实践与教学研究》第 3 期。

曾艳(2017)泰国短篇小说集《小公主》(节选)汉译实践及翻译报告,北京外国语大学硕士学位论文。

Corder, S. P.(1967). *The Significance of Learners' Errors. International Review of Applied Linguistics in Language Teaching*, 5, 161—170.

Kanokporn, Numtong. & Chatuwit, Keawsuwan. Modelling on 4PBL for Developing Teaching Practices in Chinese-Thai and Thai-Chinese Translation Courses in Higher Education. *Journal of Liberal Arts*, 2021(1): 269—297.

# 三种字幕对泰、韩留学生汉语听觉感知影响的差异

秦诗睿　简红旭

南京大学

**摘　要**：言语知觉的双通道特性在不同语言群体中普遍存在,但目前涉及跨语言的双通道言语感知研究较少。字幕是二语习得中重要的视觉输入,因此有必要探究不同类型字幕在汉语 SLL 言语感知中的作用表现。本研究以国内中高级水平泰国和韩国留学生为实验对象,探究汉字、汉语拼音、母语三种类型字幕对其汉语听觉感知的影响是否存在差异。实验分为视听判断和反馈两个不同的认知加工任务,被试需在第一部分实验中判断字幕和音频是否一致,在第二部分实验报告自己听到的汉语语句。实验发现,在判断任务中,母语字幕和汉字字幕对泰、韩两国留学生听感的影响都存在显著差异;在反馈任务中,三种字幕对泰、韩两国留学生的影响皆无显著差异。

**关键词**：字幕;听觉感知;留学生

## 一、引　言

McGurk 和 Mac Donald 在 1976 年的实验中发现,当视觉信息与听觉信息不一致时,受试者听觉感知就会发生变化。在实验中,他们录下带有一个辅音的声音,例如/ba/,并将此音频与带有另一个辅音例如/ga/的面部视频匹配在一起,然后要求受试者报告出他们听到的信息。他们发现,当单独播放声学语音信号时,受试者可以根据听觉刺激很好地识别出自己听到的辅音/ba/。但是当受试者在听辅音/ba/的音频的同时观看表达另一个辅音/ga/的视频时,他们则表示自己听到的是另一个辅音/da/,而此辅音与音频和视频中的辅音均不相同,即受试者报告了不同于视觉

与听觉任何一种刺激成分的感知。

这一现象表明,受试者在接受不一致的视觉与听觉信息时并不是仅仅依赖其中任何一种感知方式,而是融合了两者的信息,产生一种中间感知(Van Wassenhove,2013)。麦格克效应的发现使研究者开始关注听力正常者在正常环境下的言语知觉所具有的双通道性质。

自 McGurk 后,来自各国的学者已从多角度证实西方语言母语者普遍具有视听双通道言语知觉的特点。然而,目前仅有的对亚洲语言文化群体的相关研究,尤其是对汉语母语者的研究,却并没有达成共识。Kaoru Sekiyama(1997)以居住日本的汉语母语者为实验对象,测试他们对日本和英语发音的感知,发现汉语母语者和日语母语者一样更加依赖于听觉信息而非视觉,他们身上视觉信号对语音感知的作用小于西方语言背景者。与此相反,John·Magnotti 等学者(2015)从普通话使用者和英语使用者的大量样本中收集麦格克效应的数据,发现中美被试之间具有相似的频率,文化和语言仅造成了数据的较小差异。

综合当前文献来看,汉语母语者表现出的麦格克效应是否显著弱于西方语言使用者尚无定论,但视听双通道言语知觉是存在于不同语言群体中的普遍生理机制,而对非母语的语音感知可能由于语音系统的差异,出现不同的行为表现。

"视觉场景不仅可以作为大脑的外部存储器降低我们语言加工过程中的认知资源消耗,而且可以促进语言习得过程,降低我们语言加工过程中遇到的加工困难,提高语言加工效率,促进言语交流过程。"基于这一认识,字幕这种特殊的视觉文字信息对第二语言学习的影响受到了二语教学界的广泛关注。根据 Paivio(1975)的"双重编码理论",视频字幕将视频与字幕编排在一起,给二语学习者提供了视觉输入与听觉输入"双信息覆盖"的语言学习方式。李剑雄(2020)将不同字幕呈现形式与汉语作为第二语言的教学结合,根据自己的真实教学实践,发现不同字幕呈现形式(全字幕、关键词字幕、关键词凸显字幕)对非汉语母语学习者学习汉语时词汇附带习得、视频内容理解的影响程度是不同的。但总体上目前的学术成果主要集中在汉语母语者将英语作为第二语言的习得研究上,关于字幕与汉语作为第二语言学习的研究成果相对较少(王紫怡,2021)。国内关于不同字幕类型,如外语、汉语和汉语拼音三种字幕如何影响汉语二语学习的研究成果也十分缺乏。靳洪刚、金善娥和何文潮（2021）指出，合理利用字幕对汉语二语习得至关重要，应该就此建立一个严肃的研究领域，并在研究过程中要就不同学习者的母语背景进行跨语言对比研究。

目前，国内外对于视听双通道言语知觉的研究鲜少涉及第二语言感知，尤其是汉语作为第二语言的情况。虽然国内对视频字幕在语言习得中的应用已有一定的成果，其中部分以汉语为二语的研究，也为非母语汉语者对汉语视听信息整合感知的表现提供了宝贵参考，但视觉信息和听觉信息存在差异时非母语汉语学习者的言语知觉表现，以及不同种类字幕作为视觉信息对其汉语听觉感知的作用，尚未有研究涉及。此外，从McGurk开始的视听整合研究几乎都采用了被试接收视听两种信息后反馈他们所听到的内容的方式，但反馈输出这一过程可能经过了其他认知加工或心理过程，被试所报告的结果不一定与他们听觉感知到的完全一致，其中的差异也应该成为该领域研究的一个重点。

因此，本研究以泰、韩两国留学生作为起始点，通过汉语语句视听判断和反馈两部分实验对比当听觉信息为汉语时，以汉字、汉语拼音和母语三种字幕形式呈现的不同视觉信息对泰、韩两国汉语学习者听觉感知的影响是否存在差异，以期推动对汉语作为第二语言的双通道感知加工的研究，以及为对外汉语教学中音视频字幕作为辅助工具的选择和使用提供借鉴。

## 二、研究方法

### 2.1 研究问题

2.1.1 非母语汉语学习者对汉语音频的听觉感知会否受到字幕形式的视觉信息的影响，即他们面对汉语音频和字幕时言语知觉是否具有视听双通道特点。

2.1.2 汉字、汉语拼音、母语三种字幕对非母语汉语学习者听觉感知的影响是否存在差异，即不同视觉信息对语音感知的作用是否不同。

2.1.3 在整合视听双通道信息进行判断和反馈两个认知过程中视觉信息对听觉感知的影响是否有差异，视觉信息在两个过程中的作用是否不同。

2.1.4 对泰国和韩国两组留学生来说,不同类型视觉信息对其听觉感知影响的差异是否不同,即同种视觉信息对不同母语背景的二语学习者面对汉语的言语知觉是否有着不同程度的影响。

## 2.2 实验设计

研究者选取近两年HSK汉语五级考试听力部分相对较短(7 s左右)的语句,从中随机抽取36个语句音频,从中分三次每次随机抽取12个,分别作为汉语字幕、汉语拼音字幕和母语字幕对应的音频,再将这36个语句随机分为两组,分别为音频与字幕所表示的语句一致和音频与字幕所表示的语句不一致。与音频语句不一致的字幕,会选择更改音频原句中一个词(随机分布在句首、句中和句尾)且更改后意义有明显差异(母语字幕不会在翻译过程中存在意义混淆)。然后通过PowerPoint将音频和字幕同时呈现给汉语水平在五级以上、具有相似语言学习经历的泰国和韩国留学生。

实验过程分为两部分,第一部分实验要求被试在汉语音频和字幕同时呈现后,判断字幕所表达的汉语语句和所听到的汉语音频是否一致,如果认为一致,在屏幕出现判断提示后回答"是",反之则回答"否";第二部分实验要求被试反馈自己所听到的语句,在屏幕出现发音提示后回答完整语句。两部分实验材料相同,都有6个音频(每种字幕2个音频)作为练习,其余30个音频(每种字幕10个音频)作为正式实验。实验全程通过电脑自带录音软件记录被试判断和反馈内容。汉语音节音频为mp4格式,输出设备为电脑扬声器,格式为双声道,24位,48 000 Hz(Studio Quality),输入设备为电脑麦克风,格式为4通道,16位48 000 Hz(DVD Quality),录音生产的音频格式为m4a。

最后研究者分析被试录制的音频,记录三种字幕下被试判断和反馈的正误情况。如果在两部分实验中三种字幕下被试正确率有显著差异,则说明两国留学生面对汉语音频时言语知觉具有视听双通道特点,且不同视觉信息对其听觉感知的作用不同;如果判断和反馈两部分实验结果经分析后字幕组间差异呈现出不同的结果,则说明判断和反馈两个认知过程中同种视觉信息对听觉感知的影响存在差异;如果泰、韩两国留学生的实验结果中字幕间差异表现不同,则说明非母语汉语学习者母语背景不同,其汉语言语知觉受同一种字幕的影响也不同。

## 2.3 实验过程
### 2.3.1 预实验

研究者按照正式实验设计准备了预实验材料,分别邀请了 HSK 水平在五级以上的一位在华泰国和一位韩国留学生。每人进行约 30 分钟的单独实验。实验在安静的室内进行,被试坐在电脑前进行实验。第一部分实验中,被试首先阅读幻灯片第一页的实验说明语,确认完全理解后实验人员离开,被试单击鼠标开始实验。"练习即将开始"页出现 1 s 后,练习部分音频和字幕同时出现于一页幻灯片,字幕页幻灯片持续 1 s 后自动换片,出现带回答提示的幻灯片页,被试回答自己的判断结果"是"或"否"。练习结束后出现提示页,被试点击鼠标开始正式实验,正式实验部分字幕和音频页同样持续 1 s 后提示回答,全部判断结束后提示联系实验人员。第二部分实验开始前,被试休息放松 8～10 分钟。第二部分实验材料和步骤与第一部分相同,只是回答提示页出现时被试需要回答自己听到的汉语句子。预实验结束后,研究者在记录两位留学生的实验数据时发现其中一位学生在反馈部分为了减少干扰几乎不看字幕,几乎没有失误,于是研究者修改了实验指导语以避免该情况再次发生。从另一位留学生的数据看来,她对汉语音频的听感会受到不对应的字幕的影响,不同种类字幕下错误个数有一定不同,且判断和反馈部分错误分布在不同种类字幕组。

### 2.3.2 正式实验

正式实验对象为通过了 HSK 汉语五级考试的南京大学泰国留学生和韩国留学生各 9 位。经研究者修改实验指导语,正式实验中未出现被试不看字幕的情况。在一位实验人员的指导下,每人单独进行 30 分钟左右的实验。正式实验采用了与预实验不同的 36 个 HSK 五级考试听力部分音频作为材料,实验过程与预实验相同。被试在实验人员的指导下通过 PowerPoint 和电脑录音完成实验,实验结束后实验人员分析录成的音频,得到每个被试两部分实验的数据。

## 2.4 分析方法

全部实验录音经研究者分析后以表格形式记录两部分实验下各字幕组的数据。反馈部分被试回答不清晰或不完整时,如果属于音频和字幕一致组则不计入负分,如果属于不一致组,则正确回答出不一致的词算正确,未回答出不一致词算错误。得出全部被试的实验数据后,通过 SPSS 25 中 k 相关非参数检验来分析三种字幕形式的视觉信息对两国留学生听觉感知的影响是否存在显著差异以及三种视觉信号在判断和感知两个信息加工过程中对听觉感知的影响是否存在差异,然后对比泰、韩两组的分析结果检验同一种字幕对两种母语背景二语学习者的汉语听觉感知影响是否存在差异。

## 三、研究结果

本研究采用赋分制的方法对受试者的得分进行统计,受试者在每种字幕下的得分数=12(实验中此类型字幕总个数)－错误个数。研究者通过 SPSS 分别对收集到泰国与韩国受试者的听力判断数据与听力反馈数据进行非参数检验相关样本分析。下面将展示泰国与韩国的实验对象在每种字幕下的得分描述统计结果以及相关样本分析结果。

### 3.1 泰国留学生听力判断部分

表 1.1 对泰国留学生听力判断分数的描述统计

| | 描述统计 | | | | | | |
|---|---|---|---|---|---|---|---|
| | N 统计 | 最小值统计 | 最大值统计 | 合计统计 | 均值统计 | 标准错误 | 标准偏差统计 |
| 泰语字幕判断 | 9 | 7 | 12 | 86 | 9.56 | .556 | 1.667 |
| 拼音字幕判断 | 9 | 10 | 12 | 101 | 11.22 | .278 | .833 |
| 汉语字幕判断 | 9 | 10 | 12 | 104 | 11.56 | .242 | .726 |
| 有效个案数(成列) | 9 | | | | | | |

从表 1.1 可以看出,在进行听力判断时,若呈现的视觉信息为泰语字幕,泰国受试者的平均分数最低,为 9.56;若呈现的视觉信息为汉语字幕,受试者的平均分数最高,为 11.56。为了进一步探索三种字幕对泰国受试者听力判断的影响是否存在显著性差异,对三种字幕进行非参数检验相

关样本分析,得到如表 1.2 所示的结果:

表 1.2　泰国留学生听力判断假设检验汇总

假设检验汇总

| | 零假设 | 检 验 | 显著性 | 决策者 |
|---|---|---|---|---|
| 1 | 泰语字幕判断,拼音字幕判断 and 汉语字幕判断的分布相同。 | 相关样本 Friedman 按秩的双向方差分析 | .002 | 拒绝零假设。 |
| 2 | 泰语字幕判断,拼音字幕判断 and 汉语字幕判断的分布相同。 | 相关样本 Kendall 一致性系数 | .002 | 拒绝零假设。 |

显示渐进显著性。显著性水平为.05。

根据表 1.2 泰国留学生听力判断假设检验汇总结果,Friedman 双因素按秩 ANOVA 检验(k 个样本)与 Kendall 协同系数检验均显示 p=0.002<0.05,故拒绝零假设,即泰语字幕、汉语字幕、拼音字幕对受试者听力判断的影响存在显著统计学差异。为进一步了解三种字幕之间的显著性差异如何呈现,我们结合成对比较结果进行了分析。由于 Friedman 双因素按秩 ANOVA 检验(k 个样本)与 Kendall 协同系数检验的成对比较结果一致,我们将在此处分析以及下文其他假设检验处分析时均选取 Friedman 检验结果,如表 1.3 所示:

表 1.3　泰国留学生听力判断 Friedman 双因素按秩 ANOVA 检验(k 个样本)成对比较结果

| 样本1-样本2 | 检验统计 | 标准错误 | 标准检验统计 | 显著性 | 调整显著性 |
|---|---|---|---|---|---|
| 泰语字幕判断-拼音字幕判断 | −.889 | .471 | −1.886 | .059 | .178 |
| 泰语字幕判断-汉语字幕判断 | −1.278 | .471 | −2.711 | .007 | .020 |
| 拼音字幕判断-汉语字幕判断 | −.389 | .471 | −.825 | .409 | 1.000 |

每行会检验零假设:样本 1 和样本 2 分布相同。
显示渐进显著性(双侧检验)。显著性水平为.05。
Bonferroni 校正已针对多个检验调整显著性值。

经过两两比较,可以得知泰语字幕与拼音字幕对受试者听力判断的影响不存在显著性差异(调整后显著性 p=0.178>0.05),泰语字幕与汉语字幕对受试者听力判断的影响存在显著的统计学差异(p=0.020<0.05),拼音字幕与汉语字幕对受试者听力判断的影响无显著性差异(p=0.135>0.05)。

### 3.2 泰国留学生听力反馈部分

表 2.1 对泰国留学生听力反馈分数的描述统计

|  | 描述统计 |  |  |  |  |  |  |
| --- | --- | --- | --- | --- | --- | --- | --- |
|  | N统计 | 最小值统计 | 最大值统计 | 合计统计 | 均值统计 | 标准错误 | 标准偏差统计 |
| 泰语字幕反馈 | 9 | 9 | 12 | 99 | 11.00 | .289 | .866 |
| 拼音字幕反馈 | 9 | 10 | 12 | 102 | 11.33 | .289 | .866 |
| 汉语字幕反馈 | 9 | 7 | 12 | 97 | 10.78 | .547 | 1.641 |
| 有效个案数(成列) | 9 |  |  |  |  |  |  |

从表2.1可以看出,在进行听力反馈实验时,当呈现的视觉信息为拼音字幕时,泰国受试者的平均分数最高,为11.33;若呈现的视觉信息为汉语字幕,受试者的平均分数最低,为10.78。为了进一步探索三种字幕对泰国受试者听力反馈的影响是否存在显著统计学差异,对三种字幕进行非参数检验相关样本分析,得到如表2.2所示的结果:

表 2.2 泰国留学生听力反馈假设检验汇总

假设检验汇总

|  | 零假设 | 检验 | 显著性 | 决策者 |
| --- | --- | --- | --- | --- |
| 1 | 泰语字幕反馈,拼音字幕反馈 and 汉语字幕反馈的分布相同。 | 相关样本 Friedman 按秩的双向方差分析 | .717 | 保留零假设。 |
| 2 | 泰语字幕反馈,拼音字幕反馈 and 汉语字幕反馈的分布相同。 | 相关样本 Kendall 一致性系数 | .717 | 保留零假设。 |

显示渐进显著性。显著性水平为.05。

根据泰国留学生听力反馈假设检验汇总结果,Friedman 双因素按秩 ANOVA 检验(k个样本)与 Kendall 协同系数检验均显示 p=0.717>

0.05，故保留零假设，即泰语字幕、汉语字幕、拼音字幕对受试者听力判断的影响无显著统计学差异。

### 3.3 韩国留学生听力判断部分

**表 3.1 对韩国留学生听力判断分数的描述统计**

| | 描述统计 | | | | | |
|---|---|---|---|---|---|---|
| | N统计 | 最小值统计 | 最大值统计 | 合计统计 | 均值统计 | 标准错误 | 标准偏差统计 |
| 韩语字幕判断 | 9 | 8 | 10 | 85 | 9.44 | .242 | .726 |
| 拼音字幕判断 | 9 | 9 | 12 | 98 | 10.89 | .389 | 1.167 |
| 汉语字幕判断 | 9 | 10 | 12 | 103 | 11.44 | .242 | .726 |
| 有效个案数(成列) | 9 | | | | | | |

从表 3.1 可以看出，在进行听力判断时，若呈现的视觉信息为韩语字幕，韩国受试者的平均分数最低，为 9.44；若呈现的视觉信息为汉语字幕，受试者的平均分数最高，为 11.44。为了进一步探索三种字幕对韩国受试者听力判断的影响是否存在显著的统计学差异，我们对三种字幕进行非参数检验相关样本分析，得到如表 3.2 所示的结果：

**表 3.2 韩国留学生听力判断假设检验汇总**

假设检验汇总

| | 零假设 | 检验 | 显著性 | 决策者 |
|---|---|---|---|---|
| 1 | 韩语字幕判断,拼音字幕判断 and 汉语字幕判断的分布相同。 | 相关样本 Friedman 按秩的双向方差分析 | .003 | 拒绝零假设。 |
| 2 | 韩语字幕判断,拼音字幕判断 and 汉语字幕判断的分布相同。 | 相关样本 Kendall 一致性系数 | .003 | 拒绝零假设。 |

显示渐进显著性。显著性水平为.05。

根据表 3.2 韩国留学生听力判断假设检验汇总结果，Friedman 双因素按秩 ANOVA 检验(k 个样本)与 Kendall 协同系数检验均显示 p＝0.003＜0.05，故拒绝零假设，即韩语字幕、汉语字幕、拼音字幕对受试者听力判断的影响存在显著统计学差异。为进一步了解三种字幕之间的显著性差异

如何呈现,结合成对比较进行分析所得 Friedman 双因素按秩 ANOVA 检验(k 个样本)结果如表3.3所示:

表3.3 韩国留学生听力判断 Friedman 双因素按秩 ANOVA 检验(k 个样本)成对比较结果

| 样本1-样本2 | 检验统计 | 标准错误 | 标准检验统计 | 显著性 | 调整显著性 |
|---|---|---|---|---|---|
| 韩语字幕判断-拼音字幕判断 | −1.056 | .471 | −2.239 | .025 | .075 |
| 韩语字幕判断-汉语字幕判断 | −1.444 | .471 | −3.064 | .002 | .007 |
| 拼音字幕判断-汉语字幕判断 | −.389 | .471 | −.825 | .409 | 1.000 |

每行会检验零假设:样本1和样本2分布相同。
显示渐进显著性(双侧检验)。显著性水平为.05。
Bonferroni 校正已针对多个检验调整显著性值。

由成对比较结果可以得知韩语字幕与拼音字幕对受试者听力反馈的影响不存在显著性差异(调整后显著性 p=0.075>0.05),韩语字幕与汉语字幕对受试者听力反馈的影响存在显著的统计学差异(p=0.007<0.05),拼音字幕与汉语字幕对受试者听力反馈的影响无显著性差异(p=1.000>0.05)。

### 3.4 韩国留学生听力反馈部分

表4.1 对韩国留学生听力反馈分数的描述统计

| | 描述统计 ||||||
|---|---|---|---|---|---|---|
| | N统计 | 最小值统计 | 最大值统计 | 合计统计 | 均值统计 | 标准错误 | 标准偏差统计 |
| 韩语字幕反馈 | 9 | 6 | 12 | 83 | 9.22 | .683 | 2.048 |
| 拼音字幕反馈 | 9 | 7 | 12 | 92 | 10.22 | .683 | 2.048 |
| 汉语字幕反馈 | 9 | 9 | 12 | 99 | 11.00 | .373 | 1.118 |
| 有效个案数(成列) | 9 | | | | | | |

从表4.1可以看出,若呈现的视觉信息为韩语字幕,受试者的平均分数最低,为9.22;在进行听力反馈实验时,当呈现的视觉信息为汉语字幕时,韩国受试者的平均分数最高,为11.00。为了进一步探索三种字幕对

韩国受试者听力反馈的影响是否存在显著统计学差异，我们对三种字幕进行非参数检验相关样本分析，得到如表4.2所示的结果：

表4.2 韩国留学生听力反馈假设检验汇总

假设检验汇总

| | 零假设 | 检验 | 显著性 | 决策者 |
|---|---|---|---|---|
| 1 | 韩语字幕反馈，拼音字幕反馈 and 汉语字幕反馈的分布相同。 | 相关样本 Friedman 按秩的双向方差分析 | .018 | 拒绝零假设。 |
| 2 | 韩语字幕反馈，拼音字幕反馈 and 汉语字幕反馈的分布相同。 | 相关样本 Kendall 一致性系数 | .018 | 拒绝零假设。 |

显示渐进显著性。显著性水平为.05。

根据表4.2韩国留学生听力反馈假设检验汇总结果，Friedman双因素按秩ANOVA检验（k个样本）与Kendall协同系数检验均显示 $p=0.003<0.05$，故拒绝零假设，即韩语字幕、汉语字幕、拼音字幕对受试者听力判断的影响存在显著统计学差异。为具体了解三种字幕之间的显著性差异如何呈现，我们结合成对比较结果进行了分析。Friedman双因素按秩ANOVA检验（k个样本）结果如表4.3所示：

表4.3 韩国留学生听力反馈Friedman双因素按秩ANOVA检验（k个样本）成对比较结果＞

| 样本1-样本2 | 检验统计 | 标准错误 | 标准检验统计 | 显著性 | 调整显著性 |
|---|---|---|---|---|---|
| 韩语字幕反馈-拼音字幕反馈 | −.889 | .471 | −1.886 | .059 | .178 |
| 韩语字幕反馈-汉语字幕反馈 | −1.111 | .471 | −2.357 | .018 | .055 |
| 拼音字幕反馈-汉语字幕反馈 | −.222 | .471 | −.471 | .637 | 1.000 |

每行会检验零假设：样本1和样本2分布相同。
显示渐进显著性（双侧检验）。显著性水平为.05。
Bonferroni校正已针对多个检验调整显著性值。

## 四、结果讨论

通过分析三种不同类型字幕对泰国留学生与韩国留学生听力判断与

听力反馈的影响,我们尝试探索得到有价值的发现,或者找到值得思考的问题。

综合表1.1、1.2与1.3可知,在三种字幕下,泰国受试者的听力判断得分均值存在差异,泰语字幕与拼音字幕、汉语字幕与拼音字幕对受试者听力判断的影响两两之间差异未达到统计学显著水平,但泰语字幕与汉语字幕对泰国留学生听力判断的影响存在显著差异。

综合表2.1与2.2可知,虽然在不同字幕类型下泰国留学生的听力反馈得分均值存在差异,但是三种字幕对泰国受试者听力反馈的影响并无显著统计学差异。

综合表3.1、3.2与3.3可得出:与泰国留学生一样,在不同字幕下韩国受试者的听力判断得分均值存在差异,韩语字幕与拼音字幕、汉语字幕与拼音字幕对受试者听力反馈的影响两两之间差异未达到统计学显著水平,但韩语字幕对泰国受试者听力判断的影响与汉语字幕之间有显著差异。

综合表4.1、4.2与4.3,可得知在不同字幕类型下,韩国留学生的听力反馈得分均值存在差异,但是三种不同字幕对韩国受试者听力反馈的影响并无显著统计学差异。

对上文实验数据进行综合分析发现,不管母语背景是泰语还是韩语,母语、汉字、拼音三种字幕对非母语汉语学习者听觉感知的影响存在一定的差异。虽然三种字幕对受试者听力反馈影响的差异尚不显著,但是在听力判断实验中,母语和汉字字幕对泰、韩两国留学生汉语感知的影响存在显著的统计学差异。这证实了两个国家的留学生对汉语音频的听觉感知会受到字幕形式的影响,在面对汉语音频时言语知觉有视听双通道的特点。他们的听力感知不仅受到汉语音频(听觉通道)的影响,也受到三种不同类型字幕(视觉通道)的影响,这与已有研究的视听双通道言语知觉普遍存在于不同语言群体的结论是一致的。在判断视听信息是否一致时,母语字幕和汉字字幕作为视觉信息对被试感知理解的影响存在显著差异,这也说明了不同视觉信息对其语音感知的作用是不同的。但两种视觉信息的差异,究竟是由于留学生对其母语的依赖使得母语字幕视觉信息在双通道加工中占据强势地位,导致留学生判断失误;还是汉字字幕可以唤起留学生头脑中的音响形象,有助于留学生判断视听信息是否一致,从而提高了留学生的正确率;抑或两者兼有,这还需要设计有针对性的实验进一步进行验证。

对比听力判断与听力反馈两部分实验的数据,两个国家留学生的判断结果都与反馈结果存在差异。在判断视觉和听觉信息是否一致时,被试在母语字幕的影响下往往难以做出正确判断,而汉字字幕下其错误率显著更小。但是,被试在反馈自己听到的汉语语句这一过程中,三种字幕对其听觉感知的影响并没有显著区别。

对于听力判断结果与听力反馈结果为何会呈现出不一致性,需要利用心理认知科学领域的相关研究成果来进行回答。在进行本次研究时,无论是听力判断实验还是听力反馈实验,我们都将视觉刺激与听觉语言信息同时呈现给受试者,并让其做出判断视听信息一致性或报告听觉信息的反应,应用了视觉情境范式。不同视觉场景引起受试者视觉注意的程度不同,不同认知加工过程也会对受试者的视觉注意产生不同的影响。本研究中的听力判断与听力反馈是两个不完全相同的视听加工过程,在参与这两个实验时,受试者处在不同的个体语言表征的心理模拟过程中。听力判断实验需要受试者对视觉信息进行理解从而比对听觉通道信息与视觉通道信息是否一致,在这个过程被试的注意力重点在于信息理解上,受试者了解到自己需要理解字幕并与听力音频进行对比,因此会有意识地将视觉信息作为大脑的外部存储,以减少做出反应时语言加工所耗费的认知资源,降低认知负担,所以视觉信息以非常高的突显性参与到认知加工过程中;而在听觉反馈实验中,受试者虽然也受到视觉信息与语言加工的跨通道交互作用的影响,但是注意力重点在言语产生上,这与听力判断实验的认知加工重点不同。根据认知神经科学的研究,人对不同通道的信息进行加工时利用的脑区不同,进行不同反应时调动的认知模块也不同(GrillSpector & Malach,2004),所以在两个实验中受试者做出反应时调动的认知加工模块不同导致了两个实验结果的差异性。但是,目前还没有相关心理学或生理学研究成果能够解释在判断和反馈两种注意力重点不同的认知加工过程中,母语、拼音、汉字三种不同类型的视觉信息各自对受试者听觉感知起到了什么样的作用。我们对此做出如下猜想:在听力判断部分的实验中,我们同时呈现字幕与听力音频,紧接着进入空屏作答,作答时间只有2秒钟,受试者处于一种注意力集中和情感紧张的状态。相比汉语字幕与拼音字幕,母语字幕可能是受试者最熟悉的,可在一定程度上缓解实验中出现的情感焦虑,因此母语字幕更可能获得受试者的视觉注意,即受试者更依赖母语字幕。牛雪梅(2020)也指出,与双语字幕、目的语字幕相比,当呈现给汉语学习者的视频字幕为母语字幕时,学习者对视觉信息依赖度更高。而在听力反馈阶段,每次空屏反应时间为8秒,较充足的反应时间也让受试者不再高度紧张。且由于此部分受试者须做出的反应是报告句子,因此参与试验的留学生可能会把注意力更多分配在听觉信息上。此时听觉通道信息有着比视觉通道信息更强烈的竞争效应,视觉信息的差异对受试者听力感知的影响被削弱,而听觉通道的信息全部都是汉语句子,所以不同字幕类型对受试者听力感知的影响并无显著的统计学差异。

当然,本研究尚存在一些局限:首先,由于实际条件有限,实验的样本数量较少,对泰国与韩国汉语学习者来讲,所得出的结论可能并不具有普适性,因此我们后续将继续扩大样本数量,让实验结论更具有代表性。其次,样本多样性不够,要研究这三种字幕对非母语汉语学习者听觉感知影响的差异,深入探究汉语语境下二语学习者共同的视听双通道特性,还需要对其他国家学习者,尤其是本实验未能涉及的西方留学生,以及不同水平的留学生进行实验。此外,关于母语字幕和汉字字幕之间显著差异的具体表现,以及判断和反馈过程中视觉信息发挥的具体作用差异,本实验未能给出答案,还需要认知科学、心理学、语言学等多学科理论支撑和针对性研究。对于这些不足,研究者将进一步深入、扩大实验,以期总结出三种字幕下二语学习者对汉语的双通道言语感知特性的普遍表现,为对外汉语教学和汉语作为第二语言的学习提供更有价值的借鉴。

## 五、结　语

### 5.1　研究发现

5.1.1　通过对9名泰国留学生和9名韩国在华留学生进行视听判断和反馈实验,反馈实验中被试常常受字幕影响而报告出更换过的词或放弃说出该词,且不同视觉信息对被试听觉判断的影响程度不同,由此可以认为非母语汉语学习者对汉语的言语知觉的确存在双通道特性。

5.1.2 分析结果表明不同种类的视觉信息对其听觉感知的影响不同,母语字幕对非母语汉语学习者视听判断的影响与汉字字幕之间存在显著差异,也就是说在非母语汉语学习者在视听双通道信息整合以理解目标言语内容的过程中,不同类型视觉信息的影响程度或作用表现不同。

5.1.3 在判断字幕形式的视觉信息和汉语对话单句音频的听觉信息是否一致时,母语字幕对两国留学生听力感知的影响都与汉字字幕存在显著差异,泰语和拼音字幕及汉字和拼音字幕之间都无显著差异;而在同时接收视听信息后反馈所听到的汉语语句这一感知-输出过程中,汉字、汉语拼音、泰语三种类型字幕对其影响皆无显著差异。这说明在判断、反馈两个不同的认知加工任务中,字幕形式的视觉信息在其双通道信息整合时的作用影响程度不同。

5.1.4 在两部分实验中泰国和韩国留学生都表现出一致的视听双通道特性,两国留学生都是母语和汉字字幕在判断任务中影响差异显著,反馈部分都无差异,说明对于泰国和韩国留学生来说,同种视觉信息对其面对汉语的言语知觉有着相同或相似的影响,表现出了相似的双通道言语信息整合特性。

## 5.2 教学启示

从研究结果可以得出,字幕配合音频形成视觉、听觉双重输入的学习模式符合二语学习者对汉语言语信息感知的特性。因此在对外汉语教学或第二语言学习中,汉语音频作为听觉输入时可以辅以恰当的字幕作为视觉输入,增加输入内容、提高输入效率,同时帮助学习者理解声音内容,提高输入的有效性。本实验还证明了在听力理解和判断类型的任务中,不同类型字幕对非母语学习者听力感知和理解的影响不同。汉字字幕可能比母语字幕更能促进中高水平汉语学习者对视听信息的综合理解,因此学习者可以尝试更多使用汉字字幕辅助视频理解。教学者也应合理选择字幕类型以促进学习者对汉语声音信息的理解,保证输入的有效性。此外,实验结果表明,拼音字幕和汉字字幕对非母语汉语学习者听觉感知的影响并无显著差异,即在促进汉语听觉感知的理解和表达方面两者似乎无优劣之分。当然,教学者还应考虑读写能力培养、难易度、词汇习得等其他因素选择教学字幕。

### 5.3 不足与展望

由于时间和条件限制,本研究样本容量较小、样本多样性不足,因此代表性可能有所欠缺。这三种类型的字幕对其他母语背景或其他水平的二语学习者汉语听觉感知的影响是否会有不同的表现？这些局限将成为我们后续试验中重点突破的问题。同时,我们希望通过本次研究,能够引起更多学者对二语学习者在汉语语境下视听双通道特性的关注,进一步探究不限于字幕的不同种类视觉信息对汉语学习者听觉感知的具体作用,以及通过实验探索判断和反馈两个认知过程的具体信息加工情况,进一步揭示视觉与语言整合的内在机制,对同一类型视觉信息在不同认知过程中为何会产生不同程度的影响提供科学解释。

深入研究二语语境下视觉和听觉的整合感知,对于揭示第二语言习得规律,更加科学、高效、有针对性地利用视听材料进行二语教学,以及把握人类言语感知的生理和心理特性都有着重要意义。本研究聚焦泰语、韩语母语者对汉语的言语感知,希望对面向泰、韩两国学生的汉语二语教学提供一点有益的借鉴。我们也将在后续的实验中进一步验证本次实验结论的可靠性,一方面去发掘非母语汉语学习者身上汉语视听整合的宏观特点,另一方面深入探索不同类型视觉信息在非母语汉语学习者视听整合中表现出现显著差异以及不同认知加工过程中其视听整合也出现不同表现的原因。

**参考文献**

韩海宾,许萍萍,屈青青,程茜 & 李兴珊(2019)语言加工过程中的视听跨通道整合,《心理科学进展》第 3 期。

靳洪刚,金善娥 & 何文潮(2021)视频字幕研究及其对二语习得和教学的启示,《世界汉语教学》第 1 期。

李剑雄(2020)字幕的不同呈现方式对汉语词汇附带习得和视频理解的影响,兰州交通大学硕士学位论文。

牛雪梅(2020)多模态视域下电影在对外汉语教学中的应用,山东师范大学硕士学位论文。

王紫怡(2021)字幕视听输入与二语习得的关联性研究:回顾、思考与展望,《第十二届中文教学现代化国际研讨会论文集》,胡志明市:胡志明市师范大学出版社。

Kalanit Grill-Spector & Rafael Malach(2004) The human visual cortex. Annual. Review. *Neuroscience* 27:649—677.

Harry McGurk & John MacDonald(1976) Hearing lips and seeing voices. *Nature*, 264:746—748.

John F. Magnotti & Michael S. Beauchamp(2018) Published estimates of group differences in multisensory integration are inflated. *Plos One* 13:2581—2586.

Sekiyama Kaoru(1997) Cultural and linguistic factors in audiovisual speech processing: The McGurk effect in Chinese subjects. *Perception & Psychophysics* 59: 73—80.

Virginie van Wassenhove(2013) Speech through ears and eyes: Interfacing the senses with the supramodal brain. Available at https://doi.org/10.3389/fpsyg.2013.00388. (20 February, 2023).

# 类型学视角下东南亚学习者比字句习得研究*

王建红　祁　峰

华东师范大学

**摘　要**：本文通过"假设—验证"的方法对东南亚汉语学习者习得比字句的情况进行了考察。我们通过对汉语和东南亚主要的 SVO 型语言的对比分析，发现汉语和东南亚 SVO 型语言在比字句语序方面的异同，共同之处在于比较标记"比"都置于比较项之间，这一点符合类型学上"联系项居中"的原则；不同之处在于比较结果和"比＋比较基准"的位置恰好相反。在此基础上，本文预测了东南亚学习者在习得比字句上可能会出现的偏误，并通过汉语中介语语料库进一步考察验证了我们的假设。我们发现东南亚学习者在习得汉语比字句时会受到其母语类型的影响，较为典型的偏误主要出现在错序上，该类偏误出现的主要原因是受到类型学上"大块居外"动因的影响。

**关键词**：比字句；类型学；联系项居中；二语习得

## 一、引　言

语序类型学是语言类型学中非常重要的一个组成部分，而比较句尤其是差比句的语序类型又被学界认为是判断语言类型的一条重要标准。Greenberg(1963)对世界语言共性进行描述时，在第 22 条共性中指出："当差比句的唯一语序或语序之一是'基准—比较词—形容词'时，该语言为后置词语言；如果唯一语序是'形容词—比较标记—基准'时，大于偶然性的绝对优势可能是该语言为前置词语言。"Dryer(1992)通过对

---

\* 本文系教育部中外语言交流合作中心 2020 年度国际中文教育重点项目"'一带一路'沿线国家留学生中介语语料库建设与应用"阶段性成果。

625种语言进行考察,发现了OV型语言基本上都是"基准＋形容词"语序,VO型语言则一律用"形容词＋基准"的语序。(转引自刘丹青,2004)可见,一种语言中的差比句语序对我们判断该种语言的语言类型具有重要作用。

东南亚地区的语言结构具有一定的相似性,因此常常被看作一个语言区域,半个世纪以来引起了学界的广泛关注。东南亚语言区域是典型的SVO型语言区域,其差比句的语序类型大都为"形容词—基准",但是汉语虽同为VO型语言,可汉语的差比句却是"基准—形容词"(如:比我高)的语序。可见,汉语差比句的构造比较特殊,并不符合Dryer提出的这一共性特征。汉语和东南亚语言区域各语言虽同为SVO型语言,但在差比句的语序表现方面却不相同,那么差比句语序类型上的差异是否会影响东南亚学生习得汉语差比句呢?由于汉语的差比句类型较多,结构复杂,因此本文选取了差比句中最为典型的比字句作为研究对象。[①]

本文将东南亚地区作为一个语言区域,在类型学视角下考察母语为SVO型语言的东南亚学习者习得比字句的情况。通过对东南亚学生汉语中介语语料库和HSK动态作文语料库中出现的比字句偏误进行比较分析,发现他们在习得汉语比字句时的共性特征,并从语言共性的角度分析东南亚学生习得偏误的类型学意义,进而探讨东南亚学习者汉语比字句偏误中所反映的语言共性问题。

本次研究中所使用的语料来源于华东师范大学留学生汉语中介语语料库和HSK动态作文语料库。其中留学生汉语中介语语料库是生语料字数为50万左右的标注语料库,我们从该语料库中挑选出东南亚学习者的书面语语料,共有8万多字,语料中包含了泰国、越南、印度尼西亚这三个东南亚国家留学生的汉语作文,他们的汉语水平为HSK中级。HSK动态作文语料库是母语为非汉语的汉语学习者参加HSK高等作文考试的答卷语料库,我们从中挑选出泰国、越南和印度尼西亚这三个国家学生的作文语料共计1340篇,约有28万字。

---

① 为了讨论方便,我们将东南亚SVO型语言中含有类似汉语"比"的比较标记所构成的句子统一称为比字句。

## 二、汉语与东南亚语言比字句语序考察

汉语的差比句句式较为复杂,张斌(2010)提到:"比较句通常由参比主项(A)、参比客项(B)、比较词、比较观点(C)、比较结论(X)组成"。刘丹青(2012)也提到"性质属性的主体、表示属性的形容词、比较基准和比较标记"是差比句的主要构成要素。因此,我们总结了前人对于差比句的研究,考察了多部汉语二语教材中出现的差比句,结合《国际中文教育中文水平等级标准》中与差比句有关的语法项,发现比字句在一级语法点中就已出现,说明比字句在汉语差比句中属于最基础的语法点,因此使用频率较高,较容易习得。基于此,我们最终确定了汉语的比字句作为本文的研究对象。

汉语比字句的构成要素主要有四个部分,即:比较主体(A)、比较标记(比)、比较基准(B)和比较结果,其基本构成方式为:A+比+B+比较结果。我们根据发展汉语综合教材中出现的与比字句有关的语法点同时结合《国际中文教育中文水平等级标准》对于语法点的分级,最终确定了下列四种最常用的比字句格式,并按照语法等级大纲中出现的顺序对下列四种比字句格式进行了排序,这四种格式分别是:

句式1:A比B+形容词(+数量补语)

(1) 小李比小张高(一点儿)

句式2:A比B+更/还+形容词

(2) 今天比昨天更冷

句式3:A比B+动词+得+形容词

(3) 小王比小强跑得快

句式4:A比B+"早、晚、多、少"+动词+数量词

(4) 你比我多吃了一碗饭

这四种格式的比字句不仅对于汉语母语者来说比较常用,在留学生的汉语作文中也经常会用到。我们知道影响二语习得的因素有很多,比如母语和目的语的特点、学习者个人的情况、教师的水平、周围环境等等,但是当考虑到类型学特征在二语习得中的表现时,我们必然要考虑的问题是母语和目的语的特点在二语习得中的作用。东南亚语言区域的大多

数语言为典型的 SVO 型,已有的研究表明这些语言在表示比较关系时的语序一般为"形容词—基准",我们对应汉语中的比字句,挑选出东南亚语言中与汉语中"比"相对应的,由这类比较标记构成的表示比较的句子着重进行考察。在前人研究的基础上总结出东南亚 SVO 型语言(考察的语言主要有:泰语、越南语、印尼语)中带有比较标记句式的主要格式,我们发现和汉语比字句相对应的东南亚 SVO 型语言的类型都可以简单概括为"比较主体(A)+比较结果+比较标记+比较基准(B)",对应于上述汉语的四种比字句格式,东南亚 SVO 型语言中带有比较标记句式的具体格式为:

句式 1′: A+形容词+比较标记+B

(5) 泰语:K̄heā sūng kẁā c̄han①
　　　　　他　高　比　我

句式 2′: A+程度词+形容词+比较标记+B

(6) 印尼语:Kemarin lebih dingin dari hari ini
　　　　　昨天　比较　冷　比　今天

句式 3′: A+动词+形容词+比较标记+B

(7) 越南语:Anh ấy chạy nhanh hơn tôi
　　　　　他　跑快　　比我

句式 4′: A+动词+早、晚、多、少+比较标记+B+数量词

(8) 泰语:K̄heā kin K̄hâw mākkẁā c̄han xīk chām
　　　　他　吃　饭　多比　我　一碗

通过对汉语和东南亚语言的类型考察,我们发现汉语和东南亚 SVO 型语言的比字句在语序方面既有相同之处,也有不同之处,相同之处主要表现在以下几点:

1. 比较标记都在比较主体和比较基准之间,符合类型学上"联系项居中"原则。汉语的比较标记"比"、泰语的比较标记"kẁā"、越南语的比较标记"hơn"以及印尼语的比较标记"lebih……dari",它们都是放在比较主体和比较基准之间的。

2. 当"动词+形容词"做比较结果时,动词都在形容词之前。如:他比我跑得快。汉语中动词"跑"要在补语"得快"之前,越南语"跑得快"相应的表达是"chạy nhanh","chạy"为"跑","nhanh"为"快",泰语和印尼语也是如此。

对比分析假说认为,两种语言相同之处容易产生正迁移,不同之处容

---

① 本文所用例句均由母语者提供。

易产生负迁移,是学习的难点。我们通过对比发现汉语和东南亚SVO型语言在比字句上也有很多不同之处,这些不同之处很有可能对学生的习得造成困难,具体表现在以下几点:

　　1. 比较结果的位置不同:汉语的比较结果在比较基准之后,东南亚各SVO型语言的比较结果在比较主体和比较标记之间。

　　2. 动词与"早、晚、多、少"的位置不同:汉语的动词在"早、晚、多、少"之后,东南亚各SVO型语言的动词在"早、晚、多、少"之前。

　　3. 能够修饰形容词的副词不同:汉语比字句中能用来修饰形容词的仅限于"更"和"还",而东南亚各语言中修饰形容词的度量补语很多,不仅限于几个词,也可以是短语。

　　在对汉语和东南亚各SVO型语言的类型进行对比之后,我们发现汉语和东南亚各语言虽同为SVO型语言,但他们在比字句的构成方面还是有较大的不同,我们推测语言类型的不同会对东南亚学习者习得汉语比字句造成一定的困难。因此,我们基于以上分析的汉语和东南亚SVO语言在比字句上的相同和不同之处提出以下两点假设:

　　假设1. 习得顺序:由于句式1、句式2相比于句式3、句式4与东南亚SVO型语言更为接近,因此母语为SVO型语言的东南亚学习者在习得汉语比字句时,句式1和句式2相较于句式3和句式4更容易习得。

　　假设2. 偏误类型:由于汉语和东南亚SVO型语言的比较标记都在比较主体和比较基准之间,因此我们判断学习者在习得汉语比字句时,比较标记的位置应该不会出现偏误,学习者产出的比字句中比较标记应该都会位于比较主体和比较基准之间。由于汉语和东南亚SVO型语言在比较结果的位置上有所不同,因此我们预测母语为SVO型语言的学习者在习得汉语比字句时会出现错序偏误。通过前文的对比,我们还发现能够修饰形容词的副词不同,所以我们预测学习者们在程度副词的使用上可能会存在一些问题。

## 三、东南亚学习者比字句习得规律分析

### 3.1 句式产出情况分析

　　我们从华东师范大学留学生汉语中介语语料库和HSK动态作文语

料库中挑选出泰国、越南和印度尼西亚这三个东南亚国家的作文语料,并对其进行检索,一共在两个语料库中找到330个比字句,剔除不符合要求的句子后,剩下264个比字句,我们对这264个句子按照前文提到的四个句式进行分类,其产出情况如下表所示:

表1 比字句产出情况

| 产出的比字句 | 数量 | 使用频率 |
| --- | --- | --- |
| 句式1 | 106 | 40.15% |
| 句式2 | 97 | 36.74% |
| 句式3 | 55 | 20.83% |
| 句式4 | 6 | 2.27% |

从以上数据我们可以看出,学习者产出的句式1最多,有106个,约占40.15%;产出的句式4最少,只有6个,占整体的2.27%。四个句式的使用频率从高到低依次为:句式1＞句式2＞句式3＞句式4。从使用频率上,我们可以推断出句式1在这四个句子中最容易习得,因为句式1的构造最为简单,规则也较容易掌握。句式4产出的较少较难习得,主要是因为句式4的结构较为复杂。在比较结果这一项上,句式4需要由"'早、晚、多、少'＋动词＋数量补语"这几个部分一起构成,这大大增加了学习者的习得难度,因此较难习得。

### 3.2 句式习得情况分析

为了更好地验证这四类句式的习得情况,我们又对学习者产出句式的偏误情况进行了统计,统计结果如下表所示:

表2 四类句式偏误情况

| 句式 | 产出数量 | 偏误数量 | 偏误率 |
| --- | --- | --- | --- |
| 句式1 | 106 | 8 | 7.55% |
| 句式2 | 97 | 10 | 10.31% |
| 句式3 | 55 | 10 | 18.18% |
| 句式4 | 6 | 0 | 0 |

通过对四类句式的习得情况进行统计,我们发现学习者在习得比字

句时正确率较高,习得效果较好。从句式的偏误情况可以看出,句式1的偏误数量最少,有8个,句式2、句式3的偏误数量都有10个,这三种句式的偏误率都低于20%,这说明大多数中级水平的汉语学习者已经掌握了比字句的基本格式,句式4由于样本的原因,本身产出的句子数量较少,所以在此句式4的偏误率暂不做参考。根据上表我们可以看出,学习者在自然语料中产出的句式1最多,偏误率只有7.55%,在三类句式中最低,这在一定程度上说明了学习者们对句式1的掌握情况更好。句式3由于学习者本身产出的句子数量较少,偏误数量虽只有10个,但是整体偏误率较高,从句式3的产出数量和偏误数量来看,句式3相较于句式1和句式2更难习得。

### 3.3 偏误类型分析

我们对学习者产出的语料进行了统一分析,将四类句子放到一起,整体来看学习者们的偏误情况,具体偏误情况如下表所示:

表3 偏误类型情况

| 偏误类型 | 错序偏误 | 误加偏误 | 误用偏误 | 其他偏误 | 遗漏 |
| --- | --- | --- | --- | --- | --- |
| 数量 | 12 | 6 | 4 | 4 | 2 |
| 占比 | 42.86% | 21.43% | 14.29% | 14.29% | 7.14% |

通过对学习者产出比字句语料中的偏误进行分析,我们发现这些偏误的错误类型主要可以分为错序、误加、误用和遗漏这三类。其中又以错序偏误最多,占总数的42.86%。前文我们通过对比发现了比字句的语序特征,现在结合学习者的偏误类型对这些偏误进行一一分析。

比较句中各成分都有自己固定的顺序,所以各成分的排列要符合句法的规定,一旦顺序发生错位,就会严重影响句子的意思。我们发现错序偏误在东南亚学生中介语语料中出现的频率较高且共性较强。通过分析,我们发现学习者的错序偏误大致可以分为两类:一类是比较结果的错序问题;另一类是程度副词的位置问题。

前文通过比较发现汉语比字句的比较结果是放在比较标记和比较基准之前的,东南亚SVO型语言的比较结果是放在比较基准和比较标记之间的。因此,前文通过对两种语言进行对比之后,我们也预测了学习者可能会出现这一偏误。通过对东南亚学生比较句语料的考察,我们也发现了这一点,学习者在习得汉语比较句时的确会出现比较结果部分的错序,主要体现在下面几个句子中:

(9) *况且怕病得严重比之前。

(10) *在国外学习给我带来了很多东西,更勇敢比以前。

(11) *我们泰国没有特别的运动比中国。

(12) *我们需很长时间练习比日本人。

例(9)为前文分析的句式3,"病得严重"作为比较结果应该放在"比之前"之后。例(10)为前文分析的句式2,比较结果"更勇敢"应放在"比以前"之后。例(11)结合上下文,发现学生想要表达的是中国的太极拳是一项比较特别的运动,泰国的运动和中国比起来没有那么特别,正确语序是"泰国的运动不比中国的运动特别",比较结果"特别的运动"应置于"比中国"之后。例(12)应为"我们比日本人需要更长时间练习"。除此以外,我们还发现有的学习者在程度副词的使用上也存在语序问题,具体如下:

(13) *有的中国人还比我有礼貌。

(14) *因为我还比你们年青,力量多。

(15) *你还比我年轻,要多挑一天。

例(13)、例(14)、例(15)都是句式2,这些句子的偏误出现在程度副词"还"的语序上,汉语中"还""更"这些副词用来修饰形容词用作比较结果时应该放在形容词前,比较标记之后,所以例(13)的正确语序应为"有的中国人比我还有礼貌",例(14)的语序应为"我比你们还年轻",例(15)应为"你比我还年轻"。在正常语序下,程度副词"还"和"更"应该放在"比+比较基准"之后,用来修饰后面的比较结果。但是学习者在使用比字句时却倾向把程度副词"还"放在比较标记"比"字之前,所以导致了该类偏误的出现。

除了语序方面的偏误,我们考察的语料中还涉及了程度副词误加和误用偏误,这类偏误的共性较强,具体如下:

(16) *不吸烟者比吸烟者的寿命较长。

(17) *从这学期开始,学习比上学期较难。

(18) *竞争比往年比较激烈。

(19) *这次考试比上次很难。

(20) *这一套新房子比我们的老房很贵。

上述例句都为与程度副词有关的偏误,与程度副词有关的偏误相对集中且共性较强,例(16)、例(17)和例(18)等几个句子都是程度副词的误加偏误,误加程度副词"较"和"比较",例(19)和例(20)是程度副词的误用偏误,正确用法应将"很"改为"更"或者"还"。杨德峰(2009)指出,"比"字句中的"谓词性成分"为形容词短语时,多为"形容词+数量补语"或"形容词+(得)+程度补语(了)",除了"还/更+形容词"以外,一般不能是"副词+形容词"。如果是"副词+形容词"这种格式往往对副词也有严格的限制,在比较句中能够出现在比较结果的位置用来修饰形容词的副词仅限于"还、更、略、稍微"。我们从东南亚学生的语料来看,他们往往分不清哪些副词可以用在比较句谓语形容词之前,所以这类偏误的偏误率也较高。

偏误类型中还有一类是遗漏偏误,遗漏偏误相较于其他偏误少,只有两例,具体如下:

(21) *比如不吸烟者被损害的程度比吸烟者十倍。

(22) *我也觉得有那些运动员的收入比一般的商人收入。

这两例偏误都是出现在比较结果部分,例(21)是比较结果部分遗漏了形容词,比较结果应为"高十倍",例(22)遗漏了比较结果,可以改为"那些运动员的收入比一般的商人收入高",因为这类偏误本身较少,所以从中也无法看出共性,因此暂不做讨论。

## 四、东南亚学习者比字句习得情况的类型学解释

近年来,有关区域类型特征的研究逐渐受到学者们的关注,随着《世界语言结构地图集》的出现,越来越多的学者从各方面出发对语言的类型特征进行描写,国内较为显著的研究成果主要见于金立鑫、吴福祥、柳俊等。区域类型学研究的是在类型学上有价值的语言特征在区域上的分布,目前有关区域类型学的研究成果主要集中在欧洲语言类型的研究、东南亚语言区域的研究和汉语语言区域的研究。东南亚语言区域是一块比较特殊的地理区域,其内部语言结构具有惊人的一致性,得到了众多学者的关注。吴福祥(2017)提到"Comrie 和 Dahl 甚至强调大陆东南亚如果

不是最好的、至少也是最好之一的语言区域。"Comrie(2007:18—47)的研究利用《世界语言地图集》的相关数据进行比较和测算,选取了与东南亚语言相关的21项区域特征值,他利用这21项特征值对泰语、越南语、印尼语等若干东南亚语言进行分析,最后发现大陆东南亚地区是一个具有内部一致性的语言区域。Dahl(2008:208—220)也进一步验证了Comrie(2007)的研究,并指出泰语是最典型的大陆东南亚语言。因此本文也将东南亚地区视为一个语言区域,从类型学角度分析东南亚学习者习得汉语比字句时表现出来的特点。

通过对东南亚SVO型语言学习者比字句习得情况的研究,我们发现了许多有意思的现象。在对东南亚学习者语料进行考察之前,我们根据两种语言类型的对比,预测了学习者语料中可能出现的偏误,下面我们对应之前的假设和语料中发现的偏误情况逐一分析东南亚学习者汉语比字句的习得特点。

### 4.1 习得顺序分析

通过对东南亚SVO型语言和汉语比字句的对比分析,我们发现句式1和句式2仅在比较结果的位置上有所差异,其余部分汉语和东南亚SVO语言都相同,因此我们根据这个对比情况提出了假设1:句式1和句式2相较于句式3和句式4更容易习得。而后,我们在所调查的四类句式中发现句式1的使用频率最高,习得的正确率也最高,因此我们判断对于东南亚学习者来说句式1最容易习得。句式2在产出上略低于句式1,高于句式3,偏误率也是居于句式1和句式3之间,因此我们认为句式2较容易习得。句式3在产出和习得的正确率上略低于句式2,因此习得上略难于句式2。最后,在所有句式中,句式4的产出率最低,仅有4个,使用频率也最低,我们认为句式4在习得上存在一定的困难,属于最难习得类。因此我们得出了四类句式的习得顺序,具体如下:句式1>句式2>句式3>句式4,这也进一步验证了前文提出的假设1。

从类型学上讲,句式1出现的频率高、习得情况好,主要是因为汉语和东南亚各SVO型语言在句式1上最为接近,因此对学习者产生的干扰最少,所以习得正确率较高。句式2的偏误率略高于句式1,主要因为句式2中涉及程度副词的使用。一个是程度副词的误用偏误,在东南亚

SVO型语言中,能够在比较结果位置用来修饰形容词的副词有很多,而汉语比字句中用来修饰形容词的副词仅限于"还、更、略、稍微",由于学习者对这部分尚未完全掌握,所以造成了偏误。这一点也验证了我们前文提出的假设2。另外一个是程度副词的语序偏误,该类偏误主要发生在程度副词"还"的位置上,我们在习得特点部分进一步讨论。句式3的偏误率略高,主要因为这些句式中含有补语这一类型,补语的偏误分散在各类偏误类型中,学习者的偏误中既有补语的遗漏也有补语的误用等。补语是汉语中较为特殊的一类,汉语的补语类别很多,用法广泛,但是规则限制也很多,已有研究也表明初中级学习者在习得汉语补语时存在较大难度,因此补语教学往往是汉语教学中的难点。所以我们认为,学习者很有可能是因为补语的习得困难才出现了比字句中句式3的习得困难。

### 4.2 习得特点分析

通过前文对语料进行分析,我们发现东南亚学习者在习得比较句时的一些特点,学习者产出的比字句的共同特点是将比较标记"比"置于比较项之间。我们通过前文的对比发现,东南亚SVO型语言和汉语比字句的相同之处在于比较标记的位置都在比较项之间,比字句上的这一共性特点符合类型学上的"联系项居中"原则。"Dik(1997)根据跨语言调查提出了'联系项居中'原则,他认为联系项是被用来连接两个有句法关系的成分,联系项的优先位置应该是在两个单位之间。"(刘丹青,2022:241—253)而比较标记"比"作为介词,是句法中的联系项之一,基于类型学上的"联系项居中"原则,"比"较为理想的位置也是在两个比较对象之间。因此,在调查中我们发现,无论是东南亚SVO型语言还是汉语,都符合类型学上的这一原则。并且,我们发现这一原则的约束力也很强,以至于东南亚学习者在习得汉语比较句时,产出的语料无一例外都将比较标记"比"置于两个比较项之间,这一点也与我们之前提出的假设2习得特点中的一条相符。

在调查的语料中,我们着重对学习者存在的偏误进行了统计,这些偏误具有很大的共性,也反映出了学习者的习得特点。东南亚学习者在习得汉语比字句时出现的偏误主要有三类,分别是错序偏误、误加偏误和误用偏误,下面我们对这三类偏误进行一一分析。

我们在调查中发现，东南亚学习者习得汉语比字句时出现的错序偏误最多，主要有两种类型，一种是比较结果的错序问题，另一类是程度副词的错序问题。

首先，关于比较结果的错序问题。我们已通过对两种语言类型的对比，发现汉语和东南亚SVO型语言的比字句之间语序上面的差异，因此我们提出了假设2，认为母语为东南亚SVO型语言的学习者倾向于将"比＋比较基准"置于句末，将比较结果置于比较标记之前。随后我们在对语料进行考察之后也验证了假设2，笔者认为出现这种偏误的原因主要是有两点：一是受母语类型的影响；另一个原因主要是受到类型学上"大块居外"动因的影响。

东南亚SVO型语言的比字句中"比＋比较基准"这部分的位置比较固定，四类句式中的"比＋比较基准"都是置于句尾的，通过进一步考察，我们发现东南亚各SVO型语言中"比＋比较基准"置于句尾的句法特征具有强制性，像泰语中的差比句，无论是哪种句式都会强制性地将"比＋比较基准"置于句尾，除此以外，印尼语也有这样的倾向。因此我们判断学习者在习得汉语比字句时受到了母语类型的影响，由于母语和汉语"比＋比较基准"位置的不同，使得他们在习得时产生了负迁移，造出了不符合汉语语法的句子。

另外，我们认为汉语比字句中比较结果部分是符合类型学上的"大块居外"动因。陆丙甫(1993)提出"大块居外"动因，这是一种将信息处理体现在语序上的心理操作策略。"大块"也叫作"重成分"，指成分排列中物理长度较长的单位。陆丙甫提出的"大块前置"是趁记忆负担尚轻时把大块处理掉。"大块后置"则是在没有后顾之忧的情况下处理大块。根据前文总结的四类比字句的句式我们可以发现，汉语比字句中比较结果的构成成分相对比较复杂，无论是句式1中的"形容词＋数量短语"、句式2中的"更/还＋形容词"、句式3中的"动词＋程度补语"还是句式4的"'早、晚、多、少'＋动词＋数量补语＋（宾）"，他们往往都涉及不止一个语言点，而且是多个句法成分的组合，这部分相对于其他部分的长度更长，符合"大块"的特点，所以汉语比字句中比较结果部分的位置是符合类型学上"大块后置"原则的。反观东南亚SVO型语言的比字句，可以看到，其比较结果无一例外都放在了联系项之前，形成了"前重后轻"的结构模式，符合"大块前置"。这种结构跟汉语的"大块后置"是相反的,因此很多东南亚学习者在处理这种复杂的比较结果部分时,依旧倾向于遵循原来的使用规则,将复杂部分前置,便出现了偏误。

其次,关于程度副词的错序问题。该类偏误在所考察到的语料中出现了4例,主要是程度副词"还"的错序问题。通过进一步考察我们发现该类偏误主要发生在越南学生的语料中,越南语中用来修饰形容词的程度副词位置不固定,程度副词的位置可前可后,比字句中的"还、更"这类修饰形容词的程度副词在越南语中既可以放在形容词前形成"A+还/更+形容词+比+B"这种形式,也可以放在比较标记前形成"A+还/更+比+形容词+B"。因此我们认为是越南语中程度副词"还"的位置不固定给越南学习者习得汉语比字句造成的困难,因为这类错误属于个性问题,所以我在此不做过多讨论。

除了错序这一类偏误以外,东南亚学习者在习得汉语比字句时还涉及误用和误加方面的错误,这两类错误也主要集中在程度副词的使用上。我们在前文中通过对东南亚SVO型语言和汉语的对比发现两者在程度副词的使用上有较大的不同,汉语中能用在比字句中的程度副词是非常有限的,这些副词仅限于"还、更、略、稍微",而东南亚SVO型语言则没有如此严格的限制,基于此我们在假设2中提出学习者在习得比字句时可能会出现程度副词的使用偏误,我们通过进一步调查,也验证了学习者的该类错误。学习者出现的误加偏误主要表现在误加程度副词"较"和"比较",误用偏误主要体现在误用"更"和"还"以外的程度副词,如"很"。其实误加和误用偏误的出现主要受到学习者母语的影响,正如前文提到的,东南亚SVO型语言对能够出现在比字句中的副词并没有严格的限制,学习者在使用时受到母语影响,误用或者误加了一些程度副词,所以造成了偏误。

## 五、小　结

本文通过"假设—验证"的方法对东南亚学习者习得汉语比字句的情况进行了考察。首先我们通过对两种语言的对比发现了汉语和东南亚主要SVO型语言的相同之处为比较标记都在比较主体和比较基准之间,不同之处主要有比较结果的位置不同,能够用在比字句中修饰形容词的副词也不同,基于此,我们从习得顺序和习得特点两方面预测了东南亚学习者在习得汉语比字句时可能会出现的情况。同时通过对东南亚学习者语料库和 HSK 动态作文语料库的进一步考察,我们发现了东南亚学习者在比字句习得上的一些特点,并进一步验证了之前提出的假设。

从习得顺序上看,东南亚学习者在习得汉语比字句时的习得顺序为:句式 1＞句式 2＞句式 3＞句式 4。从习得特点上看,学习者较容易出现错序偏误、误用和误加偏误,错序偏误主要出现在比较结果的位置上,该类错误的出现主要受到母语类型和"大块居外"动因的影响。通过进一步分析我们发现,汉语和东南亚各 SVO 型语言的比字句都符合"联系项居中"原则,即作为联系项的"比"都置于比较项之间,类型上的相同之处不会引发学习者产生偏误,所以我们考察到的语料中未能发现该类偏误。另外,汉语比字句是符合"大块后置"原则的,汉语中将长度较长、构造较为复杂的比较结果部分置于句末,但东南亚各 SVO 型语言的比较结果倾向于前置,符合"大块前置"的特点,这点两种语言类型恰好相反,相异之处就易产生习得困难,所以后面我们考察到的语料中便出现了比较结果部分的偏误问题。误用和误加偏误主要出现在程度副词的使用上,这类错误出现的原因主要是汉语比字句中用来修饰形容词的副词仅限于"还、更、略、稍微",学习者受到母语的影响会扩大副词的适用范围。

总之,我们通过对东南亚学习者习得汉语比字句的情况进行分析,发现学习者在习得时会受到母语的影响,这种影响具体表现在错序偏误上,主要与类型学上"大块居外"动因有关。

**参考文献**

[1] 陈晨.泰国学生汉语差比句习得的特点及偏误分析[J].云南师范大学学报(对外汉语教学与研究版).2011(04).

[2] 陈晨,李秋杨.泰国学生汉语趋向补语习得情况考察[J].现代语文(语言研究版).2007(01).

[3] 邓世俊.越南语与汉语比较句的对比研究[D].江苏:南京师范大学,2008.

[4] 高亚辉.类型学视角下"比"字句语序习得及其中介语特征考察

[D].暨南大学,2018.

[5] 国家语委语言文字规范标准审定委员会.国际中文教育中文水平等级标准[S].北京语言大学出版社,2021.

[6] 金立鑫.什么是语言类型学[M].上海:上海外语教育出版社,2011.

[7] 金立鑫.语言类型学——当代语言学中的一门显学[J].外国语,2006(06).

[8] 李美琴.泰国学生汉语比较句习得偏误分析[J].海外华文教育,2017(04).

[9] 刘丹青.汉语差比句和话题结构的同构性:显赫范畴的扩张力一例[J].语言研究,2012(04).

[10] 陆丙甫.语序优势的认知解释(上):论可别度对语序的普遍影响[J].当代语言学,2005(01).

[11] 陆丙甫.语序优势的认知解释(下):论可别度对语序的普遍影响[J].当代语言学,2005(02).

[12] 陆丙甫.论"整体—部分、多量—少量"优势顺序的普遍性[J].外国语(上海外国语大学学报),2010(04).

[13] 王艳.从类型学看东南亚学生汉语结果补语习得——基于HSK动态作文语料库[J].海外华文教育,2017(02).

[14] 吴福祥.从区域语言学到区域类型学[J].民族语文,2017(06).

[15] 武氏河.越南语与汉语的句法语序比较[J].云南师范大学学报(对外汉语教学与研究版),2005(06).

[16] 赵金铭.从类型学视野看汉语差比句偏误[J].世界汉语教学,2006(04).

[17] Comrie, Bernard. 2007. Areal typology of mainland Southeast Asia: what we learn from the WALS maps. In Pranee Kullavanijaya (ed.), *Trends in Thai Linguistics* (=Manusya, Special Issue 13), 18—47. Bangkok:

[18] Dahl, Östen. 2008. An exercise in a posteriori language sampling. *Sprachtypologie und Universalienforschung* 61(3):208—220.

# 韩国 CSL 学习者同素同义
# 单双音节动词混淆分布特征

吴鈃琰

鲁东大学


**摘　要**：基于国别化(韩国)中介语语料库,本文提取了韩国汉语学习者同素同义单双音节动词(一等32组)464条彼此混淆的误例,多维分析了同素同义单双音节动词之间混淆的分布特征。调查发现：本体角度与二语习得角度的差异具有相关性；一等三个等级在混淆频次、误用方向、词际关系、混淆等级角度存在差异；单双音节动词在词语搭配、句法功能、音节韵律和语体色彩等方面存在差异。

**关键词**：韩国汉语学习者；同素同义单双音节动词；混淆词

## 一、引　言

在国别化(韩国)中介语语料库中,存在以下词语误用情况：
(1) *在那里有很多饿死的孩子,去帮【帮忙】这样的孩子的话,才算得上体会到孩子们很痛苦的日子。(一级词汇)
(2) *我们公司困难的时候他帮助【帮】我们了。(一级词汇)
(3) *从那天起,我决定改变【改】我的坏习惯。(二级词汇)
(4) *我们越来越依靠手机,而且手机把我们的生活也改变【变】了。(二级词汇)
(5) *他们好像操练者的话都明白似的,表演【演】了很精彩的节目。(三级词汇)
(6) *他演【表演】的电影中,我最喜欢的是《霸王别姬》。(三级词汇)

"帮—帮忙""帮—帮助""变—改变"等成对的动词含有相同语素,且均有一个相同义项,本文称之为同素同义单双音节动词(以下简称t-V单双)。汉语作为第二语言(以下简称 CSL)的韩国学习者时常混淆它们,当用单音节动词时却误用双音节动词,当用双音节动词时却误用单音节动词。

以往学界对 t-V单双 的研究多集中在汉语本体研究,冯胜利(2000)则从韵律与句法之间的关系出发,分析了 2+1 式和 1+2 式不好的原因。程娟、许晓华(2004)考察了 t-V单双 的异同,提出了针对性的辨析方法。刘智伟(2005)对比分析了 t-V单双 的词义、句法功能、语体色彩和音节搭配,归纳其异同,并探索造成差异的原因。季瑾(2005)讨论了 t-V单双 部分不可替换的类型及其原因。骆健飞(2017)考察了此类词所带宾语类型的差异。这些研究多从三个平面理论及韵律语体等方面比较 t-V单双 的差异。

然而,学界从汉语作为第二语言角度进行的研究相对较少。金桂桃(2012a)是从国际中文教育角度对 t-V单双 进行研究。金文主要针对《HSK等级词汇大纲》中此类动词带补语时的差异进行了分析,并对影响差异的原因进行探讨。金文仅分析了 t-V单双 句法功能方面的特征,搜集数量较多但并未实现词汇的分级。张成淑(2018)开始从汉语作为第二语言角度对 t-V单双 进行研究。张文基于 BCC 汉语语料库对"迎""接""迎接"进行对比分析,从句中位置、词语搭配、语域分布进行辨析。张文分析角度较多,但并未涉及语体和韵律,且仅根据一组 t-V单双 分析,结果难免局限。同时,其所用语料也并未分国别进行讨论。

针对以往研究的不足,本文将基于国别化(韩国)中介语语料库的汉语中介语语料,采用新版词汇等级大纲《国际中文教育中文水平等级标准》,对比分析韩国汉语学习者使用一等词汇的 t-V单双 混淆分布特征,并尝试解决以下问题:①t-V单双 在本体角度和二语习得角度的差异是否相关?②韩国汉语学习者习得一等 t-V单双 时在哪些方面混淆?存在什么差异和规律?③韩国汉语学习者习得单音节动词(以下简称 V单)和双音节动词(以下简称 V双)时在哪些方面混淆?存在什么差异和规律?

## 二、同素同义单双音节动词的确定

本文首先从《国际中文教育中文水平等级标准》中参照《现代汉语词

典》(第 7 版)按词汇等级,筛选出可能的 t-V$_{单双}$,共得到 200 组词语。由于本文从二语习得角度进行研究,因而将筛选的 t-V$_{单双}$放入国别化(韩国)中介语语料库中进行搜索,发现二等和三等词汇出现频率极少,一等词汇出现较多,故本文将研究对象确定为一等词汇,其中一级词汇 14 组,二级词汇 12 组,三级词汇 22 组,共得到 48 组 t-V$_{单双}$。然后,从语料库中提取出包含这些词语的所有语料,进行人工筛选并判定混淆的语料。在统计数据时,删除与混淆无关的词语所在的语料,只保留同义混淆的语料。如"生"有"出生""长出""活着"等数个义项;而在语料库中,由于词对"生—生活"的混淆只在"生活"义项上发生,因此在统计"生"的总使用词次时,不包括"出生""长出"等词语的数量。之后,采用张博(2013)提出的兼顾混淆绝对频次(成对词语误用的总次数)和相对频度(词语误用次数与使用次数的比值)的综合方法,对各组词语的程度进行排序。[1]最终选择了 32 组 t-V$_{单双}$(一级 14 组、二级 9 组、三级 9 组)作为本文的研究对象。这 32 组 t-V$_{单双}$的混淆数据如表 1、表 2、表 3 所示:

表 1　一级 t-V$_{单双}$混淆的绝对频次和相对频度

| t-V$_{单双}$ | 绝对频次 前词 | 绝对频次 后词 | 绝对频次 总 | 相对频度(%) 前词 | 相对频度(%) 后词 | 相对频度(%) 总 |
|---|---|---|---|---|---|---|
| 爱-爱好 | 1 | 0 | 1 | 0.45% | 0.00% | 0.45% |
| 帮-帮忙 | 2 | 3 | 5 | 0.62% | 6.82% | 7.44% |
| 帮-帮助 | 5 | 10 | 15 | 1.56% | 2.41% | 3.97% |
| 记-记住 | 1 | 1 | 2 | 1.28% | 14.29% | 15.57% |
| 考-考试 | 5 | 13 | 18 | 1.42% | 10.92% | 12.34% |
| 买-购买 | 1 | 0 | 1 | 0.02% | 0.00% | 0.02% |
| 睡-睡觉 | 12 | 3 | 15 | 3.23% | 5.36% | 8.58% |
| 说-说话 | 37 | 36 | 73 | 0.62% | 8.59% | 9.21% |
| 忘-忘记 | 1 | 22 | 23 | 0.19% | 56.41% | 56.60% |
| 学-学习 | 6 | 20 | 26 | 0.27% | 1.56% | 1.83% |
| 走-走路 | 1 | 5 | 6 | 0.08% | 11.90% | 11.99% |
| 见-看见 | 2 | 1 | 3 | 0.14% | 0.21% | 0.35% |
| 见-见面 | 66 | 32 | 98 | 4.69% | 17.78% | 22.47% |
| 看-看见 | 3 | 55 | 58 | 0.06% | 22.73% | 22.79% |

**表 2　二级 t-V单双 混淆的绝对频次和相对频度**

| t-V单双 | 绝对频次 前词 | 绝对频次 后词 | 绝对频次 总 | 相对频度(%) 前词 | 相对频度(%) 后词 | 相对频度(%) 总 |
|---|---|---|---|---|---|---|
| 变-改变 | 1 | 11 | 12 | 0.20% | 4.87% | 5.07% |
| 变-变成 | 6 | 4 | 10 | 1.19% | 7.84% | 9.04% |
| 变-变化 | 13 | 7 | 20 | 2.58% | 12.96% | 15.55% |
| 改-改变 | 1 | 4 | 5 | 0.60% | 30.77% | 31.37% |
| 讲-讲话 | 5 | 0 | 5 | 2.43% | 0.00% | 2.43% |
| 离-离开 | 0 | 2 | 2 | 0.00% | 28.57% | 28.57% |
| 练-练习 | 0 | 1 | 1 | 0.00% | 11.11% | 11.11% |
| 取-取得 | 0 | 1 | 1 | 0.00% | 25.00% | 25.00% |
| 生(动)-生活 | 0 | 3 | 3 | 0.00% | 1.56% | 1.56% |

**表 3　三级 t-V单双 混淆的绝对频次和相对频度**

| t-V单双 | 绝对频次 前词 | 绝对频次 后词 | 绝对频次 总 | 相对频度(%) 前词 | 相对频度(%) 后词 | 相对频度(%) 总 |
|---|---|---|---|---|---|---|
| 保-保存 | 0 | 1 | 1 | 0.00% | 0.30% | 0.30% |
| 吵-吵架 | 2 | 2 | 4 | 2.22% | 16.67% | 18.89% |
| 管-管理 | 1 | 1 | 2 | 0.49% | 16.67% | 17.15% |
| 建-建立 | 0 | 1 | 1 | 0.00% | 100.00% | 100.00% |
| 跳-跳舞 | 1 | 1 | 2 | 0.72% | 5.26% | 5.99% |
| 信-信任 | 0 | 3 | 3 | 0.00% | 20.00% | 20.00% |
| 演-表演 | 1 | 3 | 4 | 0.52% | 2.11% | 2.64% |
| 游-游泳 | 0 | 1 | 1 | 0.00% | 6.67% | 6.67% |
| 受-接受 | 1 | 4 | 5 | 0.13% | 2.60% | 2.72% |

t-V单双属于易混淆词的一类,在上述数据分析基础上,进一步对语料进行数据分析,有助于同素同义单双音节易混淆词研究。

## 三、同素同义单双音节动词本体研究

### 3.1　同素同义单双音节动词的形式与意义对应关系

#### 3.1.1　形式对应关系

由表1、表2和表3可以看出,t-V单双在形式对应上并不完全相同。

本文采用"一对一、一对多、二对一"进行分类。

（1）一对一

"一对一"的形式对应关系，即一个 $V_单$ 只对应一个含有相同语素、意义相同或相近的 $V_双$，一个 $V_双$ 也只对应一个含有同一语素、意义相同或相近的 $V_单$，如：走——走路，讲——讲话，吵——吵架等。符合这种形式对应关系的词组在语料中有 22 组，占语料总数的 68.75%。

（2）一对多

"一对多"的对应形式是指：一个 $V_单$ 同时对应两个或两个以上含有同一语素、意义相近的 $V_双$，$V_单$ 可以和 $V_双$ 的第一个构成语素相同，也可以和双音节词的第二个构成语素相同，如：变——改变、变成、变化，帮——帮助、帮忙，见——见面、看见等。符合这类形式对应关系的词组在语料中有 6 组，占语料总数的 18.75%。

（3）二对一

"二对一"的形式对应关系是指两个近义的 $V_单$ 对应一个由这两个词并列而成的、近义的 $V_双$。例如：改——改变——变。符合这类形式对应关系的词组在语料中有 4 组，占语料总数的 12.5%。

"一对一"在本文所选语料中所占比例最大，"一对多"其次，"二对一"占比最少。

3.1.2　意义对应关系

汉语 $V_单$ 多为多义词，所以 t-$V_双$ 在所有义项上相同的可能性较小，只可能在一个义项或部分义项上相同，它们的意义对应关系多种多样。虽然 $V_单$ 和 $V_双$ 在《现代汉语词典》中的义项不是完全相同，但含有一个相同义项，我们称其同义关系。同义关系是指单音节词和双音节词在释义中含有一个相同的义项。大致分为以下三类：

一是都是单义词，且义项相同。例如：

睡——睡觉

【睡】（动）睡觉：～着了。

【睡觉】（动）进入睡眠状态：该～了。

$V_双$"睡觉"被用作 $V_单$"睡"的释义成分，解释说明其词义，两个词语含有相同的义项，其词义可构成同义关系。

二是 $V_单$ 是多义词，$V_双$ 是单义词，两个词在 $V_双$ 义项上构成同义词。

例如：

考——考试

【考】（动）❶提出问题让对方回答：～问。❷考试：他～上大学了。❸调查；检查：～察。❹推求；研究：思～。

【考试】（动）通过书面或口头提问等方式，考查知识或技能。

"考"是多义词，"考试"是单义词，且二者的释义包含相同的义项"考试"。在 $V_双$ 表示的义项上构成同义词，但 $V_单$ 的义项范围更大，二者构成近义关系。

三是都是多义词，两个词在其中某个义项上相同。例如：

说——说话

【说】（动）❶用话来表达意思：我不会唱歌，只～了个笑话。❷解释：一～就明白。❸责备；批评：挨～了。❹指说合；介绍：～婆家。❺意思上指：他这番话是～谁呢？

【说话】（动）❶用语言表达意思：不要～。❷闲谈：找他～儿去。❸指责非议：要把事情做好，否则人家要～了。❹唐宋时代的一种民间技艺，以讲述故事为主，跟现在的说书相同。

"说"和"说话"都是多义词，有一个同义义项，构成了同义关系。

### 3.2　同素同义单双音节动词的意义比较

词义方面，本文主要从理性意义、感情色彩、语体色彩等方面对 $t-V_{单双}$ 进行词义的比较。

#### 3.2.1　理性意义的比较

理性意义又包括性状特征的比较和适用对象的比较。

（1）性状特征的比较

一是 $V_单$ 和 $V_双$ 表示的性状特征相同。在词典中，可以互相解释。例如：

睡——睡觉

【睡】（动）睡觉：～着了。

【睡觉】（动）进入睡眠状态：该～了。

二是 $V_单$ 和 $V_双$ 表示的性状特征相同，但是 $V_双$ 词义更加明确。例如：

见——看见

【见】(动)❶看到;看见:罕～。❷接触;遇到:冰～热就化。❸看得出;显现出:～效。❹指明出处或需要参看的地方:～上。❺会见;会面:接～。

【看见】看到;看得见。

三是 $V_单$ 和 $V_双$ 的性状特征丰富。$V_双$ 比 $V_单$ 多一个语素,有的异语素加深了 $V_双$ 的词汇意义,但是在加深的同时,也缩小了 $V_双$ 的使用范围,它的表意就没有 $V_单$ 的丰富。本文在查阅字典时可以发现,有的 $V_单$ 有很多个义项,但是相对应的 $V_双$ 仅仅有一个或者几个,例如:

保——保存

【保】(动)❶保护;保卫:～家卫国。❷保持:～温。❸保证;担保(做到):～质～量。❹担保(不犯罪、不逃走等):～释。

【保存】事物、性质、意义、作风等继续存在,不受损失或不发生变化:～古迹。

(2) 适用对象的比较

① 具体和抽象的比较

动词在适用对象上存在具体事物与抽象事物方面的差异。例如:"取——取得"。

"取得"一般只能是抽象事物,事物现象多表示积极意义。如"取得成功,取得经验",而"取"则常与具体事物搭配,事物现象可以是积极意义,也可以是消极意义,如"自取灭亡,录取"。

② 范围大小的比较

$V_单$ 一般具有很多义项,表意宽泛,所以在语用上很灵活,其使用范围也相对较大。$V_双$ 表义相对精确,但其使用也会因此而受到限制,使用范围相对也就小很多。它们的搭配范围有别,通常情况下 $V_单$ 适用范围较大,$V_双$ 适用范围较小。例如:"游——游泳"。

"游"表示"人或动物在水里行动",也可表示"各处从容地行走;闲逛"。而"游泳"仅表示"人或动物在水里游动"。

3.2.2 语体色彩的比较

(1) $V_单$ 口语色彩浓于 $V_双$

$V_单$ 常常用在口语中,这是因为在口语表达中,由于显而易见的情景和语言经济原则的作用,人们用简单的词汇就能使双方的信息达到准确无误的交流。例如:买——购买(买票/购买车票)。

(2) V单 的书面色彩强于 V双

这种情况较少。如:"保—保存","保"在表示"保持"的时候,常用作"保值""保鲜"等,更具书面语体风格。

3.2.3 音节韵律的比较

一般情况下,V单 一般和单音节词语搭配使用,也可以和双音节搭配使用,它的搭配比较自由。如"买票""买东西""帮人""帮朋友"等等。V双 相对来讲受限较多。它和名词搭配时,一般要求后面的名词是双音节词,如"管理公司""建立政权"等。如果后面的名词是单音节名词,一般是人称代词,如"忘记她"。

### 3.3 同素同义单双音节动词句法功能比较

t-V单双 作为动词中特殊一类,仍具有动词的特点和功能。由于动词在句法功能中可带宾语、补语,本文以此展开讨论。

3.3.1 能否带宾语的差异

汉语中有一类特殊的动词,如"睡觉、帮忙、考试",它们被称为离合词,一般情况下它们不能带宾语,而与它们相对应的同义单音节词"睡、帮、考"等则可以带宾语。例如:

(7) ＊明天要考【考试】HSK。

有些双音节动词虽不是离合词,但也不可带宾语,而它对应的同义单音节词则可带宾语。这样的词有变——变化等。例如:

(8) ＊现在变【变化】成了两个国家。

上面的 V单 都可带宾语,而和它相对应的 V双 却不能带宾语。究其原因,这些 V单 都是一价动词,与其对应的双音节动词同样也是一价动词。若单音节动词是二价或三价动词,其对应的同义双音节动词也能带宾语。这样的词有"爱——爱好、看——看见"。例如:我爱妈妈。他爱好唱歌。

3.3.2 能否带补语的差异

本文发现大多数 t-V单双 都可带补语,而且所带补语的种类繁多,除可能补语,程度补语,结果补语外,还可以带状态补语,趋向补语和数量补语。而它们相对应的同义双音节动词在带补语方面又有很大的限制,它们大多能带可能补语,数量补语,却很少带结果补语,如"忘——忘记,帮——帮助"。例如：

（9）＊我这次可算是帮【帮助】对人了。（结果补语）
（10）＊我以前帮【帮助】过他两次。（数量补语）

## 四、同素同义单双音节动词混淆分布特征

### 4.1 频次角度的分布特征

基于国别化（韩国）中介语语料库的统计分析，本文对 t-V$_{单双}$ 的混淆分布特征进行多角度的考察与分析。首先本文考察了 464 条误例中一等三个级别的平均和合计混淆频次频度。如表 4 所示。

表 4　三个级别 t-V$_{单双}$ 频次和频度平均值及合计

| t-V$_{单双}$ | 绝对频次 前词 | 绝对频次 后词 | 绝对频次 总 | 相对频度（%） 前词 | 相对频度（%） 后词 | 相对频度（%） 总 |
|---|---|---|---|---|---|---|
| 一级平均 | 10.2 | 14.4 | 24.6 | 1.05% | 11.35% | 12.40% |
| 一级合计 | 143 | 201 | 344 | 14.64% | 158.97% | 173.60% |
| 二级平均 | 2.9 | 3.7 | 6.6 | 0.78% | 13.63% | 14.41% |
| 二级合计 | 26 | 33 | 59 | 7.01% | 122.69% | 129.69% |
| 三级平均 | 3.6 | 2.5 | 6.1 | 0.60% | 17.24% | 17.83% |
| 三级合计 | 36 | 25 | 61 | 5.96% | 172.36% | 178.32% |

其次，分析了 V$_{单}$ 和 V$_{双}$ 在三个级别中的混淆总频次变化以及平均频度变化情况，如图 1 所示。

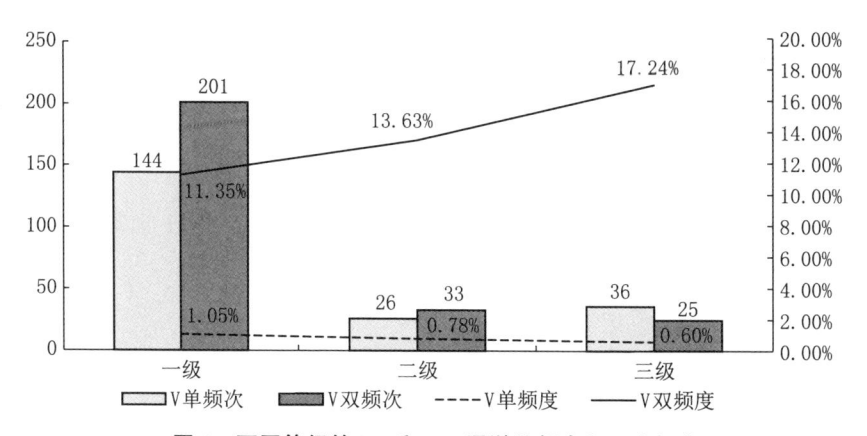

图 1　不同等级的 V$_{单}$ 和 V$_{双}$ 混淆总频次和平均频度

根据表4和图1的统计,本文发现:(1)各等级t-V$_{单双}$混淆频次不平衡。一级和二级都是V$_{双}$比V$_{单}$混淆频次更高,到了三级则相反,且二级与三级的误用频次远低于一级词汇。如一级词汇"见-见面"的"见"为最高频次66次,而二级最高为"变-变化"中的"变"仅13次。可见V$_{单}$更容易出现混淆,且二级和三级词汇混淆频次比一级的一半还少。(2)V$_{单}$和V$_{双}$混淆频度相差悬殊。V$_{单}$出现混淆的频度较低,普遍在2%以下,且三个等级相差不大,最高为一级1.05%,最低的是三级0.60%;V$_{双}$出现混淆的频度较高,且三个等级相较大,平均混淆频度最高的是三级17.24%,最低为三级11.35%。

因此,从频次角度来看,V$_{双}$的混淆频次更多;从频度角度来看,V$_{单}$整体上呈现从高到低的趋势,而V$_{双}$呈现从低到高的趋势。

### 4.2 混淆等级角度的分布特征

不同等级t-V$_{单双}$存在着很大的差异,说明不同等级之间的t-V$_{单双}$混淆程度不同,而另一方面,V单和V双的误用方向和混淆的对应关系也有所差异,本文在分析V$_{单}$和V$_{双}$的误用方向和混淆的对应关系的基础上考察了这些t-V$_{单双}$的混淆等级。

#### 4.2.1 t-V$_{单双}$的误用方向与词际关系

张博指出易混淆词的主要特点是从易混淆词误用的方向看,既有单向误用,又有双向误用。从易混淆词的词际关系看,有一对一、一对多和多对多混淆等类型。[2]关于误用方向,程娟进一步指出"单向误用"指误用词和当用词之间具有替代和被替代的关系,"双向误用"是指误用词和当用词可以相互替代。[3]如"爱"和"爱好"只有"爱好"出现了误用,当用"爱"而误用了"爱好",而"帮"和"帮助"两个词都会互相混淆,例如:

(11) *她很爱【爱好】收拾。(爱→爱好)

(12) *在中国生活的过程中中国人帮【帮助】了我们很多,我很感谢!(帮→帮助)

(13) *我想帮助【帮】穷人。(帮助→帮)

在考察的33组t-V$_{单双}$中,有11组为"单向误用",分别为一级2组,二级5组,三级4组,占33.33%;有22组为"双向误用",分别为一级12组,二级4组,三级6组,占66.67%。

关于"词际关系",一对一混淆是指一个目标词只和一个词语相混,如图 2;一对多混淆:指一个目标词和多个词语相混,如图 3。

学 ⟷ 学习

变 → 改变
变 → 变成
变 → 变化

图 2　　　　　图 3

在不同等级 t-V$_{单双}$混淆中,一对一混淆有 24 组,其中一级有 9 组,二级有 5 组,三级有 10 组;一对多混淆有 5 组,分别为一级"帮-帮忙、帮助""见-看见、见面""看、见-看见",二级"变-改变、变成、变化""改、变-改变"。可以发现一对一混淆相对较多。

4.2.2　t-V$_{单双}$的混淆等级分布特征

t-V$_{单双}$之间的混淆等级和彼此混淆程度不完全相同,具有明显的层级性,本文将误用频次超过 30 的认定为超高混淆词对;20—29 的为高度混淆词对;10—19 的为中度混淆词对;5—9 次的为低度混淆词对;0—4 次的为超低混淆词对。具体分布特征如表 5。

表 5　韩国汉语学习者 t-V$_{单双}$的混淆等级分布

| 混淆等级 | 混淆频次 | 词汇等级 一级 | 二级 | 三级 | 词际关系 一对一 | 一对多 | 合计 |
|---|---|---|---|---|---|---|---|
| 超高 | >30 | 3 | 0 | 1 | 2 | 2 | 4 |
| 高度 | 20—29 | 2 | 1 | 0 | 2 | 1 | 3 |
| 中度 | 10—19 | 3 | 2 | 0 | 2 | 3 | 5 |
| 低度 | 5—9 | 2 | 2 | 1 | 4 | 1 | 5 |
| 超低 | 0—4 | 4 | 4 | 8 | 15 | 1 | 16 |
| 合计 |  | 14 | 9 | 10 | 25 | 8 | 33 |

由上表可知,每一级的 t-V$_{单双}$混淆程度差别很大:(1)超高和高度混淆词集中在一级词汇,中度以下混淆词集中在三级词汇,一级和二级的中度混淆程度一样;(2)从词际关系来看,一对一混淆数量虽多,但集中在超低混淆,占 60%,一对多混淆关系虽少,但超高和高度混淆占了 50%。因此,可以看出,一级词汇的混淆程度最高,适合重点分析。在词际关系中,

一对多的混淆度更高,值得深入研究。

### 4.3 语法角度的分布特征

一般来说,辨析同义词主要从意义、功能、色彩三个角度进行,辅以替换法、义素分析法等辨析方法。因此,本文从语法角度出发,分析 t-V$_{单双}$ 的词语搭配、句法功能以及语体色彩、音节韵律等分布特征,分析结果如表6。

表6 韩国汉语学习者 t-V$_{单双}$ 的词语搭配、句法功能以及语体色彩、音节韵律偏误数

| | 词语搭配 | 句法功能 | | 语体色彩 | 音节韵律 |
| --- | --- | --- | --- | --- | --- |
| | | 带宾语 | 带补语 | | |
| 一级 | 49 | 112 | 34 | 42 | 31 |
| 二级 | 0 | 21 | 19 | 3 | 5 |
| 三级 | 8 | 8 | 4 | 20 | 10 |
| V$_单$ | 9 | 77 | 44 | 22 | 18 |
| V$_双$ | 48 | 64 | 13 | 43 | 28 |
| 合计 | 57 | 141 | 57 | 65 | 46 |

根据以上数据统计分析,本文发现结果如下:

#### 4.3.1 词汇搭配方面

韩国汉语学习者混淆数量共57条,占总条数的12.93%。一级词汇出现的混淆数量最多,其中 V$_双$ 占了主要部分,占14.47%。如:

(14) *回家时路上有买【购买】东西的。(一级)

"买"与"购买"的意义基本相同,都是"用钱换取某物"。但是"购买"的后头搭配的对象一般数量较大或者是较为重要的。而"买"没有这方面的限制,使用的范围较为宽泛。根据以上句子的句义,我们知道"我"买的东西不一定是大批量,因此,该句动词用"买"比"购买"更合适,应将"购买"改为"买"。

#### 4.3.2 句法功能方面

韩国汉语学习者混淆数量共226条,占总数的57.36%。t-V$_{单双}$带宾语出现混淆数最多,为35.79%;其次是带补语,为14.47%;最后是带状语,为7.11%。其中,一级词汇混淆数量最多,其次是三级。V$_双$ 的混淆数量占比更多,占45.58%。

(1) t-V$_{单双}$带宾语混淆

t-V$_{单双}$有的动词是及物动词,可带宾语;有的动词是不及物动词,不能带宾语。能带宾语 t-V$_{单双}$所带的宾语,根据所带宾语的体谓性,又分为体词性宾语和谓词性宾语,其中有的动词既能带体词性宾语又能带谓词性宾语,有的动词只能带二者之一。总之,t-V$_{单双}$在是否带宾语以及所带宾语差异方面的现象十分复杂,是留学生习得这类动词的重点和难点,也是韩国留学生习得单双音同义动词时出现偏误最多的地方。所带宾语混淆偏误如下:

(15) *我去北京旅游,顺便见【见面】我的朋友。(一级)

"见"是及物动词,后可接宾语,如:我昨天见了王老师。"见面"是不及物的动宾式离合词,故其后不能接宾语。如不能说"我昨天见面了王老师"。因此,应将"见面"改为"见"。

(2) t-V$_{单双}$带补语混淆

对于 t-V$_{单双}$而言,一般情况下,多数 V$_{单}$可以带多种类型的补语,多数 V$_{双}$只能带较少类型的补语,并且 V$_{单}$与 V$_{双}$所带补语的类型并不一致。程娟、许晓华(2004)曾对 t-V$_{单双}$带补语的情况进行了探讨,经过统计分析,她们认为大部分单音节动词都可以带补语,不仅可以带结果、程度、可能补语,还可以带趋向、数量、状态补语,甚至还可以带介词宾语等,其所带的补语类型多种多样;而双音动词对其所带补语的类型有较大的制约,多数可以带可能补语、数量补语等,一般情况下较少带结果补语。t-V$_{单双}$与其所带补语的这种错综复杂关系,使得韩国汉语学习者在选择和使用这类动词时常常出现偏误。所带补语混淆偏误如下:

(16) *我昨天开夜车,所以很累,不知不觉睡着【睡觉】了。(一级)

"睡觉"表示一种状态,因此通常不加补语,而"睡"表示动作,因此在"睡"之后会加可能补语,如"睡得着""睡不着"等等。故此处选用"睡"比"睡觉"更合适。

(3) t-V$_{单双}$带状语混淆

本文发现一些 t-V$_{单双}$所带的状语有一些差异,而这些差异影响了韩国汉语学习者对该类词的习得。所带状语混淆偏误如下:

(17) *最近我的记性很差,所以常常忘记【忘】把东西塞在什么地方。(一级)

"忘"前面很少加时间状语,而"忘记"对此的限制就很少,然而韩国汉语学习者只知道二者意义相近,但是并未注意用法上的细微差别。因而,在这句话中使用"忘记"更为合适。

### 4.3.3 语体色彩方面

汉语中的一些动词由于经常用于某种语境,因而其带有了一定的语体色彩。有的动词多用于庄严、正式的场合,具有较浓厚的书面语色彩;有的动词多用于较随意的、轻松的日常场合,具有较浓厚的口语色彩。就汉语的单双音同义动词来说,一般情况下,单音节动词口语色彩较浓,多用于口语;而双音节动词书面语色彩较浓,多用于书面语。

此外,冯胜利、施春宏(2018)指出语体是实现人们在直接交际中具有元始属性的、用语言来表达或确定彼此之间关系和距离的一种语言机制。这种表达关系和距离的语言机制,呈现出"法"的原则和规律。

韩国汉语学习者混淆数量共 65 条,占总条数的 16.50%。一级词汇出现的混淆数量最多,其中 $V_双$ 占了主要部分,占 66.15%。如:

(18) *我们公司困难的时候他帮助【帮】我们了。(一级)

(19) *在那里有很多饿死的孩子,去帮【帮忙】这样的孩子的话,才算得上体会到孩子们很痛苦的日子。(一级)

"帮"多用于口语,具有较浓的口语色彩,多为人与人之间的一些日常普通事务;而"帮助"口语和书面语都可以用,多用在人与人之间、单位与单位之间、国家与国家之间。从上述的句子所表达的意义来看,选用"帮助"比"帮"更贴合句子的书面语语体色彩。

### 4.3.4 音节韵律方面

冯胜利(1997)指出:"就句子的基本结构而言,双音动词一般不能支配一个单音成分"。此外,冯胜利(2010)指出交际功能虽可促生,但所生形式必依法而成。显然,这里的"法"即韵律语法。韵律本身是一种语法手段,是一种形态(morphology)、一种参数(parameter)。

因此,本文认为就单双音同义动词而言,单音节动词可以与单音节词搭配,也可以与双音节或多音节词搭配。韩国汉语学习者混淆数量共 46 条,占总条数的 11.68%。一级词汇出现的混淆数量最多,其中 $V_双$ 占了主要部分,占 60.87%。如:

(20) *我知道了这样的妇女是帮助【帮】学生的人。(一级)

"帮"和"帮助"的意义基本相同,都是"给予他人支援"。但是"帮"的后头搭配的名词性宾语不能是双音节的,只能是单音节的,如不能说"帮一个老人",但可以说"帮助一个老人"。而"帮助"没有这方面的限制,对音节的选择较为自由。因此,该句动词用"帮助"比"帮"更合适,应将"帮"改为"帮助"。

综上所述,韩国汉语学习者 t-V$_{单双}$ 语法角度的混淆分布较为明显,按混淆频次从多到少依次为句法功能(带宾语、带补语)、语体色彩、词语搭配和音节韵律。在 t-V$_{单双}$ 教学中教师应重点加强 t-V$_{单双}$ 句法功能方面的教学,同时加强意义内容方面特别是词的词语搭配等方面的教学。此外,在教学实践中还要特别注意和纠正留学生在语体色彩和音节韵律方面的偏误,尽量使 t-V$_{单双}$ 使用更符合中国人的习惯。

## 五、结　语

中介语系统中 t-V$_{单双}$ 词语搭配、句法功能以及语体色彩、音节韵律是非常重要的一个类聚,不仅使用频率高,而且产生规律也极具规律性,特别是一级 t-V$_{单双}$ 的易混淆现象尤其值得关注。本文基于国别化(韩国)中介语语料库,研究结果如下:t-V$_{单双}$ 在本体角度和二语习得角度的差异在意义和句法功能方面相关;韩国汉语学习者习得一等 t-V$_{单双}$ 时在频次、误用方向、词际关系和混淆等级等角度存在差异;韩国汉语学习者习得 V$_{单}$ 和 V$_{双}$ 时在词汇搭配、句法功能、语体色彩和音节韵律等方面存在差异。这一研究是进一步分析研究 t-V$_{单双}$ 混淆成因的基础,有助于我们具有针对性地辨析 t-V$_{单双}$,为国际中文教育提供参考。

**参考文献**

[1] 张博.针对性:易混淆词辨析词典的研编要则[J].世界汉语教学,2013,27(02).

[2] 张博.第二语言学习者汉语中介语易混淆词及其研究方法[J].语言教学与研究,2008,(6).

[3] 程娟.学习者汉语易混淆词与汉语同义词比较研究[J].北京语言大学,2010.

［4］冯胜利.论语体的机制及其语法属性[J].中国语文,2010(05).

［5］刘春梅.留学生单双音同义名词偏误统计分析[J].语言教学与研究,2007(03).

［6］刘智伟,陈绂.含同一语素的同义单双音节动词研究[J].语言文字应用,2005(04).

# 中高级韩国汉语学习者写作中的中韩同形词使用研究

许希阳　朴趾源

上海交通大学

**摘　要**：汉字词是韩文词汇的重要组成部分，其中有些词语的形式与中文相同或相近，被称为中韩同形词。我们从 HSK 动态作文语料库选取 90 篇作文，研究 HSK1—6 级中韩同形词的使用数量以及偏误情况。研究发现，学生使用较多数量的中韩同形词，占所有双音节词的 34.43%，其中同形同义词占 80% 以上，远远超过同形部分异义词和同形完全异义词。作文中 HSK3 级和 4 级中韩同形词最多，分别占总同形词的 31.27%、25.24%，而 6 级和 1 级同形词最少，分别占 6.98% 和 4.12%。研究还发现，学生中韩同形词的偏误率为 5.82%，其中同形完全异义词的偏误率高达 8.11%，而 HSK5 级和 6 级词的偏误率都超过了 10%，最重要的偏误原因是词义、搭配和词性。组间比较发现，高分组与低分组在 HSK6 级中韩同形词的使用数量以及多项偏误率方面均存在显著性差异。

**关键词**：中韩同形词；HSK1—6 级词；使用数量；偏误

# 一、引　言

早在公元前韩国就开始吸收中国汉字作为韩国的主要文字，随着韩国文字的演变，1876 年韩文的书写形式不再使用汉字[①]，但"汉字词"仍然在韩语中占据支配地位。吴枝炫(2011:11—12)提到韩语中的汉字词以中国汉字为基础，凡是能表达一个概念的汉字或汉字组合，称为"汉字词"。

---

[①] https://terms.naver.com/entry.nhn?docId=696746&cid=60533&categoryId=60533

汉字词中有部分词语和中文词语存在同形的情况,被称为中韩同形词。另一方面,中韩同形词与中文词语虽然形式相同或相近,但意义、用法不尽相同。汉语学习者中,韩国学生占了非常大的比例,因此,非常有必要了解韩国学生对中韩同形词的实际使用情况。本文考察韩国学习者在写作中的中韩同形词使用数量以及偏误情况,并对中韩同形词的教学提出教学重点及相应建议,希望对学习中文的韩国学习者有所帮助。

## 二、研究综述

中韩两国学者对中韩同形词展开了研究。韩国学者对中韩同形词的研究集中在分析中韩同形词的分类以及中韩同形词的教学策略。

이용교(2014)参考《现代韩国语使用频率调查》《现代汉语词典》,选出使用频率最高的100个双音节汉字词,把词分同形同义词、同形部分异义词、同形完全异义词和异形同义词这四类,针对词义做比较研究。장은영(2016)从880个基本词汇中选出双音节中韩同形完全异义词39个,按照意义扩大、意义缩小、意义变迁、词源不同这四个方面分析词义,并提出对比分析和先行组织者两个方法来实行中韩同形词的教学。김경숙(2014)以HSK1—6级词汇大纲为范围,选出两个字以上的中韩同形异义词,将这些词分成同形完全异义词和同形部分异义词两类,分析词义及用法的差异。황준(2016)以《韩语能力考试》中的汉字词为范围,将它们分为同形同义词、同形部分异义词、同形完全异义词、部分异形同义词、完全异形同义词。根据分析结果,作者提出了《韩语能力考试》中汉字词的教学建议。

中国学者除了研究中韩同形词本身的特征(郑良淑,2000;李美香2015),另一些研究着眼于韩国学生对中韩同形词的掌握情况,研究的方法大多基于目标词,采用测试的方式来考察实际的掌握情况。

一些论文以《汉语水平词汇与汉字等级大纲》(2001)[①]为依据,选择目标词。吴枝炫(2011)对照大纲和《韩中汉字词比较词典》后,选出最容易产生偏误的50个双音节"中韩同形异义词",对50名中级水平学习者

---

① 国家汉语水平考试委员会办公室考试中心(2001)《汉语水平词汇与汉字等级大纲》,北京:经济科学出版社。

进行了测试,发现同形完全异义词的偏误率为31.2%,同形部分异义词的偏误率为32.05%。石岳(2013)选取甲级词中30个双音节中韩同形词,对85名学习者进行测试,结果表明总偏误率是41.3%。金荷璘(2018)对照大纲和《韩中汉字词比较词典》,从中选出40个中韩"同形完全异义词",对中高级学习者各62名进行测试。结果显示中级水平学习者的正确率是53.5%,高级水平学习者的正确率是76.7%。

一些论文以《国际汉语教学通用课程大纲》(2013)[①]为依据,选择目标词。慎莲真(2013)选择大纲中20个中韩同形词,对40名中高级学习者进行测试。研究发现,同形同义词的偏误率为45.5%,同形部分异义词的偏误率为18.75%,同形完全异义词的偏误率为33%。童梦瑶(2018)对照《现代韩国语使用频率调查》和HSK四级词汇,整理出使用频率较高的中韩同形词,考察这些词在"HSK动态作文语料库"韩国学生作文中的使用情况。最后选择偏误率最高的28个词语,对60名中高级学习者进行测试。结果发现,同形同义词错误率为66.11%,同形部分异义词错误率为62.67%,同形完全异义词错误率为21.7%。

综上所述,韩国学者研究的是不同类别中韩同形词的对比研究,没有考察学习者对同形词的实际使用情况。中国学者通过测试来了解韩国学生对中韩同形词的使用情况。由于选取的目标词不同,得出的结果很难互相印证,结果的推广性不强。另外,目标词都是学生容易用错的词语,因此是从偏误的角度来考察学生的掌握情况,并不能反映习得的全貌。我们认为有必要从学生真实的语言产出来考察学生对中韩同形词的使用及掌握情况。本文将中韩同形词定义为《国际汉语教学通用课程大纲》中HSK1—6级中韩双音节同形词,学生的真实产出来自北京语言大学HSK动态作文语料库。

## 三、中韩同形词的定义及分类

### 3.1 中韩同形词的定义

원정(2007)、조춘명(2009)、오지현(2011)、叶文李(2016)的论文中

---

[①] 孔子学院总部/国家汉办(2013)《国际汉语教学通用课程大纲(修订版)》,北京:北京语言大学出版社。

都讨论了中韩同形词的定义。中韩同形词是指中韩两国的词语词形、词序相同,发音也比较接近。

韩文的书写形式已不是汉字,那么如何判定中韩两国的词语词形相同? 毛丹(2006:6—9)、童梦瑶(2018:2—3)指出"同形"并非一个非常严格的概念,如今韩国的通行文字是表音文字,只有在一些郑重场合才会出现繁体汉字。因此,中韩同形词指发音与中文词语相同或相近的韩语汉字词。

对韩国学生而言,对汉字的书写并不陌生。据报道[①],韩国教育部规定大部分小学开设汉字课,或者组织课后的汉字学习活动。初中和高中可由学校自行决定是否开设汉字课,如果开设,要求课程时长不少于一年。可见,韩国学生能把中韩同形词的语音形式与相应的汉字相结合。

### 3.2 中韩同形词的分类

综合中韩学者的观点,分类如下:

表1　中韩同形词三大类

| 类别 | 分类 | 例子 ||
|---|---|---|---|
| | | 同形词 | 词义 |
| 第一类 | 同形同义词 | 学生 | 汉语:在学校读书的人 |
| | | | 韩语:在学校读书的人 |
| 第二类 | 同形部分异义词 | 帮助 | 汉语:给予精神上、物质上的支援或替人出主意、出力 |
| | | | 韩语:(法律)刑法上,为别人的犯罪行动提供便利的所有行为。给主犯提供建议、给予鼓励、提供犯罪工具、犯罪场所或资金等。 |
| 第三类 | 同形完全异义词 | 东西 | 汉语:事物 |
| | | | 韩语:方位 |

---

① http://www.jejumaeil.net/news/articleView.html?idxno=201742

## 四、研究设计

### 4.1 研究问题

1. 学生作文中使用的中韩同形词的数量是怎样的？低分、中分、高分组学生之间是否有显著性差异？

2. 学生所使用的中韩同形词偏误率是怎样的？低分、中分、高分组学生之间是否有显著性差异？

3. 中韩同形词的偏误原因有哪些？低分、中分、高分组学生之间偏误原因的排序是否相同？

### 4.2 研究材料

研究材料有两类：中韩同形词词表和韩国学生汉语作文。

本文的"中韩同形词词表"是指 HSK1—6 级词汇大纲中的双音节中韩同形词所组成的词表，并不是直接可以检索到的材料。为了得到这个词表，需要借助的材料有《国际汉语教学通用课程大纲》和《NAVER 中韩词典》[1]。

韩国学生汉语作文来自北京语言大学 HSK 动态作文语料库，我们从作文库中选取了 90 篇作文，题目为《吸烟对个人健康和公众利益的影响》。所有这个题目的作文，写作成绩的分布是从 40 分到 95 分，每 5 分为一档。我们从 40 分到 55 分的作文中抽取 30 篇，作为低分组；从 60 分到 75 分的作文中抽取 30 篇，作为中分组；从 80 分到 95 分的作文中抽取 30 篇，作为高分组。虽然按成绩把作文分成低分、中分、高分，不过参加老 HSK 作文考试的学生整体语言水平是中高级。

## 五、结果与分析

如表 2 所示，HSK1 到 6 级词汇大纲中一共有 4 027 个双音节词。对照《NAVER 中韩词典》，双音节词中 2 111 个词语属于中韩同形词，

---

[1] NAVER 中韩词典网址：zh.dict.naver.com

占总数的 52.42%。这说明大纲中超过半数的双音节词为韩国学生熟悉。

表 2　HSK1—6 级词汇大纲中的双音节中韩同形词

| 双音节词 | 4 027 |
|---|---|
| 双音节中韩同形词 | 2 111 |
| 中韩同形词占比 | 52.42% |

我们统计了 2 111 个中韩同形词在 HSK1—6 级的分布。如表 3 所示,四级词占比最高,59.17%,其次是五级词,57.41%。三级和六级词在 50% 左右。一级词和二级词相对少,分别为 35%、38.88%。

表 3　中韩同形词在 HSK1—6 级词汇大纲中的分布

|  | 一级词 | 二级词 | 三级词 | 四级词 | 五级词 | 六级词 |
|---|---|---|---|---|---|---|
| 中韩同形词占双音节词的百分比 | 35% | 38.88% | 49.50% | 59.17% | 57.41% | 49.74% |

从表 4 可以看出,HSK1—6 级词汇大纲中同形同义词所占比率最高,92%。其次是同形部分异义词,6% 左右,再次是同形完全异义词,仅 2% 左右。

表 4　中韩同形词各类别占同形词的百分比

| 类　　别 | 数　　量 |
|---|---|
| 同形同义词 | 92.08% |
| 同形部分异义词 | 5.96% |
| 同形完全异义词 | 1.94% |

### 5.1　中韩同形词的使用率

#### 5.1.1　总体使用率

表 5 显示,所有学生中韩同形词的使用率为 34.43%。可见,韩国学生写作时使用了不少中韩同形词。

表 5　中韩同形词使用率的平均数和标准差

|  | 均　值 | 标准差 |
| --- | --- | --- |
| 低分组 | .331 3 | .062 3 |
| 中分组 | .351 8 | .049 6 |
| 高分组 | .350 1 | .075 4 |
| 所有学生 | .344 3 | .063 3 |

中分组的中韩同形词的占比最多,35.18%,其次是高分组,35.01%,低分组最少,33.13%。单因素组间方差分析显示,小组之间中韩同形词的使用率不存在显著性差异(F(2,87)=.974,p=0.382)。

5.1.2　不同类别同形词的使用率

表 6　各类同形词使用率的平均数与标准差

|  | 同形同义词 | 同形部分异义词 | 同形完全异义词 |
| --- | --- | --- | --- |
| 低分组 | .781 8<br>(.089 4) | .161 6<br>(.085 7) | .056 6<br>(.065 3) |
| 中分组 | .796 2<br>(.101 5) | .160 5<br>(.069 2) | .043 3<br>(.050 9) |
| 高分组 | .827 4<br>(.089 3) | .129 0<br>(.070 7) | .043 6<br>(.042 4) |
| 所有学生 | .801 8<br>(.094 5) | .150 3<br>(.076 3) | .047 8<br>(.053 5) |

注:括号内为标准差

对所有学生来说,同形同义词占比最高,80.18%,其次是同形部分异义词,15.03%,同形完全异义词最低,4.78%。各小组的使用率也是同形同义词>同形部分异义词>同形完全异义词。

单因素组间方差分析显示,低分、中分和高分组之间同形同义词的使用数量(F(2,87)=1.865,p=0.161)、同形部分异义词的使用数量(F(2,87)=1.805,p=0.171)、同形完全异义词的使用数量(F(2,87)=0.598,p=0.552)差异均不显著。

5.1.3　HSK1—6级中韩同形词的使用率

表 7 显示,所有学生作文中使用最多的是 3 级中韩同形词,占

31.27%。四级词和五级词的使用率也较高,分别为 25.24% 和 19.60%。比率最低的是一级词,仅占 4.12%。低分组、中分组和高分组都是 3 级词>4 级词>5 级词>2 级词>6 级词>1 级词。

表 7　HSK1—6 级中韩同形词使用率的平均数和标准差

|  | 1 级词 | 2 级词 | 3 级词 | 4 级词 | 5 级词 | 6 级词 |
| --- | --- | --- | --- | --- | --- | --- |
| 低分组 | .044 4 (.048 9) | .136 3 (.085 8) | .350 8 (.101 4) | .249 0 (.098 6) | .180 4 (.085 8) | .051 5 (.047 6) |
| 中分组 | .041 3 (.042 8) | .155 0 (.084 3) | .305 3 (.099 9) | .243 7 (.078 4) | .183 6 (.090 9) | .071 1 (.048 9) |
| 高分组 | .038 0 (.044 5) | .104 7 (.062 0) | .282 1 (.090 5) | .264 4 (.081 2) | .224 0 (.087 1) | .086 9 (.057 7) |
| 所有学生 | .041 2 (.045 0) | .132 0 (.080 0) | .312 7 (.100 5) | .252 4 (.086 0) | .196 0 (.089 2) | .069 8 (.053 1) |

注:括号内为标准差

单因素组间方差分析显示,低分组、中分组和高分组之间 HSK1 级中韩同形词($F(2, 87)=0.152, p=0.860$)、HSK4 级中韩同形词($F(2, 87)=0.463, p=0.631$)、HSK5 级中韩同形词的使用数量($F(2, 87)=2.291, p=0.107$)均不存在显著性差异。而 HSK2 级中韩同形词($F(2, 87)=3.170, p<0.05$)、HSK3 级中韩同形词($F(2, 87)=3.870, p<0.05$)、HSK6 级中韩同形词的使用数量($F(2, 87)=3.540, p<0.05$)存在显著性差异。

事后多重比较发现:中分组的 HSK2 级中韩同形词明显多于高分组($p<0.05$),低分组的 HSK3 级中韩同形词明显多于高分组($p<0.05$),高分组的 HSK6 级中韩同形词明显多于低分组($p<0.05$)。

### 5.2　中韩同形词的偏误率

#### 5.2.1　总体偏误率

偏误率=使用错误的双音节同形词数量/所有双音节同形词数量。

表 8 所示,所有学生中韩同形词的偏误率是 5.82%。低分组的偏误率最高,8.85%,中分组 5.94%,高分组 2.67%。可见,随着语言水平的提高,学生同形词偏误率降低。单因素组间方差分析显示,组间总体偏误率

差异显著(F(2, 87)=8.266, p<0.05)。事后多重比较发现:高分组偏误率明显低于低分组(p<0.05)。

表8 中韩同形词总体偏误率的平均数和标准差

|  | 均 值 | 标准差 |
| --- | --- | --- |
| 低分组 | .088 5 | .080 9 |
| 中分组 | .059 4 | .054 2 |
| 高分组 | .026 7 | .030 3 |
| 所有学生 | .058 2 | .063 6 |

5.2.2 不同类别同形词的偏误率

表9 不同类别同形偏误率的平均数和标准差

|  | 同形同义词偏误率 | 同形部分异义词偏误率 | 同形完全异义词偏误率 |
| --- | --- | --- | --- |
| 低分组 | .087 0<br>(.083 4) | .084 4<br>(.143 8) | .111 1<br>(.245 9) |
| 中分组 | .063 5<br>(.062 6) | .033 4<br>(.063 3) | .047 0<br>(.129 6) |
| 高分组 | .024 4<br>(.031 2) | .011 7<br>(.037 3) | .091 7<br>(.207 5) |
| 所有学生 | .058 3<br>(.067 3) | .043 0<br>(.096 8) | .081 1<br>(.195 0) |

表9所示,所有学生、低分组和高分组情况相同,偏误率从高到低是:同形完全异义词>同形同义词>同形部分异义词。

所有学生中韩同形同义词的偏误率是5.83%。低分组的偏误率最高,8.70%,中分组6.35%,高分组2.44%。可见,随着语言水平的提高,学生同形同义词的偏误率降低。单因素组间方差分析显示,小组之间中韩同形同义词的偏误率差异显著(F(2, 87)=8.266, p<0.05)。事后多重比较发现:高分组偏误率明显低于低分组和中分组(p<0.05)。

所有学生中韩同形部分异义词的偏误率是4.30%。低分组的偏误率最高,8.44%,中分组3.34%,高分组的偏误率最低1.17%。可见,随着语言水平的提高,学生同形部分异义词的偏误率降低。单因素组间方差分析显示,小组之间中韩同形部分异义词的偏误率差异显著(F(2,85)=8.266,p<0.05)。事后多重比较发现:高分组偏误率明显低于低分组(p<0.05)。

所有学生中韩同形完全异义词的偏误率是8.11%。低分组的偏误率最高,11.11%,高分组9.17%,中分组4.70%。单因素组间方差分析显示,各组之间偏误率不存在显著性差异(F(2,57)=.571,p=0.568)。需要指出的是,不少作文未使用中韩同形完全异义词。

### 5.2.3 HSK1—6级同形词的偏误率

表10 HSK1—6级中韩同形词的偏误率平均数及标准差

|  | 1级词 | 2级词 | 3级词 | 4级词 | 5级词 | 6级词 |
| --- | --- | --- | --- | --- | --- | --- |
| 低分组 | .0787 (.2399) | .0516 (.1971) | .0605 (.0736) | .1058 (.1658) | .1519 (.2312) | .0758 (.1974) |
| 中分组 | .0217 (.1043) | .0111 (.0609) | .0236 (.0468) | .0675 (.0784) | .1561 (.2286) | .1393 (.2882) |
| 高分组 | .0375 (.1223) | .0000 (.0000) | .0085 (.0325) | .0235 (.0707) | .0466 (.0785) | .0918 (.2245) |
| 所有学生 | .0437 (.1600) | .0204 (.1180) | .0309 (.0575) | .0651 (.1165) | .1178 (.1972) | .1042 (.2408) |

注:括号内为标准差

所有学生偏误率最高的是HSK五级和六级中韩同形词,偏误率为11.78%和10.42%,偏误率最低的是二级中韩同形词,2.04%。

单因素方差分析结果显示,HSK1级中韩同形词(F(2,58)=0.655,P=0.523)、HSK2级中韩同形词(F(2,84)=1.522,P=0.224)、HSK5级中韩同形词(F(2,86)=3.092,P=0.051)、HSK6级中韩同形词(F(2,72)=0.468,P=0.628)组间偏误率差异不显著。

HSK3级中韩同形词(F(2,87)=7.445,P<0.05)、HSK4级中韩同形词(F(2,86)=3.938,P<0.05)组间偏误率差异显著。事后多重比较发现,3级和4级词都是低分组和高分组之间差异显著(P<0.05)。

## 5.3 中韩同形词的偏误原因

90篇作文中出现偏误的同形词共计170个,其中低分、中分、高分组

分别是 81、60 和 29 个。범기혜(2002)、장은영(2016)、陈小芳(2017)和童梦瑶(2018)分析了中韩同形词产生偏误的原因:词义、词性、感情色彩、语体色彩、搭配习惯。我们为 170 个词语标注偏误原因时,发现一个新的偏误原因是混合了词性和搭配,归为原因杂糅。

表 11　中韩同形词偏误原因归类

| 分组 | 词义 | 搭配 | 词性 | 感情色彩 | 原因杂糅 | 其他 |
| --- | --- | --- | --- | --- | --- | --- |
| 低分组 | 38.27% | 30.86% | 17.28% | 3.70% | 7.41% | 1.23% |
| 中分组 | 45% | 30% | 13.33% | 3.33% | 5% | 3.33% |
| 高分组 | 55.14% | 34.48% | 3.45% | 0% | 6.90% | 0% |
| 所有学生 | 43.53% | 31.18% | 13.53% | 2.94% | 6.47% | 1.76% |

对所有学生而言,偏误原因排在首位的是词义,43.53%,其次是搭配,31.18%,再次是词性 13.53%,排在最后三位的是原因杂糅 6.47%、感情色彩 2.94%和其他 1.76%。高分组略有不同,原因杂糅排在第三位,词性排在第四位,没有出现感情色彩、其他这两类偏误原因。

有 5 个词语是三组都发生偏误的,3 个是同形完全异义词,1 个是同形部分异义词,1 个是同形同义词。"深刻""人家"的偏误率高达 80%,这两个词语是 HSK5 级和 6 级词。

表 12　各组重合的偏误词语

| 词语 | HSK 词汇等级 | 同形词类别 | 偏误率 | 偏误原因 |
| --- | --- | --- | --- | --- |
| 人家 | 6 | 同形完全异义词 | 80% | 其他 |
| 深刻 | 5 | 同形完全异义词 | 83.33% | 词义 |
| 利益 | 5 | 同形部分异义词 | 14.29% | 词义 |
| 影响 | 3 | 同形同义词 | 6.75% | 搭配 |
| 东西 | 1 | 同形完全异义词 | 22.73% | 词义 |

为了了解以上 5 个同形词在韩语中的使用情况,我们用《NAVER 韩国语词典》①和《NAVER 中韩词典》找出韩文例子。这 5 个词的偏误原

---

① NAVER 韩国语词典:m.krdic.naver.com

因分为三类:词义、搭配、其他原因。

第一类偏误原因是词义不同,韩国学生在使用同形词时,受到了母语语义的干扰。使用错误对应的词语是"利益""深刻""东西"。

● 利益
(1) 实行这种法律后会带来很多利益。
(2) 吸烟对我们的身体和健康会带来很大的不利益。

汉语中的"利益"表示对人或物有正面影响的事物,但实际使用时具有比较抽象的语义,比如"民族利益""国家利益"。在韩语中"利益"和汉语中的"利益"有相同的词义,但在大多数情况下"利益"的意思就等于"益处",而且"利益"前面常常加上"不",意味着"损害"或"负面影响",比如:

(1) 책을 많이 읽으면 얻는 이익(利益)이 많다.
  (多读书利益很多。)
(2) 인류에게 전쟁보다 더 큰 불이익(不利益)을 주는 것은 없다.
  (没有比战争给人类带来的不利益更大的。)

● 深刻
(1) 许多环境污染中空气污染是非常深刻的社会问题。
(2) 其中最引人注目的是吸烟对个人健康影响很深刻。

汉语中的"深刻"指感受程度很深,一般和"印象""认识"搭配。韩语中"深刻"对应于汉语中的"严重","沉重","影响很深刻"指受到的影响很严重,比如:

(1) 슈퍼박테리아 국내 감염 심각(深刻).
  (超级病毒在国内的感染情况深刻。)
(2) 병이 그렇게 심각(深刻)한 줄은 정말 몰랐다.
  (真不知道病会有那么深刻。)

● 东西:由此可见,吸烟对我们个人的身体健康、对家人、对我们整个社会一点的好处都没有,简直"百害无益"的东西。

汉语中的"东西"指"各种具体或抽象的事物",并不指"行为"。韩语中"～的东西"代指事物、现象、行为等,比如:

전쟁을 일으키는 것은 용서할 수 없는 "것"(东西)이다.
(发动战争是不能原谅的东西。)

第二类偏误原因是搭配,韩国学生在使用同形词时,受到了母语搭配习惯的干扰,对应的词语是"影响"。

● 影响:自古以来,吸烟的人越来越多,到现在吸烟给人们很大影响。

汉语中"影响"作为名词,常常前面加上动词,比如"有～的影响""带来～的影响""产生～的影响"。韩语中"影响"作为名词,前面一般用"给",比如:

(1) 그의 시는 많은 후배 시인들에게 큰 영향(影响)을 주었다.

（他的诗对许多后来的诗人给了很大的影响。）

(2) 흡연은 건강에 나쁜 영향을 준다.

（吸烟对健康给不好的影响。）

第三类偏误原因是其他原因,指不是因为母语(韩语)造成的偏误,而是因为对目的语汉语掌握不充分而产生的偏误。对应的词语是"人家"。

● 人家:戒烟不是那么难的,我们应该想人家。

汉语中的"人家"的一个意思是"一家人",比如"走了半天,也见不到一户人家",但还有"某个人"的词义,比如"把信给人家送去","人家"的意思是特定的。韩语中的"人家"指"人住的地方",比如:

그는 "인가"(人家)와 멀리 떨어진 숲에서 생활한다.

（他生活在远离人家的森林里。）

可见,偏误句子中的"人家"并不是因为母语(韩语)的干扰造成的误用,而是没有掌握"人家"的"某个人"的意思,误认为"人家"与"他人"的意思相同。

## 六、结　论

本文从 HSK 动态作文语料库中选取 90 篇韩国学生的作文,研究中韩同形词的实际使用情况。本文得出以下重要结果:

1. 学生使用较多数量的双音节中韩同形词,占所有双音节词的 34.43%。

2. 不同类别的中韩同形词数量差距明显,其中同形同义词占总同形词的80.18%,同形部分异义词占 15.03%,同形完全异义词占 4.78%。

3. 作文中 HSK3 级和 4 级中韩同形词最多,分别占作文总同形词的 31.27%、25.24%,而 6 级和 1 级同形词最少,分别占 6.98%和 4.12%。

4. 中韩同形词的总体偏误率为 5.82%。同形完全异义词的偏误率高达 8.11%，HSK5 级和 6 级词的偏误率都超过了 10%。

5. 中韩同形词的各类偏误原因中最重要的是词义、搭配和词性。

6. 高分组与低分组之间存在一定差异：高分组作文中的 HSK6 级中韩同形词数量明显多于低分组；高分组同形词总体偏误率以及同形同义词、同形部分异义词的偏误率都明显低于低分组；低分组 HSK3 级和 4 级中韩同形词的偏误率均明显高于高分组。

本文对中韩同形词的研究是基于《国际汉语教学通用课程大纲》(2013)，今后的研究可以参照《国际中文教育中文水平等级标准》(2021)。本文考察的是同题作文，今后的研究可以同时考察不同题目或者不同文体的作文。另外，今后可以采用纵向跟踪的研究方法，考察同一群体在不同时段写作中的中韩同形词使用情况。

**参考文献**

陈小芳(2017)中韩同形词的对比研究与教学策略，青岛大学硕士学位论文。

金荷璘(2018)韩汉同形词习得研究，南京大学硕士学位论文。

李美香(2015)汉韩同形词语义对应的分析方法及等级划分，《汉语学习》第 4 期。

毛丹(2006)中韩同形词第二语言习得研究，华中科技大学硕士学位论文。

慎莲真(2013)韩国学生汉字词习得偏误研究——以新 HSK 词汇大纲为例，上海交通大学硕士学位论文。

石岳(2013)中韩同形词词义对比研究——以《汉语水平词汇与汉字等级大纲》甲级词为例，山东大学硕士学位论文。

童梦瑶(2018)中高级韩国学习者习得中韩同形词偏误分析及教学对策，上海外国语大学硕士学位论文。

吴枝炫(2011)中韩同形词的对比研究与教学指导方案，山东师范大学硕士学位论文。

叶文李(2016)韩语汉字词研究，西华师范大学硕士学位论文。

赵杨(2011)韩国学生汉语词语习得研究，《世界汉语教学》第 3 期。

郑良淑(2000)汉韩同形异义词的对比研究,华中师范大学硕士学位论文。

경숙,김(2014)중한 대조분석을 통한 동형이의어 지도 방안 연구.연세대학교

기혜,범(2002)한중 동형 한자 어휘에 대한 비교 고찰.전남대학교

정,원(2007)한자·한문을 학습한 학생들에 대한 중국어 지도방안 연구:7 차교육과정을 중심으로.충남대학교

용교,이(2014)한중의 고빈도 사용 한자어 비교 연구: 2 음절 한자어를 중심으로.한양대학교

정숙,이(2009)한중 동형한자어 대조 분석을 통한 지도 방안 연구.원광대학교

은영,장(2016)한중 동형이의어의 의미차이와 교육방안 연구.대한중국학회 57 : 51-69.

준,황(2016)중국어권 학습자를 위한 한국 한자어 교육 방안 연구.공주대학교

# 东亚文化圈内汉语中、高级水平留学生对汉语动宾式惯用语的习得情况研究

杨成璇

河北大学

**摘 要**:汉语惯用语与中华民族的社会制度、风俗习惯、生产生活方式等密切相关。其中,动宾式惯用语在汉语总体的惯用语中数量最多,具有很高的研究价值。东亚文化圈内的国家与中国有着相似的历史文化背景,本文通过语料库检索方式,将这些国家的汉语中、高级水平的留学生作为研究对象,分析他们对汉语动宾式惯用语的掌握和使用情况,并探讨动宾式惯用语习得偏误产生的原因,最后阐述研究的实际意义并对进一步的研究进行展望。

**关键词**:动宾式惯用语;中高级水平留学生;东亚文化圈;对外汉语教学

## 一、引 言

熟语(包括成语、谚语、惯用语、歇后语)是汉语中一种特殊的词汇,隐含着深刻的民族文化内涵。其中,惯用语包含了丰富的生活和文化气息,具有最鲜明的口语色彩和感情色彩,被广泛地运用于普通中国人的日常交际中。学习汉语惯用语不仅有利于留学生学习地道的中文表达,而且可以使留学生在潜移默化中学习和了解中国文化。

根据孙泓(2004),过去有些人常把"东亚文化圈"称为"中国文化圈"或"汉字文化圈"。日本、朝鲜、韩国、越南等国家在内的东亚文化圈长期以中国文化为主体、为共性,在地理位置上与中国一衣带水,文化一脉相承,文化背景与认知上比较相似。因此,来自这些国家的留学生在学习和理解汉语熟语时,尤其是使用频率高、口语色彩浓的惯用语,或许会比其

他国别的第二语言学习者轻松容易。因此本文拟对东亚文化圈内的留学生对汉语惯用语的掌握情况做研究,并分析相同的文化因素对习得汉语惯用语的影响。

### 1.1 研究现状

学术界对汉语惯用语的研究大多限于汉语惯用语的本体研究,但随着近年来对外汉语教学的不断推广,汉语中的惯用语在汉语学习者的生活中得到越来越多的运用。想要真正提高学习者的汉语交际能力,惯用语教学无可避免。因此,从汉语作为第二语言教学和第二语言习得的角度研究外国留学生对汉语惯用语习得情况的程度不断加深,范围也得到了不断扩展。

通过中国知网检索,在目前外国留学生对四种类型的熟语习得情况的研究中,对成语的研究成果最多,其他三类都比较少。而且,针对东亚文化圈中的单一国家的留学生习得熟语情况的研究较多,但是多国家的综合对比研究较少。此外,对某个语义类别的惯用语习得研究较多,如尚冬琼(2017)对身体类惯用语如"直肠子""红眼病""热心肠"等在对外汉语教学中的研究,孙婷婷(2021)对动物类惯用语的研究,如"老狐狸""铁公鸡""替罪羊""笑面虎"等,而从语法结构角度的研究较少。

### 1.2 研究范围与研究方法

#### 1.2.1 研究范围

1. 考察对象的界定

由于初级水平的留学生的汉语熟练程度与使用能力比较弱,惯用语还不是他们的主要学习目标,尚且没有用惯用语表达的欲望,因此,本文选择中高级水平的留学生作为本次调查的调查对象。

根据孙泓(2004)与陈放、陈维新(2022)对东亚文化圈地域范围的界定,本文考察东亚文化圈中8个国家的留学生对汉语动宾式惯用语的习得情况,包括:朝鲜、韩国、日本、越南、新加坡、马来西亚、菲律宾及蒙古。

2. 考察的惯用语范围

欧阳泺(2021)提出,动宾式惯用语在汉语总体的惯用语中数量最多、使用频率高且词义无法替代,因此这类型的惯用语具有很高的研究价值。

关于这一点学界已达成共识,杨欣安(1979)在《谈谈惯用语》一文中,以当时对惯用语的界定为理论基础,将以三字格为主的动宾词组作为惯用语的形式特点。因此,本文选择动宾式惯用语作为主要考察的类型,以此来研究东亚文化圈内中、高级水平的留学生对汉语惯用语的掌握情况。

3. 选取的惯用语的来源

本文所选取的惯用语主要来自《中国汉语水平考试大纲》《HSK 汉语水平考试大纲》《中高级对外汉语等级大纲》《汉语水平词汇与汉字等级大纲》这 4 部大纲,以及北京语言大学出版社、北京大学出版社出版的 21 本汉语中高级教材。这些大纲与教材被各大高校广泛使用,具有代表性与权威性,而且教学内容面向所有国籍的汉语学习者,而不是针对某一个国家,具有通用性。

1.2.2 研究方法

本文从汉语惯用语的教学与实际入手,归纳总结对外汉语教学大纲与教材里的动宾式惯用语,并且运用 HSK 动态作文语料库、全球汉语中介语语料库这两个语料库资源,分别检索统计动宾式惯用语,收集东亚文化圈中高级水平留学生习得汉语动宾式惯用语时出现的偏误语料,并对收集到的语料和数据根据相关惯用语的知识进行分门别类的整理,最后对其使用频率进行统计分析。根据资料分析和数据统计,对惯用语使用频率进行总结归纳与列表整理,选取其中的偏误语句进行相关偏误的整理并归纳产生偏误的原因。

## 二、动宾式惯用语的统计与结构变异分析

2.1 教材中的动宾式惯用语

本文所选取的 21 本教材均由北京大学出版社和北京语言大学出版社出版,并广泛被各大高校所使用,具有权威性。从教材中选取的动宾式惯用语共 88 条,分布情况如下表:

表 1 21 本教材中的动宾式惯用语

| 教　　材 | 数量 | 动宾式惯用语 |
| --- | --- | --- |
| 《博雅汉语·中级冲刺篇1》 | 3 | 打交道、露马脚、滚雪球 |

续　表

| | | |
|---|---|---|
| 《博雅汉语·中级冲刺篇2》 | 7 | 打照面、变戏法、卖关子、说闲话、留一手儿、爆栗子、凑热闹 |
| 《博雅汉语·高级飞翔篇3》 | 1 | **站住脚** |
| 《发展汉语·中级汉语上》 | 2 | 打交道、有两下子 |
| 《发展汉语·中级汉语下》 | 4 | 伤脑筋、出洋相、碰钉子、捏把汗 |
| 《发展汉语·高级汉语上》 | 6 | 侃大山、做手脚、磨洋工、冷场子、爆栗子、不管三七二十一 |
| 《发展汉语·高级汉语下》 | 6 | 敲边鼓、摆架子、套近乎、开小灶、玩儿命、摆龙门阵 |
| 《成功之路跨越篇1》 | 1 | **没大没小** |
| 《成功之路跨越篇2》 | 2 | 耍心眼儿、离谱儿 |
| 《博雅中级汉语口语1》 | 2 | 侃大山、开夜车 |
| 《博雅中级汉语口语2》 | 1 | 吃错药 |
| 《博雅中级汉语口语（提高篇）》 | 7 | 吃了豹子胆、走下坡路、乱弹琴、唱反调、翘尾巴、开倒车、挖墙脚 |
| 《博雅高级汉语口语1》 | 2 | 添油加醋、打光棍儿 |
| 《博雅高级汉语口语2》 | 31 | 打嘴仗、碰钉子、拍脑瓜、闹笑话、打交道、出难题、出洋相、爆冷门、走后门、炒鱿鱼、穿小鞋、侃大山、跑龙套、随大流、拖后腿、开绿灯、打官腔、打光棍、倒胃口、有两下子、戴高帽子、卖后悔药、吃老本、走过场、钻空子、背黑锅、撑门面、敲边鼓、吹牛皮、开红灯、泼冷水 |
| 《博雅高级汉语口语提高篇》 | 2 | 爬格子、摆架子 |
| 《汉语中级口语教程上》 | 1 | 出洋相 |
| 《汉语中级口语教程下》 | 2 | 吃老本儿、吃了豹子胆 |
| 《汉语高级口语教程上》 | 2 | 掏腰包、露一手 |
| 《汉语高级口语教程下》 | 2 | 抠门儿、打包票 |
| 《体验汉语口语教程5》 | 2 | 打酱油、压箱底儿 |
| 《体验汉语口语教程6》 | 2 | 卖关子、唱反调 |
| 总　　计 | | 88 |

## 2.2 大纲中的动宾式惯用语

之后,又根据《中国汉语水平考试大纲》《HSK 汉语水平考试大纲》《中高级对外汉语等级大纲》《汉语水平词汇与汉字等级大纲》4 本考试大纲,统计出了汉语考生需要掌握的动宾式惯用语 35 条,分别是:

不管三七二十一、背黑锅、出洋相、出难题、吹牛皮、穿小鞋、出风头、吃哑巴亏、吃后悔药、对路子、戴高帽、打交道、放在眼里、见上帝、讲价钱、开夜车、碰钉子、拍马屁、泼冷水、绕圈子、敲竹杠、伤脑筋、挑大拇哥、抬轿子、挑重担、拖后腿、有两下子、下马威、硬着头皮、走后门儿、站住脚、走弯路、做文章、钻牛角尖、钻空子。

经过去除重复词项、合并可带儿化的词项后,如"走后门"和"走后门儿",以下就是笔者所调查的 21 本教材和 4 个考试大纲中的全部惯用语,合计 85 条,作为本文正式调查所用的材料,分别是:

摆架子、摆龙门阵、爆冷门、爆栗子、背黑锅、不管三七二十一、唱反调、炒鱿鱼、撑门面、吃错药、吃后悔药、吃老本儿、吃了豹子胆、吃哑巴亏、出风头、出难题、出洋相、穿小鞋、吹牛皮、凑热闹、打包票、打官腔、打光棍儿、打酱油、打交道、打照面、打嘴仗、戴高帽子、倒胃口、对路子、放在眼里、滚雪球、见上帝、讲价钱、开倒车、开红灯、开绿灯、开小灶、开夜车、侃大山、抠门儿、冷场子、离谱儿、留一手儿、露一手、乱弹琴、卖关子、卖后悔药、磨洋工、闹笑话、捏把汗、爬格子、拍马屁、拍脑瓜、跑龙套、碰钉子、泼冷水、敲边鼓、敲竹杠、翘尾巴、绕圈子、伤脑筋、耍心眼儿、随大流、抬轿子、掏腰包、套近乎、挑大拇哥、挑重担、拖后腿、挖墙脚、玩儿命、下马威、压箱底儿、硬着头皮、有两下子、站住脚、走过场、走后门儿、走弯路、走下坡路、钻空子、钻牛角尖、做手脚、做文章。

## 2.3 动宾式惯用语结构变异分析

动宾式惯用语具有结构的固定性,通常不能随意改变。但结构的固定性和灵活性是相对的,二者并不冲突。灵活性是在固定性的基础上演变的,它不仅不影响惯用语的整体意义,反而为惯用语的意义增色不少,使惯用语的表达更加生动形象。根据冯亚利(2013)和欧阳泺(2021),动宾式惯用语有三种变异类型,分别是:成分的插入和扩展、语序的改变、动词的替换和重叠。

### 2.3.1 成分的插入和扩展

1. 插入代词或名词

动宾式惯用语中插入的代词或名词，有时候是用来表示动作涉及的对象。比如"钻法律空子""拖自己后腿"。

2. 插入量词或量词短语

动宾式惯用语中插入的量词或量词短语，是为了准确表达动作的数量、持续的时长，也有模糊表示动作次数的，在这种情况下通常可以在动词后面插入"个"。例如"打个招呼""打个包票""少走一点弯路"。

3. 插入形容词

在动宾式惯用语中插入形容词不是为帮助解释说明动作，而是描写动词后面的宾语的性状，如"出大难题""打足够的交道"。

4. 插入动词

在动宾式惯用语中插入的动词，以趋向动词"上、下、进、出、起"等为主。如"摆起架子""侃起大山"。

5. 插入助词"着""了""过"

例如"开着玩笑""闹了笑话""做过手脚"等。

### 2.3.2 语序的改变

如"尾巴不要翘得太高"是"翘尾巴"的语序改变。

### 2.3.3 动词的替换和重叠

动宾式惯用语的重叠在惯用语中的主要格式是VV+N，例如"走走过场""拍拍马屁""跑跑龙套"等。"泼冷水（浇冷水）"属于动词的替换。

## 三、研究结果与偏误类型

### 3.1 语料库中的动宾式惯用语统计结果

为了调查上述85条动宾式惯用语被东亚文化圈中的汉语中高级水平留学生使用的频率，笔者利用HSK动态作文语料库（简称"HSK"）、全球汉语中介语语料库（简称"QQK"）对原型使用与变异结构的使用进行分别检索，并且对它们进行了出现频率的统计。此外，为方便直接观察上述动宾式惯用语的使用情况，笔者对两个语料库均没有检索到的26条惯用语进行剔除，剩余59条，具体结果如下表所示：

表 2　59条动宾式惯用语在语料库中的使用情况统计

| 惯用语 | HSK 原型使用 总条数 | HSK 原型使用 东亚圈 | HSK 变异使用 总条数 | HSK 变异使用 东亚圈 | QQK 原型使用 总条数 | QQK 原型使用 东亚圈 | QQK 变异使用 总条数 | QQK 变异使用 东亚圈 |
|---|---|---|---|---|---|---|---|---|
| 摆架子 | 1 | 1 | 5 | 2 | 11 | 7 | 5 | 1 |
| 爆冷门 | 0 | 0 | 0 | 0 | 1 | 1 | 0 | 0 |
| 不管三七二十一 | 2 | 2 | 0 | 0 | 5 | 2 | 1 | 1 |
| 吃后悔药 | 0 | 0 | 0 | 0 | 38 | 31 | 8 | 7 |
| 吃了豹子胆 | 1 | 1 | 1 | 0 | 0 | 0 | 0 | 0 |
| 出风头 | 3 | 3 | 0 | 1 | 4 | 3 | 2 | 1 |
| 出洋相 | 0 | 0 | 0 | 0 | 23 | 5 | 2 | 1 |
| 吹牛皮 | 0 | 0 | 1 | 0 | 24 | 23 | 2 | 0 |
| 打包票 | 1 | 1 | 0 | 0 | 3 | 3 | 0 | 0 |
| 打光棍儿 | 0 | 0 | 0 | 0 | 2 | 2 | 0 | 0 |
| 打交道 | 57 | 45 | 3 | 3 | 114 | 59 | 1 | 1 |
| 放在眼里 | 3 | 3 | 0 | 0 | 8 | 7 | 1 | 1 |
| 见上帝 | 1 | 1 | 1 | 0 | 2 | 1 | 1 | 1 |
| 开红车 | 2 | 2 | 3 | 3 | 1 | 1 | 1 | 1 |
| 开绿灯 | 0 | 0 | 0 | 0 | 1 | 1 | 0 | 1 |

| 惯用语 | HSK 原型使用 总条数 | HSK 原型使用 东亚圈 | HSK 变异使用 总条数 | HSK 变异使用 东亚圈 | QQK 原型使用 总条数 | QQK 原型使用 东亚圈 | QQK 变异使用 总条数 | QQK 变异使用 东亚圈 |
|---|---|---|---|---|---|---|---|---|
| 摆龙门库 | 0 | 0 | 0 | 0 | 2 | 2 | 0 | 0 |
| 背黑锅 | 0 | 0 | 0 | 0 | 3 | 2 | 1 | 0 |
| 炒鱿鱼 | 0 | 0 | 0 | 0 | 19 | 7 | 2 | 0 |
| 吃老本儿 | 0 | 0 | 0 | 0 | 4 | 4 | 2 | 2 |
| 吃哑巴亏 | 2 | 2 | 0 | 0 | 1 | 1 | 0 | 0 |
| 出难题 | 1 | 0 | 0 | 0 | 18 | 8 | 2 | 1 |
| 穿小鞋 | 0 | 0 | 1 | 1 | 5 | 2 | 0 | 0 |
| 凑热闹 | 0 | 0 | 0 | 0 | 2 | 1 | 0 | 0 |
| 打官腔 | 0 | 0 | 0 | 0 | 3 | 3 | 1 | 0 |
| 打酱油 | 0 | 0 | 0 | 0 | 1 | 1 | 0 | 0 |
| 倒胃口 | 0 | 0 | 0 | 0 | 5 | 3 | 1 | 1 |
| 滚雪球 | 0 | 0 | 0 | 0 | 0 | 0 | 2 | 1 |
| 讲价钱 | 0 | 0 | 0 | 0 | 4 | 3 | 0 | 0 |
| 开红灯 | 0 | 0 | 0 | 0 | 1 | 1 | 0 | 0 |
| 开小灶 | 0 | 0 | 0 | 0 | 2 | 2 | 0 | 0 |

续 表

| 惯用语 | HSK 原型使用 总条数 | HSK 原型使用 东亚圈 | HSK 变异使用 总条数 | HSK 变异使用 东亚圈 | QQK 原型使用 总条数 | QQK 原型使用 东亚圈 | QQK 变异使用 总条数 | QQK 变异使用 东亚圈 | 惯用语 | HSK 原型使用 总条数 | HSK 原型使用 东亚圈 | HSK 变异使用 总条数 | HSK 变异使用 东亚圈 | QQK 原型使用 总条数 | QQK 原型使用 东亚圈 | QQK 变异使用 总条数 | QQK 变异使用 东亚圈 |
|---|---|---|---|---|---|---|---|---|---|---|---|---|---|---|---|---|---|
| 开夜车 | 2 | 2 | 2 | 2 | 40 | 29 | 6 | 5 | 侃大山 | 0 | 0 | 0 | 0 | 3 | 1 | 1 | 1 |
| 抠门儿 | 2 | 2 | 0 | 0 | 0 | 0 | 0 | 0 | 离谱儿 | 2 | 2 | 0 | 0 | 2 | 0 | 0 | 0 |
| 露一手 | 0 | 0 | 1 | 1 | 1 | 0 | 0 | 0 | 卖后悔药 | 0 | 0 | 0 | 0 | 2 | 2 | 0 | 0 |
| 闹笑话 | 3 | 2 | 6 | 3 | 6 | 1 | 17 | 5 | 拍马屁 | 1 | 1 | 0 | 0 | 19 | 2 | 17 | 10 |
| 碰钉子 | 3 | 3 | 0 | 0 | 13 | 7 | 8 | 3 | 泼冷水 | 1 | 1 | 0 | 0 | 2 | 1 | 1 | 1 |
| 敲竹杠 | 1 | 1 | 1 | 1 | 1 | 1 | 0 | 0 | 绕圈子 | 0 | 0 | 0 | 0 | 1 | 1 | 0 | 0 |
| 伤脑筋 | 16 | 13 | 1 | 1 | 8 | 2 | 0 | 0 | 耍心眼儿 | 1 | 1 | 0 | 0 | 0 | 0 | 1 | 1 |
| 随大流 | 4 | 3 | 0 | 0 | 1 | 1 | 1 | 1 | 掏腰包 | 0 | 0 | 3 | 2 | 1 | 0 | 0 | 0 |
| 耍正平 | 0 | 0 | 0 | 0 | 2 | 0 | 0 | 0 | 挑重担 | 1 | 1 | 0 | 0 | 0 | 0 | 1 | 1 |
| 玩儿命 | 1 | 1 | 1 | 0 | 1 | 0 | 0 | 0 | 下马威 | 0 | 0 | 0 | 0 | 0 | 0 | 0 | 0 |
| 硬着头皮 | 14 | 10 | 0 | 0 | 16 | 3 | 0 | 0 | 有两下子 | 0 | 0 | 0 | 0 | 2 | 1 | 1 | 1 |
| 站住脚 | 4 | 3 | 0 | 0 | 5 | 3 | 0 | 0 | 走后门儿 | 3 | 2 | 0 | 0 | 5 | 3 | 0 | 0 |
| 走弯路 | 1 | 1 | 0 | 0 | 2 | 1 | 4 | 0 | 走下坡路 | 4 | 3 | 0 | 0 | 3 | 1 | 1 | 0 |
| 钻空子 | 0 | 0 | 0 | 0 | 1 | 1 | 4 | 3 | 钻牛角尖 | 0 | 0 | 0 | 0 | 1 | 1 | 0 | 0 |
| 做文章 | 0 | 0 | 0 | 0 | 1 | 1 | 0 | 0 | | | | | | | | | |

经过检索与统计,东亚文化圈各国汉语中高级水平的留学生产生的语料在全部留学生产生的语料中占比很大。各国留学生尤其是东亚文化圈汉语中高级水平的留学生使用59条动宾式惯用语常以原型形式直接使用,而较少使用变异形式。在HSK动态作文语料库和全球汉语中介语语料库当中以原型形式直接出现的比例分别是81.16%和56.24%,变异使用分别是68.97%和45%。具体情况如下图所示:

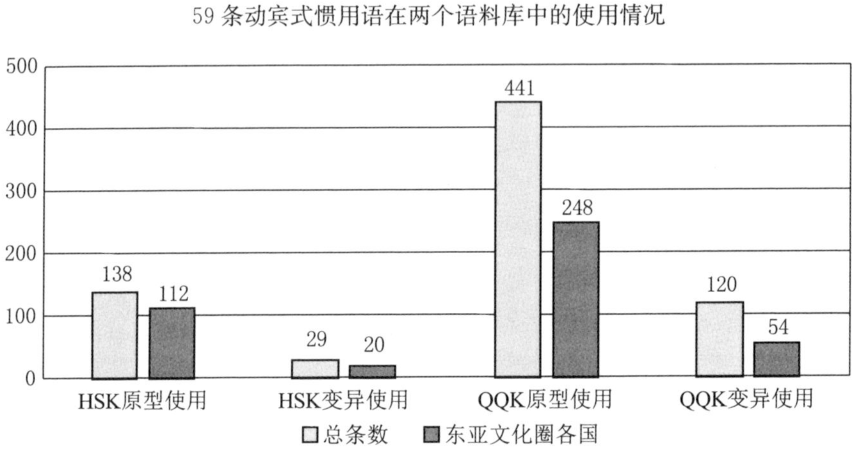

59条动宾式惯用语在两个语料库中的使用情况

| 类别 | 总条数 | 东亚文化圈各国 |
| --- | --- | --- |
| HSK原型使用 | 138 | 112 |
| HSK变异使用 | 29 | 20 |
| QQK原型使用 | 441 | 248 |
| QQK变异使用 | 120 | 54 |

图1 东亚文化圈各国留学生对59条动宾式惯用语的使用情况

### 3.2 主要偏误类型归纳

本节将留学生出现的动宾式惯用语常见的偏误分为了四个类型,分别是书写偏误、语义偏误、语法偏误和语用偏误。这些偏误可能单独出现,也可能同时存在。通过对两个语料库中的语料进行整理与划分,东亚文化圈汉语中高级水平留学生产生的偏误情况或有或无,或多或少。

#### 3.2.1 书写偏误

东亚文化圈内的留学生到中国学习很多年,汉语水平都达到了中高级,虽然口语说的很好,也明白动宾式惯用语的意思与实际用法,但是书写能力却不行,往往碰到比较难写的字他们还会选择用同音字或者相似读音的字代替。产生书写错误的原因可能是平时不注意汉字书写的规范,对汉字的书写不够重视。例如一位新加坡留学生将"摆架子"误写成"排驾子",一位日本留学生将"打交道"误写成"打交到"。书写错误在东亚文化圈汉语中高级水平的留学生使用动宾式惯用语的问题上比较普遍，值得重视。

#### 3.2.2 语义偏误

根据鲁其琬(2015)，惯用语的语义具有"变异性"和"双层性"两个特点。"变异性"指的是汉语惯用语的表层意义和实际意义并非随意对等的，而是通过比喻、借代、夸张等修辞形式来将表层意义转化成实际意义。"双层性"指的是汉语惯用语有"字面意义"和"实际意义"两层意义，而"实际意义"比较深层。留学生在使用动宾式惯用语时，往往不能够准确地掌握其比喻意义，把字面意义简单地理解为整体意义，所以造成在使用的时候意义表达有歧义，从而产生偏误。

例如一位来自巴拿马的留学生写的句子：

（1）＊你写的邮件要十分礼貌，要用客套话否则一下子你就被炒鱿鱼了。

动宾式惯用语"炒鱿鱼"表达的意思是"老板解雇员工"，这名留学生想表达的意思是邮件用语不礼貌就会受到收件人的批评或否决，因此不应该用炒鱿鱼，这是对惯用语的实际意义掌握不够彻底的原因。

再比如，一名来自美国的留学生产生的偏误句：

（2）＊他们在班上喜欢大声说话，闹笑话，课外他们很无限主动和爱文体活动。

动宾式惯用语"闹笑话"的意思是"因粗心或缺乏知识、经验而发生可笑的错误"，这名留学生想要表达的意思是嬉戏打闹，而他简单地将"闹笑话"理解为字面意义，因此造成使用错误。经过统计，类似的语义偏误多发生在非东亚文化圈的留学生中，笔者在两个语料库中均未检索到东亚文化圈各国留学生产生的语义偏误。

#### 3.2.3 语法偏误

结构上的定型性和灵活性是惯用语在语法特征上两个较为典型的特征。动宾式惯用语的句法结构功能与离合词有相似的地方，都可以在中间插入成分，由于搭配复杂，尤其是当带宾语、补语、状语的时候，这也就使得语法上的偏误频繁出现。例如一位来自韩国的留学生的偏误句：

（3）＊李冰要得第一名，所以他每天开了夜车。

应该改为：李冰要得第一名，所以他每天开夜车。

产生这类偏误的原因是留学生对汉语助词"了"表示"过去已经做过"的用法不够熟悉。再比如在动宾式惯用语"吃后悔药"的使用中,另一位来自韩国的留学生产生的偏误句:

(4)＊有一个男生,他是很吹牛皮的人所以他周围的人不喜欢他,他们吃后悔药和他交朋友的。

这条偏误句将动宾式短语"吃后悔药"直接作为谓语成分使用。可见,在学习动宾式惯用语时,语法偏误是最为常见的偏误类型。

#### 3.2.4 语用偏误

惯用语是中华民族历史文化的产物,口语色彩鲜明,感情色彩浓厚,这些都在一定程度上造成了学习者对惯用语感情色彩混淆、语体色彩不明、适用范围不清等语用偏误。留学生由于语言文化环境不同,对中国的文化不了解,让他们了解这些动宾式惯用语的深层含义有些困难。其次,动宾式惯用语都具有鲜明的感情色彩,包含褒义、中性和贬义。大多数的动宾式惯用语都是贬义的,留学生若不知道它们的感情色彩很容易用错场合,表达错意思,造成交流上的尴尬,从而引发文化冲突。

一位来自乌克兰的留学生产生的偏误句:

(5)＊回家以后妈妈问我比赛怎么样,她出难题了。

惯用语"出难题"表示故意刁难,含有贬义色彩,这位留学生明显不清楚这个惯用语的感情色彩,而且将其理解为字面意思,因此产生偏误。另外,笔者在检索过程中,尚未发现东亚文化圈各国留学生所产生的语用偏误。

## 四、东亚文化圈留学生动宾式惯用语的使用现状分析

经过对 85 条动宾式惯用语在 HSK 动态作文语料库和全球汉语中介语语料库中的使用频率的检索与统计,东亚文化圈各国留学生对动宾式惯用语的使用频率在全部留学生的使用中所占比例最高,而且在动宾式惯用语的四种偏误类型中,仅检索到了书写偏误与语法偏误,而未见产生语义偏误与语用偏误。笔者将出现这些现象的原因归纳为以下四种:

### 4.1 语料库收录因素

东亚文化圈各国留学生对动宾式惯用语的使用频率在全部留学生的

使用中所占比例最高,这可能是由于笔者所选用的两个语料库,对东亚文化圈各国留学生的语料篇数收录较多。HSK 动态作文语料库中,在各个国家和地区所占篇数中,所收录的东亚文化圈各国留学生的语料篇数占总篇数的 77.77%,其中韩国(4 171)、日本(3 211)、新加坡(843)、马来西亚(422)、越南(227)、菲律宾(64)、蒙古(59)。全球汉语中介语语料库中,东亚文化圈各国的语料篇数占全部篇数的 39.97%,其中韩国(21 369)、越南(3 015)、日本(2 107)、菲律宾(1 035)、蒙古(434)、马来西亚(153)、朝鲜(53)。

### 4.2 东亚文化圈文化认同因素

从 18 世纪以来,由于受到西方文化的巨大冲击,东亚文化圈内的各国纷纷接受西方文化,但是,东亚文化并未完全被西方文化所代替,在传统道德礼仪方面已深入人心,仍旧是东方各国人民的道德规范。根据孙泓(2004),汉字、儒学、律令、中国的科技、中国式的佛教、中国式的教育制度、中国式的文学艺术、中国式的民俗这八项东亚文化要素对圈内各国都产生了一定的影响。东亚文化圈各国留学生对汉语语言和文化有或多或少的认识,文化背景、语言环境和宗教信仰的相同或相近可能会使他们在母语中找到和汉语动宾式惯用语意义相近的词汇,所以不会造成理解上的困难。

例如在越南语中,Đi cửa sau(走后门儿)、Uống nhầm thuốc(吃错药)、Bật đèn xanh(开绿灯)在用法和表达意义上与汉语相同;日语中有首を切る(炒鱿鱼)、足を引っ張る(拖后腿)等;韩语中有사재를 털다(掏腰包)、찬물을 끼얹다(泼冷水)、내리막길을 걷다(走下坡路)等;在蒙古语中,用"后门"来比喻通过内部关系办事,如 арын хаалгаар(走后门儿),хаалга Мθprθx(碰钉子)比喻"想走后门却碰了钉子"。有很多汉语动宾式惯用语都能在东亚文化圈各国的语言中找到对应,因此来自这些国家的中高级水平的留学生在学习这类型惯用语时的表现胜于别国,特别是在理解语义色彩丰富的汉语动宾式惯用语时,东亚文化圈内各国留学生几乎没有产生语义偏误和语用偏误。

### 4.3 母语负迁移因素

汉语是典型的主谓宾(SVO)型语言,而日语、韩语、维吾尔语、朝鲜语都属于阿尔泰语系 SOV 型语言，与汉语的基本语序不一致，句子成分也以不同的方式进行位次的变化。此外，汉语有丰富的语序和虚词，而东亚文化圈内的其他国家并没有类似的语法特征，这在留学生学习汉语动宾式惯用语时难度较大，也导致他们容易产生语法偏误。

### 4.4 教材编写因素

在笔者所统计的 4 本对外汉语教学大纲和 21 本教材中，共有 85 条动宾式惯用语，然而在两个语料库中进行检索后，有 59 条被留学生或多或少地使用，仍有 26 条未被留学生使用，未被使用的动宾式惯用语占总材料的 30.59%。通过分析，出现这种现象的原因是对外汉语教材对动宾式惯用语的选排缺乏系统性，而且未能按照由易到难、循序渐进的原则进行教学编排，甚至有些动宾式惯用语现在中国人都很少说，随着时代的发展已经渐渐不常用了，但是书本中仍然存在，例如"爬格子""爆栗子""敲边鼓""摆龙门阵"等。

## 五、结　论

动宾式惯用语是汉语词汇的重要组成部分，也是传播中华文化的重要手段，它们来源于社会和人民的生活，背后具有很深的文化渊源。通过对东亚文化圈内的各个国家的汉语中、高级水平留学生掌握和使用汉语动宾式惯用语情况的统计分析，可以明确相同的文化背景与文化认同对留学生学习汉语惯用语的积极作用，这对在对外汉语教学中适当地引入文化元素具有启示性作用。不过，本文利用语料库检索的方法存在一定缺陷：两个语料库中的语料篇幅的收录占比对研究结果的影响较大，这方面还可以进一步优化，在未来或许可以选择问卷调查法，控制被试的人数与占比，以此开展更加全面客观的研究。

**参考文献**

[1] 阿努金(ANUJIN).蒙汉惯用语对比及对蒙汉语惯用语教学研究[D].山东大学,2012.

[2] 陈爱琴.日语惯用语与日本人言语生活[J].南京林业大学学报

(人文社会科学版),2009,9(02):64—67.DOI:10.16397/j.cnki.1671-1165.2009.02.011.

[3] 陈放,陈维新.东亚汉文化圈与朝鲜半岛古代文化的本源[J].延边教育学院学报,2022,36(04):48—50.

[4] 陈民镇.评《早期中国——中国文化圈的形成和发展》[J].中国史研究动态,2017(03):93—94.

[5] 陈新.中日基本色彩词的语义特征的对照研究[D].延边大学,2022.

[6] 陈玉玄(TRAN NGOC HUYEN).越南学生汉语惯用语习得的影响因素研究[D].中央民族大学,2022.DOI:10.27667/d.cnki.gzymu.2022.000355.

[7] 崔惠景.中韩惯用语教学法及教材编写方案研究[D].山东大学,2016.

[8] 冯亚利.对外汉语教学中常用动宾式惯用语研究[D].吉林大学,2013.

[9] 浮莎.汉语中高级水平留学生常用汉语惯用语习得研究[D].湖南大学,2015.

[10] 谷芳.《对外汉语教学中的惯用语问题》[D].吉林大学硕士学位论文,2012.

[11] 胡裕树.现代汉语[M].上海:上海教育出版社,1995:50.

[12] 李小燕.近十年来国内汉语惯用语研究综述[J].对联,2022,28(14):30—32.

[13] 鲁其琬.来华留学生中级阶段汉语惯用语习得与偏误研究[D].安徽大学,2015.

[14] 欧阳泺.对外汉语动宾式惯用语偏误研究[D].广东外语外贸大学,2021.DOI:10.27032/d.cnki.ggdwu.2021.000350.

[15] 尚冬琼.身体类惯用语及其对外汉语教学研究[D].湖南师范大学,2017.

[16] 孙泓.东亚文化圈的形成与发展[C]//"东亚汉文化圈与中国关系"国际学术会议暨中国中外关系史学会 2004 年年会论文集,2004:97—110.

［17］孙婷婷.关于动物类惯用语的对外汉语教学研究[D].西安石油大学,2021.DOI:10.27400/d.cnki.gxasc.2021.000629.

［18］王蓓蕾.中日惯用语对比研究[D].北京林业大学,2016.

［19］王瑞雪.中高级留学生汉语惯用语偏误研究[D].黑龙江大学,2018.

［20］杨欣安.谈谈"惯用语"[J].西南大学学报(社会科学版),1979(02):90—93.

［21］姚娇寅.对中高级水平留学生的常用汉语惯用语教学思考[D].复旦大学,2011.

［22］张仕海.汉语文化词习得实证研究——基于汉文化圈与非汉文化圈留学生的比较[J].语言与翻译,2012(04):73—77.

［23］朱国立.时间构筑东亚文化圈[N].中国社会科学报,2022-05-18(010). DOI:10.28131/n.cnki.ncshk.2022.001842.

［24］邹莹杉.中高级水平外国学生动宾式惯用语课堂教学研究[D].青岛大学,2020.DOI:10.27262/d.cnki.gqdau.2020.001567.

# 基于语料库的空间维度形容词"深—浅"误用情况分析

易 佳

清华大学

**摘 要**:本文基于中介语语料库,以空间维度形容词"深、浅"为研究对象,首先对"深、浅"的语义扩展进行了描写,"深、浅"具有多个引申义,这些引申义是汉语作为第二语言教学中的重点和难点。随后对语料库中"深、浅"的误用例子进行收集,对其混用频次、混用词语、分布特征、词际关系和误用方向进行了考察,对高频的混用词语进行了详细的描述,并进一步从汉语自身和类型学跨语言的视角对混用的原因进行分析。这些分析有助于我们进一步了解易混淆词的产生机制,为汉语作为第二语言的教学提供一定的帮助。

**关键词**:深、浅;中介语语料库;误用;易混淆词;成因

## 一、引 言

空间维度是描述空间面貌的参数,反映到语言中表现为空间维度形容词。在现代汉语词汇系统中空间维度词包括"高/低""长/短""深/浅""宽/窄""大/小""厚/薄""粗/细"等,其中"深/浅"是一组典型的空间维度形容词。

在汉语作为第二语言的学习过程中,词语的混淆是常见的偏误类型之一。张博(2008)指出被众多学习者经常混淆的词对或词聚就是易混淆词。易混淆词是汉语作为第二语言词汇教学中的一大难点,引申义之间的关系使得词际关系更为复杂。空间维度形容词"深/浅"具有多个引申义,这些引申义是教学过程中的重点和难点。

以往对于空间维度形容词"深/浅"的研究多从汉语自身的视角出发,

有对"深/浅"实指义和隐喻义进行分析的研究(如任永军、藤向农,2001;何洁玲、罗思明,2012;伍莹,2013;窦艳,2016等),也有从汉外语言对比的角度出发对"深/浅"的比较研究,其中大多为汉韩对比(如张琦,2005;金美顺,2009)。这些研究虽然涉及了"深/浅"的句法语义特征,但没有从汉语作为第二语言教学的角度展开的研究。

因此,本文基于北京语言大学HSK动态作文语料库,以空间维度形容词"深、浅"为研究对象,对语料库中"深、浅"的误用进行收集,对其误用词语、误用频率、分布特征和误用关系等进行考察,并从汉语自身和类型学跨语言的角度对混用的原因进行分析。

## 二、空间维度形容词"深、浅"

空间形容词的语义可以分为:基本义、转喻义和隐喻义,基本义主要是指"事物本身的空间量"。空间维度形容词"深、浅"在汉语词典中的释义大多一致,分别为:"从上到下或从外到里的距离大""从上到下或从外到里的距离小"。"深、浅"是用于描述容器物体内部垂直维度(上下维度)和水平维度(前后维度)的形容词。"深/浅"既有维度义,也有位置义,如"深海、深坑,浅海、浅滩"中的"深/浅"指维度义,"很深的煤层、深处,水层较浅"中的"深/浅"是位置义。

人们对外部世界的认知以空间概念为基础,人们总是习惯于将空间域投射到时间域及其他抽象域,借此把握各种各样的非空间范畴。"深、浅"原来是纯空间概念,后来从空间义引申拓展出多个隐喻义。本文通过对词典释义和义项划分进行考察,总结了"深、浅"的语义扩展模式。根据对不同语言词典中"深、浅"释义的分析,可发现"深、浅"主要的语义扩展表现在以下范畴中:时间域、感知域、程度域、等级评价域、心智域、关系域等。

(一) 从空间域到时间域

空间概念"深、浅"向时间域映射是一种较为普遍的认知方式,表示时间的进展。如:

(1) 夜已经很深了。

(2) 相处的日子还浅。

(3) 我们结识的日子浅，了解不够。

但"深、浅"在向时间域映射时略有不同，两者在时间概念上是不对称的。"深"可以用来刻画时段类，如"夜深了""秋深了"，但"浅"不能，"浅"只能刻画"相处的日子""结识的日子"。究其原因，在于两者刻画事物语义特征的不同，"夜""秋"有视觉上的语义特征，但"浅"刻画的"日子"没有。

(二) 从空间域到视觉域

感知主要包括视觉、听觉、味觉、嗅觉四种。表示深度的空间量度形容词可以由空间域向视觉域映射，"颜色深/浅"为视觉上的隐喻，越深则颜色越重，越浅则颜色越淡。如：

(4) 它的眼睛颜色很深，接近黑色。

(5) 太阳的光斑在他额头上缩小，颜色深起来，他的脸色也深起来。

(6) 天空还是一片浅蓝，颜色很浅。

(7) 眼影的颜色决不要比眼睛的颜色浅。

(三) 从空间域到程度域

"深、浅"还有向程度域映射的用法，表示事情发展的阶段或是达到的程度。如：

(8) 这位毕业于上海社会科学院，一副学者风度的副总对经济学研究很深。

(9) 由于历史的原因，他对国内成见很深。

(10) 在非快速眼动睡眠中又分浅睡眠和深睡眠。

(11) 他希望这个人不要涉入太深。

(四) 从空间域到等级评价域

空间概念"深、浅"可以由空间域进一步向等级评价域映射，表示对水平、能力运气或地位等多个方面的评价。如：

(12) 这本书很深，初学的人不容易看懂。

(13) 这些读物内容浅，容易懂。

(14) 教材内容太浅,引不起学生的兴趣。
(15) 我觉得我当演员是个勉强的,总感到学问浅。

### (五) 从空间域到心智域

空间概念"深、浅"还可向心智域映射,用来描述思想、情感或智力等抽象事物。如:

(16) 他对孩子的感情很深。
(17) 人与人误会更深,距离就更遥远了。
(18) 至于你,我的了解虽浅,但也比别人深一点。

心理产物中的消极情感类,则只能用"深"而不能用"浅"刻画,如可以说"误会很深",但不能说"*误会很浅"。

### (六) 从空间域到关系域

空间概念"深、浅"还可以向关系域映射,就像树根会不断地向地下延伸,延伸越深,那么产生的关系也就越复杂。

(19) 我和奥运的缘分真的很深。
(20) 她说,中日是近邻,两国关系源远流长,而其中渊源最深的是文化。
(21) 有些人和我们缘分浅,仅仅一面之缘,如浮萍在水上的偶然相聚。
(22) 慕韩兄你和党的方面关系浅,你不晓得我和党的方面首长讲话,也要三思而行。

总的来说,"深、浅"的语义引申非常丰富。从语义扩展的路径来看,空间维度形容词"深、浅"可从空间域向多个抽象域映射。蓝纯(1999)指出认知语言学界普遍认为,在所有的隐喻中,空间隐喻对人类概念的形成具有特殊和重要的意义,因为多数抽象概念都是通过空间概念隐喻来表达和理解的。表达空间维度的"深、浅"由空间域向抽象域映射是人类认知的普遍规律。

从上文可知,"深"和"浅"的义项总体上是对称的,但也存在着不对称的现象。比如"深"有名词用法"深度","浅"则没有。"深"的义项也比"浅"要多,具体表现在引申义的数量上。同时"深"还可以表示"程度深",

具有副词的性质,可以用来修饰后边的认知类心理动词,如"深爱、深知、深信、深恐"等,"浅"则无此用法。

"深"和"浅"能够刻画的物像也不同,"浅"能够刻画的物像有限,在语义特征上有深浅之别。凡是和认知有关的物像,除了印迹之外,既可以用"深"来刻画,也可以用"浅"来刻画,如认知产物、认知行为和思想。相对而言,凡是和心理相关的物像则只能由"深"来刻画,而不是由"浅"刻画,如心理产物、心理行为等。同时,在隐喻映射时,"深、浅"也存在着不对称现象。形容词的不对称性在世界语言中都存在,不对称性不仅体现在基础义中,引申义也存在不对称性。对于汉语作为第二语言教学来说,引申义之间的关系使得词际关系更为复杂。空间维度形容词"深、浅"具有多个引申义,这些引申义是教学过程中的重点和难点。

## 三、"深、浅"的误用情况

张博(2007)指出对外汉语教学中的词语辨析应当转换视角,从中介语的角度更有针对性地进行易混淆词的辨析。大规模语料库的发展,为误用情况的分析提供了有力的支持。以往对于易混淆词的选取和研究,多从同义词、近义词的角度入手,以教学者和学习者的主观经验为参考,缺乏实质性语料的支撑,大规模语料库的引入为研究的科学性提供了有力的支撑。

本文以空间维度形容词"深、浅"为例,以北京语言大学 HSK 动态作文语料库为基础,对"深、浅"的误例进行提取,共统计出"深、浅"的误例分别为 51 条和 7 条。其中"深"的误例明显多于"浅",这正是形容词不对称性在使用过程中的体现。

为行文方便,本文在引用数据库语料时,修正了与本文无关的偏误,以求突出"深、浅"相关的偏误,其中误用词标在"【】"内,当用词标记在句尾,如:

(23) 都是自己安排的这个旅游给我留下了很【大】的印象。(大→深)

### 3.1 "深、浅"混淆词的数据统计

在词语偏误中,"深、浅"经常与某些词语混用,有时"深、浅"是"误用

词",有时"深、浅"是"当用词"。"误用词"是二语学习者在使用中用错了的词语,"当用词"是根据上下文语境可以替换误用词的正确词语。根据对"深、浅"误用例子的考察,我们对误用词的音节形式、误用频次进行了统计,结果如下:

表1 "深、浅"的混淆词语的混用数据及其表现

| 形容词 | 混用词音节形式 | 混用词数 | 混用词及其频次 |
| --- | --- | --- | --- |
| 深 51次 | 单音节 | 7 | 大10、多8、重7、好3、晚1、强1、难1 |
| | 双音节 | 8 | 严重8、深刻6、明显1、浓厚1、强烈1、厉害1、丰富1、广博1 |
| 浅 7次 | 单音节 | 3 | 轻2、少2、易1 |
| | 双音节 | 2 | 短浅1、肤浅1 |

### 3.2 "深、浅"混淆词的混用分布特征

根据上文统计,可以看出"深、浅"混淆的词语有如下特征:

(一)无论是从混用词的数量还是频率的角度,"深"与其他词语的混用情况都要比"浅"更为复杂。这也是形容词不对称性在实际应用中的体现,"深"作为正向期待形容词,使用频率会比"浅"高很多。

(二)"深"与双音词的误用词数多于单音词,但单音词的误用频率高于双音词。与"深"混用的单音词共有7个,双音词8个;与单音词误用频率占比39.2%,与双音词误用频率占比60.8%。"浅"由于本身使用较少,因此"浅"的误例也更少。

(三)"深、浅"主要与形容词混用,词语之间的意义联系较为紧密。从意义关联度上看,有的混用词与"深、浅"关系密切,如"大""多""重""晚""强""轻""少"都属于量度形容词,属于同一语义场;有的与"深、浅"具有共同语素,如"深刻""短浅""肤浅";有的具有相近意义倾向,如表示程度或强度,如"严重""浓厚""强烈"等;有的是固定短语用错,如"受益匪浅"。混用词语的意义大多与"深、浅"有着或高或低的联系。

(四)"深、浅"与混用词之间的误用方向大多为单向误用,少数为双向误用。单向误用是指在词语的使用过程中,学习者将甲词误用为乙词,但不会存在乙词误用为甲词的情况,如"深"总是单向误用为"严重":

(24) 现在,我们的社会存在的代沟问题很【深】,可是好像大家不太意识到。(深→严重)

双向误用是指词语在使用过程中,甲乙两词互相误用。双向误用的词语共有四组,分别为:"深"和"大""深"和"多""深"和"好""深"和"深刻",误例如:

(25) 因为现在我们一般团体生活,几乎没有单独生活,这样的现象越来越多,所以这故事给我们留下了很【大】的印象。(大→深)

(26) 对非吸烟者来说,烟是不能忍耐的,而且吸烟者吸烟的烟对非吸烟者健康影响很【深】。(深→大)

(五)"深、浅"与混用词之间的混淆程度不同。总体来说,"深"的混用频次远高于"浅","浅"的混用词出现频率都非常低,不能认定为易混淆词。对于"深"的混用词来说,则有频次高低的不同。误用频次超过10次的可以认为是"深"的高度易混淆词,只有"大";误用频次为5—10次的可以认为是中度易混淆词,分别有"多""严重""重""深刻";误用频次为3—5次的可以认为是低度易混淆词,只有"好";低于2次以下的则属于普通误用词,如"强烈""浓厚""晚""难""轻""少"等,这类词的出现没有规律性。

总的来说,"深、浅"这一组空间维度形容词在中介语系统中表现出了明显的不平衡性,"深"的误用频次要远高于"浅",与之混用的大多为语义关系紧密的形容词,其中"深"还有高度混淆的双向误用词。

### 3.3 "深、浅"的易混淆词个案分析

据上文统计及数量分析,"深""浅"的混用相差较大,其中"深"有多个易混淆词,限于篇幅,本文对"深"的误用频次在5次以上的典型混淆词进行重点分析,分别为"大""多""严重""重""深刻"。"大"的基本义表示在体积、面积、数量、力量、强度等方面超过一般或超过所比较的对象;"多"的基本义表示数量大;"严重"的基本义表示程度深、影响大;"重"的基本义表示重量大、比重大;"深刻"的基本义表示达到事情或问题的本质的。这几个词在基本义上差异较大,不能视为同义词或近义词,但在引申义中意义相互关联,有造成混用的基础。下文将以这些易混淆词为对象,具体考察"深"与典型易混淆词在误用方向、误用程度、

语义域等方面的表现。

1. 深↔大

"深"和"大"之间的双向误用最为严重,典型误用表现在"印象、了解、影响、认识"等语义范畴中,这些误用较为普遍。"大"是误用词,"深"为当用词的情况较为多见,如:

(27) 这应该对孩子给很【大】的印象。(大→深)

(28) 最后,最重要的是很【大】的了解。(大→深)

(29) 学汉语以前我对中国的认识不【大】,那时候我对中国和汉语的了解很少。(大→深)

(30) 因为现在我们一般团体生活,几乎没有单独生活,这样的现象越来越多,所以这故事给我们留下了很【大】的印象。(大→深)

(31) 今天的我在教育事业上能小有成就,待人处世少有差错,都应归功于这位对我影响最【深】的罗哲海老师。(深→大)

在这组中,"深"有"深刻、深入"义,如对中国的认识是逐渐深入的,因此用"深",而"大"没有这层意思。

2. 深↔多

"深"与"多"的误用和"深"与"大"的误用不同,主要表现在搭配对象上有很大的差异,其中最易出现误用的是与心理活动词语"爱、了解、感情、想法"等搭配,如:

(32) 您们的女儿爱着爸爸妈妈多么【多】……保重身体。(多→深)

(33) 认识我的朋友们都说我对旅行的感情太【多】了。(多→深)

(34) 我们四姐弟很喜欢跟爸爸妈妈说自己的学校生活,和朋友的关系,自己现在面临的问题什么的,所以他们对我们四姐弟的了解很【多】。(多→深)

(35) 父母的想法比我们【深】。(深→多)

(36) 可能是我的母亲,我的母亲是一位平平凡凡的韩国传统妇女,没有受过较高的教育,也没有较【深】的社会经验。可是对我来说,母亲是个伟大的教育家。(深→多)

"多"可以用来形容数量,例如父母和孩子的想法进行比较,强调父母的想法多,而"深"一般指内容深刻、关系密切、感情好等。例 34 中"了解"可以表示"深"的概念,也可以表示"多"的概念。根据语境,了解表示"深"

的概念更加贴切,强调父母对四姐弟的了解比较深刻。

3. 深→严重

"深"与"严重"之间是单向误用的关系,即"深"为误用词,"严重"为当用词,误例如:

(37) 代沟问题越来越【深】,可是我们能解决。(深→严重)

(38) 现在的代沟问题比以前更【深】。(深→严重)

(39) 我觉得,经济越发展,代沟的问题也越【深】。(深→严重)

(40) 越来越【深】的时候,这是不但简单的环境问题,而且影响到人们,人类,甚至我和我的后代,所以吸烟是"百害无益"。(深→严重)

(41) 变调的音,刚开始的时候,我更不知道,还有一次,更好笑的笑话,因我本身近视很【深】,所以我是配戴隐形眼镜的。(深→严重)

在例37—39中,学习者将"代沟"理解成物理性质上的"沟",实际上"代沟"是一个抽象词语,这是程度深的问题。

4. 深→重

"深"与"重"之间也是单向误用的关系,即"深"为误用词,而"重"为当用词。

(42) 其实周围的人的痛苦和负担也很【深】得如山。(深→重)

(43) 据各类资料表明,随着环境污染的加【深】,使那些破坏农作物的物质对农药的抵抗力增强,迫使人们用更加厉害的农药与化肥来培养农作物。(深→重)

(44) 对烟逐渐依赖,不吸不行,就像一种慢性毒品,越抽越上瘾,有的人刚学会抽烟时,几乎一天一支,可是随着长大,逐渐加【深】,不管有事没事都要来上一口儿。(深→重)

(45) 一天在电视上我看见一个人用枪杀死了一个动物。不是因为那个人要他杀的动物,是因为那个动物受伤了很【深】。(深→重)

"重"是重量大、分量大、程度深,常用来形容情意、观念、病势和伤势等。如例42中的"负担"、例45中的"伤势"都应该用"重"来形容。

5. 深↔深刻

"深"和"深刻"之间呈现双向误用,误用较为集中地体现在"影响"这一范畴中,如:

(46) 通过这件事,韩国人很【深】地考虑吸烟的影响。(深→深刻)

(47) 我们所见过的人对我们来说各有不同的影响,有的影响很【深刻】,有的影响不太【深刻】。(深刻→深)

以上我们仅描写了"深"的易混淆词的混用表现,但是可以发现易混淆词之间的误用关系、误用程度和误用方向都存在一定的差异,"深"与其他易混淆词之间的关系也非常复杂。这说明"深"虽然作为汉语常用词,但习得具有一定难度。因此,我们必须深入语言内部探求"深"与易混淆词之间的关系,发现其深层动因,才能为汉语第二语言教学提供一定参考。

## 四、混淆成因

"深、浅"与易混淆词之间的混用很大程度是由语言迁移造成的。语言迁移是"指目标语和其他任何已经习得的(或者没有完全习得的)语言之间的共性和差异造成的影响"。"深、浅"与易混淆词混用的原因可以从汉语自身和跨语言两个角度进行分析,此外,学习策略以及教学方法、教材、词典释义等也是引起词语混用的重要因素。

### 4.1 汉语自身

从汉语的角度出发,也就是要寻找目的语知识对于学习者的影响。目的语知识的负迁移属于"语内迁移",也称"过度泛化"。已经习得的目的语知识在一定情况下会给词语混淆带来影响。汉语词汇中"深、浅"与其同义词、近义词、类义词以及"同素族"之间也易于造成语内迁移,产生词语混淆偏误。

1. 类义词的影响

从汉语自身的角度来看,汉语词义的复杂性是重要的影响因素。"深、浅"原指空间量,但是通过隐喻向时间域、程度域等多个抽象域映射。有些形容词与"深、浅"在本义上有较大区别,并非近义词,但在语义认知上,又引申出来共性。类义词是指在意义或逻辑上属于同一种类的词,类义词之间词义非常复杂,"深、浅"有许多家族相似性的单音节形容词,这些词与"深、浅"在语义上既有共性又有各自的个性。

第一,"深"的本义是表达空间量,在表达这一概念时,和"深"有家族相似性的单音节量度形容词,有"大"。第二,"深"可以向时间域映射,表示时间量,和"深"有家族相似性的单音节量度形容词有"晚"。第三,"深、浅"可以向程度域映射,表达程度量,和"深"有家族相似性的单音节量度形容词较多。首先是"大",它与"深"的原型较为接近,表示"大"和"深"的共性最多。这也是学习者在使用过程中误用最多的例子。其次是"多",接下来是"重""高",最远的是"好""强""难"等。"好""强""难"等与"深"的共性较少,因此在误用时也较为少见。

这些与"深"发生混用的单音形容词和"深"的本义差别较大,并非近义词,但在语义上和"深"具有家族相似性,是"深"的类义词。根据"深"的语义特征,可解释"深"与和"深"语义相近的同族形容词之间的共性及个性。例如"深"和"晚","晚"本是时间域的量度形容词,"深"可以向时间域映射,但学习者在使用过程中会将两者混淆,误例如:

(48) 夜已经很【晚】,外边的世界已安静了,我的眼睛也快要闭上了,今天就写到这,祝全家身体好,天天快乐。(晚→深)

"深"和"晚"都可以用于表达"时间的延伸",但是两者在时间轴延伸的方向以及视觉上的延伸这两点上却有所不同,这正是两者的个性所在。"深"在时间轴的量级上更为突出往时段的中心延伸,并且在视觉上往往带有[＋暗]的延伸。如学习者所写的"夜已经很深了"就表示时间接近"夜"的中心点,外边的世界安静下来了,要闭上眼睛休息,而夜晚过去以后,人开始起身活动。因此,"夜已经很深了"更突显在时间的量级上往"夜"的中心延伸,且有暗下来的视觉效果。和"深"相比,"晚"却突显远离时段中心点的延伸,且突显时段的后段,却不突显视觉上的延伸。如"中国的轿车起步晚"表示起步的时间比其他国家的轿车起步晚,偏离应有起步的时段,且没有视觉上的变化。

形容词绝大多数都是多义词,苏向丽(2015)认为根据原型理论,一个词的多义范畴中有中心成员、次中心成员和边缘成员,处于认知主导地位的常用义项是原型义。对于学习者来说了解多义词的含义就具有很大的挑战性,再加之类义词的影响,类义词中原型义之间相互混淆、非原型义与原型义混淆、非原型义之间相互混淆,它们之间的混淆又增加了学习的难度,给学习者增加了压力。例如学习者知道"深"可以用来表示程度义,但对于"重""高""严重"等什么时候表示程度义不清楚,虽然它们原型义不同,但在表示程度时会有部分重叠,学习者分不开两者在表示程度义时有何区别,这也是他们学习时的难点。

2. 同素族的影响

"同素族"是汉语词汇中包含同一语素的词,是汉语词汇中一种普遍的词语关联现象,其积极影响是有利于学生在中高级阶段迅速扩大词汇量,负面影响是使学生将部分同语素词语认为有同近义关系、从而混淆某一词语。例如"深"的高频易混淆词"深刻","浅"与双音词"肤浅""短浅"等同素族的混淆:

(49) 通过这件事,韩国人很深刻地考虑吸烟的影响。(深→深刻)

(50) 如今每当我向子女解释人生道理时,都会返回去再想一想父母给我的启示,从而更深刻地理解社会、理解朋友和亲属,为自己儿女的成长打下更坚实的基础。(深→深刻)

(51) 目光不能太【浅】,应该要考虑到我们子孙以后。(浅→短浅)

(52) 我认为这样的想法可以说是很【浅】的。(浅→肤浅)

汉语中存在大量具有相同语素的性质形容词,它们外形相近,在含义上还有重叠。如"深"和"深刻","深"作为"深刻"中的一个语素,二者都含有程度深的含义。由于拥有共同语素"深",学习者可能会忽略双音节性质形容词中另一个语素对整个词的词义的影响,在学习者未完全掌握"深、浅"相关的单双音同、近义词的语义、使用规则等时,就容易产生误用。

### 4.2 跨语言角度

从跨语言的角度来看,也就是母语会给学习者带来哪些影响。学习者将母语中的词义知识自觉或不自觉地迁移到了二语知识系统中。不同语言在表达概念时所采用的词化方式不完全相同,母语和目的语之间,语义域大小的不同是导致误用的重要原因之一。

例如"深"与"多"误用较多,是由于"多"的语义域大小的不同而引起的。根据苏向丽(2020)的调查结果,文章调查了六种语言"多"的语义域扩展的不同,从跨语言的结果调查显示,汉语中"多"仅有数量域的用法,不能向"程度、感知"等抽象域映射,但是在韩语、蒙语和印尼语中"多"可以向程度域、规模与范围、力量强度等映射,误例如:

(53)我们四姐弟很喜欢跟爸爸妈妈说自己的学校生活,和朋友的关系,自己现在面临的问题什么的,所以他们对我们四姐弟的了解很【多】。(多→深)

(54)父母的想法比我们【深】。(深→多)

(55)坏处很【深】。这种情况刻不容缓。(深→多)

(56)可能是我的母亲。我的母亲是一位平平凡凡的韩国传统妇女,没有受过较高的教育,也没有较【深】的社会经验。可是对我来说,母亲是个伟大的教育家。(深→多)

在例53中"了解"的程度,部分语言如韩语中可以用"多",但汉语中得用"深"。在表示数量时更是如此,汉语中的"多"仅能表示数量,但是在其他语言中"深"也可以表示数量,如"想法""坏处"。学习者母语词与目的语词意义和用法重合的部分有利于学生理解和记忆,但是一旦忽视了不同之处,学习者就会在不经意间产生误用。

不同语言对于同一事物存在表达上的差异是由于对不同概念进行词化的方式有所区别,有些语言概念化的内容多,有些语言则少。母语知识的迁移是词义习得的主要认知策略之义,对于易混淆词,学习者基于"语义对等假设",利用母语知识促进或简化词汇语义的习得过程,但是在追求二语词在母语中的精确对等的同时往往会忽视词的多义性和非对等性,从而造成母语词义的误推。

总体来说,"深""浅"与混淆词的误用受多重因素的影响,从汉语自身角度来看,汉语词义的复杂性、同素族词的大量存在都是导致误用产生的原因;从跨语言的角度来说,语义域大小的不一致导致学习者产生误推,母语知识的迁移也说明了学习者对译二语词库语义网络的认知还不成熟。除了汉语内部因素和跨语言的原因以外,学习者的学习策略、教师的教学以及教材等也会引起误用的发生。例如"循循善诱的教导,使学生们得益匪【轻】"中,"得益匪浅"是一个成语。学习者如没有掌握相应的词汇则有可能产生误用。

## 五、结　语

词语误用是中介语系统中的重要一部分。易混淆词是词语偏误中最有规律的一类,这种规律性不仅反映了语言习得的系统性,也反映了语言自身的系统性。对于"深、浅"误用词的分析,可以更为清晰地了解误用词产生的原因。这些分析有助于我们进一步了解偏误产生的机制,为汉语作为第二语言的教学提供一定的帮助。现有的对外汉语教材中对"深、浅"的教学只停留在基本义上,并没有系统性地教授隐喻义,导致大量误用的出现。因此在课堂上,教学者应当让学习者深入习得"深""浅"的语义网络,了解"深""浅"的语义范围和搭配限制,以避免各类误用的产生。除此之外,在充分发挥母语的积极作用时,也要注意到语言中词汇语义上的差别。

**参考文献**

窦艳(2016)空间形容词语义扩张的框架语义阐释——以"深"为例,《语文教学通讯》第 6 期。

何洁玲、罗思明(2012)空间维度形容词"深"的基本义、转喻义和隐喻义的研究,《现代语文》第 6 期。

金美顺(2009)空间形容词"深"研究,北京语言大学博士学位论文。

苏向丽、胡晓清(2013)韩语背景 CSL 学习者量度形容词的混用分布特征分析——基于国别化中介语语料库的调查,《鲁东大学学报(哲学社会科学版)》第 3 期。

苏向丽(2015)CSL 学习者单音量度形容词混淆的错杂性与不平衡性,《语言教学与研究》第 1 期。

苏向丽(2020)CSL 学习者类义易混淆词"大—多""小—少"的混用分布及影响因素——基于词汇类型学视角的分析,《汉语教学学刊》第×期。

王银平(2015)英汉空间维度词"长、短"的认知隐喻对比研究,《长江大学学报(社科版)》第×期。

伍莹(2011)现代汉语空间维度形容词语义系统研究,武汉大学博士学位论文。

严静霞(2019)单音量度形容词及其偏误分析,山西大学硕士学位论文。

张博(2007)同义词、近义词、易混淆词:从汉语到中介语的视角转移,《世界汉语教学》第 3 期。

张博(2008)外向型易混淆词辨析词典的编纂原则与体例设想,《汉语学习》第1期。

张博(2011)二语学习中母语词义误推的类型与特点,《语言教学与研究》第3期。

# 留学生认识立场标记"依我看"习得情况及教学建议

尤 易

南京大学

**摘 要**：立场(stance)是交际场景中表达情感态度的体现,用于表达评价、观点、判断及认知状态。本文从留学生 HSK 作文中"依我看"偏误情况的事实出发,明确偏误原因主要集中在对"依我看"结构功能、语篇功能的认识不足,确定了研究"依我看"语言本体特征的研究目的。

在文章主体部分,立足"依我看"的特点,同时将其与"我认为""我觉得"这两个重要认识标记立场从语义、结构、语篇功能、语用场景等角度进行比对,归纳了教师在教学留学生汉语立场标记"依我看"时,需要帮助学生把握表述主观量、幽默性,结合语体和文体教学,并且需要结合语境和不同功能分类教学、纠偏。

**关键词**：立场标记；立场标记教学；"依我看"；留学生；语料库语言学

## 一、引 言

立场(stance)是交际场景中表达情感态度的体现,用于表达评价、观点、判断及认知状态。认识立场是互动语言学的重要议题,近年来多受关注(徐晶凝,2012；张金圈,唐雪凝,2013；郝玲,2015；李水,2016；李丽君,郭琪,2017；段琼,2019；曹旸旸,彭爽,2020)汉语中较常见的动词类认识立场标记(markers of epistemic stance)有"我看""我认为""我觉得""依我看""要我说"等。

具有语篇功能和人际功能是认识立场两个重要的特征,鉴于认识立场标记的特殊语用功能,需要结合上下文分析,本文在"HSK 动态作文语料库"内进行检索。共检索得到包含"依我看"的作文语料 67 条,其中有

27条存在用法不当现象,偏误率约为40.3%,由此可见"依我看"这一结构的掌握对于汉语学习者来说难度较高。

下文展示了几个较为典型的偏误类型。

### 1.1　后接小句不当

(1) 依我看,汉语跟其他语言不同。(改为"我认为")

(2) 依我看,《三国演义》是一部很有趣味性的小说。(应该改为"我觉得")(前文作者描述了自己反复观看《三国演义》的经历。)

(3) 中国这个社会主义的国家,在经济方面发展得很快……依我看,中国有很美好的前途。(应该改为"我觉得"或"我认为")

(4) 依我看,青少年吸烟首先对他们精神健康是很不利的。(应改成"我认为")

以上四句所表达的观点基本属于共识,没有体现主观判断。

### 1.2　将"依我看"作为全新主题的总起句

(5) 依我看,什么时代,什么地方而且什么人之间都存在"代沟"的问题。(应该改为"我认为")

(6) 依我看,音乐给我们带来了很多的东西。(应该改为"在我看来")

(7) 依我看来每个人面对挫折的办法不一样。(改为"我认为")

(8) 依我看,1994年在中国发生关于丈夫帮助他的有不治之病妻子自杀的这件事情反映了在现代社会每个家每个人教育和文化的不同点。(改为"在我看来")

(9) 依我看,政府可以考虑把"安乐死"合法化。(应该改为"我认为")

以上五句中5、7、8出现在作文开头第一句,"依我看"需要有具体语境支撑,不能作为全新主题的首句。6、9出现在作文最后一段总结全文时的首句,"依我看"用于提出观点,并没有总结的作用。

### 1.3　逻辑谬误

(10) 依我看,我本身更喜欢在城市里生活,我较喜欢热闹的地方,而且在城市里,我可以享受现代的娱乐方面,比如看最新拍的电影片,去逛街,卡拉OK等。(去掉"依我看")

(11) 这段短文给我们的启示是什么？依我看不挨饿比吃"绿色食品"更重要。

(12) 由此可见，依我看，如今更重要的是解决饥饿问题，而不是应该吃绿色食品。（去掉"依我看"）

(13) 我对这些问题，在往年已经研究过一次，为节省时间起见，那我就开门见山，直奔主题了，依我看，这些方法我非常支持和赞成，因为目前世界发展而带来的有好处而且不利的影响，首先环境问题，其次噪声，再次人口老化问题等等。（去掉"依我看"）

10、13句中已经出现"更喜欢""支持和赞成"这类动词立场标记，与"依我看"重复，应直接删除"依我看"；11中问句后应总结短文启示，"依我看"不具备开启总结的功能，因此应改为"就个人而言"等；12中"由此可见"表明是对上文的总结，引出下问总结的内容，在逻辑上具有客观性，"依我看"用于提出主观观点，是一个新主题的开端，与"由此可见"矛盾。

综上，偏误原因主要集中在对"依我看"结构功能、语篇功能的认识不足，将"依我看"与"我认为"及"我觉得"二者混用，忽视了"依我看"强烈的主观性。为了对留学生偏误的原因进行更加细致地分析并提出更有针对性的教学对策，下文将结合语义、结构特点、语篇功能、语用功能等角度，立足"依我看"的特点，同时将其与"我认为""我觉得"这两个重要认识标记立场进行比对，进而归纳总结"依我看"的教学要点。

## 二、研究对象分析

"依我看""我觉得""我认为"三者都可以表达主观情态（modalities），具有主观取向（subjective orientation），由讲话者对信息来源和可靠性负责。三者在用于句子开头时，由于"我"这一第一人称语素存在，表示主体立场观点的情感色彩浓厚，在语篇功能上三者均可以承前启后，引出论述观点，起语篇顺承功能。由于其在表述功能、位置分布上均有交叉，对于汉语学习者来说造成了较大的学习困扰。

### 2.1 语义分析

从语义层面出发，"依我看"字面上理解即"根据/依照我的看法"，其中"看"的行为义已经基本虚化,已经不再是实际的动作行为,而引申为"看法""观点"。在隐喻机制的作用下,"看"由普通的观察动作行为虚化为认知行为,是视觉感官经验向抽象观念领域的投射。

徐晶凝(2012)从语义上将"我觉得"分为两类:(1)表达经验者的感官感受(2)表达说话人的主观立场。"我觉得"在表达个人感受时可以删去,并且可以独立于句子单独去掉或者置于句末作为短语,而在表达立场观点时,"我觉得"不能删去。本文仅比较"我觉得"用于表达主观立场的义项。"我觉得"是由说话人主观感受延伸出来的表示观点的短语。

《现代汉语八百词》中,"认为"表示对人或事物的看法,从而做出某种判断。因此,"我认为"就是通过说话人的判断而得出的观点。罗桂花(2020)根据语料观察,发现在法庭互动中认识立场标记"我觉得"的使用频率远远低于"我认为",并且法庭上说话者常使用"我认为"来强调与对方观点的不同与不一致。通过法庭的场景,可知"我认为"相较于前二者需要并具有更强的理据性。

## 2.2 结构分析

从结构来说,"依我看"后面多有停顿,目的是引起言说对象的注意,而"我认为"和"我觉得"之后不一定需要停顿。从结构的紧密度来看,"依我看"中已经不能插入其他成分,而在"我认为""我觉得"中,由于立场主体"我"和"认为""觉得"这两个认识类动词尚未形成构式,可以插入"却""倒""反而"这类转折副词,以及"非常""极其"等表示程度的状语成分。"依我看""我认为""我觉得"作为短语都可以在其后缀上语气词。"依我看"通常可以加"呀""哪""啊","我认为"通常可以加"呢""啊""吧","我觉得"可加的语气词最多,通常情况下可以加"呢""吧""呀""啊""嘛"等。

从语句层面来说,依据朱永生(2006)对汉语言据性结构的分类,"依我看"、"我觉得"和"我认为"都属于明确交代信息来源于讲话者,结构是"讲话者+感知动词/言语动词+信息内容"。

## 2.3 语篇功能分析

为了全面认识"依我看"这一短语在语篇中的功能,本文以"依我看"为关键词在 BCC 语料库中检索,并得出"依我看"以下功能分类:

### 2.3.1 表示不同意见或否定

"依我看"可以用于表达说话人与前一话题的不同意见或否定之前的观点。

（14）何科长还不了解前边的事，依我看不能怨永清的态度不好。（赵树理《三里湾》）

（15）世人常说，沙州的家兄贤顺是个精明之人，而依我看来却正好相反。此时此事就是明证。（井上靖《敦煌》）

（16）女人们就忽然都上前来看她，也许她从来没有这么漂亮过，今天把别人都惊住了。依我看翠姨还没有她从前漂亮呢，不过她们说翠姨漂亮得像棵新开的腊梅。（萧红《小城三月》）

（17）我说不老，文公，冒大爷，咱们有句俗话说："众人一条心，黄土变成金。依我看呢，盐市那把实力并不算什么，不过么，这里面插进了六合帮的关八，听说还有几位退隐的武林人物，事情就没那么简单了。（司马中原《狂风沙》）

### 2.3.2 推测与猜测

（18）余冷冷地说，依我看他活不过今夜。（莫言《檀香刑》）

（19）闹也闹了，放脚的还不多，叫唤得却够凶，依我看这风刹不住，有今天没明天。（冯骥才《三寸金莲》）

（20）陈三很满意故事的效果，又以讲述人的资格发问道："你们猜猜，主席有什么心事？""依我看是这么回事。"才思敏捷的罗小文立即回答道，"人常说，美国侵略军是资本主义世界的第一流军队，志愿军的武器差得太远，究竟出去顶不顶得住，那当然是会担心的。"（魏巍《东方》）

（21）依我看，中国的命运也许要寄托在英美等外国身上，希望他们能真正帮助我们制裁日本！（王火《战争和人》）

"依我看"可以表达对于过去、现在、未来事件某一不确定事实的推测，常出现于政治评价、事情发展势态的预测等。

### 2.3.3 建议与劝告

（22）接喜！你爹那脑子，依我看也得拿永清老叔的大炮崩一崩！（赵树理《三里湾》）

（23）依我看哪，你还是找曹先生去。事情不能就这么搁下，钱也不能就这么丢了！（老舍《骆驼祥子》）

(24) 每天吃一捧发芽的高粱米,人都要吃死了! 依我看哪,咱们来个假投降,去投伪团长张竹溪,混上棉衣,补充足弹药,我们再拉出来。(莫言《红高粱家族》)

(25) "依我看不要去了。我把郭祥找来,跟你详详细细地汇报一下,也是一样嘛!"(魏巍《东方》)

"依我看"后可以接续说话人对言说主体的建议或劝告。从语体色彩来看,"依我看"后接续的建议或劝告可以是轻松幽默的,如例句1无法用"我认为"来替换,说明"我认为"的语体色彩更加正式,适用于更严肃的场合。

2.3.4 评价与比较

"依我看"既可以作正面评价,也可以作负面评价。在评价功能方面,"依我看"这一短语与"都""最""不过""只"等极性表达共现频率较高,例如:

(26) "依我看呀,清真馆最好吃的还要算是锭子锅盔,你们以为呢?"(格非《江南三部曲》)

(27) 依我看,上海人始终是中国近代史开始以来最尴尬的一群。(余秋雨《上海人》)

(28) 一些些的招牌,依我看来都是一个样,街上的行人好像每个要撞倒我似的,就连马车也好像是旋转着。

(29) 依我看,他们不过是一些老鼠,苍蝇,蚊子,跳蚤。(魏巍《东方》)

以上四句表达的都是主观评价,虽然以上"依我看"都可以用"我觉得"或"我认为"代替,但反观留学生偏误句,就能体会这三者主观性的差异。偏误句有两种修改思路。其一是在其中加上全称量化副词如"全""都""皆"等,或者加上"最""极""十分"等具有主观色彩的程度副词,或"只""仅仅""不过"等主观化副词,就可以修正部分偏误。例如"依我看,汉语跟其他语言(完全)不同","依我看,《三国演义》是所有小说里(最)有趣味性的小说"。其二就是将"依我看"改为"我觉得"或者"我认为",由此可见"依我看"的主观性要强于"我觉得"和"我认为"。当然"依我看"与极性表达的共现率还需要大量数据统计支撑验证。

综上可知,"依我看"有表示不同意见或否定、推测与猜测、建议与劝告、评价与比较思想功能,后三项与"我觉得""我认为"有较大差别。推测与猜测中,"依我看"多用于政治观点、事态发展推测;在建议与劝告功能中,"依我看"可以接续轻松幽默、非正式的建议;在评价与比较功能中,"依我看"的主观性比"我认为""我觉得"更强,在句子中与程度副词、全称量化副词等表示主观量的句法成分共现频率较高。

2.3.5 语用区别

"依我看"可以表示评价和比较,在语境中,说话者在作为两方观点的中间评判者时,会使用"依我看",请看以下两个例子:

(30)好啦,好啦,莫争输赢了。管人家闲事干啥子?各人心头有个打米碗。走也好,不走也好,依我看呀,未必没得男人,就不过活了?(周克芹《许茂和他的女儿们》)

(31)依我看,你俩说得都在理儿。他大妈,你……;村长呢,他……我觉着也挺在理儿。(魏巍《东方》)

在这两个例子中,说话人旨在调解两个不同观点间的矛盾,作为调节者,说话人必须在争执话轮中取得话语权,在此不得不提立场标记的言据性。言据性从广义上指知识的来源以及说话人对知识可靠性的态度(房红梅,2006),是语篇展开重要环节(陈征,2014),提出主观的观点是论述的基础和必要组成部分,是开启新话题的手段之一。"依我看"可以阻断话轮连续性,并表明自己的观点与双方均不相同,从而阻止争论进一步发展。

在语篇建构的过程中,作者为了达到特定交际目的,例如增强可信性、避免解释、减轻责任等原因,"对所有他/她得到的信息信度进行评估,然后在冲突信息的例子中选择使用何种陈述,进而选择他/她认为最有力的那种证素"(Faller,2002)。因此在观点对立时,作为评判者或调节者,需要尽快取得双方尊重,并获得自我观点阐述的机会。

"我觉得"具有低确信度,在劝说、建议、批评、反驳的场景语篇中运用,可以减缓面子威胁,并且交际双方地位低者更经常使用(徐晶凝,2012),因此在以上提及的争执场景中,不能达到获取矛盾双方共同尊重然后顺利担任争吵评判者交际职能的目的。下面一个例子更能反映"依我看"在众议难排的情境下一般由交际地位高者发出的特点:

于观汗立刻下来了,忙示意杨重制止"市委领导同志",那人看到于观向杨重小声递话,笑眯眯地问,"啊?于观同志你说什么?这样的活动还要多搞？好嘛，我支持。依我看奖品还可以再高级点，面儿还可以再宽一些，最好再设个读者奖，给来参加会的人都发点纪念品，人家来参加会也是对你的支持嘛。（王朔《顽主》）

"我认为"在用于劝告、评价时更加客观，从心理上拉开了与矛盾双方的心理距离，在争吵、矛盾等主观化的交际场景中，说话人选取"依我看"这类主观性更强的插入语，能够顺应语境，并且"依我看"强调了"我"的主体地位，迅速获得矛盾双方的关注，因此"依我看"在形式上言据性更强。

## 三、留学生"依我看"立场标记教学建议

针对留学生"依我看"三类偏误，下文将依次提出教学建议：

首先，后接小句不当的主要原因是小句的主观性不够强，教师在教学时应该将"我觉得"和"我认为"，同"依我看"分别展示语料进行比较，并通过提醒学生注意"依我看"后接评价性语言中主观量（程度副词、全程量化副词）的表达，以及在劝告、建议时可以加入幽默元素的特点，从而让学生抓住"依我看"主观性强的特点。

其次，针对将"依我看"作为全新主题总起句的偏误，教师可以展示新闻报刊场景中，"依我看"的语篇位置，一般用于指明重要观点看法，一般是全篇的中心论点，并且在语篇位置上处于文章的中间，明确告知"依我看"不能担任总起全文或总结全文的"重任"，引起形式上的注意。

最后，对于错误运用"依我看"并产生逻辑谬误的偏误情况，教师可以按照"依我看"的四项基本功能，并结合具体语境与不同的交际目的（反对、劝告、建议、评价等）分别操练。

## 四、总结与反思

本文从留学生HSK作文中"依我看"偏误情况的事实出发，确定了研究"依我看"语言本体特征的研究目的，在文章主体部分，立足"依我看"的特点，同时将其与"我认为""我觉得"这两个重要认识标记立场从语义、结构、语篇功能、语用场景等角度进行比对，进而归纳总结留学生立场标记"依我看"的教学启示。

由于时间原因,本研究虽然尽可能对语料进行分类,但没有在本体研究过程中采取穷尽式量化方法,因此仅为初探,算是一次"大胆假设",后期应以语料库为数据库,进行更严谨的量化统计,从而对具体认识立场标记进行更精细化的研究。

**参考文献**

曹旸旸 & 彭爽(2020)"我看"的话语关联与认识立场表达,《东北师大学报(哲学社会科学版)》第 5 期。

陈征(2014)基于言据性的语篇可信性语用分析,《当代外语研究》第 4 期。

段琼(2019)立场与立场表达研究综介与述评,《文学教育(下)》第 3 期。

房红梅(2006)言据性研究述评,《现代外语》第 2 期。

李丽君 & 郭琪(2017)立场标记语研究综述,《大学英语(学术版)》第 2 期。

李水(2016)认识立场标记"我认为""我觉得"比较研究初探——基于现代汉语语料库的研究,《沈阳工程学院学报(社会科学版)》第 1 期。

罗桂花(2020)法庭互动中的认识立场标记"我认为"与"我觉得",《石家庄学院学报》第 5 期。

郝玲(2015)现代汉语中的"立场"表达刍议,《现代语文(语言研究版)》第 3 期。

张金圈 & 唐雪凝(2013)汉语中的认识立场标记"要我说"及相关格式,《世界汉语教学》第 2 期。

徐晶凝(2012)认识立场标记"我觉得"初探,《世界汉语教学》第 2 期。

Faller, M T (2002) *Semantics and Pragmatics of Evidentials in Cuzco Quechua*, Stanford University.

# 汉语作为第二语言学习者笔语产出性词汇研究

张江丽

北京华文学院

**摘 要**：本文在自建笔语语料库的基础上，对汉语作为第二语言学习者的产出性词汇进行了考察，对比了学习者的产出性词汇与《汉语水平词汇等级大纲》的异同，分析了产出性词汇量与语料覆盖率之间的关系。研究发现，初、中、高级水平学习者最大产出性词汇量分别为 3 630 个、4 882 个、6 938 个。产出性词汇中超纲词较多。词汇在大纲中的等级越靠前，产出效果越好。学习者的产出性词汇与语料覆盖率之间呈现"效用递减律"。最高频的 2 000 个产出性词汇可以覆盖大约 90% 的汉语二语的语料，而这些词汇在同规模汉语母语语料中的覆盖率仅为 71%。要读懂 90%、95% 的一般性汉语文本，分别需要大约 6 000 个、10 000 个词汇。

**关键词**：语料库；产出性词汇；词汇量；词汇大纲；"词汇效用递减律"

## 一、引言与回顾

词汇知识通常分为两种，即接受性词汇（receptive knowledge）和产出性词汇（productive knowledge）（Palmer，1921；Nation，1990；Laufer，1998；Henriksen，1999）。也有学者称之为认知型词汇和主动型词汇（鹿士义，2001）、认知型词汇和活用型词汇（吴丽君，2004）、消极词汇和积极词汇（沈禾玲，2009）。

---

① 文章原载于《世界汉语教学》2018 年第 3 期。本文系国家社科基金一般项目（项目号：21BYY170）、中外语言交流合作中心国际中文教育研究课题（项目号：21YH10D）、国务院侨办 2022 年度华文教育研究课题（项目号：22GQB181）、世界汉语教学学会全球中文教育主题学术活动计划（项目号：SH22Y17）、同济大学语言文字推广基地双强项目（项目号：TJSQ22ZD03）、北京华文学院年度项目（项目号：HW-22-B03）的阶段性成果。

已有研究中有关接受性词汇的研究相对较多,且集中在接受性词汇量上。这类研究主要采用词义选择(Schmitt,Schmitt & Clapham,2001;桂诗春,1983;Nation & Berglar,2007;张江丽,2017)、词义匹配(Nation,1983;Nation,1990)、完形填空(Laufer & Nation,1999)、翻译和释义(钱旭菁,2002)、五点量表评定(张和生,2006)、目标词造句(沈禾玲,2009)等方式对第二语言学习者的接受性词汇量进行调查。

而有关产出性词汇的研究则相对较少。相关研究主要有三种:一是控制性产出性词汇量的调查。Laufer & Nation(1999)、任春艳(2011)采用给出首字母提示的方式,让学习者完成句子来测量学习者的产出性词汇量。二是考察学习者对少量高频词语的搭配情况。Read(1993)制定了一套词汇深度知识测量工具,该工具选取部分高频词,测试学习者对高频词搭配对象的掌握情况。三是考察不同级别的词在语料中的分布情况。Laufer & Nation(1995)设计了一套名为 Lexical Frequency Profile(LFP)的软件,用来统计词频表中各个级别的词在书面语表达中所占的比例。如果学习者低频词所占比例越低,那么他的产出性词汇状况越好。孙晓明(2008)采用类似方法考察了初、中、高级水平汉语二语学习者写作作业中的产出性词汇在不同等级中的分布情况。

以上研究中,第一种研究测的是控制性产出性词汇量,第二种研究属于词汇深度知识的个案研究,第三种研究考察的是学习者产出性词汇的分布。实际上,这三种研究都没能回答一个问题:学习者的产出性词汇量到底有多少个?

产出性词汇是学习者可以在说、写中自由表达的词汇(Nation,1990;Read,2000;Schmitt,2000;Baba,2009)。因此,借助较大规模口语、笔语语料库是考察产出性词汇最好的方法。谭晓晨(2006)指出"产出性词汇难以测量"。之所以难以测量,与语料库的难以获得有很大关系。本文基于较大规模的自建笔语语料库,对汉语作为二语的学习者的产出性词汇进行考察。研究旨在回答以下五个问题:

1) 全体学习者的产出性词汇量有多少个? 初级、中级、高级水平学习者的产出性词汇量分别有多少个?

2) 全体学习者的产出性词汇以及不同水平学习者的产出性词汇与《汉语水平词汇与汉字等级大纲》(国家汉语水平考试委员会办公室考试

中心,2001)中的《词汇大纲》①中的词汇相比,有何异同?

3)汉语二语学习者产出性词汇的使用频次的分布状况如何?产出性词汇中纲内词的分布状况如何?

4)汉语二语学习者产出性词汇的词种数与语料覆盖率之间的关系如何?汉语二语学习者最高频的一批词汇在同规模汉语母语语料中的覆盖情况如何?

5)要想读懂一般性的汉语文本,学习者需要掌握多少词汇量?

## 二、语料来源及分词软件的选用

### 2.1 语料来源

本文的研究是基于自建语料库"外国留学生汉语笔语语料库"而开展的。截至2017年5月,语料库规模已达到4 628篇,约188万字。该语料库所采集的语料均为汉语二语的学习者独立完成且未经他人指导和修改的第一手语料。目前已采集的语料包括在中国学习汉语的外国留学生平时的习作,期中、期末考试状态下的作文以及一小部分参加高等汉语水平考试(HSK高等)的作文。

目前语料库中的学习者来自印尼、泰国、美国、日本、德国、英国、马来西亚、韩国、菲律宾、蒙古、老挝、柬埔寨、俄罗斯等42个国家。学习者的汉语水平以学时为标准进行划分,初级水平学习者的学时少于960小时②,中级水平学习者的学时在960~1 920小时之间,高级水平学习者的学时在1 920小时以上。

由于研究使用的语料规模会影响词汇调查的结果,为了保持语料数量的相对均衡,我们对自建语料库中经过二次校对的语料进行了随机抽样,最终选取了初、中、高级水平学习者的语料各约16.5万字,共计50万字。其中初级、中级、高级水平学习者的语料分别为584篇,370篇,158篇,共计1 112篇。

### 2.2 分词软件与语料统计等相关问题说明

为了满足本文的分析需求,特请专业人员设计了面向本研究的词汇

---

① 为方便表述,以下简称《汉语水平词汇等级大纲》。
② 以每学年40周,每周24学时计算。

分析软件。在软件的设计中,分词问题是影响词汇统计结果的重要因素,通过对多家较有影响的分词软件试运行比较,综合考虑分词数量和分词正确率等因素,最终选用中国传媒大学国家语言资源监测与研究有声媒体中心开发的分词软件进行分词,并在软件分词的基础上对分词结果进行了人工校对。语料中的偏误会影响自动分词的结果,尤其是笔语语料中的错别字是软件自动分词容易出错的地方,因此这是人工校对的重点之一。例如:学习者把"篮球"写成了"蓝球",导致软件在自动分词时出现分词错误。校对时我们应考虑书写意图,将"蓝球"切分成一个词。但是这类偏误词在进行词汇量统计时,不计入总数。此外,软件自动分词对歧义字段的处理也容易出现错误,例如:"他和妹妹从小学唱歌",自动分词把"小学"切分为一个词,出现分词错误。这部分也是人工校对的重点,人工校对时应根据上下文语境正确切分。

## 三、汉语二语学习者的产出性词汇量

我们对所选语料库中初、中、高级水平学习者的语料进行分析统计,发现在所选 50 万字的语料中,学习者使用的词符数共计 266 501 个,词种数为 9 965 个,这表明初、中、高级水平学习者使用过的不重复的词有 9 965 个,这也可以看作他们最大的产出性词汇量。

那么不同水平的汉语二语学习者的产出性词汇量到底有多少个呢？在统计中,我们发现,在语料中一些词语出现的频率很低,仅为 1 次。这类词语可能是个别学习者偶然用之,因此我们按照词汇使用的频次对初、中、高级水平汉语二语学习者的产出性词汇量分别进行了统计,统计结果如表 1 所示:

表1 不同水平学习者不同频次的产出性词汇量及增幅

| 汉语水平 | 使用频次≥1次的词汇量(个)及增幅(%) | 使用频次≥2次的词汇量(个)及增幅(%) | 使用频次≥5次的词汇量(个)及增幅(%) | 使用频次≥10次的词汇量(个)及增幅(%) |
|---|---|---|---|---|
| 初级 | 3 630 | 2 285 | 1 289 | 849 |
| 中级 | 4 882(34.4) | 3 053(33.6) | 1 678(30.2) | 1 050(23.7) |
| 高级 | 6 938(42.1) | 3 922(28.5) | 1 912(13.9) | 1 094(4.2) |

从表1可以看出,语料库中初、中、高级水平的汉语二语学习者的最大产出性词汇量分别为 3 630 个、4 882 个、6 938 个。

从产出性词汇量的绝对数量来看,无论在哪个使用频次上,中级水平学习者的产出性词汇量均比初级水平学习者有所增加,高级水平学习者的产出性词汇量也均比中级水平学习者有所增长。

从产出性词汇量的增长幅度来看,在使用频次大于或等于 2 次、5 次、10 次的产出性词汇量上,初级水平到中级水平词汇量的增幅均大于中级水平到高级水平的增幅。这说明,中级水平学习者的词汇增长较缓,出现了一定程度的"石化现象"。

当学习者的汉语水平达到中级水平以后,他们的词汇量已经达到了一定规模,已基本掌握常用词汇,可以满足日常交际的需要,他们的词汇很难像学习者从初级阶段到中级阶段那样出现跨越式增长。这种现象在英语作为第二语言的学习中也同样存在。Laufer(1998)的实验表明被试的产出性词汇量并未随其接受性词汇量的增长而增长,他们产出低频词的能力似乎会"石化"。Jullian(2000)用"词汇习得的高原期(lexical acquisition plateau)"来描述第二语言学习者产出性词汇能力到了一定水平不再进步的现象。

在使用频次≥1次的产出性词汇量上,从中级水平到高级水平词汇量的增幅大于从初级水平到中级水平的增幅。这说明学习者从中级水平到高级水平词汇量的增加集中在低频词上。

为了更清楚地观察不同水平学习者不同频次的产出性词汇量的变化趋势,我们用折线图表示(见图1):

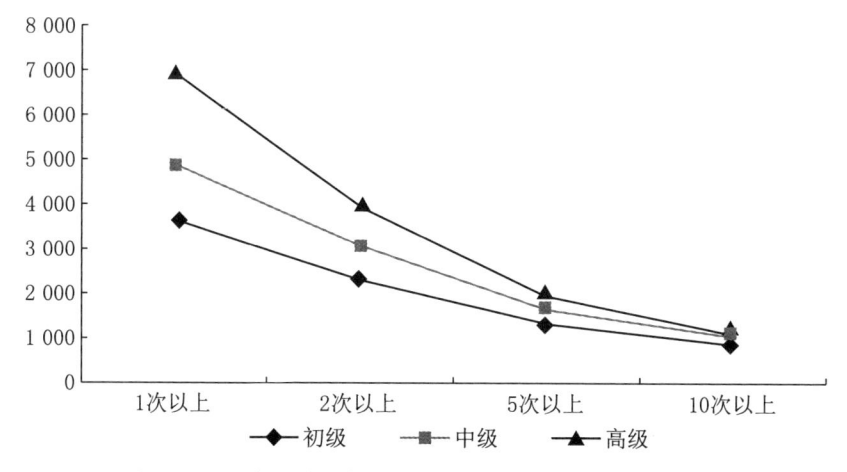

**图1 不同水平学习者不同频次的产出性词汇量变化曲线**

从上图可以清晰地观察到,随着词汇使用频次的增加,各级水平学习者的产出性词汇量总数在逐渐减少。初、中、高级水平学习者在使用频次为 1 次以上的词汇量上的差距最大,初级水平与中级水平学习者产出性词汇量的差距约为 1 200 个,中级水平与高级水平学习者产出性词汇量的差距约为 2 100 个。在使用频次为 2 次以上(含 2 次)和 5 次以上(含 5 次)的词汇量上,初级水平与中级水平学习者的差距、中级水平与高级水平学习者的差距均在逐渐减小,尤其在使用频次为 5 次以上(含 5 次)的词汇量上,中级水平与高级水平词汇量的差距已经缩小至不足 300 个。而在使用频次为 10 次以上(含 10 次)的词汇量上,初级水平与中级水平学习者在词汇量上的差距缩小至 200 个左右,中级水平与高级水平学习者之间的差距缩小至不足 50 个。可见,随着词汇使用频次的增加,学习者词汇量的差异逐渐缩小。

在词汇使用频次上,高级水平学习者产出性词汇中使用频次较低的词占较大比例,而中、高级水平学习者产出性词汇相对集中,使用频次较高的词占绝大多数,初级水平学习者使用频次较高的词占更大的比例,使用频次在 10 次以上的词汇约占词汇总量的 1/5。这解释了为什么在使用频次≥10 次的产出性词汇量上,初、中、高级水平学习者的产出性词汇量差异越来越小。可见,学习者的汉语水平越高,产出性词汇中低频词的数量越大,产出性词汇的分布越分散,越广泛。

## 四、产出性词汇与《汉语水平词汇等级大纲》的对比

### 4.1 汉语作为二语的学习者产出性词汇中纲内词的使用情况

在汉语作为第二语言的教学中,《汉语水平词汇等级大纲》是一个重要的纲领性文件,它是汉语第二语言教材编写和词汇教学的重要依据。那么学习者的产出性词汇与《汉语水平词汇等级大纲》所规定的词汇之间关系如何呢?我们对语料库中学习者的产出性词汇量与《汉语水平词汇等级大纲》中的词汇量进行了对比,结果如表 2 所示:

通过比较可以发现,在不同等级的词汇中,甲级词的使用比例最大,占 91.5%,其次是乙级词、丙级词和丁级词,分别占 81.0%、59.4%、38.4%。学习者使用的纲内词中,词汇的等级越靠前,语料库中的出现率就越高。

表2 产出性词汇量与《汉语水平词汇等级大纲》词汇量的对比

| 词语等级 | 大纲词汇量(个) | 学习者使用词汇量(个) | 学习者用词量占大纲词汇量的比例(%) |
|---|---|---|---|
| 甲级词 | 1 033 | 945 | 91.5 |
| 乙级词 | 2 018 | 1 634 | 81.0 |
| 丙级词 | 2 202 | 1 309 | 59.4 |
| 丁级词 | 3 569 | 1 372 | 38.4 |
| 合计 | 8 822 | 5 260 | 59.6 |

由于《汉语水平词汇等级大纲》在划分词汇等级时很大程度上考虑的是词频,因此,可以说在学习者使用的纲内词中,高频词的使用率高于低频词。

从学习者对大纲词汇的掌握情况来看,学习者产出性词汇中使用的纲内词的总数为5 260个,占大纲规定词汇总量的59.6%,约40%的纲内词未被学习者掌握。从语料中各个等级词汇使用的比例可以看出,甲级词和乙级词有一部分学习者并未掌握,词汇等级靠后的丙级词和丁级词的使用情况更不乐观,丙级词和丁级词中分别有40%和62%左右的词汇未出现在学习者产出的语料中。

### 4.2 不同水平学习者产出性词汇中纲内词的使用情况

那么不同水平的汉语二语学习者的产出性词汇中分别使用了多少个纲内词呢?他们使用的纲内词的占比情况如何?我们对此进行了统计,结果见表3。

表3 不同水平学习者产出性词汇中纲内词的分布

| 词语等级 | 大纲词汇量(个) | 初级纲内词使用量(个) | 初级纲内词使用比例(%) | 中级纲内词使用量(个) | 中级纲内词使用比例(%) | 高级纲内词使用量(个) | 高级纲内词使用比例(%) |
|---|---|---|---|---|---|---|---|
| 甲级词 | 1 033 | 867 | 83.9 | 885 | 85.7 | 855 | 82.8 |
| 乙级词 | 2 018 | 869 | 43.1 | 1 226 | 60.8 | 1 345 | 66.7 |
| 丙级词 | 2 202 | 434 | 19.7 | 770 | 35.0 | 997 | 45.3 |
| 丁级词 | 3 569 | 311 | 8.7 | 617 | 17.3 | 1 021 | 28.6 |

从学习者的汉语水平来看,初级水平学习者除了甲级词的使用比例稍高于高级水平以外,在其他等级词汇上的使用比例均低于中级水平和

高级水平。为了更清楚地看出学习者使用的纲内词的变化情况,我们用折线图表示(见图2)。

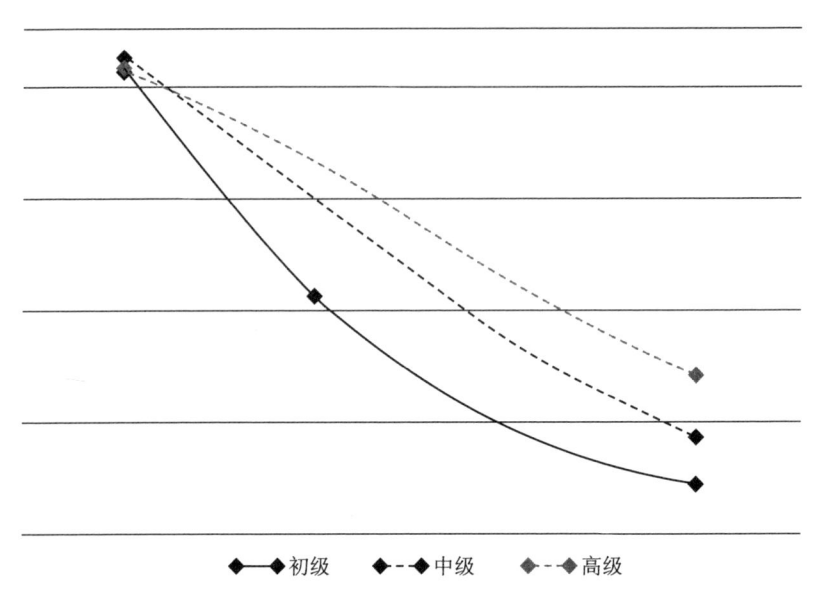

**图 2 初、中、高级水平学习者纲内词使用比例变化曲线**

从折线图的走势来看,初、中、高级水平学习者使用的纲内词的数量均随着词汇等级的降低呈现下降趋势。初、中、高级水平学习者使用的纲内词中,甲级词占比最大,均保持在80%以上,之后依次是乙级词、丙级词和丁级词。从初级水平到中级水平,纲内词的增长幅度最大的是乙级词和丙级词,增长幅度达到20%左右。从中级水平到高级水平,丙级词和丁级词的增长也值得关注,达到10%左右。由此可见,甲级词的使用比例在各个水平中的比例均比较高。而学习者的汉语水平越高,产出性词汇中的乙级词、丙级词、丁级词的增长幅度越大。

随着学习者汉语水平的降低,甲级词的占比相对稳定,并未呈现明显的下降趋势,乙级词和丙级词的下降趋势最为明显,丁级词的下降曲线稍缓。出现这一现象的主要原因是,甲级词是学习者最常用的词,在各个水平的学习中,都是他们经常反复要使用的词汇,因此出现下降的可能性较小,下降趋势最不明显。相反,丁级词的出现频率最低,通常到了中、高级阶段才会接触到,学习者的使用机会较少,因此下降趋势也不明显。而乙级词和丙级词的使用频率居中,学习者处于"学习——遗忘"的反复循环中,遗忘的机率较大,因此下降的趋势最为明显。

## 五、汉语作为二语的学习者产出性词汇使用频次分布

5.1 不同水平汉语作为二语的学习者词汇使用频次的分布情况

初、中、高级水平学习者产出性词汇的使用频次差别较大,使用最多的词是"我",使用频次达到了 18 064 次,而使用最少的词语频次仅为 1 次。初、中、高级水平学习者产出性词汇的频次分布情况如何呢?统计结果见表 4:

表 4 不同水平学习者产出性词汇的频次分布

| 汉语水平 | 频次≥100 次的词汇数量(个) | 频次为 10~99 次的词汇数量(个) | 频次≤9 次的词汇数量(个) |
| --- | --- | --- | --- |
| 初级 | 147 | 761 | 2 722 |
| 中级 | 149 | 1 011 | 3 722 |
| 高级 | 146 | 992 | 5 800 |

由表 4 可以看出,学习者的产出性词汇中使用频次少于 9 次的词语最多,初级、中级水平学习者使用了 2 722 个,中级水平使用了 3 722 个,高级水平使用了 5 800 个。使用频次在 100 次以上的词语最少,三个水平的学习者使用 100 次以上的词汇均在 150 个左右。

从使用频次≥100 次的词汇数量来看,初级、中级和高级水平学习者使用的词汇量基本相等;使用频次为 10~99 次的词汇数量中,中级水平学习者的使用量最大,这三个水平学习者的词汇量呈现"两头小、中间大"的"纺锤形"分布;初级、中级、高级水平学习者在使用频次≤9 次的词汇数量上依次增多,呈现"金字塔"形分布状态。整体来看,产出性词汇中高频词使用数量稳定,到了中级阶段,中频词稳步上升,到了高级阶段,低频词快速增长。

5.2 汉语作为二语的学习者不同频次词汇中纲内词的分布

以上是所有产出性词汇的频次分布情况,那么不同频次的词汇中纲

内词的分布情况如何呢？调查结果见表5：

表5 不同频次的产出性词汇中纲内词的分布

| 词汇等级 | 频次≥100次的词汇数量（个） | 该频段大纲词汇所占比例（%） | 频次为10~99次的词汇数量（个） | 该频段大纲词汇所占比例（%） | 频次≤9次的词汇数量（个） | 该频段大纲词汇所占比例（%） |
|---|---|---|---|---|---|---|
| 甲级词 | 291 | 65.9 | 493 | 18.2 | 156 | 1.3 |
| 乙级词 | 54 | 12.1 | 654 | 24.4 | 925 | 6.4 |
| 丙级词 | 13 | 3.4 | 247 | 9.7 | 1 045 | 6.8 |
| 丁级词 | 7 | 2.6 | 119 | 4.2 | 1 246 | 8.9 |

从这三个使用频次中大纲词汇的绝对数量和所占比例来看，学习者使用频次在100次以上的词汇中，甲级词的数量最多，占比最大。使用频次为10~99次的词汇中甲级词占比大幅下降，乙级词、丙级词、丁级词所占比例均有所提高，尤其是乙级词的数量占绝对优势，增长明显；在使用频次≤9次的词汇中，甲级词、乙级词、丙级词所占比例均呈现下降趋势，丁级词比例有所上升。

由此可见，语料库中使用频次较高的词中，甲级词数量最多，占比最大；使用频次居中的词中，乙级词占比较大，使用频次较低的词中，丁级词占优势。但从整体所占比例来看，大纲词汇的总体使用比例较小，大纲词汇的产出效果不好。

## 六、汉语二语学习者产出性词汇"效用递减率"

### 6.1 汉语二语学习者产出性词汇覆盖率

在所选50万字的语料中，汉语二语学习者的产出性词汇的覆盖情况如何呢？我们以每500个词汇为界点，对产出性词汇的覆盖率进行了统计，结果见表6：

表6 汉语二语学习者产出性词汇的词种数与覆盖率

| 词种数（个） | 500 | 1 000 | 1 500 | 2 000 | 2 500 | 3 000 | 3 500 | 4 000 |
|---|---|---|---|---|---|---|---|---|
| 覆盖率 | 74% | 83% | 87% | 90% | 92% | 93% | 94% | 95% |

研究显示，在50万字的语料中，汉语二语学习者最常使用的2 000

个词覆盖 90% 的语料，2 500 个词覆盖 92% 的语料。之后，每增加 500 个词种数，覆盖率约增长一个百分点。当词种数超过 2 000 个时，词种数的增加并不会带来覆盖率的较大增长，我们称之为产出性词汇"效用递减律"。这一规律可用图 3 表示：

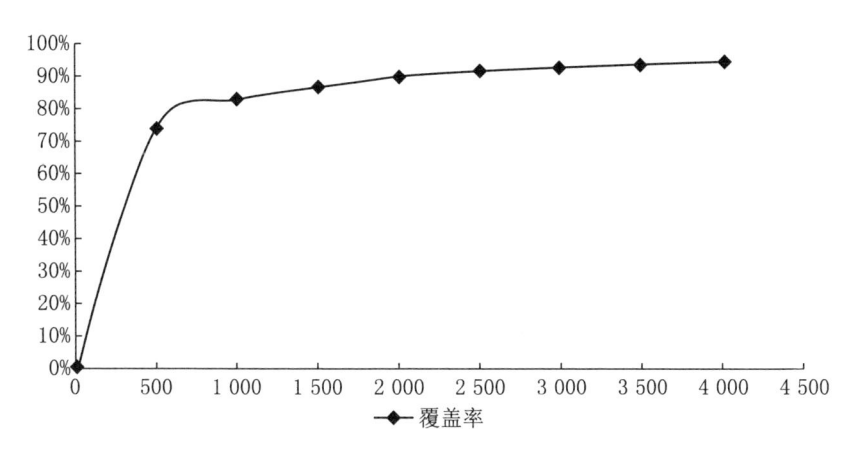

**图 3　汉语作为二语的学习者产出性词汇"效用递减律"**

这让我们联想到了著名的"Zipf 定律"。美国学者 George Kingsley Zipf 通过大量统计和计算发现一个词在语篇中的等级序号（按该词的出现次数排序）与该词的出现次数的乘积几乎是一个常数，即词频与出现次数成反比。随后他还发现，词的长度跟它的出现次数也成反比。后来这一定律被应用到社会学、人类学、经济学、地理学、物理学等其他领域。

继 Zipf(1935：?)之后，一些学者继续对英语中的单词、短语的使用和分布情况进行了探讨。Leacock & Chodorow(1998)发现英语中单词的词频较高时，词的义项较多。Ellis(2012)发现英语中短语的频率越高，出现次数越多。可见，"Zipf 定律"普遍存在于英语中。

在现代汉语中，王惠(2009)对现代汉语的多义词进行了研究，发现词频越高，词的义项越多，词长越短。在汉字研究领域，"汉字的熵"（冯志伟，1984）、"汉字效用递减率"（周有光，1980）、"汉字效用函数"（周晓文、李勇，2009），"常用字笔画趋简率"（王凤阳，1980）等也都说明汉字的一些使用规律符合"Zipf 定律"。

在英语作为二语的研究中，王敏、刘丁(2013)研究发现中国的英语学习者在词块的使用上大致符合"Zipf 定律"。而我们的研究发现,汉语作为二语的语料中,学习者的产出性词汇同样符合"Zipf 定律",呈现"效用递减"的规律。

### 6.2 最高频的 2 000 个词汇在汉语母语语料中的覆盖情况

在 50 万字的汉语作为二语的语料中,2 000 个常用词就可以覆盖语料的 90%。那么这 2 000 个词汇在同规模汉语母语语料中的覆盖情况如何呢?

为此我们选取了 50 万字的中国高中三年级学生所写的考试作文作为汉语母语者的语料。这些语料同样是未经修改的第一手资料,共计 521 篇。之所以选择高中三年级学生的作文主要有以下几个方面的考虑:一是高中三年级学生的汉语水平能够代表汉语母语者的语言水平;二是高中三年级学生的年龄与"外国留学生汉语笔语语料库"中学习者的年龄相近,思维能力相当,在写作内容上具有较强的可比性。所搜集的高中三年级学生语料主要有四种体裁,即记叙文、议论文、说明文、应用文。这四种体裁是汉语母语者最常用的体裁,也是"外国留学生汉语笔语语料库"中最常见的四种体裁。由于记叙文、议论文相对常用,所选字数相对较多。记叙文、议论文、说明文、应用文分别选取了 25 万字、15 万字、5 万字、5 万字。

我们以 50 万字的高三学生的作文语料作为对照语料,考察了汉语二语学习者最常用的 2 000 个词在 50 万字的汉语母语语料中的覆盖情况。结果显示,最高频的 2 000 个词覆盖了 71.14% 的汉语母语者语料。

通过对比发现,汉语二语学习者使用的 2 000 个高频词可以覆盖汉语二语学习者语料的 90%,而这批词却大约只能覆盖汉语母语语料的 71%。

### 6.3 覆盖率与阅读理解

在阅读时学习者的词汇需要达到多少覆盖率才能理解文本内容呢?英语作为第二语言的相关研究表明,覆盖率需达到 95%(Laufer,1989)或 98%(Hirsh & Nation,1992;Schmitt,Jiang & Grabe,2011)时才能读懂英语文本。Laufer & Ravenhorst-Kalovski(2010)、Van Zeeland &

Schmitt(2013)均提出阅读理解的两个阈值:最佳阈值——覆盖率达到98%;最小阈值——覆盖率达到95%。

以上研究表明,要想读懂英语文本,词汇覆盖率至少需要达到95%。那么达到这一覆盖率时的词汇量为多大呢?第一代大型电子语料库——布朗语料库的创始人Francis & Kucera(1982)对语料库的考察结果表明,当词汇量增加到6 000个时,覆盖率为89.9%;当词汇量增加到15 851个时,覆盖率为97.8%。Chujo & Utiyama(2005)对BNC语料库的研究表明,当词汇量增加到6 000个时,覆盖率为93.1%;当词汇量增加到10 000个时,覆盖率为95.7%。这两项基于语料库的研究均表明,当词汇量达到90%左右时,所需词汇量约为6 000个。Francis & Kucera(1982:?)虽然并未指出覆盖率达到90%时所需词汇,但结合Chujo & Utiyama(2005)的研究可以推测,覆盖率达到95%时,词汇量达到10 000个较为合理。

汉语文本的研究结果与英语的结果类似。张卫国(2006)认为满意的汉语阅读理解建立在0.95左右的识读率上。如果汉语的词汇覆盖率达到95%,需要多少词汇量呢?由于汉语字词的特殊关系,已有研究多从汉字的角度入手来考察覆盖率。

不少基于字表和大规模语料的调查显示,最高频的1 000个汉字的覆盖率大约是90%(周有光,1980;中国语言生活状况报告课题组编,2006;张卫国,2006)。阅读覆盖率达到95%时,需要字种数1 500个左右。

那么1 000个汉字对应的词汇量是多少个呢?叶蜚声、徐通锵(1997:95)估算《现代汉语词典》的"字和词的比例为1∶6",张卫国(2006)以1996年《人民日报》全年的文本为对象,对汉语的字词比进行了调查,结果显示,当覆盖率达到90%时,字词比是1∶6.6。这两项研究结果近似,均表明汉语的字词比约为1∶6。要想读懂现代汉语90%的阅读内容,大约需要1 000个汉字,据此推算所需词汇量约为6 000个。要想读懂95%的阅读内容,大约需要1 500个汉字,对应的词汇量约为10 000个。

汉语、英语中关于词汇覆盖率的研究都表明,第二语言学习者要想读懂90%的一般性书刊内容,大约需要6 000个词汇量。要想读懂95%的内容,大约需要10 000个词汇量。

本研究基于自建语料库的调查结果表明,目前汉语作为二语的学习者掌握的词汇太少,使用的词汇过于集中,词汇量有待进一步提高。

## 七、启发与建议

### 7.1 帮助学习者将理解性词汇转化为产出性词汇

对于理解性词汇和产出性词汇之间的关系,不同学者持不同的观点。一些学者(Richards,1976;Palmberg,1987;Faerch,Haastrup & Phillipson,1984;Melka,1997;Henriksen,1999;Wolter,2001;孙晓明,2010)认为第二语言学习者的理解性词汇到产出性词汇之间是一个连续体。

Meara(1999)反对"连续体"理论,提出了词汇习得的多状态模式。他认为词汇发展是不连续的,从理解性词汇到产出性词汇并不是一个连续体,而是一个词汇发展的多状态模型,还存在遗忘造成的一次性回落现象。谭晓晨(2006)、鲍贵(2008)、万丽芳(2010)、王海华和周祥(2012)、朱慧敏和王俊菊(2013)等人的研究发现,产出性词汇波动起伏,有停滞也有倒退,体现出复杂的、动态系统发展的特征。

"连续体"论忽视了词汇学习中的遗忘现象,从词汇发展的趋势来看,大部分理解性词汇随着词汇使用频率和认知理解的加深,的确会逐渐变成产出性词汇,但是当词汇的使用频率下降时,一些原本已经能够在口语和笔语表达中正确产出的词汇可能还会退化为理解性词汇。

孙晓明(2010)认为,21世纪外语教学的理念主要强调在交际活动中实现交际任务。要想真正实现这一目标,帮助学习者在口语和笔语中自由运用所学词汇就成了词汇教学的重要内容。

一般来说,学习者的理解性词汇量多于产出性词汇量。如何促进学生将理解性词汇转化为产出性词汇,就成了词汇教学的关键。从心理学的角度来看,理解性词汇和产出性词汇之间的差异主要体现在二者的加工深度上。孙晓明(2008)的研究表明产出性词汇在学习者的心理词典中多以聚合和组合的方式存在,而理解性词汇多以语音和无关联想的方式存在。

Jullian(2000)曾针对母语为西班牙语的中、高级英语学习者开设了专门的深化词汇语义加工的词汇产出课程。从第二语言教学的经验来看,学习者对很多词汇只能认读、不能产出,主要原因是他们对词汇的组合关系和聚合关系掌握得不好。在教学中,教师可以从组合和聚合两个角度入手。一是加强学习者对词汇搭配对象的记忆和理解,将搭配对象作为一个语块来教学。二是加强同义词、近义词、易混淆词、同一义类、同一语义场的词的聚合练习,找出这些词汇在词汇搭配和使用条件上的差异,让学习者在头脑中形成自己的词汇网络。在此基础上,配合各种练习,帮助他们把理解性词汇转化为产出性词汇。

### 7.2 对大纲编写的建议

目前,汉语第二语言教学界的大纲虽然规定了词汇总量和各级别的词汇量,但是基本上都未明确区分"接受性词汇"和"产出性词汇",仅有《外国留学生汉语言专业教学大纲》(国家对外汉语教学领导小组办公室,2002)中的《词汇大纲》将一年级的词汇分成了"领会式"和"复用式",其余年级的词汇均未区分。

要想细化汉语作为二语学习者的学习目标,提供有针对性的词汇教学大纲,有必要区分这两类词汇。在编制大纲时,可以根据对词汇掌握程度的要求,区分"产出性词汇"和"接受性词汇"。例如,需要学习者掌握"听""说""读""写""用"这五个方面中的四个或五个方面的词汇,将其列为"产出性词汇";需要掌握其中一个、两个或三个方面的词汇,列为"接受性词汇"。当然,接受性词汇和产出性词汇的划分并不是绝对的。在汉语学习的不同阶段,接受性词汇可能转化为产出性词汇。在初级阶段,一些词汇只是接受性词汇,但是到了中级或者高级阶段,它们有可能被调整为产出性词汇。

苏向丽(2012)借助词价理论,对汉语词汇从不同角度赋予不同的价,根据词价的高低来对词汇进行等级划分。苏向丽把多义性作为价的一个指标,我们认为对于一词多义的情况,在区分常用义项和非常用义项的基础上,分出接受性词汇义项和产出性词汇义项较为合适。由于汉语词汇的多义性比较明显,一些词汇的常用义项应该较早列入产出性词汇义项,而非常用义项可列入接受性词汇义项,同时也可对一些偶用义项不做要求。

本研究对50万字的汉语二语学习者的语料调查结果显示,学习者的产出性词汇中,属于《汉语水平词汇等级大纲》中的词汇仅占大纲规定词汇总量的59.6%,约40%的纲内词未被学习者掌握。

《汉语水平词汇等级大纲》共列出8 822个词汇作为词汇量目标,如果把8 822个词汇作为汉语二语学习者产出性词汇量目标的话,学习者的产出性词汇量与大纲的要求相距甚远。其中有一部分甲级词和乙级词学习者并未掌握,丙级词和丁级词的使用情况更不乐观。与此同时,超纲词大量出现,这对大纲的修订提出了一定的要求。在修订时,有必要综合以往研究,找出高频超纲词,根据情况考虑将其加入《大纲》中。

目前,汉语第二语言词汇教学大纲有待进一步细化,有必要区分产出性词汇和接受性词汇,接受性词汇义项和产出性词汇义项,制定更加科学、细致、合理、权威的词汇大纲。要想编制科学合理的分级大纲,难度较大,有待于对汉语作为二语的学习者词汇掌握情况进行细致调查,也有待于面向教学的汉语词汇语义学的研究成果日渐丰硕。

**参考文献**

鲍贵(2008)二语学习者作文词汇丰富性发展多纬度研究,《外语电化教学》,第5期。

冯志伟(1984)汉字的熵,《语文建设》第4期。

桂诗春(1983)中国学生英语词汇量调查,中国公共外语教学研究会编《公共外语教学研究文集》,上海:上海外语教育出版社。

国家对外汉语教学领导小组办公室(2002)《外国留学生汉语言专业教学大纲》,北京:北京语言文化大学出版社。

国家汉语水平考试委员会办公室考试中心(2001)《汉语水平词汇与汉字等级大纲(修订本)》,北京:经济科学出版社。

鹿士义(2001)词汇习得与第二语言能力研究,《世界汉语教学》第3期。

钱旭菁(2002)词汇量测试研究初探,《世界汉语教学》第4期。

任春艳(2011)汉语作为第二语言的控制性产出词汇测试研究,《语言文字应用》第4期。

沈禾玲(2009)广度与深度——美国高年级学生词汇习得调查,《世界汉语教学》第 1 期。

苏向丽(2012)词价研究与汉语国际教育基础词汇表的优化——以《词汇大纲》与《等级划分》为例,《语言教学与研究》第 4 期。

孙晓明(2008)第二语言学习者跨越产出性词汇门槛的机制研究,北京语言大学博士学位论文。

孙晓明(2010)词汇加工深度对留学生产出性词汇的影响,《民族教育研究》第 6 期。

谭晓晨(2006)中国英语学习者产出性词汇发展研究,《外语教学与研究》第 3 期。

万丽芳(2010)中国英语专业大学生二语写作中的词汇丰富性研究,《外语界》第 1 期。

王凤阳(1980)汉字频率与汉字简化,《语文现代化》第 3 辑。

王海华、周祥(2012)非英语专业大学生写作中词汇丰富性变化的历时研究,《外语与外语教学》第 2 期。

王惠(2009)词义·词长·词频——《现代汉语词典》(第 5 版)多义词计量分析,《中国语文》第 2 期。

王敏、刘丁(2013)中国学习者英语学术论文手稿中立场标记词块使用研究,《现代外语》第 2 期。

吴丽君(2004)口语词汇与书面语词汇教学研究,《云南师范大学学报(对外汉语教学与研究版)》第 3 期。

叶蜚声、徐通锵(1997)《语言学纲要》,北京:北京大学出版社。

张和生(2006)外国学习者汉语词汇学习状况计量研究,《世界汉语教学》第 1 期。

张江丽(2017)汉语作为二语的学习者接受性词汇量实证研究,《语言文字应用》第 3 期。

张卫国(2006)阅读:覆盖率、识读率和字词比,《语言文字应用》第 3 期。

中国语言生活状况报告课题组编(2006)《中国语言生活状况报告(2005)》,北京:商务印书馆。

周晓文、李勇(2009)汉字效用函数研究,《语文研究》第 1 期。

周有光(1980)现代汉字学发凡,《语文现代化》第 2 辑。

朱慧敏、王俊菊(2013)英语写作的词汇丰富性发展特征——一项基于自建语料库的纵贯研究,《外语界》第 6 期。

Baba, Kyoko(2009) Aspects of lexical proficiency in writing summaries in a foreign language. *Journal of Second Language Writing* 18: 191—208.

Chujo, Kiyomi & Masao Utiyama(2005) Understanding the role of text length, sample size and vocabulary size in determining text coverage. *Reading in a Foreign Language* 17:1—22.

Ellis, Nick C. (2012) Formulaic language and second language acquisition: Zipf and the phrasal Teddy bear. *Annual Review of Applied Linguistics* 32:17—44.

Faerch, Claus, Kirsten Haastrup & Robert Phillipson (1984) *Learning Language and Language Learning*. Copenhagen: Multilingual Matters.

Francis, W. Nelson & Henry Kucera(1982) *Frequency analysis of English usage*. Boston: Houghton Mifflin Company.

Henriksen, Birgit(1999) Three dimensions of vocabulary development. *Studies in Second Language Acquisition* 21:303—317.

Hirsh, David & Paul Nation(1992) What vocabulary size is needed to read unsimplified texts for pleasure? *Reading in a Foreign Language* 8:689—696.

Jullian, Paula (2000) Creating word-meaning awareness. *ELT Journal* 54:37—46.

Laufer, Batia(1998) The development of passive and active vocabulary in a second language: Same or different? *Applied Linguistics* 19: 255—271.

Laufer, Batia & Paul Nation(1995) Vocabulary size and use: Lexical richness in L2 written production. *Applied Linguistics* 16: 307—322.

Laufer, Batia & Paul Nation(1999) A vocabulary-size test of controlled productive ability. *Language Testing* 16:33—51.

Laufer, Batia & Geke C. Ravenhorst-Kalovski (2010) Lexical threshold revisited: Lexical text coverage, learners' vocabulary size and reading comprehension. *Reading in a Foreign Language* 22:15—30.

Laufer, Batia(1989) What percentage of text-lexis is essential for comprehension? In C. Lauren & M. Nordman (eds.), *Special Language: From Humans Thinking to Thinking Machines*, 316—323. Clevedon, England: Multilingual Matters.

Leacock, Claudia, Martin Chodorow (1998) Combining local context with wordnet similarity for word sense identification. In Christiane Fellbaum (ed.), *Word net: A lexical reference system and its application*, 265—285. Cambridge, MA: The MIT Press.

Meara, Paul (1999) The vocabulary knowledge framework. Available at http://www.swan.ac.uk/cals/calsres/vlibrary/pm96d.htm.

Melka, Francine(1997) Receptive vs. productive aspects of vocabulary. In Schmitt, Norbert & Michael McCarthy (eds.), *Vocabulary: Description, Acquisition and Pedagogy*, 84—102, Cambridge: Cambridge University Press.

Nation, Paul(1983) Testing and teaching vocabulary. *Guideline* 5: 12—25.

Nation, Paul (1990) *Teaching and Learning Vocabulary*. New York: Newbury House Publishers.

Nation, Paul & David Beglar(2007) Vocabulary size test. *The Language Teacher* 31:9—12.

Palmberg, Rolf(1987) Patterns of vocabulary development in foreign-language learners. *Studies in Second Language Acquisition* 9: 201—220.

Palmer, Harold E. (1921) *The Oral Method of Teaching Languages*. Cambridge: Heffer and Sons.

Read, John(1993) The development of a new measure of L2 vocabulary knowledge. *Language Testing* 10:355—371.

Read, John(2000) *Assessing Vocabulary*. Cambridge: Cambridge

University Press.

Richards, Jack C. (1976) The role of vocabulary teaching. *TESOL Quarterly* 10:77—89.

Schmitt, Norbert(2000) *Vocabulary in Language Teaching*. Cambridge: Cambridge University Press.

Schmitt, Norbert, Diane Schmitt & Caroline Clapham (2001) Development and exploring the behavior of two new versions of the vocabulary levels test. *Language Testing* 18:55—88.

Schmitt, Norbert, Xiangying Jiang & William Grabe(2011) The percentage of words known in a text and reading comprehension. *The Modern Language Journal* 95:26—44.

Van Zeeland, Hilde & Norbert Schmitt(2013) Lexical coverage in L1 and L2 listening comprehension: The same or different from reading comprehension? *Applied Linguistics* 34:457—479.

Wolter, Brent(2001) Comparing the L1 and L2 mental lexicon. *Studies in Second Language Acquisition* 23:41—69.

Zipf, George Kingsley(1935) *The Psycho-Biology of Language: An Introduction to Dynamic Philolog*. Cambridge, MA: The MIT Press.

# 附　录

# 第七届汉语中介语语料库建设与应用国际学术研讨会圆满召开

第七届汉语中介语语料库建设与应用国际学术研讨会于2023年4月1—2日在同济大学国际文化交流学院圆满召开。

同济大学副校长娄永琪教授、北京语言大学校长刘利教授、山东政法学院副校长胡晓清教授在开幕式上致辞。娄永琪副校长在致辞中指出,当前国际中文教育正经历从数量到质量的转变发展阶段,同济大学国际文化交流学院抓住机遇,秉承"同济天下,崇尚科学,创新引领,追求卓越"的同济精神,本着"发挥传统优势、服务社会需求、集聚学科资源、拓展合作交流、推动中文与中华文化海外传播、实现命运与共"的建设理念,从思想引领(价值观育人链)、学科理论(文化传承与传播链)、人才培养(课程育人链)和社会服务(实践育人链)四个角度,全方位、多维度地致力于中文与中华文化的国内外传承传播,倾力培养能向世界讲好中国故事的复合型国际化专业人才。在同济大学举办中介语语料库建设与应用国际学术研讨会,正是同济大学国际文化交流学院学科理论建设的具体体现。刘利校长在致辞中回顾了自2021年会议以来,利用北京语言大学HSK动态作文语料库和全球汉语中介语语料库进行研究的数据,充分肯定"汉语中介语语料库建设与应用国际学术研讨会"这一学术品牌正在持续扩大影响力,号召大家及时抓住现代技术带来的机遇,为中国的语料库发展与数字化发展作出贡献。山东政法学院副校长胡晓清教授在致辞中把此次会议的特点概括为"三好":时机好、平台好、梯队好。她尤其希望在疫情结束之后年轻学子可以自由地呼吸学术空气,在前辈学者和勤奋耕耘的研究者的带领下,不畏艰难做出新成绩。

会议开幕式由同济大学国际文化交流学院院长孙宜学教授主持。在大会报告环节,12位语料库语言学领域的专家学者分四个时段聚焦后疫情时代语料库建设和应用的诸多问题,展开了多视角、高水平的深入探讨交流。四场大会报告分别由同济大学国际文化交流学院副院长梁毅军、南京大学海外教育学院副院长曹贤文、福州外语外贸学院教育学院院长林新年、同济大学国际文化交流学院语言应用研究所副主任张占山主持。

教育部语言文字应用研究所的冯志伟教授分析了数字人文在美国、欧洲、日本和我国的研制情况,指出数字人文有助于我国新文科的建设,呼吁人文学者应当进行更新知识的再学习,掌握有关的数字化技术,从而提高人文科学的研究效率,实现文理结合,进一步推动人文科学的发展。加州大学戴维斯分校语言中心储诚志教授提出在电写时代汉语中介语研究与语料库建设在语料收集和语料库的结构设计、数据分类、语料属性登录、语料处理和标记等诸多方面也须与时俱进。英国诺丁汉大学王维群教授针对汉语中介语语料库功能设计提出了四点建议:1)将关键词置于中心(KWIC),在其左右位置能进行排序,以便分析中介语的语言使用特点,并在学习者语料库中生成词汇索引行(concordance line);2)隐藏学习者信息,以便展现更多词汇索引行,学习者信息仅在必要时才出现;3)允许在语料库中进行删除操作功能,再对结果进行下载;4)显示关键字的前后搭配频率的图表信息等。

山东政法学院胡晓清教授以自建的两个语料库为语料支撑,对韩国汉语学习者口语表达中词汇产出的三性问题进行实证研究,阐述服务于研究的对照语料库建设或再加工思路。北京航空航天大学卫乃兴教授介绍了三个最广泛使用的模型及其主要的分析技术,包括"中介语分析模型",并分别评述了三个模型的核心意旨、分析技术构成以及优劣特征。中国海洋大学外国语学院于国栋教授介绍了一个新的DMC语料库——150个内地人的中文电话沟通记录集(包括音频和转写),强调了此语料库对于互动研究的重要性,呼吁增加对汉语日常对话的研究。

北京语言大学周小兵教授的报告在分析了中介语语料库的建设现状与不足后,就未来的中介语语料库建设方略提出了五项建议,如根据需求多项多层处理语料、语料库应随时更新等。北京语言大学张宝林教授根据语料库建设中的问题,结合应用研究的实际需求,提出要把汉语中介语语料库建设从2.0时代推进到3.0时代,认为急需建设多语的、纵向的、动态的、平衡的语料库,建设规模适度、设计精密、标注全面、质量优异、功能丰富的通用型语料库,为汉语习得研究提供充足的语料资源支持。南京大学曹贤文的报告讨论了在对中文祖语生(华裔学习者)与外语生(非华裔学习者）的语言表现进行对比研究时，所需关注的理论、方法和语料等方面的问题。

北京外国语大学中文学院熊文新教授提出了对汉语中介语语料库建设与应用的四点看法，包括语料库数据获取的丰富性，数据标注的完备性，研究方法的发展性。北京师范大学胡韧奋博士的研究提供了一种汉语词汇复杂度自动分析工具，该工具基于《国际中文教育中文水平等级标准》词表，能够自动对中文文本中的词汇进行级别标定。同济大学刘运同教授从论文选题和研究方法两个方面对专硕生利用与语料库撰写毕业论文进行初步分析，对存在的不足和问题提出建议。

本次研讨会设有7个分会场，分别围绕语料库设计与建设、偏误分析、习得研究、中介语研究、基于语料库的汉语研究及语料库应用与后疫情时代国际中文教育等专题展开了深入的交流与探讨。

4月2日研讨会闭幕式由同济大学国际文化交流学院教育系潘海峰主任主持，北京语言大学教授张宝林做了精彩的大会总结。除了对参会代表、主办院校与承办单位表示感谢外，张教授呼吁更多的院校投身到语料库建设与应用的研究中，推动汉语中介语的研究向更高水平发展。

本次研讨会由北京语言大学、同济大学、南京大学、鲁东大学、广东外语外贸大学、福州外语外贸学院、北京外国语大学、北京师范大学、美国加州大学戴维斯分校、英国诺丁汉大学联合主办。研讨会采取线上、线下结合的方式召开。来自中国内地和美国、英国、日本、澳大利亚、泰国等国的147位代表参加了会议，其中线下参会代表共计97人，线上参会代表共计50人。（童国蛟）

图书在版编目(CIP)数据

第七届汉语中介语语料库建设与应用国际学术讨论会论文选集/刘运同,张宝林主编.—上海:上海三联书店,2024.6
("熊猫叨叨"系列)
ISBN 978-7-5426-8477-6

Ⅰ.①第… Ⅱ.①刘… ②张… Ⅲ.①汉语-中介语-语料库-国际学术会议-文集 Ⅳ.①H1-53

中国国家版本馆 CIP 数据核字(2024)第 080903 号

# 第七届汉语中介语语料库建设与应用国际学术讨论会论文选集

主　　编 / 刘运同　张宝林

责任编辑 / 宋寅悦　徐心童
装帧设计 / 徐　徐
监　　制 / 姚　军
责任校对 / 王凌霄

出版发行 / 上海三联书店
　　　　　(200041)中国上海市静安区威海路 755 号 30 楼
邮　　箱 / sdxsanlian@sina.com
联系电话 / 编辑部：021-22895517
　　　　　发行部：021-22895559
印　　刷 / 上海惠敦印务科技有限公司

版　　次 / 2024 年 6 月第 1 版
印　　次 / 2024 年 6 月第 1 次印刷
开　　本 / 640 mm × 960 mm　1/16
字　　数 / 490 千字
印　　张 / 32.25
书　　号 / ISBN 978-7-5426-8477-6/H·133
定　　价 / 138.00 元

敬启读者,如发现本书有印装质量问题,请与印刷厂联系 021-63779028